# LES PAROISSES

# DU DIOCÈSE D'AIX

## Leurs Souvenirs et leurs Monuments

PAR

L'ABBÉ M. CONSTANTIN
Vicaire à Saint-Remy

PAROISSES DE L'ANCIEN DIOCÈSE D'AIX

AIX
A. MAKAIRE, IMPRIMEUR DE L'ARCHEVÊCHÉ
2, rue Thiers, 2
MDCCCXC

# LES PAROISSES

# DU DIOCÈSE D'AIX

## Paroisses de l'ancien Diocèse d'Aix

Imprimatur,

Aquis-Sextiis die 8a septembris 1890.

F. GUILLIBERT, *vic. gen.*

LA SAINTE ÉGLISE D'AIX ET ARLES

# LES PAROISSES

# DU DIOCÈSE D'AIX

## Leurs Souvenirs et leurs Monuments

PAR

L'ABBÉ M. CONSTANTIN

Vicaire à Saint-Remy

---

PAROISSES DE L'ANCIEN DIOCÈSE D'AIX

---

AIX

A. MAKAIRE, IMPRIMEUR DE L'ARCHEVÊCHÉ

2, rue Thiers, 2

MDCCCXC

A

MONSEIGNEUR FRANÇOIS - XAVIER

GOUTHE-SOULARD

ARCHEVÊQUE D'AIX, ARLES ET EMBRUN

ces études sur les **Paroisses du diocèse d'Aix** sont très respectueusement dédiées.

## ABRÉVIATIONS

### DANS LA PARTIE DESCRIPTIVE

*Abs.* abside, absidal. — *Act.* actuellement. — *Anc.* ancien. — *Appart.* appartenant. — *Arcat.* arcature. — *Arch. dép.* archives départementales. — *Arch. Aix*, archives de l'anc. archevêché d'Aix (à la Préfecture). — *Arch. dioc.* archives diocésaines (actuelles). — *Archev.* archevêque. — *Archipr.* archiprêtré. — *Archid.* archidiaconé. — *Archit.* architecte. — *Arr. (en)* en arrière. — *Attr.* attribué. — *Aut. inc.* auteur inconnu. — *Aut. maj.* autel majeur. — *Auj.* aujourd'hui. — *Autref.* autrefois.

*Bén.* bénit. — *Bibl.* bibliothèque. — *B. r.* bas-relief.

*Card.* cardinal. — *Chap.* chapelle. — *Cl.* cloche. — *Cons.* consacré.

*Dall.* dallage. — *Doct.* docteur. — *Doy.* doyenné. — *Dr.* droite.

*Egl.* église. — *Epit.* épitaphe. — *Ep.* époque. — *Ev.* évêque.

*Fond.* fondateur. — *G.* gauche. — *Hist.* histoire. — *Inscr.* inscription. — *Lég.* légende.

*Man.* manuscrit. — *Ment.* mentionné. — *Mod.* moderne. *Mon. hist.* monument historique (classé).

*Octog.* octogonal. — *Og.* ogival. — *Patr.* patron. — *Prov.* provenant. — *Reg.* registre. — *Rel.* relevant. — *Rest.* restauré. — *Sep.* sépulture. — *St.* statue. — *Tabl.* tableau. — *Test.* testament. — *Tit.* titulaire. — *Tomb.* tombeau.

Rechercher l'origine de nos paroisses, les hommes et les faits qui les ont illustrées au point de vue chrétien ; recueillir où il en est temps encore ces récits légendaires qui sont à l'histoire ce que dans un tableau le coloris est au dessin ; décrire la fondation de nos églises et les souvenirs qui s'y rattachent ; énumérer avec les explications nécessaires leurs richesses archéologiques et artistiques, antiquités chrétiennes, inscriptions, chefs-d'œuvre de peinture et de sculpture, etc. : tel est le but que nous nous sommes proposé en composant cet ouvrage.

Ces pages gagneraient sans doute à être précédées d'une étude sur l'organisme et la vie intime de la paroisse catholique, ce qu'on peut appeler son *âme* ; sur l'action permanente par laquelle elle transmet aux hommes les bienfaits de la Rédemption, en même temps qu'elle leur garde la présence réelle de Dieu même ; sur le développement qu'elle a donné aux institutions locales, et indirectement, à la vie nationale. Neuve sous plus d'un aspect, cette étude sur la paroisse catholique, à laquelle il faudrait joindre une ap o-gie de la propriété et des immunités ecclésiastiques, comporte de tels développements que nous avons dû renoncer à l'esquisse que nous en avions tracée. Il y a là matière non d'un chapitre, mais d'un livre.

Désirant garder la sincérité calme de l'histoire, nous avons évité de plaider. Nous espérons pourtant fournir à qui aurait besoin de le faire quelques éléments d'une défense vi- -rieuse contre plusieurs calomnies ou préjugés trop répai

Pour rédiger cet exposé de la vie extérieure de nc -roisses, il a fallu beaucoup lire et compulser. Nous avons apporté un soin scrupuleux dans la recherche des fa vérification des dates, et de l'authenticité des documen

Outre les grands auteurs provençaux et diocésains servent de fond à une étude de ce genre, Bouche, Pap. Pitton, de Haitze, Saxi, etc., nous avons consulté les di-tionnaires d'Achard et d'Expilly avec leurs parties in la *Statistique des Bouches-du-Rhône,* vaste recueil, quelques chapitres sont traités supérieurement, mais dont les assertions doivent être contrôlées ; nombre de pièces de livres déposés aux bibliothèques publiques, ou en d' ses collections particulières qui nous ont été gracieus ouvertes par leurs possesseurs. Les archives diocésair actuelles ont été mises à notre disposition avec une promptitude et une complaisance parfaites. Mais la mine précieuse, qui nous a permis de donner beaucoup d'inédit, c'est la collection magnifique de nos archives départementales, avec ses cartulaires des évêchés et chapitres d'Aix, d'Arles et de Marseille, des abbayes Saint-Victor et Montmajour, auxquels il faut joindre divers *Etats* et *Pouillés*, les manuscrits latins de Chantelou sur Montmajour et Saint-...é de Villeneuve.

Plusieurs monographies et documents isolés, divers cahiers de réponses à des questions que nous nous étions permis de ... nous ont été transmis par d'obligeants confrères ou ... de bienveillants érudits qui ont tenu à encourager nos efforts. Nous prions les uns et les autres d'agréer comme remerciment cette mention collective : la liste de ceux à qui nous sommes obligés serait longue, et encore craindrions-nous de la laisser incomplète. Nous tenons cependant à consigner ici notre particulière reconnaissance à M. l'abbé Villevieille, vicaire à la Métropole, qui, s'étant chargé de la correction des épreuves, a atténué dans la mesure possible l'inconvénient très réel pour un auteur de faire imprimer un livre loin de sa résidence.

Aux diverses paroisses nous eussions voulu assigner une

Contraste insuffisant

NF Z 43-120-14

part égale à leur importance ou à leur rang hiérarchique : cette proportion n'a pu être réalisée exactement. Une paroisse peu considérable, mais riche en titres, jouira nécessairement d'une mention plus étendue qu'une autre plus importante, mais presque dépourvue de documents. Le passé ne s'invente pas, il se constate. La même observation s'applique aux faits eux-mêmes. De menus évènements sont connus dans leurs détails, tandis que d'autres d'un intérêt majeur n'ont laissé qu'une date et un nom. Ici encore il faut mettre en œuvre ce qu'on possède, sans vouloir suppléer par l'imagination à ce qu'on ignore.

Cet ouvrage est divisé en quatre parties correspondant aux quatre anciens diocèses dont le diocèse d'Aix actuel a été formé. Dans chaque diocèse les paroisses sont groupées d'après les divisions physiques, vallées, montagnes, etc., et ordonnées d'après leur ancienneté. Quand la filiation est sûrement établie, nous joignons aux paroisses-mères celles qui en sont issues.

Au nom de chaque paroisse est jointe son appellation latine. Sauf pour Beaurecueil et Charleval, dont la formation était sans difficulté, ces noms latins nous ont été fournis par les chartes et les bulles du moyen-âge. Viennent ensuite l'origine de la paroisse, les faits qui s'y sont passés, les personnages qu'elle a produits, les curés qui l'ont évangélisée ; puis l'histoire et, s'il y a lieu, la description de l'église et des diverses chapelles. Entre deux, une brève statistique comparant l'état de la paroisse aujourd'hui et il y a cent ans, population, clergé, ordres religieux, etc.

Malgré des défauts sur lesquels nous ne nous faisons point illusion, nous osons présenter ce livre au public religieux, aux amis de l'histoire locale.

Un désir de M. le vicaire général Marbot, très honorable pour nous, encore plus indulgent qu'honorable, nous le fit entreprendre il y a dix ans. De sa parole autorisée notre vaillant Archevêque a daigné soutenir et encourager nos recherches. Heureux serions-nous si le lecteur, *benevolus lector*, comme on disait autrefois, voulait bien accorder que nous n'avons point trop présumé de nos forces en nous proposant ce but difficile, un livre à la fois à lire et à consulter. Plus heureux, si, faisant mieux connaître nos paroisses, nous contribuons à les faire aimer davantage, et avec elles la sainte Eglise dont elles maintiennent l'influence et répandent les bienfaits.

# PRINCIPES

## POUR DÉTERMINER L'AGE DES PAROISSES

1° Les cathédrales primitives, c'est-à-dire Aix et Arles, sont canoniquement les seules paroisses de l'âge apostolique. On peut y ajouter, à cause d'une tradition bien établie, Tarascon et les Saintes-Maries.

2° Les autres paroisses des villes épiscopales ne sont jamais antérieures au XI^e siècle.

— Dans les campagnes, les paroisses se divisent en trois groupes :

1° Celles qui ont succédé à un centre de population incontestablement romain, comme Trets, Rognes, Saint-Remy, etc. Elles remontent au IV^e siècle, quelques-unes peut-être au III^e.

2° Celles dont l'église primitive était renfermée dans un *castrum* datent de l'époque des invasions, quelques-unes des V^e-VII^e siècles, la plupart des VIII^e-XI^e siècles.

3° Viennent enfin les paroisses démembrées des précédentes pour la plus grande commodité des fidèles, ainsi Septèmes distrait des Pennes au XVII^e siècle, Les Milles de Saint-Sauveur au XVIII^e, les Pinchinats de la Madeleine au XIX^e.

# FORMATION ET DIVISION DU DIOCÈSE

L'archidiocèse d'Aix tel que l'a constitué le Concordat de 1801, modifié par la bulle du 6 des calendes d'août 1818 [1], rétablissant les diocèses de Marseille et de Fréjus, a les mêmes limites que les arrondissements d'Aix et d'Arles, département des Bouches-du-Rhône, c'est-à-dire qu'il est borné par le Rhône, la Durance, la mer Méditerranée et par une ligne conventionnelle le séparant de l'arrondissement de Marseille, dans les Bouches-du-Rhône, et de celui de Brignoles, département du Var. Les diocèses limitrophes sont Avignon, Fréjus, Marseille, Nîmes.

Sa circonscription actuelle comprend 130 paroisses, qui dépendaient autrefois de quatre diocèses différents [2], supprimés par le Concordat de 1801 :

52 de l'ancien diocèse d'Aix ; — 54 de l'ancien diocèse d'Arles ; — 4 de l'ancien diocèse de Marseille ; — 20 de l'ancien diocèse d'Avignon ; avec une population de 190,000 âmes.

Cette nouvelle division paroissiale fut établie par mandement de Mgr Jérôme-Marie Champion de Cicé, en date du 1er mai 1803. Elle fut approuvée et confirmée par le cardinal Caprara, le 25 novembre 1804. La minute de ces documents, qui sont comme l'acte de naissance de nos paroisses, est conservée aux archives diocésaines.

(1) Mise à exécution en 1822 seulement. — L'archevêché d'Aix reçut alors pour suffragants les diocèses de Marseille, de Gap, de Digne, de Fréjus et d'Ajaccio, auxquels furent plus tard adjoints Alger et Nice. Alger est devenu chef-lieu de province ecclésiastique depuis.

(2) Comme curiosité voici les *districts* du diocèse constitutionnel des Bouches-du-Rhône : Aix, Apt, Arles, Martigues, Orange, Tarascon, Vaucluse.

## PREMIÈRE PARTIE

# ANCIEN DIOCÈSE D'AIX

L'ancien diocèse d'Aix comprenait 102 paroisses, divisées en 7 archiprêtrés. Il en a transmis 47 (aujourd'hui 52) au diocèse d'Aix actuel.

Des autres paroisses :

2, Saint-Savournin et Gréasque (avec Belcodène) ont passé au diocèse de Marseille ;

5, Corbières, Reillane, Villemus, Montfuron, Montjustin, au diocèse de Digne ;

19, *Pertuis*, Cucuron, la Tour-d'Aigues, Mirabeau, Beaumont, Vitrolles-d'Aigues, Peypin-d'Aigues, Cabrières-d'Aigues, la Bastide-des-Jourdans, Saint-Martin de la Brasque, la Bastidonne, Grambois, la Motte-d'Aigues, *Cadenet*, Lauris, Vaugines, Lourmarin, Villelaure, Ansouis, au diocèse d'Avignon ;

29, *Brignoles*, le Val, Correns, Châteauvert, Comps, la Celle, la Roquebrussanne, les Moulières, Garéoult, Mazaugues, Besse, Bras, Tourves, Rougiers, Pourrières, Seillons, Ollières, Brue, la Bastidonne, Pourcieux, Saint-Maximin, *Rians*, Artigues, la Verdière, Vinon, Ginasservis, Besaudun, Saint-Martin de Palières, Esparron, au diocèse de Fréjus.

Les villes soulignées étaient chef-lieu d'archiprêtré.

Ce diocèse, le plus considérable de Provence pour le nombre des paroisses, était peuplé de 140,000 âmes.

# VILLE D'AIX

*Aquæ Sextiæ*

# MÉTROPOLE SAINT-SAUVEUR

*Basilica metropolitana Sancti-Salvatoris aquensis*

## I. LES ORIGINES

Saint Maximin, un des disciples choisis par Jésus-Christ lui-même, « le premier des *anciens*, et le chef de la milice chrétienne après les Apôtres »[1], fut chassé de Palestine par la persécution dont le martyre de saint Etienne avait inauguré les fureurs[2]. Avec les autres membres de la famille de Béthanie, ses compagnons d'exil, il aborda la côte provençale. Lazare le ressuscité s'établit à Marseille. Maximin fonda l'Eglise d'Aix ; Sidoine l'aveugle-né, Marthe et Madeleine le suivirent à la colonie des Eaux Sextiennes. Mais bientôt Marthe prit le chemin de Tarascon et d'Avignon, villes qu'elle devait favoriser de ses exemples et de ses pré-

(1) Raban-Maur, archev. de Mayence, † 856. *De vitâ B. Mariæ Magdalenæ*, XXXVI.

(2) Environ l'an 35. Cette date est donnée par le monument le plus ancien qui existe sur ces questions, la Vie de sainte Madeleine du ve siècle, *texte primitif* que Raban-Maur a amplifié. C'est là tradition constante de notre Eglise, d'accord avec celle de l'Eglise romaine (Brev. Rom. *in festo sanctæ Marthæ)*. Les Actes des apôtres, c. VIII, indiquent une dispersion des disciples avant celle des apôtres.

dications ; Madeleine, que saint Pierre avait confiée à Maximin, ne put longtemps se soustraire à l'attrait de la solitude ; elle se retira dans la « Baume » sauvage, illustrée depuis par la vie angélique qu'elle y mena.

Ainsi raconte nos origines chrétiennes une tradition admise jusqu'au XVIe siècle sans conteste, attaquée depuis trois cents ans avec habileté et persévérance, vengée de nos jours par les recherches patientes d'un enfant du diocèse, M. Faillon. De nombreuses découvertes ont corroboré les conclusions des *Monuments inédits*, si bien qu'aujourd'hui les rôles sont renversés. Les anciennes attaques contre nos traditions ont subi de victorieuses réponses, tandis que les arguments nouveaux par lesquels on les a appuyées n'ont pas été réfutés. Le récit qu'on tolérait comme une hypothèse soutenable est, dans ses lignes principales au moins, rentré dans le domaine de l'histoire [1] ; et l'apostolicité de notre Eglise ne peut plus être niée sans témérité.

Une maison de néophyte abrita sans doute les réunions des premiers convertis de Maximin. Dès qu'il le put, notre apôtre érigea un oratoire, dont la place a été fidèlement gardée durant dix-huit siècles.

Cette *cella*, dédiée au Sauveur ressuscité, et connue sous le nom de Sainte-Chapelle, a subsisté jusqu'en 1808 dans la partie supérieure de la nef romane de Saint-Sauveur. Sa plus récente restauration datait de l'époque mérovingienne :

(1) Rohrbacher et Darras, les deux grands historiens de l'Eglise en ce siècle, l'admettent sans hésitation.

à ce titre seul, elle comptait parmi les plus vénérables antiquités chrétiennes et françaises. Elle était voûtée, avec abside ; quoique enfermée dans la grande église, elle avait gardé sa toiture, comme la sainte maison de Lorette, témoignage singulier de son ancienneté non moins que de la vénération dont on l'entourait. Ses dimensions n'avaient pu lui concilier ce respect : dix personnes au plus y pouvaient tenir. Etablie sur le sol primitif, de deux mètres plus bas que le sol actuel, elle présentait une saillie qui ne dépassait pas trois mètres au dessus du pavé.

Ces murs avaient entendu la prédication de Maximin, la prière du martyr Alexandre de Brescia, des pontifes Sidoine, Blaise, Siffred, lignée sainte qui n'a guère laissé que son nom à la piété populaire. Ils avaient été témoins des larmes et des ravissements de Madeleine. On a même conclu de sérieux documents, que l'admirable pénitente, transportée par les anges, reçut sa communion dernière dans cet oratoire, et qu'elle y passa « de son extase terrestre et interrompue à l'extase immobile de l'éternité ! » [1]

Des preuves multiples autorisent en tout cas à affirmer que les restes de sainte Madeleine furent pieusement déposés dans l'oratoire du Sauveur par saint Maximin [2], lequel

(1) Sortitus est Maximinus Aquensem civitatem... in qua beata Maria Magdalena complevit cursum peregrinationis suæ. Raban-Maur. — Die obitus imminente, in ecclesiam urbis (cujus erat episcopus sanctus Maximinus) deportata fuit, ubi accepit eucharistiam.... Anc. Brev. de Meaux, d'après une version de la *Vie* du ve siècle, version antérieure à la rédaction de Raban-Maur.

(2) En 664, Théodose, archevêque d'Arles, « apud civitatem Aquis divertit : non procul a muro civitatis oratorium sancti Salvatoris sæpius ora-

y mourut [1], et y fut enseveli ainsi que ses premiers successeurs.

Au VIII^e siècle, à l'approche des Sarrasins, ces reliques, avec les tombeaux qui les contenaient, furent transférées au monastère fortifié des religieux cassianites, sis au bourg de *Rodan*, nommé depuis *Saint-Maximin*. Elles furent ainsi soustraites à la profanation, mais, le danger passé, ne firent plus retour à la ville d'Aix.

Cette ville, au reste, prise et saccagée en 737, demeura longtemps en ruines. La Sainte-Chapelle survécut cependant au désastre, défendue par son exiguïté, peut-être aussi par un calcul des Sarrasins qui épargnaient les lieux vénérés pour établir à l'entrée un péage à leur profit.

On verra plus loin comment au XI^e siècle une église nouvelle vint former à la Sainte-Chapelle comme un vestibule d'honneur. C'est à cette époque, 1110 que son nouvel autel fut consacré par l'archevêque Pierre III, assisté des évêques de Toulon et de Sisteron.

Le jour de la Transfiguration [2], la messe s'y célébrait

tionis causa ingressus, corpus Mariæ Magdalenæ carissimæ Dei dilectricis quod ibidem tumulatum existit identidem veneratur. » Cité dans le résumé des archives d'Arles, par le P. Jean-Jacques, augustin, et par Pitton, *Déf. de la Trad.* On ne s'explique pas pourquoi M. Faillon, qui cite aussi ce texte, en a omis les mots qui contrariaient son sentiment sur le lieu de la mort de sainte Madeleine. V. encore *Jul. Petri Chron.*, ann. 254. — Sigeb. de Gembloux, *Chron.*, ann. 746. — Petrus de Natal, *Catal. sanct.*, v, 102. — Dom Martène, *Voy. litt.*, 279. — Achard. *Dict. géogr. de Prov.*, 320. — Brév. du card. Quignoni. — Brév. d'Aix. — Est-il admissible d'ailleurs que nos pères aient laissé emporter successivement, dans une localité éloignée, les restes de leurs apôtres ?

(1) Charte de Rostang d'Hyères, 1060.

(2) Ce mystère a remplacé la Résurrection comme titulaire de Saint-Sauveur, au XIV^e siècle.

d'après un rit particulier, qu'on retrouve encore dans la liturgie grecque. L'officiant ayant commencé la messe à l'autel majeur, descendait, après l'évangile, à la Sainte-Chapelle, d'où il ne remontait qu'au dernier évangile, qu'il venait dire au premier autel.

Le souvenir de nos premiers apôtres avait protégé la Sainte-Chapelle à travers les âges. « Vere locus iste sanctus est », lisait-on au dessus de la porte. Les gens d'armes laissaient leur épée à l'entrée, et les femmes s'étaient imposé de n'en point franchir le seuil. L'acte de vandalisme, devant lequel les terroristes avaient reculé, un architecte du XIXe siècle l'imposa au nom de la symétrie à un évêque qu'on regrette de trouver associé à cette destruction, d'autant plus qu'il a laissé pour le reste de son œuvre la mémoire d'un administrateur aussi sage que fécond. La crypte vénérée fut comblée, *æquata solo*, comme on disait à Rome des villes rasées par un vainqueur impitoyable. Cette besogne égalitaire fut si exactement accomplie, qu'on passe aujourd'hui sur ces fondations sacrées sans en soupçonner la présence.

Le sépulcre de la Sainte-Chapelle a-t-il été scellé pour toujours? — C'est le secret de l'avenir. Espérons que sainte Madeleine, qui fut un témoin de résurrection, aplanira les obstacles qui ont retardé jusqu'à ce jour le relèvement de ce sanctuaire, et procurera à un des successeurs de saint Maximin la consolation de restituer au peuple aquisextain le berceau de sa foi.

## 2. LA CONSTRUCTION

Dans le procès-verbal de la dédicace de l'église romane, 1103, l'archevêque Pierre III déclare « la nouvelle église du Seigneur notre Sauveur sise entre deux églises : au nord, l'église de la Mère de Dieu ; au midi, l'église du bienheureux Jean-Baptiste ; à l'orient, l'oratoire du Seigneur notre Sauveur. » (*Arch. dép.*)

De même que la plupart des cathédrales, spécialement celles du midi de la France, Avignon, Valence, Gap, etc [1], Saint-Sauveur présentait, au XII^e siècle, une sorte de trilogie monumentale, dédiée au Christ, à la Vierge et à saint Jean-Baptiste. Trois églises s'étaient groupées auprès de l'oratoire vénéré, le Baptistère, Notre-Dame, Saint-Sauveur.

**Baptistère** (IV^e siècle). — Ce monument aurait, d'après nos anciens historiens, remplacé un temple d'Apollon. Cette substitution s'est produite fréquemment à partir du IV^e siècle, et on en possède la preuve pour nombre de vieilles églises. Les baptistères étaient des édifices circulaires qui présentaient au centre une piscine dans laquelle les catéchumènes descendaient par trois marches, et dont ils sortaient par trois autres à l'opposé des premières. Quand le

(1) Le docte Chantelou expliquant une bulle du X^e siècle, en faveur de l'abbaye bénédictine de Villeneuve, observe que « monasterium habebat *tres ecclesias ad instar cathedralium.* » Man. de la Bibl. d'Avignon.

baptême cessa d'être administré par immersion, XIVe siècle [1], les piscines furent comblées, et au dessus fut posée une cuve baptismale. La cuve octogone de Saint-Sauveur date de cette époque. Ces baptistères étaient de vraies églises, dédiées à saint Jean-Baptiste. Des autels étaient disposés dans les entre-colonnements ; à Saint-Sauveur, il y en avait sept, un en l'honneur de chaque sacrement.

Le baptistère demeura isolé, tel qu'une large tour, jusqu'au XIe siècle. Il est marqué, dans la bulle de 1082, comme un des édifices « laissés en solitude » après les ravages des Sarrasins.

Ses huit grandes colonnes étaient couronnées d'un second ordre de colonnes moindres avec un couronnement à ciel ouvert ; mais en 1577 le chanoine Jean de Leone supprima le second ordre, y substituant le dôme actuel.

Ce monument conserve les plus vieux souvenirs des paroisses de l'ancien diocèse. En effet, avant la multiplication des fonts dans la campagne, tous les baptêmes diocésains y étaient administrés. Ceux de la ville d'Aix l'ont été jusqu'au XIVe siècle. La procession qui s'y rend aux fêtes de Pâques et de la Pentecôte, après vêpres, rappelle les visites solennelles que les néophytes, revêtus de robes blanches, faisaient pendant huit jours au baptistère, pour y recevoir les dernières instructions des prêtres.

(1) Saint Thomas dit que l'immersion est *communior usus*. *Summa theol.*, 3e p., q. 66. — Le concile de Nîmes, 1284, ne dispense de l'immersion qu'en péril de mort.

**Église Notre-Dame.** — Une église antérieure à la nef du *Corpus Domini*, bâtie en même temps que le Baptistère, ou peu après, a existé sur l'emplacement de la grande nef de Saint-Sauveur.

Tout baptistère réclamait dans le voisinage une grande église, ordinairement l'église épiscopale. Diverses cérémonies, celles du samedi-saint par exemple, s'opéraient partie dans l'un, partie dans l'autre. Après la réception du baptême et de la confirmation, les néophytes se rendaient dans l'église voisine pour entendre la messe de l'évêque et y communier.

On retrouve distinctement dans la grande nef les vestiges de cette antique église. Contrastant avec le style ogival de la voûte, de larges arcatures romanes, surmontées d'une corniche de même style, se profilent sur les murs et se correspondent symétriquement. La coupe transversale des anciens chapiteaux se reconnait, quoique les moulures saillantes aient été supprimées à l'époque où la nef reçut sa voûte ogivale [1].

(1) Des architectes éminents, tels que M. Revoil et M. l'abbé Pougnet, admettent comme certaine l'existence de cette ancienne église. Nous ne pouvons cependant partager le sentiment de M. Revoil qui, dans son ouvrage *L'Architecture romane du Midi de la France*, t. III. *Appendice*, estime le *Corpus Domini* plus ancien que Notre-Dame. Celle-ci serait l'église plus grande dont parle la bulle de Pierre II : celle-là remonterait à la belle époque carolingienne, IXe siècle. Ce système que, au point de vue architectonique, il serait téméraire d'attaquer contre un spécialiste si autorisé, paraît inadmissible historiquement. Il ne tient pas compte de l'état de la ville d'Aix au IXe siècle, et moins encore des chartes qui fixent nettement la construction du *Corpus Domini* au XIe siècle. Les variétés de style fournissent sans doute des données approximatives pour déterminer l'âge d'un monument, mais pour précieuses qu'elles soient, ces données ne vaudront jamais les documents écrits, inscriptions, chartes, etc.

Cette église était dédiée à la Mère de Dieu, d'après le procès-verbal de 1103 : elle porte en divers actes le vocable de *Sainte-Marie de la Résurrection.* L'existence de cette église éclaircit plusieurs points de l'histoire de Saint-Sauveur, restés obscurs jusqu'ici :

1° L'isolement du baptistère, sans exemple dans l'antiquité chrétienne, disparaît. Pitton, et ceux qui l'ont suivi, M. Faillon, entre autres, gênés par l'identification qu'ils admettaient de l'église Sainte-Marie avec Notre-Dame de Consolation et même avec Notre-Dame de la Seds, faute de reconnaître la présence de cette église à Saint-Sauveur même, malgré les termes si précis du procès-verbal de consécration, comprenant pourtant que le Baptistère et l'oratoire du Sauveur n'avaient pu rester isolés, supposaient sans preuve l'existence d'un monastère fondé en cet endroit au IVe ou au Ve siècle. « Cette supposition, écrivait M. Faillon, *Mon. in.*, I, 522, est peut-être le seul moyen qui explique l'origine de cette quantité de colonnes et d'autres ornements découverts auprès de l'oratoire, et qu'on a retirés de terre surtout pendant le XVIIe siècle. » Cette supposition a le double défaut d'être gratuite et inutile.

2° La bulle de 1082 qui, niée l'existence de cette église, abonde de difficultés insolubles, devient intelligible en son entier.

Le collège de prêtres (presbyterium) qui entourait l'évêque à la Seds s'était dispersé en 737. Il ne fut reconstitué qu'après un intervalle de deux siècles. A ce moment, un retour marqué à la discipline primitive se produisait dans tous les chapitres. Celui d'Aix fut donc rétabli sous forme de congrégation monastique, soumise à la règle de saint Augustin.

Ce ne fut pas à la Seds, mais auprès de la Sainte-Chapelle et de l'église Notre-Dame, que ce rétablissement s'opéra. Ces églises vénérées étaient abandonnées, mais intactes. Quand les descendants des habitants qui avaient été dispersés par l'invasion se crurent à l'abri d'un retour offensif des Sarrasins, ils s'occupèrent de rétablir la ville. Le Chapitre donnait l'exemple. Aussi tandis que deux autres agglomérations s'établissaient à la Seds et près du Palais, la majeure partie des habitants constituait une ville importante autour de l'église Notre-Dame, réoccupée par les chanoines réguliers. Ses monuments religieux ont donc sauvé la ville d'Aix d'une perte totale, qui frappa à cette époque, en Provence même, plusieurs villes épiscopales, dont il n'est resté que le nom.

Le choix de cet endroit par le Chapitre est une preuve de plus de l'existence antérieure de l'église de Notre-Dame. S'il n'avait eu que le Baptistère pour le recevoir, il se fût fixé à la Seds : en tout cas, il n'eût pas bâti le cloître Saint-Sauveur avant de s'être pourvu d'une église suffisante ; or des actes conclus dans le cloître au milieu du XIe siècle, attestent qu'il était construit avant la nef du *Corpus Domini*. D'autre part, et ceci répond à l'opinion qui établirait le Chapitre *régulier* d'abord à la Seds, on ne trouve à la Seds aucun vestige de cloître : l'épitaphe du chanoine *grammai-*

*rien*, du xe siècle incontestablement, se lit à Saint-Sauveur. et non à la Seds.

L'archevêque résidait à cette époque au *castrum* des Tours, près l'ancienne cathédrale, mais il possédait une maison à côté de Notre-Dame. La présence du Chapitre rendit à ce saint lieu son antique prééminence, et peu à peu on s'habitua à considérer la Sainte-Chapelle et les églises qui en dépendaient comme l'unique cathédrale. Rappelons que de temps immémorial ce quartier a porté le nom de quartier Notre-Dame.

La coexistence de deux églises dédiées à la sainte Vierge, Notre-Dame de Saint-Sauveur et Notre-Dame de la Seds, toutes deux sièges de l'évêque d'Aix [1], avec des alternatives qui ont fait passer la prééminence de l'une à l'autre, produit nécessairement des incertitudes d'attribution dans les documents qui se rapportent à ces églises. Il y a entre elles comme une frontière à délimitation incertaine, et des territoires en litige. Une de ces chartes à attribution discutable paraît désigner clairement Notre-Dame de Saint-Sauveur ; c'est la donation de Pierre III aux chanoines, en 1103, ainsi conçue : « Donavit altari beate Marie et altari gloriosi Salvatoris, et canonicis *ibidem* Deo servientibus. » Dans la bulle de 1082, citée plus loin, les chanoines sont nommés une fois *canonici aquensis ecclesie et gloriosi Salvatoris*, l'autre fois *canonici beate Marie et gloriosi Salvatoris*.

(1) Du ve au xie siècle, les évêques ont regardé Saint-Sauveur et la Seds comme églises cathédrales. Plusieurs diocèses avaient de ces églises concathédrales. Saint-Jean-de-Latran, Saint-Pierre, Sainte-Marie-Majeure, ne sont-ils pas en même temps basiliques papales ?

L'église capitulaire Notre-Dame devint nef secondaire quand l'église du peuple (*Corpus Domini*) lui fut juxtaposée : elle redevint nef principale au XV$^{e}$ siècle. Comme la plupart des anciennes basiliques, elle avait pour toiture une charpente apparente. A la fin du moyen-âge, cette charpente fut remplacée par la voûte ogivale actuelle [1].

**Église Saint-Maximin et Sainte-Madeleine.**— Ces trois monuments « le siège de l'église d'Aix, consacré à l'honneur de sainte Marie, avec l'oratoire du saint Sauveur notre Dieu, et le baptistère du bienheureux Jean, demeurèrent en solitude, le cours de nombreuses années, avec le reste de la ville d'Aix, en suite de la destruction de cette ville par les païens [2] », c'est-à-dire les Sarrasins, en 737. Après deux siècles et plus de solitude, « ce lieu commença d'être habité par quelques religieux pour l'amour et révérence du vénérable oratoire du Sauveur. Entre ces hommes se distingua surtout le prévôt Benoît, louable par sa prudence et sa rare bonté, lequel, avec la protection divine et l'aide du clergé qui servait Dieu avec lui, enrichit et dota de tout son pouvoir et plus que personne ce même lieu de bâtisses, d'ornements et d'honneurs. »

Pour unir ces églises en une seule, il suffisait de jeter

(1) Les exemples de cette transformation sont nombreux, l'église de Paray-le-Monial, la cathédrale d'Autun, etc.

(2) Bulle de l'archevêque Pierre, en 1082, (*Arch. dép.*). A ce moment Sainte-Marie était *siège* ou cathédrale d'Aix, reconnue presque exclusivement comme tel, depuis un siècle environ, c'est-à-dire depuis le rétablissement du Chapitre.

hardiment une voûte du mur de Notre-Dame à celui du Baptistère. C'est l'œuvre, qu'après l'achèvement de la *canonica* et du cloître, entreprit Benoît, le premier connu, mais non le plus ancien des prévôts du Chapitre.

Vers l'an 1060, l'archevêque Rostang, le prévôt et les chanoines adressèrent une bulle « à tous les fidèles de la chrétienté », réclamant, pour l'amour du Sauveur, de saint Maximin et de sainte Madeleine, des aumônes afin d'édifier la nouvelle église. Une autre bulle, — le titre le plus important de nos archives diocésaines —, fut donnée en 1082 par l'archevêque Pierre II, avec le contre-seing des évêques de Marseille et de Cavaillon. Elle confirme ou concède, *pour l'honneur de Dieu et la restauration du siège d'Aix*, aux chanoines « omnipotentis Salvatoris et sanctæ Mariæ aquensis sedis », l'alleu de Saint-Sauveur et Sainte-Marie, toutes les églises de la ville d'Aix, l'église paroissiale Saint-Maurice du Puy-Sainte-Réparade, ainsi que celles de Sainte-Réparade et de Saint-André, celles de Saint-Canadet de Félines, de Lignane, de Sainte-Marie et de Saint-Michel de Mallemort, de Lambesc, de Sainte-Marie de Château-renard, de Meyrargues, de Venelles, de Trébillanne, de Lançon, d'Aurons, l'église paroissiale d'Istres, etc., pour aider à l'achèvement de la nouvelle église.

Cette église fut consacrée le 7 août 1103 par l'archevêque Pierre III, en présence de Gibelin, archevêque d'Arles, et des évêques de Cavaillon, de Fréjus et de Riez. Le procès-verbal donne la liste des chanoines : Foulque, prévôt, successeur de Benoît en attendant de l'être de l'archevêque ;

Hugues, archidiacre ; Brémond, sacriste ; Geoffroy et Pierre, archiprêtres ; Norbert, Pierre, Hugues, Guillaume, Girard, chanoines. L'autel placé sous la coupole fut dédié à saint Maximin et sainte Madeleine, fondateurs de l'Eglise d'Aix. Le presbyterium, en arrière de l'autel, s'appela chœur de saint Maximin. Une porte au fond, du côté de l'épitre, donnait accès à la Sainte-Chapelle ; une autre s'ouvrait sur le baptistère. Un arc vers le bas mit en communication l'ancienne et la nouvelle église : celle-ci désormais affectée au peuple, pour qui principalement elle avait été construite ; [1] celle-là demeurant église épiscopale.

— Le prince de Salerne (Charles II), prenant le terrain sur le cimetière, fit le transept en 1280, après quoi on construisit l'abside et le chœur de la grande nef. La partie inférieure de cette nef (ancienne église Notre-Dame), fut prolongée d'une travée en 1472 (convention entre le Chapitre et Hélion l'Auvergnat, coût 1900 florins). Le clocher, commencé en 1323, fut achevé en 1425, en même temps que la chapelle absidale. La première pierre du portail fut posée le 20 mars 1477, par l'archevêque Olivier de Pennard, en présence du roi René. Le même archevêque acheva la nef de gauche, qui a été remaniée plus tard. La construction du nouveau Saint-Sauveur avait duré quatre cents ans, 1060-1478.

Une nouvelle dédicace fut faite, sous le titre de la Transfiguration, par Antoine Imberti, coadjuteur de Pierre VIII

(1) V. charte de l'archevêque Rostang, 1060, (*Arch. dép.*) : « Incepimus construere ecclesiam in qua vos et alii venientes spatiose possitis manere, et vigilias vestras sancto Salvatori licenter reddere. »

Filholi, en 1534, et le 7 août, jour de la dédicace précédente, pour n'avoir pas à changer de date une fête chômée.

## 3. HISTOIRE

XII<sup>e</sup> SIÈCLE, 1112. — Concile présidé par l'archevêque Pierre III. Furent présents : Laugier d'Agoult, évêque d'Apt, et Gérard, de Sisteron, le prévôt Foulque, etc.

1150. — Plaid de toute la nation provençale, tenu à Saint-Sauveur, en présence du comte Bérenger Raymond, pour trouver remède aux maux causés par la longue guerre contre les princes des Baux, et régler les diverses branches de l'administration.

1176. — Funérailles du comte Raymond Bérenger II, mort, à l'âge de trente ans, d'un coup d'arbalète dans la tête au siège de Nice. Cette ville, assiégée de nouveau, venait de capituler, et le comte Ildefons, ne voulant pas pressurer ses sujets, avait exigé seulement une indemnité de guerre et la présence des notables de Nice aux funérailles de son prédécesseur. « Dans cette lugubre magnificence, le corps du prince défunt fut porté comme en triomphe sur les épaules de quatre illustres vaincus, qui estaient les consuls, et quelques-uns des plus apparens de Nice. Ce fut dans Saint-Sauveur qu'on lui rendit les derniers devoirs, et où il fut enseveli dans le tombeau des archevêques comme le plus honorable. Les poëtes honorèrent cette pompe funèbre par mille inscriptions. Comme ce prince les avait favorisez, leurs muses célébrèrent hautement sa mémoire. L'archevêque Hugues officia à ses funérailles. »[1]

1185. — Les chanoines interviennent aux Etats de Provence, et prient le comte Ildefons II d'étendre sa protection sur les églises Notre-Dame et Saint-Sauveur, ainsi que sur celle de Saint-André. Ildefons acquiesce à la requête et accorde à ces églises d'importantes donations.

XIIIe SIÈCLE, 1246. — Charles d'Anjou, frère de saint Louis[2], prend possession de la Provence, au nom de sa femme la comtesse Béatrix. Il est reçu à la porte de Saint-Sauveur par le prévôt qui lui rend hommage pour le Bourg sur lequel il a juridiction. Charles, requis de confirmer les privilèges de la ville d'Aix, signe l'acte demandé, qui finit ainsi : « Fait à Aix, dans le bourg Saint-Sauveur, et devant l'église dudit Saint-Sauveur, en présence du seigneur évêque d'Orléans, etc... »

1266. — Bertrand des Baux lègue à l'église Saint-Sauveur 50 sous tournois pour son anniversaire à perpétuité.

1270. — Assemblée de la nation à Saint-Sauveur, en présence du sénéchal et de l'évêque de Sisteron. L'archevêque Vicedominis[3] accorde aux aixois licence de lignage, pâturage, etc., ès-terres de son Eglise, savoir, Jouques, Tholonet, Vauvenargues, Peyrolles.

(1) De Haitze, *Histoire de la ville d'Aix*, I, xxxviii. (Public. de la *Revue Sextienne*.)

(2) Bien qu'aucun document ne parle de la visite de saint Louis à Saint-Sauveur, lors de son passage à Aix en 1254, on ne peut douter que ce pieux monarque, qui arrivait de la sainte Baume, n'ait visité la Sainte-Chapelle.

(3) Le même qui fut élu pape et mourut avant d'être couronné.

XIVe SIÈCLE, 1305, 1er novembre. — L'archevêque Rostang de Noves et les évêques de Sisteron et de Gap, réunis à Saint-Sauveur pour le sacre du chanoine Gantelmi, élu évêque de Riez, accordent des indulgences pour l'achèvement de cette église.

1312, 15 août. — Bonacursius, évêque de Tricarique, dans la Basilicate, et auxiliaire de l'archevêque, ayant été frappé d'apoplexie en commençant la messe à l'autel de l'Annonciation, se recommande à la sainte Vierge, et se relève guéri. Bonacursius, † 1325, fut enterré, selon sa volonté, devant l'autel de sa céleste bienfaitrice. Sa pierre tombale s'y voit encore, et la scène miraculeuse a été reproduite sur le rétable de Notre-Dame d'Espérance.

1370. — Le bienheureux pape Urbain V s'agenouille devant la statue de Notre-Dame de la Seds (à Saint-Sauveur depuis 1366). Il obtient la guérison d'une fièvre qui le minait depuis longtemps.

1383. — Translation des reliques de saint Mitre, de la Seds à Saint-Sauveur.

1387, 21 octobre. — Entrée à Saint-Sauveur du roi Louis II et de la reine régente Marie de Blois, sa mère. Le 27 octembre (sic), en vertu du privilège comtal, Louis II, âgé de dix ans, « fu reçeu comme chanoine, vesti surplis et aulmuce et chappe, et sci en estal en chor [1], et eust distribucions. » L'office fut présidé et le sermon prêché par l'évêque de Raab, en Hongrie [2].

(1) S'assit en stalle au chœur.

(2) Journal de Lefèvre, évêque de Chartres, témoin oculaire.

XV$^{me}$ Siècle, 1407. — L'ambassade envoyée par le roi de France Charles VI au pape d'Avignon Benoît XIII, dans le dessein de mettre un terme au schisme d'Occident, fit son entrée à Aix, l'avant-veille de l'Ascension. Elle avait à sa tête le patriarche d'Alexandrie Simon de Cramaud, et se composait de l'archevêque de Tours, des évêques de Beauvais, de Meaux, de Cambrai, de Troyes et d'Evreux, des abbés de Jumièges, de Clairvaux et de Saint-Etienne de Dijon, des plus fameux docteurs de l'Université de Paris, Jean Gerson, Guillaume Philastre (futur archevêque d'Aix), Jean Courtecuisse, Jean Petit, suivis d'une foule de laïques de distinction. Ils furent joints, la veille de l'Ascension, par les ambassadeurs de Grégoire XII, le pape de Rome, parmi lesquels se trouvaient l'évêque de Todi, l'archevêque de Bologne et les plus savants docteurs de l'Université de cette ville [1].

Les deux ambassades se rendirent à Marseille, auprès de Benoît XIII qui résidait à Saint-Victor, et lui demandèrent de prendre le même engagement que son compétiteur, lequel était décidé à se démettre ; mais elles n'obtinrent que de vagues promesses. Elles revinrent donc à Aix, et pour obtenir les grâces de lumière et de sagesse si nécessaires à l'Eglise en ces fâcheuses conjonctures, assistèrent à une messe solennelle du Saint-Esprit, qui fut chantée à Saint-Sauveur. On tint ensuite plusieurs conférences dont la conclusion fut de ménager une entrevue à Savone entre les

(1) Dupuis. *Hist. gén. du schisme d'Occident.*

deux compétiteurs. Les ambassadeurs s'étant partagés en trois groupes transmirent cette décision à Benoît XIII, à Grégoire XII et au roi de France. En 1409, un concile national, dont la réunion était motivée par la prolongation du schisme, fut tenu à Saint-Sauveur. Il rassembla les évêques des trois provinces d'Aix, d'Arles et d'Embrun, sous la présidence de l'archevêque d'Aix, Thomas de Puppio. Il s'agissait d'élire des délégués au concile de Pise. Les prélats se souvinrent de l'énergie avec laquelle notre archevêque s'élevait depuis trois ans contre l'opiniâtreté de Benoît; il fut désigné le premier. Thomas de Puppio contribua puissamment à la déposition des deux papes douteux, et à l'élection de Martin V qui termina le schisme d'Occident.

1437, 29 décembre. — Le roi René est installé chanoine. Il jure de conserver les libertés et de défendre les privilèges du chapitre, et signe le procès-verbal au milieu du chœur.

1480, 14 juillet. — Obsèques du roi René, présidées par l'archevêque Olivier de Pennart, son ami. Ses restes furent inhumés dans le sanctuaire. On avait commencé l'érection d'un superbe mausolée, quand on découvrit que le corps du bon roi avait disparu. Avec la connivence du chanoine Pinchinat, Jeanne de Laval, sa veuve, l'avait fait enlever nuitamment et transporter à Angers, en l'église Saint-Maurice.

XVI^me^ Siècle, 1536. — Charles-Quint envahit la Provence avec une armée de 60,000 hommes, et se présenta devant la ville d'Aix qui, d'ordre du maréchal de Montmorency, ne se défendit point. Il entra le 12 août, « couver sur sa cotte d'armes, d'une casaque de damas blanc, et une bourguinote à la tête parée d'un bouquet de plumes blanches, violettes et orangées », et descendit à l'archevêché.

Le 13, il se fit couronner à Saint-Sauveur roi d'Arles et comte de Provence. Ce ne fut bien entendu ni l'archevêque ni son coadjuteur qui remplirent cette fonction, mais l'évêque de Nice, Jérôme d'Arsagio, que l'empereur menait à sa suite. A l'offertoire, l'empereur monta les degrés de l'autel, s'agenouilla et reçut la couronne. Un prêtre napolitain, nommé Capel, débita ensuite un discours pompeux dans lequel il éleva Charles au-dessus de Constantin et de Charlemagne. Il établit un parallèle entre Josué et Charles-Quint, traita, comme son thème le demandait, le roi de France de pharaon et de philistin, et prouva par arguments tirés de la douceur du climat, de la beauté des fruits, etc., que la Provence était la Terre promise des temps nouveaux.

L'empereur, homme d'esprit pourtant, se laissa prendre à la flatterie. Quand l'orateur à la descente de chaire vint lui baiser les pieds, il le releva et, en l'embrassant, lui promit l'archevêché d'Aix, auquel d'ailleurs le napolitain n'arriva jamais.

Charles-Quint tint mieux sa promesse de protéger les couvents et les églises. Les reliques et l'argenterie de Saint-Sauveur avaient été portées dans un couvent de femmes, comme dans un abri plus sûr. Quelques soldats l'ayant appris tentèrent d'y pénétrer. Charles les punit. A Saint-Sauveur même, un soldat luthérien eut la sacrilège audace de s'emparer de la custode et de fouler aux pieds les saintes espèces. L'empereur indigné fit pendre incontinent l'auteur de l'attentat devant le portail de l'église, et pour l'exemple ordonna de laisser le cadavre accroché à la potence.

« Ipse ego tunc illum vidi ventare per auras, »

dit l'auteur de la *Meygra Entrepriza*.

**Protestantisme.** 1566. — Le beau jour de Noël, une scène qu'on voudrait pouvoir effacer de l'histoire se passe à Saint-Sauveur. L'archevêque Jean de Saint-Chamond, sur le point d'être déposé par le saint-siége, prévient sa condamnation. Du haut de la chaire, il déclame violemment contre l'Eglise romaine, et déclare qu'il abdique l'archevêché. Joignant les actes aux paroles, il se dépouille avec mépris de ses insignes pontificaux et s'enfuit, laissant l'assemblée stupéfaite. Mais le vaillant chanoine Matal vole à la chaire, fait entendre une protestation indignée contre cette apostasie, et relève le courage du pauvre troupeau trahi par son pasteur. Il déclare en terminant que le chapitre prend sur l'heure l'administration du diocèse. Matal fut élu vicaire capitulaire. Le pape Pie V adressa un bref d'entière approbation au chapitre, pour sa conduite en ces tristes circonstances. Quant à Jean de Saint-Chamond, il se maria aussitôt, prit les armes contre les catholiques, et finit misérablement.

1574, 17 août. — Le chanoine François Boqui, s'étant rendu dans sa famille à Puymoisson, est massacré par les protestants.

1585, 24 février. — Concile provincial tenu par l'archevêque Canigiani, disciple de saint Charles Borromée. Les évêques d'Apt, de Gap, de Sisteron et de Riez y siégèrent ainsi que le grand vicaire de Fréjus. On y promulgua les décrets du concile de Trente, et on s'y occupa de l'institution des séminaires et de la bonne tenue des écoles paroissiales. On y décréta aussi l'adoption de la liturgie romaine à la place de la liturgie romano-provençale, qu'on eût eu le droit de garder d'après la bulle de saint Pie V, mais dont les livres n'auraient pu être réédités qu'avec des frais trop considérables. Deux canons présentent un intérêt archéologique, celui qui prescrit le silence dans les sacristies, et celui qui interdit de suspendre des fruits confits et autres friandises aux « rampaù » présentés à la bénédiction du prêtre, le dimanche des Rameaux.

1587. — Le gouverneur Henri, duc d'Angoulême, ayant été tué par Altovitis dans une rixe, on lui fit, en sa qualité de fils d'Henri II, des obsèques d'Enfant de France. Elles furent présidées par Gérard Bellanger, évêque de Fréjus, ancien chanoine de Saint-Sauveur. La Métropole fut toute tendue de noir, avec un grand catafalque dont on fit faire plusieurs fois le tour aux chevaux du prince. Henri d'Angoulême, inhumé dans le caveau des archevêques, y repose encore.

**La Ligue. 1589.** — D'Ampus, général des ligueurs, après la victoire sanglante qu'il avait remportée sur les royalistes, près de La Roque, se fit, vu sa blessure, porter à Saint-Sauveur en litière, pour le chant du *Te Deum*. Il offrit sept des drapeaux pris à l'ennemi pour les suspendre à la voûte.

La joie de ce succès fit bientôt place à la consternation, lorsque le corps de Gaspard de Vins, chef de la Ligue provençale, tué au siège de Grasse, fut apporté à Saint-Sauveur. On l'ensevelit entre la chapelle de saint Mitre et la porte de la sacristie. Le tombeau, qui portait la statue du duc agenouillé, a été détruit en 1793.

1590. — Les Etats de Provence, ne voulant à aucun prix d'un roi protestant, supplièrent le duc de Savoie « de vouloir bien secourir personnellement le pays, pour le maintenir en l'obéissance du roi très chrétien Charles X » (cardinal de Bourbon). Charles-Emmanuel, ambitieux et pêcheur en eau trouble comme tous ceux de sa race, accourut. Bien que se donnant comme « protecteur de cette province contre la rage de Bernard de Nogaret » (duc d'Epernon), et assurant faussement que le gouvernement lui avait été confié par « Henri de Bourbon, roi de Navarre, aspirant à la couronne de France, » sans parler de Charles X, il laissa vite percer qu'il travaillait pour son propre compte.

Il arriva le 18 novembre, ayant imposé une longue attente aux cours souveraines et au clergé réunis sur la place des Augustins. L'archevêque Canigiani, trois autres évêques, les chanoines en chapes d'or et de soie, le reçurent à la porte de la Métropole, où il arriva n'ayant entendu qu'un cri durant le défilé : *Vivo la Messo e soun Altesso !*

Le duc s'agenouilla sur un tapis. Il jura de défendre la foi catholique et les immunités de l'Eglise, puis baisa la croix que lui présentait l'archevêque, fut aspergé et s'avança, « omnibus tympanis hujus ecclesiæ pulsantibus et organis cum cantu musices. » Le chanoine Matal s'applaudit, à la fin de la relation [1] qui nous a fourni ces détails, du bel effet de l'illumination qu'il avait disposée dans l'église, effet favorisé par un temps nuageux et l'heure tardive de la cérémonie. Charles-Emmanuel logea à l'archevêché. Quelques jours après, Henri de Rabasse, un des députés qui l'étaient allé chercher à Turin au nom des Etats, eut un fils. Cet enfant fut baptisé à Saint-Sauveur, et tenu sur les fonts par le duc de Savoie et la comtesse de Sault qui n'avaient pas attendu ce jour-là pour agir en compère et commère.

Pour la Purification, le duc suivit la procession sous le cloître. Il fit don de six cents cierges de cire blanche aux assistants; ceux des chanoines pesaient plus d'un quarteron. Il entendit le premier sermon de la station le jour des Cendres, lava les pieds à douze pauvres le jeudi-saint, et, le jour de Pâques, assista et communia à la grand'messe. A l'offrande, il fit apporter un agneau rôti, s'en réserva un morceau et donna l'ordre de porter le reste aux capucins.

On sait comment la conversion d'Henri IV fit évanouir les rêves ambitieux de Charles-Emmanuel. En revenant à Turin, après dix-huit mois d'absence, il dit à sa femme : « Je viens de l'école, et vous verrez que je n'y ai pas perdu mon temps. »

1593. — Le siège d'Aix par le duc d'Epernon, chef de

(1) Conservée dans le recueil de Dubreuil, (*Man. de la Bibl. Méjanes*).

l'armée royaliste, fut un des épisodes les plus curieux de la Ligue. Il dura près d'un an, et jusqu'au bout la défense fut animée par l'archevêque Génébrard et le chanoine Matal, ligueurs déterminés. On plaça des canons sur le clocher de Saint-Sauveur et les galeries de l'archevêché. Le consul Chavignot, tandis qu'il donnait des ordres dans le cimetière, fut tué par la chute d'un clocheton qu'un boulet venait de briser. Détail à noter, le chapitre, qui avait protesté contre la Ligue à son origine et ne s'y était rallié que tardivement, fut le premier corps constitué qui se soumit à Henri IV après sa conversion. Le *Te Deum* chanté le 4 juin 1594, à l'occasion du retour du parlement royaliste, marqua la fin de la Ligue provençale.

XVII^e Siècle, 1601, 16 avril. — Assassinat du prévôt Desbiès. On le trouva, au point du jour, gisant sur les dalles du cloître. Le malheureux avait eu la poitrine écrasée à coups de sacs remplis de terre ou de plomb, quand il sortait de matines. Le capiscol Gonzard, accusé du crime sans preuve, fut incarcéré puis élargi par ordre de l'official.

1622, 11 novembre. — Louis XIII accorda au premier président de Forbin-Maynier le même honneur que Charles-Emmanuel avait fait au seigneur de Rabasse. Il tint un de ses enfants sur les fonts de Saint-Sauveur, et lui imposa son nom. De tels parrains ne portent point tort aux filleuls. Louis de Forbin, entré dans les ordres, devint doyen de Tarascon, puis à trente-deux ans évêque de Toulon.

**La Fronde. 1649.** — Voulant affaiblir l'opposition du

parlement, Mazarin avait créé une nouvelle magistrature qui rendait la justice pendant un semestre, et ne laissait par conséquent que six mois d'exercice aux anciens juges. Les aixois s'insurgèrent contre cette création ; c'est ce qu'on a appelé les troubles du Semestre.

On faisait, le jour de saint Sébastien, une procession autour de la ville pour demander la préservation de la peste. Or, le 20 janvier 1649, la tête du cortège sortait de Saint-Sauveur, lorsqu'un paysan survint effaré et criant : « Aux armes, aux armes, nous sommes perdus ! ». Le peuple, déjà mis en défiance par l'arrivée de plusieurs régiments, crut à un guet-apens du gouverneur comte d'Alais, et se persuada que les consuls en étaient complices. Ceux-ci arrivaient pour prendre part à la cérémonie. La foule, sentant les prétendus traitres sous sa main, quitte la procession, et pénètre dans l'église en poussant des cris de mort. Se réfugier dans la sacristie et fermer la porte à double tour fut pour les consuls l'affaire d'un instant. Tandis que la porte est ébranlée par la formidable poussée des assiégeants, les barricades s'élèvent dans les rues, un prêtre et plusieurs gentilshommes sont massacrés, la comtesse d'Alais échappe à grand'peine à la mort. Ce n'est plus de l'émotion, c'est une révolte. Les meneurs qui se sentent dépassés essaient de calmer les passions qu'ils ont excitées ; mais comme il arrive d'ordinaire en ces occurences, ils ne sont plus écoutés. Alors l'un d'eux, le cadet Duchaîne, se fait livrer les chaperons des consuls, et les jette au milieu de la foule. Ce grand enfant, semblable au taureau dont un lambeau d'étoffe détourne la fureur, se jette sur les insignes consulaires, les fixe au bout d'une pique, les crible de balles, et après les avoir promenés par la ville, heureux de son triomphe, se disperse en chantant.

Les consuls passèrent la nuit à la sacristie plus morts que vifs ; le lendemain ils furent conduits en prison sur l'ordre des parlementaires.

L'épilogue de cette affaire fut un *Te Deum* chanté à Saint-Sauveur le 28 mars, comme actions de grâces de l'abolition du Semestre, c'est-à-dire de la victoire du parlement et de l'humiliation du pouvoir.

Ces scènes se passaient sous Louis XIV ; mais il faut dire qu'il n'avait alors que onze ans [1].

1653. — Encore à la procession de saint Sébastien, les consuls eurent la fantaisie de faire passer les varlets de ville avant le dais. Ils s'étaient ménagé des complicités dans la foule. C'est pourquoi lorsque le chapitre protesta contre

(1) En France tout finit par des chansons. Voici le couplet qui courut à Paris sur cet événement :

Le jeudi nous apprimes tous,
Que dans la terre provençale
La procession générale
Que le peuple d'Aix bon chrétien
Fait le jour de saint Sébastien
Fut interrompue en sa file
Par des soldats venus en ville
Sous l'ordre du comte d'Alais,
Gouverneur de la ville d'Aix ;
Sur quoi la populace fière
Avec la croix et la bannière,
Le bénitier et l'aspergès,
Battit ces gens et prit Alais.

cette innovation, des cris tumultueux s'élevèrent et les chanoines durent revenir en toute hâte à la Métropole. Quelques serviteurs du chapitre furent poursuivis à coups de plat de sabre jusque dans l'église.

1658. — L'esprit frondeur survécut à la Fronde et s'appela désormais l'esprit parlementaire, lequel ne fut pas moins fécond en conflits que le précédent, comme l'atteste la trop longue série qui va suivre.

Il faut remonter à 1648 pour trouver l'origine de ces démêlés entre les deux puissances. Cette année-là, aux premières vêpres de l'Assomption, le président d'Oppède refusa de livrer sa stalle au chanoine qui assistait l'archevêque [1]. Celui-ci, pour éviter le retour de cette difficulté, fit élever une estrade entièrement indépendante des stalles, où il pût officier tranquille. Cela ne fit point l'affaire du parlement qui tenait moins à être vainqueur qu'à le paraître. Sommation au prélat d'avoir à revenir à sa stalle. Pourvoi de l'archevêque au conseil du roi. Arrêt dudit conseil, par lequel l'archevêque est autorisé à maintenir l'estrade, « à condition qu'elle ne sera pas trop haute. »

Dix ans après, Alphonse de Richelieu régla que dorénavant il se conformerait au cérémonial romain et officierait dans le sanctuaire du côté de l'évangile. Le parlement désapprouva cette résolution, mais respectant le nom de Richelieu en tous ceux qui le portaient, il se borna à pro-

(1) L'archevêque officiait alors non dans le sanctuaire, mais à son siège au chœur.

tester, et se soumit à monter dans le sanctuaire pour l'offrande.

En 1646, la cour des comptes réclama six stalles de plus que d'usage. Sur le refus des chanoines de céder leurs places, déclaration de guerre, et ouverture immédiate des hostilités : toques et barrettes volent en l'air, aumusses et simarres sont réduites en lambeaux, une vraie scène du *Lutrin*. Les braves femmes après s'être demandé si elles ne rêvent pas, courent à la rue en se signant. L'archevêque mit fin au scandale : il interdit l'église et la fit évacuer.

Conflit plus regrettable encore en 1658, à la procession de la Fête-Dieu. L'évêque de Marseille portait le Saint-Sacrement, et le cardinal Grimaldi suivait, ayant à ses côtés le premier et le second président. Tout à coup un rideau d'huissiers vient séparer le cardinal du dais. Le premier président commande aux huissiers de se placer en file à droite et à gauche, mais les conseillers les excitent à faire la sourde oreille. Le cardinal pressentant du désordre fait rentrer la procession et congédie le peuple; seul le parlement déclare qu'il ne s'en ira point et somme l'archevêque de reprendre la procession. Celui-ci réclame une sommation par écrit, se réservant d'y faire en temps utile telle réponse qu'il jugera bon. La cour, outrée de ce procédé dilatoire, et menée par quelques exaltés, décide de siéger à l'instant dans sa chapelle (Notre-Dame d'Espérance), ouvre l'audience, entend des conclusions, délibère et rend un jugement, non contradictoire bien entendu, qui déclare l'archevêque d'abus, le condamne en dix mille livres d'amende et le chapitre en trois mille. On fit grâce de la contrainte par corps. Ce coup de tête fut sévèrement apprécié en haut lieu, et Louis XIV écrivit au premier président que « la compagnie devait avoir amitié et respect pour un grand cardinal son archevêque et son pasteur, lequel était d'un mérite singulier et d'une vertu si rare qu'on ne pouvait lui donner tort, si la bonne intelligence qui doit être entre lui et le parlement était interrompue. » Cette leçon, quoique venant d'un roi de vingt ans, porta ses fruits. Il n'y eut plus de conflit avec l'archevêque.

Mais il y en eut encore entre les cours. Le plus scandaleux s'éleva entre le parlement et la cour des comptes le 28 avril 1683, à l'occasion des prières pour la pluie. Le parlement seul devait, d'après l'usage, se rendre à Saint-Sauveur. Ayant eu vent que la cour des comptes s'y inviterait, il prit ses mesures pour arriver le premier au chœur. Les conseillers aux comptes surviennent ensuite et trouvent les grilles fermées. Ils essaient en vain de les ébranler, et se répandent en injures contre les parlementaires. Le conseiller Croze de Laincel, plus animé que les autres, s'empare d'un mousquet de la maréchaussée, escalade la grille, et, dans son délire, se sert d'un bras du crucifix qui domine l'entrée du chœur comme de point d'appui pour viser le premier président Marin. Celui-ci, qui n'a point l'étoffe d'un héros, s'étend de son long sous les stalles, jusqu'au moment où l'archevêque fait entendre son *Quos ego*.... et ajourne la procession.

Le 23 décembre, par ordre du roi, une messe expiatoire

fut dite à Saint-Sauveur. La cour des comptes y assista à genoux. Le conseiller de Laincel subit sa punition en dehors de la grille, et, un cierge à la main, lut une amende honorable au nom de tous.

1660, 3 février. — En actions de grâces de la conclusion de la paix avec l'Espagne (traité des Pyrénées), fut chanté le *Te Deum* le plus solennel dont aient retenti les voûtes de Saint-Sauveur. Louis XIV [1] y assista entouré de sa cour. Fidèle à sa maxime que l'exactitude est la politesse des rois, il arriva au coup de trois heures. Mazarin se plaça dans le sanctuaire, en avant du tombeau du baron de Vins qu'on avait voilé, de peur que la vue d'un monument érigé à un rebelle n'offusquât le regard du monarque. Auprès du cardinal, l'archevêque d'Arles et onze évêques ; en face, les membres du corps diplomatique ; au milieu du chœur, le roi sur une estrade ; autour de lui la reine-mère Anne d'Autriche, le duc d'Anjou, le duc de Longueville, le prince de Conti, le grand Condé rentré en grâce depuis quelques jours, Mlle de Montpensier, la comtesse de Soissons, les ma-

(1) Durant le long voyage que la politique de Mazarin fit entreprendre à Louis XIV dans ses provinces méridionales, ce prince séjourna deux mois en Provence. Il arriva le 13 janvier à Arles, le 16 à Salon, à Aix le 17 au soir. Le 18, il entendit la messe à Saint-Sauveur. Son séjour à Aix se prolongea du 17 janvier au 8 février, et ensuite du 8 au 16 mars. C'est alors que le roi reçut la plainte de Molière au sujet de la comédie des *Précieuses ridicules* dont les ridiculisées venaient d'obtenir l'interdiction à Paris. Le roi lut, sourit, et donna ordre de laisser jouer la pièce.

Le 2 février, Louis XIV se rendit à la messe et communia chez les Jésuites. A la fin de la messe d'actions de grâces, il admit à son audience un courrier extraordinaire qui venait lui annoncer la conclusion de la paix. Il ordonna à sa suite de l'accompagner immédiatement à Saint-Sauveur pour adresser à Dieu de premiers remerciments, en attendant le *Te Deum* solennel qu'il indiqua pour le lendemain.

réchaux Grammont, du Plessis et Villeroi. Il ne manquait à la famille royale pour être au complet que le duc d'Orléans et la princesse de Conti, et au clergé que la présence du cardinal-archevêque d'Aix qu'on avait invité à s'absenter, parce qu'il aurait eu le pas sur Mazarin, plus jeune cardinal que lui. Dans le chœur, les secrétaires d'Etat, les aumôniers de la cour, le chapitre, le parlement en rouge, la cour des comptes en velours noir, les consuls.

La cérémonie fut présidée par le prévôt du chapitre, Jean de Chazelles. Le même prévôt avait eu l'honneur, à l'arrivée du roi, de prononcer sa harangue debout, ainsi que les premiers présidents et le primicier de l'Université, tandis que l'assesseur, les trésoriers généraux et le lieutenant général du siège parlèrent à genoux.

Voici à ce propos la liste certainement incomplète des autres princes reçus officiellement à Saint-Sauveur : 1254, saint Louis ; 1354, l'empereur Charles IV de Luxembourg ; 1515, la reine Claude ; 1564, Charles IX et Catherine de Médicis ; 1656, Christine de Suède ; 1701, les ducs de Bourgogne et de Berry ; 1777, le comte de Provence (Louis XVIII) ; 1851, le prince-président Louis-Napoléon.

1667, jour de Pâques. — Remise de la barrette rouge à Louis de Vendôme, duc de Mercœur, gouverneur de Provence.

Le prévôt de Chazelles, délégué par le nonce, ayant reçu le serment de l'élu, le cardinal Grimaldi procéda à la cérémonie, en présence du cardinal de Retz.

XVIII<sup>e</sup> Siècle, 1<sup>er</sup> janvier 1789. — Entrée en charge des nouveaux consuls et assesseur de la ville d'Aix, procureurs du pays de Provence, c'est-à-dire administrateurs-nés de la province sous le contrôle des Etats.

Suivant l'usage, ils avaient été élus à l'hôtel de ville, le samedi le plus proche de la Saint-André, par un collège composé des soixante membres du conseil de ville et de cinquante-six notables [1], lesquels avaient préalablement ouï la messe dans la chapelle municipale, démolie depuis. A la nouvelle année, après la transmission des pouvoirs à l'hôtel de ville, les anciens et les nouveaux consuls montaient ensemble à Saint-Sauveur, et se séparaient devant la porte : les nouveaux entraient pour entendre la messe que célébrait ordinairement l'archevêque ; les anciens se rendaient à l'hôpital afin de prendre possession de leur nouvelle charge, car ils avaient le privilège d'entrer au service des pauvres comme administrateurs, en quittant leurs fonctions consulaires. Ces hommes, qui inauguraient leur magistrature par un acte de foi et la clôturaient sur un acte de charité, n'ont pas laissé mauvais renom dans l'histoire provençale, et rien n'indique que pour l'intelligence et la probité ils aient été dépassés par leurs successeurs.

**Révolution.** — Sur son refus de prêter le serment schismatique, M<sup>gr</sup> de Boisgelin fut considéré comme démis-

(1) Sur cet organisme électoral lire les détails curieux donnés dans les *Rues d'Aix*, I, p. 92 et suiv.

sionnaire de l'archevêché d'Aix. Il s'exila en Angleterre, laissant ses pouvoirs à M. de Mazenod. La vie du vicaire général resta peu de temps en sûreté. Tandis qu'il portait le Saint-Sacrement à la procession de la Fête-Dieu, un forcené se jeta sur lui et lui tira à bout portant un coup de pistolet. La balle ayant glissé sur les vêtements sacrés, M. de Mazenod eut la vie sauve. A la suite de cet attentat, il sortit de la ville et gagna la Suisse.

Cependant le schisme s'imposait légalement à la France. Le 20 février 1791, M. Roux (Charles-Benoît), curé d'Eyragues, fut élu à Saint-Sauveur, au second tour de scrutin, par 365 voix sur 510 votants, « évêque des Bouches-du-Rhône, métropolitain des Côtes de la Méditerranée. » A son retour de Paris où Gobel l'avait sacré, l'intrus prit possession du siège de saint Maximin. Ce fut le 17 avril, dimanche des Rameaux. Durant sa courte usurpation, il sacra dans sa métropole les évêques de sa province, ceux entre autres de la Corse, de la Drôme et de l'Hérault. Condamné comme fédéraliste, et aussi comme « dernier évêque du siège d'Aix », il fut guillotiné à Marseille le 5 avril 1794, après s'être confessé et avoir témoigné un repentir édifiant de sa faute. Le clergé constitutionnel ne fut pas plus épargné que son chef : ainsi, le curé de Saint-Sauveur Bonnetty avait été exécuté à Marseille le 2 février précédent, « pour avoir signé une adresse contre le vertueux sans-culotte Marat. » Un des vicaires épiscopaux, M. Ricaud, périt de la même manière. Son collègue Frégier, que la peur avait rendu terroriste, finit encore plus tristement. En

1795, par une de ces réactions subites qui se produisent dans les temps troublés, les bourreaux devinrent victimes à leur tour. Frégier s'enfuit vers les Alpes, mais on l'atteignit. Il ne revint point jusqu'à Aix. Assailli à mi-chemin de Venelles, il fut massacré sur place par la foule furieuse.

Il est d'autres victimes dont la mémoire mérite non seulement la pitié, mais la vénération due aux martyrs : ce sont M. Thomas de Boisgelin, vicaire général de l'archevêque, massacré à l'Abbaye, 2 septembre 1792 ; le chanoine de Ramatuelle qui, tentant de s'évader d'une prison de Paris, tomba du toit dans la rue et se tua, 26 juin 1794 ; le bénéficier Martin (Gaspard-Vincent) « qui fanatisait le peuple », guillotiné à Lyon, 11 février 1794.

Dès l'incarcération de Benoît Roux, la grande nef fut convertie en Temple de la Raison, 13 février 1794 ; et la nef romane affectée à un dépôt de salpêtre. Ornements, trésor, reliques, tout fut pillé ; on emporta même les armoires. Les barbares mutilèrent la façade, et démolirent les tombeaux. Des caveaux furent ouverts ; et les révolutionnaires, vengeant les injures des jansénistes, arrachèrent les restes de Mgr de Brancas à leur repos et les jetèrent dans la fosse des suppliciés.

M. Jean-Baptiste Aubert, ex-augustin du couvent de Saint-Pierre et ancien vicaire épiscopal de M. Roux, fut élu son successeur après une vacance de cinq ans, et sacré à Saint-Sauveur le 6 mai 1798. Il y sacra lui-même l'évêque intrus des Hautes-Alpes. Saint-Sauveur demeurait la seule église ouverte à ce moment, un arrêté du directoire d'Aix ayant fermé toutes les autres tant de la ville que de la banlieue.

Enfin le culte catholique y fut solennellement rétabli le 14 juillet 1802, jour de la prise de possession de Mgr de Cicé, archevêque d'Aix et Arles.

XIXe Siècle. — *Les sacres.* La liste des sacres connus occuperait un chapitre entier. Bornons-nous à rappeler les plus récents : 1808, sacre de Mgr de Beausset-Roquefort, doyen du chapitre, pour l'évêché de Vannes ; 1824, de Mgr Guigou, grand vicaire, pour l'évêché d'Angoulême ; 1840, de Mgr Auguste Sibour, chanoine de Nîmes, pour l'évêché de Digne [1] ; 1853, de Mgr Ginoulhiac, grand vicaire, pour l'évêché de Grenoble ; 1878, de Mgr Boyer, doyen de la faculté de théologie, pour l'évêché de Clermont.

1816. — Service funèbre célébré devant les restes de Mesdames Adélaïde et Victoire, tantes de Louis XVI, ramenés de Trieste à Saint-Denis.

1850, 8-23 septembre. — Concile de la province d'Aix, présidé par Mgr Darcimoles ; siégeant NN. SS. Pavy, évêque d'Alger ; Wicart, de Fréjus ; Dépery, de Gap ; Casanelli d'Istria, d'Ajaccio ; de Mazenod, de Marseille ; Meirieu, de Digne ; en présence de NN. SS. Debelay, archevêque d'Avignon ; Cart, évêque de Nîmes ; Guigues, évêque de Bytown (Canada).

(1) Plus tard archevêque de Paris, assassiné à Saint-Etienne-du-Mont.— « Monseigneur, vous aviez l'air d'une victime qu'on mène à l'autel, dit au nouvel évêque un de ses amis, le soir du sacre. — Une victime, répondit-il avec un sourire mélancolique, ah ! c'est bien cela, qu'est-ce qu'un évêque sinon une victime ! » Poujoulat, *Vie de Mgr Sibour*, p. 94.

1876, 20 février. — Erection de Saint-Sauveur en basilique mineure.

Terminons par la mention de deux cérémonies d'un caractère divers, que les circonstances firent célébrer forcément en dehors des usages traditionnels.

1885, 14 septembre. — Funérailles de Mgr Augustin Forcade, mort du choléra contracté au chevet de ses diocésains. On dut les célébrer le surlendemain du décès et limiter la procession funèbre au tour de l'île la plus rapprochée de l'archevêché. Au service de trentaine présidé par le cardinal Caverot, archevêque de Lyon, en présence de dix évêques et de trois abbés mitrés, l'oraison funèbre fut prononcée par Mgr de Cabrières, évêque de Montpellier.

1886, 31 août. — Entrée de Mgr François-Xavier Gouthe-Soulard, nouvel archevêque d'Aix. La réception solennelle aux abords de la ville fut supprimée, par suite de l'arrêté municipal interdisant les processions. Mais le filial enthousiasme avec lequel la population tout entière sur pied accueillit son père et pasteur inaugura dignement un épiscopat qui, par sa fécondité en œuvres populaires et charitables, rappelle les temps mémorables des Grimaldi et des Brancas.

**Usages.** — Une mention sommaire des principaux usages observés à Saint-Sauveur servira de complément à son histoire.

*Usages disparus.* — 1. La *fête des fous* qui se maintint plus décente qu'ailleurs. Abolie en 1563.

2. Le *noël nouveau* qui se chantait à la messe de minuit: sorte de revue de l'année dans laquelle étaient consignés méchamment les incidents de l'histoire et même de la chronique locales qui prêtaient à la satire. Cette réminiscence du théâtre aristophanesque fut supprimée en 1653.

3. A la procession des Rameaux on porta longtemps la sainte Eucharistie dans un coffre orné dit la *sainte arche*. Usage mentionné dans les anciens missels, celui de 1527 entre autres.

4. Les *Jeux de la Fête-Dieu*, institués en 1462 par le roi René. Ils symbolisaient le triomphe de la religion de Jésus-Christ sur le paganisme et le judaïsme [1]. Les divinités païennes et les personnages de l'ancienne Loi défilaient la veille de la fête durant les ténèbres. L'éclat du grand jour était réservé pour le triomphe de Jésus-Christ présent dans l'Eucharistie. La croix capitulaire sortait après la grand'messe, et les jeux suivaient, ouvrant le défilé de la procession ; il est juste de dire que le cortège liturgique ne paraissait qu'après vêpres. Pendant qu'on chantait les psaumes, les bâtonniers jouaient du bâton devant le Saint-Sacrement exposé, puis, pour suppléer aux encensements du *Magnificat*, devant les chanoines, les messieurs du parlement et les autres dignitaires. Les fusiliers tiraient des feux de salve sur la place, tandis que les huit cloches de Saint-

(1) M. Fisch, dans ses *Briefe über die südlichen Provinzen von Frankreich*, a donné de ces cérémonies une interprétation savante et compliquée à laquelle le bon roi René, qui n'était pas si allemand que cela, n'a probablement jamais songé.

Sauveur, accompagnées de celles de cinquante églises ou chapelles, jetaient sur la foule enthousiaste les notes pressées d'un étourdissant carillon. Ces cérémonies attiraient un concours énorme d'étrangers. L'autorité ecclésiastique tenta plusieurs fois d'en retrancher les scènes par trop profanes, mais le peuple se révolta, et, à peu de modifications près, les *jeux* persévérèrent tels quels jusqu'à la fin du siècle dernier.

Une résurrection laïque de ces jeux a été essayée avec plus ou moins de succès à diverses reprises, la dernière fois en 1851. Qu'on les laisse désormais à l'état de curieux souvenir ; cela vaudra mieux que de les exposer à tomber dans le ridicule. Ils avaient déjà contre eux d'avoir déconcerté la gravité de Gassendi, inquiété la piété de saint Vincent de Paul, et fait sourire Mme de Sévigné. En ce cortège hétéroclite on ne verrait plus aujourd'hui qu'une mascarade.

On raconte à propos de ces jeux que les messieurs du parlement ne purent une fois rentrer au Palais à cause d'une pluie à verse. Le chapitre offrait à ce moment le dîner traditionnel aux consuls. Il y convia les magistrats, vu la force majeure. Ce dîner, quoique improvisé, fut si convenable que l'année suivante le parlement crut ne pouvoir mieux témoigner au chapitre sa reconnaissance de ce bon procédé qu'en le prévenant qu'à la suite de la procession, il accepterait le dîner d'*usage*. Quoique cet usage ne se perdît point dans la nuit des temps, le chapitre, bon prince, s'exécuta.

5. Le jour de Pâques, un *pin*, symbole d'immortalité, était fixé devant la stalle du chanoine sacristain.

6. Le deuxième dimanche après Pâques, *exposition générale des reliques* en faveur des pèlerins de la Sainte-Baume. Le chapitre accompagnait ensuite processionnellement les pèlerins jusqu'en pleine campagne.

7. La veille de Pentecôte, une *colombe* venait du fond de l'église allumer les chandeliers. Un registre de 1581 mentionne que la colombe n'a pas couru « propter pestem. »

8. Après les vêpres solennelles de la Toussaint, on se transportait dans la nef romane pour chanter les vêpres des morts, devant l'entrée du cimetière.

*Usages conservés.* — 1. Les *planchs de sant Estève*, reste des *épîtres farcies* de l'ancien rit gallican. C'est la paraphrase en provençal du récit de la mort de saint Etienne, tel que le relatent les Actes des apôtres. A la messe du 26 décembre, un prêtre en chaire chante les strophes des *planchs* en alternant avec les versets de l'épître lus par le sous-diacre. Le texte, rajeuni en 1655, commence de nouveau à vieillir. C'est dans le missel de 1318 (Bibl. Méj.) que se trouve la version originale : d'après les provençalistes, la langue serait antérieure à cette édition d'un siècle au moins. Les *planchs* de la Vierge, d'une forme littéraire bien supérieure à celle des précédents, étaient chantés le vendredi-saint; mais l'usage ne s'est pas conservé.

2. Le jour des Innocents, les *cleisons* en chape remplissent l'office des chantres à la messe et aux vêpres. Ils reprennent leurs places habituelles au verset *Deposuit* du *Magnificat.*

3. *Les raisins de la Transfiguration.* — A l'offertoire,

l'officiant bénit deux corbeilles de raisins nouveaux, puis le diacre, écrasant quelques grains, en exprime le jus dans le calice. Cette cérémonie avait lieu jadis dans la Sainte-Chapelle, en présence des consuls à qui on offrait les premières grappes. Aujourd'hui les chanoines et les ecclésiastiques présents participent seuls à la distribution. Le cérémonial de 1514 mentionne ce rite tel qu'on l'observe à présent. D'après celui de 1337, on versait le jus des raisins dans le précieux sang, au *Nobis quoque peccatoribus*. La pratique actuelle paraît moins irrégulière.

**Institutions qui se rattachent à la Métropole.—** *Le Chapitre.* — Les chapitres tirent leur origine du « presbyterium » qui assistait l'évêque dans la primitive Eglise. Il faut donc rapporter la fondation de celui d'Aix à l'ancienne cathédrale de la Seds. Nous avons dit [1] en quelles circonstances les chanoines, devenus moines réguliers, s'établirent à Saint-Sauveur. On trouve, en 988, Enguerran, chanoine d'Aix, élu à l'évêché de Cavaillon. L'archevêque Amalric, qui siégea dès 991, fit divers dons à l'abbaye de Saint-Victor, du *consentement de ses chanoines*, Amaury, Dieudonné, Artholphe, Erchimbert, Isdret, etc. Sous le prévôt Benoît, les chanoines étaient au nombre de douze. Le prévôt Foulque, devenu archevêque, le porta à vingt. L'archevêque Philippe sécularisa les chanoines en 1256, changement malheureux sur lequel il fallut revenir.

(1) Voir plus haut p. 9 et 10.

En effet, le roi Charles II ayant chargé l'évêque de Marseille de réformer le chapitre d'Aix, le règlement fait à cette occasion rétablit la régularité ; et pour l'affermir, disposition flatteuse pour les aixois, statua qu'il y aurait désormais cinq places de chanoines et cinq de bénéficiers réservées à des prêtres natifs d'Aix. La sécularisation définitive remonte aux premières années du XVe siècle. Parmi les nombreux évêques, une centaine au moins, sortis du chapitre, sept ont été revêtus de la pourpre. Il a compté parmi ses membres : **Albert d'Aix**, l'historien de la première croisade, † 1120 ; le troubadour Guillaume, dit le *Monge de Silvacane*, que la protection de la reine Béatrix pourvut de cette honorable retraite ; Bérenguier, ambassadeur de Charles Ier près la république de Gênes ; Ebrard, vice-chancelier du royaume de Sicile, sous Charles II ; le noéliste Puech, † 1650, précurseur de Saboly, auteur de *Naùtre sian tres Boùmian*, imité de Lope de Vega ; **le cardinal de Bausset**, un des quarante, l'historien de Fénelon et de Bossuet, etc..

Par concession d'Ildefons Ier en 1188, le prévôt jouissait du droit de basse justice sur le bourg Saint-Sauveur.

Le camail des chanoines, anciennement en fourrure petit gris, était depuis 1780 en velours noir. Cette même année, une croix pectorale d'or émaillée à huit pointes, surmontée d'une couronne comtale et suspendue à un cordon bleu, leur fut concédée. Saint-Sauveur et Saint-Victor de Marseille étaient les seuls chapitres provençaux décorés de la croix.

Un clergé nombreux, vingt chanoines (dont un prévôt, un archidiacre, un sacristain, un capiscol, un théologal), vingt bénéficiers, vingt chapelains résidants célébraient le culte. Le nombre des chapellenies s'élevait à cent vingt-deux, d'un revenu variant entre 2 livres et 300 livres. Pas de chanoines honoraires, sauf les vicaires généraux. Actuellement le chapitre comprend dix chanoines titulaires (dont un doyen, un théologal, un pénitencier), six chanoines prébendés et un nombre indéterminé de chanoines honoraires.

Un bref de Pie IX, du 28 septembre 1855, a rendu aux chanoines la croix dont ils étaient dépossédés depuis le Concordat. Le camail est en soie noire avec liseré et doublure rouge écarlate. Aux jours de solennité, les chanoines portent le costume basilical, *cappa* violette recouverte d'hermine l'hiver, de soie rouge cramoisi l'été. Un décret pontifical de 1884 a adjoint au chapitre douze mansionnaires, qui ont droit au camail en soie noire avec liseré violet.

*Maîtrise.* — « Cette cathédrale entretient ordinairement une fort belle musique. » Cet éloge qu'Expilly décernait à Saint-Sauveur en 1762 n'a pas perdu de sa vérité. La maîtrise compte en effet parmi les meilleures de France. Son origine se perd dans la nuit des temps. Elle paraît être la continuation de l'ancienne école épiscopale. Nous nous abstenons même de résumer son histoire qui a d'ailleurs été racontée avec beaucoup d'intérêt [1]. Sa meilleure gloire sera toujours le nom des artistes qu'elle a formés, Campra, Gilles, Bellissen, Floquet, Supriès, Sylvestre, Félicien David.

(1) E. Marbot, *Notre Maîtrise Métropolitaine*.

*La paroisse.* — Toutes les paroisses de l'ancien diocèse en ont été successivement démembrées, lui laissant la primauté, non seulement hiérarchique, mais même numérique. Elle compte aujourd'hui 7,000 habitants, mais au XVIII$^{e}$ siècle, même après la séparation du Faubourg, elle en comptait encore 12,000. C'était une des treize cures à la nomination du chapitre. Le curé, souvent appelé vicaire (du chapitre), était aidé de trois secondaires (vicaires) qui portèrent longtemps le nom de curés. Son revenu s'élevait à 1,300 livres, sa congrue de 500 livres comprise.

Saint-Sauveur était siège de l'*archiprêtré* d'Aix, un des sept de l'ancien diocèse. Ces archiprêtrés équivalaient aux doyennés actuels, avec cette différence que leur circonscription s'étendait davantage, et que les archiprêtres n'étaient pas nécessairement les curés de l'église la plus importante [1]. Celui d'Aix comprenait Saint-Sauveur, la Madeleine, Saint-Esprit, Puyricard, les Milles, Eguilles, Cabriès, Saint-Antonin, Albertas, la Fare, Sainte-Réparade, Saint-Canadet, Gardanne, Mimet, Meyreuil, Saint-Marc, Meyrargues, Simiane, Saint-Savournin, le Tholonet, Beaurecueil, Vauvenargues, Venelles, Ventabren, Coudoux. — Aujourd'hui c'est le premier des trois archiprêtrés diocésains ; il comprend les subdivisions décanales de Saint-Sauveur, Saint-Esprit, la Madeleine, Berre, Gardanne, Peyrolles, Trets. Comme doyenné, Saint-Sauveur comprend

(1) Ainsi, en 1783, l'archiprêtre d'Aix était le vicaire général official : celui de Lambesc le curé de Rognes, celui de Trets le curé de Pourcieux, etc.

Saint-Jean-de-Malte, Saint-Jean-Baptiste, Puyricard, Notre-Dame, Venelles. Depuis le Concordat, c'est le chapitre en corps qui est curé. Un des chanoines est spécialement député avec agrément de l'Etat au service de la paroisse, avec titre de première classe. Il est assisté de quatre vicaires, mansionnaires du chapitre.

Cette paroisse possède l'archevêché, le grand séminaire, un couvent de capucins, un de PP. de la Retraite, trois maisons de sœurs de Saint-Thomas, une de sœurs de la Retraite, de la Présentation, de Saint-Vincent-de-Paul, de Saint-Joseph des Vans ; une école libre dirigée par les Frères des écoles chrétiennes qui, à leur venue en 1733, avaient établi dans ce quartier leur première école gratuite.

Des anciens curés deux noms sont parvenus jusqu'à nous, celui de Pierre Gaufridi, qui signa dans le cloître une charte en faveur de Silvacane, 1193, et celui de Pierre Benoît, mort en 1225, comme en témoigne son épitaphe recueillie par de Haitze. Jérôme de Grimaldi ayant rendu en 1675 une ordonnance qui déclarait tous les vicaires (curés) inamovibles et perpétuels, sans excepter celui de Saint-Sauveur, prescrivit aux curés primitifs de faire leur choix dans les trois mois. Le chapitre émit contre cette ordonnance divers pourvois qui furent rejetés. En suite de quoi, il se décida à nommer des vicaires perpétuels à diverses paroisses, mais refusa net pour Saint-Sauveur, déclarant qu'il régirait la cure par lui-même. L'archevêque nomma alors M. Blégier. S'étant ravisé, le chapitre désigna un curé de son choix. Mais celui-ci ne put se maintenir, et M. Blégier resta premier curé inamovible de Saint-Sauveur.

Cette paroisse a vu naître M. de Villenoufve, adversaire infatigable des jansénistes, évêque de Viviers, puis de Montpellier, 1683-1766 ; — M. de Thomassin, 1637-1708, évêque de Vence, puis de Sisteron, diocèse qu'il gouverna trente-huit ans avec autant de douceur que de fermeté. Il mourut au château épiscopal de Lurs d'une façon tragique ; le mur qui soutenait la terrasse sur laquelle il se promenait en disant son bréviaire s'étant écroulé, M. de Thomassin roula au fond d'un précipice et se brisa sur les rochers. Ce qui inspira à la plume d'un janséniste, scandalisé de la pauvreté que s'imposait cet évêque pour multiplier ses aumônes, l'épitaphe suivante :

Ci-gît Monsieur de Thomassin
Qui de la mort se voyant proche
Se précipita d'une roche
Pour épargner le médecin.

— le grand théologien et canoniste Louis **Thomassin**, de l'Oratoire, né dans la rue du Séminaire en 1619, mort à Paris en 1695. Ses œuvres sont trop connues pour que nous nous attardions à détailler son éloge.

La célèbre *Université* d'Aix, avec ses trois nations, bourguignone, provençale et catalane, se rattachait à la cathédrale comme corps ecclésiastique, et était comprise dans sa circonscription paroissiale. Etablie par Ildefons Ier, au XIIe siècle, développée par Louis II et le pape Alexandre V au xv$^{e}$, elle a compté parmi ses maîtres Guillaume Durand, de Puymoisson, évêque de Mende, *canonum præstantissimus doctor*, l'auteur du *Rational des divins offices*; le bienheureux Rostang de Cabre, de Grans, archevêque d'Arles; Gassendi, Antoine Pagi, et parmi ses étudiants, saint Jean de Matha. La faculté de théologie, qui l'avait en quelque sorte continuée pour une partie de l'enseignement, a possédé parmi ses professeurs M$^{gr}$ Louis Sibour, M$^{gr}$ Pierre Boyer, l'abbé Bayle, et parmi ses gradués, le P. Gratry.

## 4. DESCRIPTION

(*Mon. hist.*)[1]. « Cette église comme édifice temporel est peut estre par une rencontre tout à fait singulière, la seule de la chrétienté qui puisse faire voir dans le même corps de bâtiment tous les accroissements qu'elle a faits depuis sa fondation aussi ancienne à quelques années près que celle de la religion. » Cette appréciation de l'histoire de Haitze, Walter Scott[2] l'a redite en une forme plus littéraire : « Saint-Sauveur est une belle église où les dépouilles du temple du paganisme ont contribué à atteindre la magnificence de l'édifice chrétien. » Les proportions de notre Métropole — 70$^{m}$ sur 46 — ne

(1) Pour les détails de la partie descriptive que notre cadre ne nous permet pas d'admettre, nous renvoyons volontiers à *Notre Métropole*, par l'abbé J. Mille, la plus complète et la plus intéressante des monographies consacrées à Saint-Sauveur.

(2) *Anne de Geierstein*.

sont point sans doute imposantes comme celles des grandes cathédrales du nord, et l'unité de plan y fait défaut totalement. Saint-Sauveur intéresse pourtant au plus haut degré le chrétien, le patriote, l'artiste. C'est le berceau de notre foi. Les principaux événements de l'histoire locale et provinciale s'y sont passés, les grands faits de l'histoire nationale y ont trouvé un écho. Tout ce qu'on a dit de la paroisse comme foyer de charité, d'instruction, de sainteté, peut se répéter éminemment quand il s'agit de l'église épiscopale. Chaque époque a laissé son empreinte au monument et, précisément à cause de la variété de style qui y règne, une visite à Saint-Sauveur faite avec intelligence enseignera plus d'archéologie que la lecture d'un long traité. L'histoire entière de l'art s'y est inscrite. L'architecture classique nous a légué le baptistère ; l'époque romane, un type achevé dans l'ancienne église Saint-Maximin ; l'époque ogivale, la grande nef, dont l'abside est vraiment remarquable. Dans la nef de N.-D. d'Espérance, les trois subdivisions de ce style (XIIIe, XIVe, XVe siècles) se trouvent nettement marquées ; la reconstruction de la même nef après le siège du duc d'Epernon consacre le retour offensif de l'art classique.

Cette grande relique du passé faillit disparaître au XVIIe siècle. Le cardinal Grimaldi, qui était immensément riche, offrit au chapitre de démolir Saint-Sauveur et de le reconstruire à ses frais. Le sanctuaire, reculé jusqu'au séminaire, eût été précédé d'un vaste chœur pour le clergé : l'ancien chœur étant laissé aux officiers des cours souveraines, on supprimait la cause des conflits que nous avons racontés. Entre les deux chœurs, et sous un baldaquin, dans le genre de Saint-Pierre de Rome que le cardinal voulait reproduire aussi exactement que possible, se fût élevé le maître-autel. Les chanoines n'osèrent accepter cette proposition grandiose, dans la crainte que les travaux ne fussent point achevés à la mort du cardinal. Ils redoutaient aussi l'entretien coûteux que nécessiterait un monument de si vaste étendue.

EXTÉRIEUR. — **Portail de l'église romane,** XI^e siècle ; spécimen précieux d'architecture carolingienne : deux colonnes cannelées, engagées et reliées par une corniche : quelques traces du fronton : dans cet encadrement, archivolte reposant sur deux colonnes isolées, décorée de sculptures presque antiques ; lucarne en meurtrière. A droite, grand mur romain à blocs réguliers, taillés en bossage, reste, dit-on, du temple d'Apollon qui aurait précédé le baptistère, plus probablement dépendance de la basilique voisine.

**Portail de l'église ogivale,** XV^e siècle. — Formé d'un triple ébrasement, décorés, le premier, d'une guirlande ajourée, mutilée ; le deuxième, de dix patriarches assis sous dais ; le troisième, d'une double théorie d'anges convergeant vers le Père éternel. Au tympan, Transfiguration, personnages brisés en 1794. — Quatre contreforts terminés par des clochetons divisent la façade qui est garnie de statues : au trumeau, Notre-Dame ; sous le portail, les douze apôtres ; en dehors, saint Louis de Provence et Louis XI, sainte Madeleine et saint Mitre, saint Maximin et saint Sidoine. Sur la galerie, saint Michel. Cette statue et celle de Notre-Dame furent seules épargnées en 1794 : on se contenta de les affubler du bonnet phrygien.

* *Portes* de cèdre, 1504, chef-d'œuvre du mobilier de la dernière époque ogivale. Vantail gauche : Ezéchiel, Daniel, six sibylles. Vantail droit : Isaïe, Jérémie, six sibylles. Pilastres : ange, lion, bœuf, aigle, symboles des quatre évangélistes. Bordure supérieure : aspic, basilic, lion, dragon, quatre symboles du mal (ps. 90). Ces vantaux, protégés par des contre-portes, ne se découvrent qu'à la Fête-Dieu, devant le Saint-Sacrement. « Ouvrez-vous, portes princières, le Roi de gloire va passer. » (ps. 23).

CLOCHER, 1323-1425. 64 mètres ; tour carrée à l'étage inférieur, octogone à l'étage supérieur. Trois cloches, Marie-Maximin, 2,000 kilog., et Georges (Burdin, Lyon), bénites par Mgr Chalandon, 21 novembre 1858 ; la petite, Madeleine, seule conservée des huit de l'ancienne sonnerie, posée le 12 avril 1425, réparée en 1771 (Galopin, fond. Aix).

Dans le campanile triangul. de l'égl. rom., * *cloche du* XIV^e *s.* avec l'inscript. : « S. Guillmi Stephani decani. S. Emiliani licen. in legibus » [1].

INTÉRIEUR. — **Église romane**, appelée aussi ancien *Saint-Sauveur*, comme prolongement de l'oratoire du

(1) Sceau de Guill. Stephani, doyen. Sc. d'Emilien, licencié ès lois. — G. Stephani était vicaire général en 1318.

Sauveur; nef du *Corpus Domini*, comme gardant le Saint-Sacrement; rarement, quoique ce soit son vrai nom, église *Saint-Maximin et Sainte-Madeleine*, XI<sup>e</sup> s. — Remarquer le mur grand appareil, les sculptures de la corniche, et les chapiteaux des colonnettes d'angle, dont les moulures rappellent l'architecture du Bas-Empire.

A dr. — Chap. ogiv. SS. Cosme et Damien, fond. par le chan. Pinchinat, 1535. Sép. du peintre Jean DARET † 1668.

* BAPTISTÈRE, IV<sup>e</sup> s., restaur. 1577, dôme octog. supporté par 8 colonnes antiques d'ordre corinthien, 6 marbre vert, 2 granit. Cuve octog. à arcat., XIV<sup>e</sup> s. — Tablx. des sacrements, par 7 peintres aixois: ***Baptême***, Mlle Juramy [1]; ***Confirmation***, H. Gibert; ***Pénitence***, Mlle Léont. Tacussel; ***Eucharistie***, Richaud; ***Extrême-Onction***, Coutel; ***Ordre***, Latil; ***Mariage***, Angelin. — Sous le dall. sép. des archev. Grimier † 1282, Thomas de Puppio † 1420, d'Alain, év. de Sisteron, † 1277; de l'historien Pitton † 1689. Sép. et épit. des chan. Guill. de Mérindol, Jean et Nicolas de Puppio, XV<sup>e</sup> s.

* ***Coupole*** octog. reposant sur quatre pendentifs, ornés des symb. des quatre évangél. Elle domine l'anc. ***chorus sancti Maximini***. Sép. du comte Raymond-Bérenger II † 1166; des archev. Gui de Fos † 1212, le premier inhumé à Saint-Sauveur, Arnaud de Nargis † 1336. — Anc. chap. du roi Robert, 1342. — Chap. ogiv. de la Croix, auj. du

(1) Exposit. de peinture de 1821.

Sacré-Cœur, 1531, autel renaiss., vitrail XVI$^{e}$ s., des célèbres verriers Claude et Guillaume de Marseille. Sép. et mon. de M$^{gr}$ Chalandon † 1873 (H. Revoil), armes du prélat et des trois villes métrop. Aix, Arles, Embrun. — Encastrée dans le pilier, * *Epitaphe d'Adjutor*, V$^{e}$ s.:

*Hic in pace quiescit*
*Adiutor qui post*
*acceptam paenitentiam* [1]
*migravit ad Dominum*
*ann. LXV menses VII dies XV*
*depositus s. d.* [2] *IV kal. ianuarias*
*XP Anastasio v. c.* [3] *consule.*

Ici repose en paix
Adjutor qui après
avoir reçu la pénitence
s'en alla vers le Seigneur
âgé de 65 ans 7 mois 15 jours,
enseveli le IV des calendes de janvier
sous le consulat d'Anastase, personnage clarissime.

— Au pilier qui porte cette inscript. commençait la *Sainte-Chapelle.*

(1) Cette expression ne signifie point la pénitence publique, mais la confession dernière. Elle est analogue à notre formule *muni des sacrements de l'Eglise.* Cf. Le Blant, *Inscript. chrét. de la Gaule*, II, 188. — (2) Sub die. — (3) Viro clarissimo. 29 déc. 492 ou 517, années des deux consulats de l'empereur Anastase, mais plus probabl. 492, l'inscription n'indiquant pas le consulat *iterum*, ce qui s'inscrivait d'ordinaire. D'après M. de Rossi, ce marbre est le seul au monde qui mentionne un consulat d'Anastase.

Transept., 1281. Vitrail mod., l'*Espérance*, Didron. Sép. de l'archev. Pierre d'Agoult † 1397. — *Chap. Corpus Domini*, 1690-1739. Tabl. de la *Cène*, Daret fils. Du même [1], fresque de la *Transfiguration*, badigeonnée pendant la révol., détériorée par le nettoyage. — En cette chap. siégeait la confr. du Saint-Sacrement qui, en vertu du test. de Bertrand de Montlaux, 1587, attribuait tous les mois une dot de 100 florins à une fille pauvre, et 50 florins à un pauvre garçon pour apprendre un métier ou entrer en religion. — Mon. de Mgr Forcade † 1885, médaillon-buste par Truphème.

A g. — 2 épit. d'anglais cathol. xviii<sup></sup>e s. — * *Epitaphe du notaire*, ve s.

| | |
|---|---|
| *Hic in pace quiescit* | Ici repose en paix |
| .....*notar*... [2] | ....notaire |
| ..... *Basilio epio* | sous Basile évêque |
| .... *ann. XXIII* | Il vécut 23 ans |
| *mens. VIII di II. T*..... | 8 mois 2 jours. Son trépas |
| .... *non. octb*... | fut ... nones d'octobre, |
| .. *terio cons*.... [3] | sous le consulat d'Astérius. |

(1) Attr. au grand Daret par M. Porte, *Mémoire de l'acad. d'Aix*, v. C'est une erreur, car Daret mourut en 1668, et la fresque ne fut peinte qu'en 1693, comme en fait foi le registre de la confrérie.

(2) Les *notaires* épiscopaux, institués à Rome dès le premier siècle par saint Clément, recueillaient sténographiquement les homélies des évêques, rédigeaient les documents ecclésiastiques, conservaient les actes des martyrs. Ils tenaient à la fois de nos séminaristes et de nos secrétaires d'évêque. Dans la Vie de saint Césaire, écrite par ses disciples, le notaire porte le bâton pastoral devant l'évêque.

(3) Deux Asterius ont été consuls, l'un en 449, l'autre en 494. Il s'agit probablement du second.

Les épit. du *notaire* et d'*Adjutor* prov. de la Seds. — * Chap. Sainte-Madeleine, autel XII$^e$ s. avec 4 colonnes du VI$^e$ s., autref. à la S$^{te}$-Chap., 2 servent de crédence. Rétable mod. *Madeleine devant le Sauveur*. 2 inscript. lat. relatant l'une la démolition de la S$^{te}$-Chap. en 1808, l'autre que l'anc. chap. S$^t$-Pierre a été élevée aux frais de « Joseph Gurhi prudhomme et ouvrier, et de sa femme Kathia (Catherine), » 1463. — * *Crucifiement*, tabl. de J. Daret, autref. aux augustins de Saint-Pierre ; au pied de la croix, N.-D., S$^t$ Pierre, S$^t$ Antoine. — Epit. de Suzanne Caseneuve par son *très-marri mari* avec prosopopée « par l'écho soustenue ». Sép. et épit. de Clément de Cuers, chan. de Marseille, prof. en l'univ. d'Aix, † 1501. Bénitier curieux auquel fait allusion l'épitaphe. — Tribune des comtes de Provence.

**Eglise ogivale**, ou grande nef. — A dr. chap. XV$^e$ s. dédiée à saint Roch en 1721. — Triptyque XIV$^e$ s. reprës. des scènes de la Passion, autref. à l'égl. Sainte-Marthe de Tarascon. Sur les volets, saint Maximin et saint Mitre. — Tript. XV$^e$ s. * le *Buisson ardent*, que les critiques regardent comme le trésor de notre Métropole. Moïse se déchausse à la vue du buisson qui brûle sans se consumer. Au dessus du buisson, le peintre a mis la réalisation de ce que cette vision figurait, la Vierge mère de Dieu. Un ange semble expliquer le mystère à Moïse. A l'arrière-plan, paysage parsemé d'eaux vives, de bosquets, de constructions féodales. Sur les volets, portraits agenouillés du roi René, 65 ans, avec sainte Madeleine, saint Antoine et saint Maurice ; et de son épouse Jeanne de Laval, 51 ans, avec saint Nicolas, sainte Catherine et saint Jean. Ce chef-d'œuvre, attribué tour à tour au roi René, à Memling, à Van der Wayden, à Van der Meire, à Van Eyck surtout, serait, d'après l'opinion la plus récente, l'œuvre de Nicolas Frumenti, peintre avignonais. Le compte trésoraire du roi René, mis en lumière par M. Blancard, notre éminent archiviste, porte en effet à l'an 1475 cette mention : « à Nicolas le Peintre qui a fait *Rubum quem viderat Moyses*... 30 escus » [1]. Cette attribution paraît très probable : elle pourrait devenir incontestable, si se réalisait le desideratum de la critique, la découverte de quelque œuvre authentique de N. Frumenti, avec laquelle on pourrait comparer le *Buisson ardent*. Ce tableau se trouvait aux Carmes, dans la chapelle qui gardait les entrailles du roi René. Quand cette église fut démolie, en 1793, il fut porté à Marseille, d'où en 1804 il a été restitué à la ville d'Aix. — *Chaire* ogiv. chêne, de Goyers, à Louvain, 1860 ; sur les panneaux, le Sauveur, 4 évangélistes, SS. Pierre et Paul. — Sous le clocher, *salle capitulaire* [2], et au dessus anc. *salle des archives*, auj. déposées à la préfecture. En arrière, passage qui fut muré à la suite du meurtre d'un bénéficier. — Sur l'autel paroissial dit « du Peuple », * *Incrédulité de saint Thomas*, tabl. de « Finsonius de Bruges, peint à Aix, 1613 ». A cette signature

(1) Arch. B.-du-R., C. des compt., B. 2490.

(2) Le chapitre s'y considérait tellement comme chez lui qu'il fit défense, en 1614, à l'archevêque d'y pénétrer croix levée.

en latin, Finsonius, irritable comme tout artiste qui se respecte, mécontent d'ailleurs de l'accueil fait à ses œuvres, a joint trois lignes en vieux flamand qui signifient : « Compagnons de Bacchus et serviteurs de Vénus méprisent notre art en ce pays ; aussi ne se fait-on pas faute de répéter ce dicton courant : *gueux comme un peintre* »[1]. Tableau réaliste et rudement brossé ; donné aux pénitents des Carmes par le gouverneur comte d'Alais, 1643. — *Martyre de sainte Catherine*, aut. inc. — *Vierge entourée des saints Sébastien, Augustin, Apollonie, etc.* Gasp. de Crayer ; don de Louis XVIII, 1821.

Chœur. — * *Tapisseries*, 1511, prov. de la spoliation de Saint-Paul de Londres par le schisme anglican ; acquises à Paris, 1656, par le chan. Mimata. Cartons attr. à Quentin Metsys : 1. Nativ. de la Vierge, 2. Présentation, 3. Annonciation, 4. Visitation, 5. Annonce aux bergers, 6. Nativité de N. S., 7. Baptême de N. S., 8. Sermon sur la montagne, 9. Résurrection de Lazare, 10. Flagellation, 11. Couronn. d'épines, 12. Crucifiement, 13. Descente de croix, 14. Visite aux limbes, 15. Résurrection, 16. Ascension, 17. Pentecôte. Portraits hist. entre autres de Cath. d'Aragon qui figure en reine à la descente de croix. Sur la bord., armes d'Angleterre, de plus. archev. de Cantorbéry, etc.[2] — *Orgues* (restaurées par Cavaillé-Coll) inau-

(1) A. Michiels. *Les maîtres flamands*.

(2) Neuf panneaux de cette tapisserie sont déposés provisoirement à l'archevêché. 18, Entrée à Jérusalem. 19, Lavement des pieds. 20, Trahison de Judas. 21, le Christ devant Pilate. 22, Mariage de la Vierge. 23, la mort de la Vierge. 24, l'enterrement de la Vierge. 25, l'Assomption. 26, le Jugement dernier.

gurées par Guilmant, 23 juin 1880. 3 clav., pédal., 38 jeux. — A l'entrée du chœur, caveau des prévôts du chapitre. — A l'extrém. du chœur, caveau des archevêques, cardx. Grimaldi et Bernet, de Cosnac, de Brancas, Darcimoles, Forcade ; de Mgr Sibour, év. de Tripoli ; d'Henri d'Angoulême, frère d'Henri III ; du chev. de Guise, tué aux Baux par un éclat de canon, 1614. Dans le chœur aussi, sép. de l'arch. Philippe † 1257.

SANCTUAIRE, XIIIe s. peintures et verrières modernes. — Autel majeur (provisoire). C'est celui élevé de 1719 à 1730, orné de colonnes marbre rouge en 1810, et dépouillé depuis trente ans des ornements grecs qui contrastaient avec le style ogival. *Resurrection de Lazare*, bas-relief de Chr. Veyrier. Urne jaspe servant de tabernacle, prov. de la chap. du château de Puyricard, don de Mgr de Vintimille, 1709. Crucifix d'ivoire de Mgr Fouquet, év. d'Agde, frère du surintendant, prov. de l'Oratoire d'Aix, à qui leur neveu l'avait donné. — En arr., à dr., sép. du duc de Villars, gouverneur de Provence, fils du maréchal, † 1770 ; du baron de Vins, chef des ligueurs ; à g., de Charles III, dernier comte de Provence (monum. détruit en 93). — *Piscine géminée* [1]. — Chap. absidale SS. Mitre et Nicolas, 1442. Autel accosté de 2 colonnes de pierres qui supportent le * *tombeau de*

(1) On trouve des piscines *géminées* dans les églises, de la fin du XIIe s. au milieu du XVe seulement. Une cuvette recevait l'ablution des mains (*lavabo*); l'autre, l'ablution du calice. Ces piscines disparurent quand l'usage de prendre les ablutions caliciaires fut généralement admis. (Violet-Leduc, *Dict. d'Arch.*, VII, 182). On n'en voit guère dans le Midi qu'à Saint-Sauveur, à Saint-Jean-de-Malte et à Sénanque. A Saint-Sauveur, un conduit déversait les eaux dans la terre sainte du cimetière.

*St Mitre*, v^e^ s., apporté de l'anc. cathédrale, 1383. Face, N. S. bénissant, ayant à ses pieds deux personnages dont l'un voilé (l'Eglise et la Synagogue ?), et de chaque côté 6 apôtres. Couvercle d'un travail plus délicat, œuvre païenne. — *Passion de St Mitre*, tabl. bois XVI^e^ s.; sur le devant, J. de la Roque, fondateur de l'hôpital d'Aix, et sa famille. — Sép. et épit. de l'arch. Ammo Nicolaï † 1443, fondat. de la chapelle, et d'un la Roque, commandeur de Valdrome. — Cénotaphe du savant Fabri de Peiresc, transp. de la Madeleine. — *Lions* (marbre), P. Fouquet, prov. du tomb. de Charles III. [1] — * *Crédence*, Chastel. — Epit. de M^gr^ de Cicé, et inscript. commém. de la translat. de ses restes, 1816. — Chap. absid. St. Jean, rotonde, 1582. *S. Jean et l'enfant Jésus*, b. r. de C. Veyrier. Tomb. des seigneurs de Saint-Jean.

TRANSEPT g., 1281. — Chap. N.-D. d'Espérance, 1697. Autel autref. contre le pilier du chœur. On peut penser que l'autel de Ste Marie fut transféré en cet endroit lors de la construction du chœur. La statue de N.-D. de la Seds y avait été transportée, et c'est à cet endroit que l'évêque Bonacursius et le pape Urbain V obtinrent leur guérison. Lors du retour de la statue vénérée à la Seds, 1521, le chapitre en fit faire une réduction en pierre invoquée depuis sous le nom de N.-D. d'Espérance. Autel actuel, 1738. *Guérison de Bonacursius, Présentation des clés de la ville à la*

(1) Convention du 8 juillet 1484 entre le chapitre métropolitain et Pierre Fouquet, *lapicide*. « ... pro construendo duos angelos et duos leones... »

*Vierge, 1649*, b. r. d'Ant. Duparc. *Reliques*, chasuble rouge de St François de Sales, chef de St Théodore, mart., etc. Tabl. *Visitation* (aut. inc.); *N.-D. du Rosaire*, Villevieille, 1868. « On ne voit pas dans la province, ni dans celle de nos voisins, chapelle mieux ornée. »[1] La pieuse confrérie N.-D. d'Espérance institua à Aix, en 1637, le premier mont-de-piété, prêtant aux pauvres *sans aucun intérêt*. — En av. sép. de l'archev. Jean d'Agoult † 1394. — Chap. S. Maximin ou des archevêques. Tabl. *Adoration des mages* (éc. du Pérugin). Vitrail xve s., *Christ en croix*: à ses pieds SS. Maximin, Madeleine, Mitre, l'archevêque et l'archidiacre du temps. Sép. des archev. de Beausset-Roquefort, de Richéry. — *Jésus enfant* (cire), donné aux augustins de St-Pierre par la comtesse de l'Hospital, 1667. — En face épit. et sép. de Bonacursius, év. de Tricarique, † 1325; sép. de Guill. de Blanc, év. de Grasse, † 1601; de Joseph de Morel, év. de St-Paul-Trois-Châteaux, † 1717.

**Nef de N.-D. d'Espérance** (1285-1470); restaurée en style classique 1594.

Chap. St-Joseph (1348), anc. St-Grégoire.[2] Sép. de l'arch. Armand de Saint-Urcisse † 1348. En face, sép. du peintre Jean **Parrocel**, dit *Parrocel des batailles*, mort à Aix, 1er mars 1704[3]. — Chap. du Purgatoire (1440). Vitr. *Résurrection de Lazare*, Didron. Sép. monum. (mutilé) et

(1) Pitton, *Annales de la sainte Eglise d'Aix*.

(2) Cette chapelle avait pour autel le beau sarcophage, représentant des scènes de l'ancien et du nouveau Testament, qui se trouve au musée.

(3) D'Argenville, *Vie des peintres*.

épit. de l'archev. Olivier de Pennart † 1484, fond. de la chap., *St Martin coupant son manteau*, gr. marb. xv$^{e}$ s. prov. du tomb. de la fam. Martin de Puyloubier. — Chap. S$^{te}$ Catherine ou de l'Université, 1482. Caveau des « illustres confrères et révérends et égrèges seigneurs les Recteurs, Maîtres et Bacheliers, et tous autres étudiants de l'universelle et vénérable Université d'Aix ». Dans cette chap. professeurs et étudiants assistaient à la messe tous les dimanches, et offraient successivement le pain bénit ; messe de rentrée le lendemain de S$^{t}$ Luc (usage qui s'est continué au g$^{d}$ séminaire jusqu'en 1874) ; les docteurs y recevaient leur grade. Les archevêques étaient ordinairement élus chanceliers, et prêtaient serment à ce titre dans cette chap. Depuis le Concordat de 1516, le chanoine théologal y donnait des cours réguliers d'Ecriture sainte, deux fois la semaine. Autel de S$^{te}$ Anne, dit l'*autel de pierre,* prov. des Grands-Carmes. Tabern. * *Ecce homo*, avec cette lég. « Aspice mortalis, pro te datur hostia talis ». Au rétable, stat. de S$^{te}$ Anne : devant elle, la vierge Marie portant l'enfant Jésus qui tient dans ses mains un rouleau avec le texte des Prov. : « Per me reges regnant, et legum conditores justa decernunt »; à dr. S$^{t}$ Maurice, patron de l'ordre du Croissant, institué par le roi René ; à g. S$^{te}$ Marthe et la tarasque ; au dessus, crucifix surmonté du pélican. Ce monument fut polychromé à l'origine. Il n'y manque que les statues de Marie et de S$^{t}$ Jean au pied de la croix. L'inscription relate qu'il fut élevé par noble Urbain Aygosi en 1470.

**Cloître**, xi$^{e}$ siècle. — C'est la seule partie qui subsiste de l'antique *canonica*, bâtie pour les chanoines quand ils se furent établis en l'observance régulière. Il a précédé d'un demi-siècle environ la nef romane qui l'avoisine. « Parmi tous les cloîtres du Midi, celui d'Aix peut être cité comme un des plus élégants. Ses façades sur le préau formant un carré parfait, se composent de huit arcades reposant sur des colonnettes accouplées, ornées de riches chapiteaux [1] ». — « Rien de plus curieux que l'aspect de ces galeries aux colonnes jumelles et presque toujours dissemblables que surmontent des chapiteaux ornés de figures grimaçantes, de scènes historiques grossièrement fouillées et de feuillages entrelacés par un ciseau des plus capricieux. [2] » — * *Chapiteaux historiés* : les plus curieux sont ceux qui retracent la vie de N. S.; ils offrent, dit M. Revoil, une analogie frappante avec ceux du beau cloître de Palerme. — Galeries converties en musée lapidaire chrétien. Tombeau antique, ou plutôt bassin d'ablution, changé en bénitier.

Dans le préau, colonne granit prov. de la Seds, surmontée d'une Ste Madeleine, autref. au portail de l'anc. église de ce nom.

* ÉPITAPHE DU CHA[illegible]NE GRAMMAIRIEN, Xe S. Cette inscript. est engagée dans un entrecolonnement et sert de banquette.

Elle comprenait dix vers hexamètres. La voici telle qu'on la lit aujourd'hui. Les restitutions certaines demandées par la forme acrostiche de la pièce sont en italiques.

(1) Revoil, *Architect. rom. dans le Midi de la France.*

(2) Mille, *Notre Métropole.*

.................................. *s*
..... que soci...... ............*aia*
..... conscend....... merit...... illu*c*
...spolium intravit ovans tua limina Xt*e*
..... s .... precipuus Ecclesiæ docto*r*
.... carmen psalmo. grate canere Davi*d*
............... quadragenis feliciter œv*o*
.... cunctis pietate fuit dives in omne*s*.
Nomen si forte cum dignitate requiris
Litteræ tibi prima et postrema demonstrant.

En lisant cette pièce d'après la méthode qu'indique aux deux derniers vers une formule très usitée dans les épitaphes du VI$^e$ au XII$^e$ siècle, la dernière lettre de chaque vers donne la *dignité* du défunt, *sacerdos.* Les premières lettres qui indiquaient le *nom* du chanoine manquent toutes. On ne peut affirmer qu'une chose, c'est que ce nom comprenait huit lettres. M. Mille a exactement résumé le sens de cette inscription précieuse pour l'histoire de Saint-Sauveur : « Il est question en substance dans cette épitaphe d'un vénérable personnage qui fut principal docteur en notre église, dont la fonction était d'apprendre à chanter d'une manière agréable les psaumes de David, et qui mourut avant cinquante ans, laissant la meilleure réputation de bienveillance et de piété. » — Inscript. de S$^t$ Ménelfale, évêque, et de S$^t$ Armentaire, XIV$^e$ s.: « Hic ossa scorum Menelfali epi. necno. Armenta a. eccia beat. Laurent.. .....vecta ..posita s. Transitus Menelf. X. kl. mai. Armtarii vero non. octob. » Ce n'est point l'épitaphe première de ces saints, morts au v^e s. tous deux, mais la plaque qui fut placée sur leurs reliques au xiv^e s., après la translation à Saint-Sauveur. — Autels du baptist. xi^e et xii^e s. — Tit. de la chap. N.-D. de Miséricorde, 1415, — de la chap. St-Jean, 1579. — Casque (marbre), du tomb. d'H. de Vins. — *N. S. ressuscité*, statue marbre de l'anc. chap. épisc. de Puyricard.— 3 pierres tombales frustes, dont l'une provenant du baptist., est celle de l'archev. Thomas de Puppio † 1420 ; les 2 autres sont prob. celle de l'archev. Antoine Imbert † 1550, et celle de l'archev. Philippe Herbert † 1500. — Epit. de Blanche d'Anjou, dame de Préciguy, fille naturelle du roi René, morte à vingt ans, 1470, prov. de l'anc. église des Carmes où cette princesse avait son tombeau. — * Epit. de Charles III du Maine, dernier comte de Provence, † 1481, prov. de son tombeau dans le sanctuaire, détruit pendant la révolution.

Lilia francorum cœlestia munera regum
Reliquias veteris Andegavœque domus
Occulit iste lapis cœlataque marmora claudunt.
Obruta sic fatis regia sceptra jacent.
Jerusalem et Siculos et, si per fata liceret,
Arragones poterat nostra tenere manus.
Sed Fortuna diu nostros ne ferret honores
Accelerat mortis tempora dura mihi.
Qui legis hoc tristi conscriptum marmore carmen,
Dic, tibi sit requies, Carole, paxque tibi. [1]

(1) Cette inscription a dû être composée à Paris. De tous les titres de Charles III, elle n'en omet qu'un... celui de comte de Provence.

« Cette pierre et ces marbres sculptés recouvrent les lis royaux de France, présents du ciel, et les restes de la vieille maison d'Anjou. Ainsi gisent, ensevelis par le destin, les sceptres des rois. Si le sort l'eût voulu, ma main eût régi Jérusalem, la Sicile et l'Aragon, mais la Fortune, comme lassée du poids de ma gloire, a hâté pour moi l'heure cruelle du trépas. Vous qui lisez ces vers écrits sur ce marbre funéraire, souhaitez à Charles le repos et la paix. »

**Sacristie.** — Trésor (bien réduit). Reliques notables de saints Maximin, Mitre, Madeleine, Sidoine; 2 épines de la sainte couronne et fragment de la vraie croix ; * PIED DROIT DE SAINT ANDRÉ, APOTRE, prov. de l'anc. abbaye de Saint-Barthélemy, à qui Charles II l'avait donné en 1309. Cette chair, lavée et baisée par Notre Seigneur à la dernière Cène, a été préservée de la corruption jusqu'à ce jour. La peau la recouvre encore, bronzée par le temps. Durant son séjour à Aix, Anne d'Autriche s'en fit remettre un fragment : « La chair été vive et si rouge qu'on aurait dit qu'elle allait seigner. » (Procès-verbal du grand vicaire Cordeil.) — Ostensoir donné en 1807 par la princesse Pauline Bonaparte, pour remplacer la monstrance en fer-blanc, conservée aussi comme spécimen du dénûment de nos cathédrales au rétablissement du culte. — Belle collection de livres de chant anciens.

# NOTRE-DAME DE LA SEDS

*Ecclesia beatæ Mariæ de Sede*

C'est la cathédrale — *Sedes episcopalis* — des vieux âges. Elle a perdu depuis longtemps sa suprématie sur les églises du diocèse, et même son titre paroissial, mais, grâce aux souvenirs dont elle garde le dépôt, grâce à la Madone aimée qu'elle possède, elle s'est toujours relevée de ses ruines passagères.

Les aixois considèrent avec raison Saint-Sauveur et Notre-Dame de la Seds comme leurs plus vénérables sanctuaires. Leur dévotion à l'égard de la seconde de ces églises, affaiblie à la suite des commotions révolutionnaires, a repris une vie nouvelle depuis un demi-siècle. A certaines journées de plus général concours, on croirait revenue l'époque de la première efflorescence chrétienne, dont ces lieux furent témoins, celle du pontife Basile et de Mitre le martyr.

Eloignée de la ville, Notre-Dame de la Seds ne peut jouir souvent de ces vastes assemblées ; c'est surtout l'église de la visite individuelle, de la prière calme et silencieuse. Tout y élève l'âme à Dieu. Du terre-plein qui la précède, le regard se repose sur une campagne ondulée que traverse l'ancienne *via arelatensis*. En face, sur l'emplacement de l'hospice bâti jadis par nos archevêques, l'asile, préparé à la vieillesse indigente par leur successeur, ouvre ses portes secourables. Entrez dans le temple solitaire : le bruit du travail, le tracas des affaires n'y parviennent pas plus que l'écho des discussions : il offre à l'âme pieuse la première condition d'une bonne prière, au cœur qui souffre un remède efficace, le recueillement et la paix. Loin de troubler la supplication du pèlerin, les voix virginales qui soupirent derrière la grille leur hymne d'adoration la rendent plus fervente, et, en l'unissant à la leur, plus pure et plus digne d'être exaucée.

**Eglise primitive.** — L'église de la Seds remonte au moins au IVe siècle. Elle représente dans notre histoire religieuse le triomphe du christianisme, la florissante *époque des basiliques*, comme l'oratoire du Sauveur rappelait l'évangélisation laborieuse des temps apostoliques. Plusieurs croient qu'elle fut fondée, sous la forme de sanctuaire domestique sans doute, par saint Maximin lui-même. C'est un sentiment que nous eussions voulu appuyer de quelque autorité sérieuse, loin d'y vouloir contredire. Quoiqu'il en soit, les gloires certaines de son église composent à la Vierge de la Seds un diadème assez riche pour se passer de fleurons douteux.

D'après la tradition, et ce n'est pas un faible argument pour rapporter sa fondation au IVe siècle, ce temple de Marie aurait remplacé un temple de Cybèle : une pensée de ménagements opportuns envers les sectateurs de l'ancien culte aurait ainsi substitué la Mère de Dieu à la mère des dieux. Comme cette église a été rebâtie sur ses premiers fondements, elle présente encore, plus exactement qu'aucune autre, le plan des basiliques primitives.

Avant de reconstituer cet édifice et ses dépendances, il faut dire un mot de l'ancienne cité de Sextius, à laquelle il servit longtemps de cathédrale.

Fondée comme la sentinelle avancée de la conquête romaine dans la Gaule, réduite d'abord à l'aire d'un camp retranché établi sur le monticule qui dominait la principale source des eaux chaudes, la cité des Eaux Sextiennes était devenue promptement le centre administratif de la province nouvellement conquise. A son nom sont inséparablement unis ceux du proconsul Sextius, son fondateur en l'an 123 avant Jésus-Christ ; de Marius qui, vingt ans après, écrasa sous ses murailles les Teutons envahisseurs ; de Jules César, créateur de sa colonie ; d'Auguste, son hôte et son bienfaiteur. On peut remarquer en passant quelle influence considérable exercèrent sur la diffusion de l'Evangile deux évènements qui se passèrent à Aix, la victoire de Marius qui assura l'unité du monde sous l'hégémonie romaine, le décret d'Auguste traçant le réseau général de ces voies romaines qui devaient faciliter moins les marches des légions impériales que les pérégrinations des missionnaires du Christ.

La ville ne resta pas toujours confinée dans ses barrières primitives. Sous les Antonins, à l'apogée de sa prospérité, elle s'étendait à peu près de l'hôpital actuel à la place du

Palais, en coupant la rue Saint-Laurent. Au couchant, elle atteignait la route d'Avignon qu'elle dépassait légèrement ; une ligne partant du Palais, par les rues de la Glacière, Villeverte et le cours des Minimes la délimitait au midi. Mais jamais l'espace occupé par Notre-Dame de la Seds n'en fit partie. Comme l'oratoire du Sauveur, cette église s'élevait hors de l'enceinte et sur le bord d'une voie.

On sait que la loi romaine interdisait les sépultures dans les villes, et que c'était l'usage d'échelonner les tombeaux le long des routes. On sait aussi de quel respect les mœurs entouraient les corporations funéraires, de quels privilèges la législation les avait dotées. Tertullien rapporte que les chrétiens profitaient de cette tolérance pour tenir leurs réunions dans les quartiers réservés aux sépultures, par conséquent hors les murs et à proximité des voies. Ceci peut expliquer pourquoi nos deux plus anciennes églises étaient situées hors de l'enceinte de la cité.

Transportons-nous maintenant à la Seds au début du VIIIe siècle, quelques années avant l'invasion sarrasine.

La basilique est dédiée à la Vierge Marie. On la désigne déjà sous le nom qu'elle ne doit plus perdre Notre-Dame du siège, *de Sede episcopali*, parce que les évêques, qui ont établi leur résidence dans le voisinage, y remplissent habituellement leurs fonctions sacrées. Quatre siècles durant, la Seds, rapprochée des nouveaux quartiers, l'emportera sur Saint-Sauveur, quoique celui-ci possède le Baptistère unique.

Elle est tournée vers le levant, donnant un des plus ancieus exemples de cette orientation symbolique qui deviendra loi au xie siècle. Outre l'autel épiscopal, il y en a deux autres au fond des absides secondaires, celui de saint Etienne, et celui de saint Mitre [1].

Deux cents pas au nord, les arènes dressent le double étage de leurs massives arcades. Entre la basilique et les arènes s'étend le **cimetière Saint-Laurent**, vaste nécropole affectée successivement aux sépultures des deux cultes. De l'époque païenne, ces *champs élysées* conservent dans leurs funèbres allées le monument de Felicissimus, médecin de dix-neuf ans, et l'un des ministres sacrés qui

> novo tempore veris
> Floribus intextis refovent simulacra deorum,

comme l'exprime l'épitaphe en un vers virgilien ; celui du chevalier Paternus, celui des trois frères Geminii [2], entre un amas de cippes plus modestes.

Plus riche et surtout plus vénérable se présente le cimetière chrétien, où saint Mitre fut d'abord enseveli ; où sans doute reposaient aussi la veuve Agerruchia et ces pieuses chrétiennes, prémices de la vie religieuse dans notre pays,

(1) Le musée d'Aix possède deux pieds d'autel de la première époque romane, en forme d'amphore, forme qui rappelle l'usage de poser les tables d'autel sur une urne contenant les restes des martyrs. Ils proviennent sans doute de l'ancienne cathédrale.

(2) Inscript. conservées au musée d'Aix. — D'autres monuments épigraphiques de ce musée indiquent les divinités les plus vénérées du polythéisme aixois, Apollon, Esculape, Bacchus, Priape, Junon, Vénus, Mercure, protecteur de la *Colonia Julia Aquis ;* Cybèle, « auguste mère des dieux »; Cérès, « très miséricordieuse et très sainte mère des hommes »; et, les dominant tous, Jupiter « très bon et très grand ».

que saint Jérôme avait soutenues de sa forte direction [1]; le personnage illustre « qui avait revêtu la trabée et devant lequel on avait porté les faisceaux », c'est-à-dire un ancien consul qui paraît avoir été le préfet du prétoire Evodius, le même qui avait jugé l'hérésiarque Priscillien, l'homme le plus intègre que la terre ait porté, au jugement de Sulpice Sévère (Vita S<sup>ti</sup> Martini, c. xx). Avec eux le jeune Dextrianus, dont l'épitaphe porte le trait laconique, *breve omne quod bonum est*, que Malherbe devait lire et si bien traduire

Les plus belles choses ont le pire destin;

Adjutor le *pénitent*; les saints évêques Menelfale, Armentaire, Basile; les *clercs*, entre autres ce jeune notaire dont le titre est mentionné sur un marbre transporté à Saint-Sauveur.

Les moines de Saint-Victor possédèrent cet illustre cimetière de très bonne heure: au x<sup>me</sup> siècle, leurs droits dataient déjà d'un temps immémorial. C'est pourquoi l'arche-

(1) Faute de donnée positive sur le point de la ville où était situé ce monastère, il paraît plus probable de le rapporter au quartier de la cathédrale, autour de laquelle se groupaient d'ordinaire les établissements religieux. Il reste de saint Jérôme à la veuve Agerruchia une lettre ou plutôt un traité sur l'état du veuvage chrétien. Elle renferme des détails curieux sur la vie aixoise à cette époque. Agerruchia, fille de Celerinus et de Benigna, perdit ses parents de bonne heure et fut élevée dans le monastère dirigé par sa tante et qui comptait cent religieuses. Son éducation terminée, Agerruchia fut épousée par Simplicius, qui mourut peu après son mariage et avant la naissance de son fils. La jeune veuve, riche et belle, était poursuivie par plusieurs prétendants de grande famille, *palatii proceres*. C'est pour la soutenir dans sa résolution de ne point convoler à de nouvelles noces que saint Jérôme écrivit cette lettre. Il lui rappelle l'exemple de chasteté donné à Aix même, *in patria tua*, par les femmes teutones qui, ne voulant point survivre à leurs maris, se firent massacrer jusqu'à la dernière le soir de la bataille.

vêque Amalric se crut en droit d'en reprendre possession, prétendant que Saint-Victor l'occupait sans titre.

Les moines réclamèrent et l'évêque de Marseille prit leur parti, alléguant que la possession de date immémoriale équivalait aux titres qui s'étaient perdus durant les invasions des sarrasins et des normands. Avec le consentement de ses chanoines, l'archevêque rendit à l'abbaye l'*autel* et le *cimetière*, par conséquent les revenus de l'église Saint-Laurent et les droits de sépulture ; ainsi que l'église de Dane également en litige. Les moines se soumirent cependant à recevoir l'investiture de l'archevêque, et à lui payer un âne d'Espagne, douze muids de froment, et un tapis. Ainsi conclu par acte de l'an mille. Cette contestation marque le plus ancien épisode de la longue lutte que nos archevêques eurent à soutenir contre la puissante abbaye, lutte que nous aurons à raconter en écrivant l'histoire de la paroisse de Trets.

Avec une pareille antiquité et de si vénérables souvenirs, il n'est pas étonnant que ce cimetière ait été respecté, même après l'abandon de Notre-Dame de la Seds. En 1538, le roi François Ier donnait encore des lettres-patentes pour prévenir « toute profanation du cimetière Saint-Laurent auprès l'église Sainte-Croix, *auquel vraisemblablement il y a plusieurs corps saints inhumés.* » (Arch. dép.)

Nos évêques, qui demeuraient d'abord à côté de la cathédrale avec le collège des prêtres et l'école épiscopale, s'établirent, à l'époque des invasions, plus au nord, et sur les arènes qu'on avait laissées tomber en ruines depuis l'abandon des combats sanglants de l'ère païenne. Cette résidence fut construite en manière de forteresse avec les pierres de l'amphithéâtre, et à cause des tours dont elle fut munie, on la nomma *château des Tours*. Elle donna son nom à une des trois agglomérations qui remplacèrent les Eaux Sextiennes ; la ville épiscopale s'appela *ville des Tours*.

La chapelle Sainte-Croix, démolie au dernier siècle pour livrer passage à la nouvelle route d'Avignon, désignait l'emplacement du château des évêques. Elle avait été bâtie en 1483 sur un tertre nommé dans l'acte de fondation « l'arcevescat vieilh ».

Ces lieux furent le théâtre d'évènements religieux, dont voici les principaux.

466, 13 novembre. — Saint Mitre vient d'avoir la tête tranchée par la hache. Il saisit cette tête sanglante ; d'une marche rapide, il franchit les mille pas qui séparent le Prétoire de l'église de la Seds, et, martyr de la chasteté, consomme son sacrifice, en déposant son chef sur les degrés de l'autel de la Reine des Vierges. A son approche, les « campanes » d'importation récente, s'étaient mises en branle d'elles-mêmes pour fêter le passage du triomphateur que l'évêque attendait à l'entrée de la basilique.

Cet évêque était le bienheureux Basile, l'ami de Sidoine Apollinaire. Il avait reçu en sa maison de la Seds le saint évêque de Clermont et l'avait rendu témoin de l'énergie avec laquelle il combattait l'erreur arienne.

Sidoine Apollinaire, dont les Lettres nous ont fourni ces détails, était, par une coïncidence curieuse, lié aussi d'amitié avec Arvandus, le bourreau de saint Mitre. Quand cet émule de Verrès eut été condamné par le sénat de Rome, ce fut Sidoine Apollinaire qui, par son crédit, lui obtint grâce de la vie.

565. — Les restes de saint Mitre reposaient dans un riche tombeau au fond d'une des nefs de la Seds. Un siècle après le martyre du saint, un incident dramatique se produisit en cette chapelle.

Un seigneur de la cour de Sigebert s'était emparé d'un domaine de l'église d'Aix, la villa Saint-André. L'évêque Francon dénonça l'empiètement, mais ne fut point écouté. Il fut même condamné à une amende de 300 écus d'or. En apprenant ce déni de justice, Francon se décide à faire violence au ciel. Il convoque clercs et fidèles au tombeau de saint Mitre, ordonne d'allumer les cierges et les lampes, puis élevant la voix : « Grand saint, c'est à vous que je recours contre l'iniquité que je subis. A vous de montrer que vraiment vous jouissez auprès de Dieu du crédit que vous attribue notre foi. Dès ce jour, le culte que vous rend votre peuple va s'interrompre : plus de visites à votre tombeau, plus de lampes, plus de cantiques, jusqu'à ce que vous nous ayez obtenu justice et réparation. » Ce disant, Francon fit éteindre les lumières, répandit de la cendre sur le sol, des ronces sur l'autel et ferma la chapelle.

C'était plus qu'il n'en fallait pour être exaucé, d'autant que le pontife qui priait était lui-même un saint. Childéric, le seigneur usurpateur, tomba malade, et mourut après quelques jours, non sans avoir reconnu ses torts et ordonné de restituer à l'église d'Aix le domaine Saint-André, plus six cents écus d'or, le double de l'amende injustement infligée à l'évêque.

Tel est le récit de Grégoire de Tours (*De gloria confess.* LXXI), qui dit l'avoir recueilli dans les actes de saint Mitre, actes qui se sont perdus par la suite. L'historien Fleury, rapportant la sainte audace de l'évêque d'Aix, y voit le plus ancien exemple d'interdit local.

581. — Théodore, évêque de Marseille, se rendait dans un village de son diocèse, pour en consacrer l'église. Des émissaires apostés par le gouverneur Dynamius dispersèrent les prêtres qui escortaient le pontife, le jetèrent à bas de son cheval, et le lièrent sur une méchante monture. Théodore, à son passage à Aix, fut consolé par l'évêque Piencus qui le pourvut du nécessaire pour la route. L'évêque d'Aix obtint même la permission de faire accompagner son collègue jusqu'à Chalon par des clercs de Notre-Dame de la Seds, parmi lesquels prit place son représentant au concile national qui allait se tenir dans cette ville. Amené devant les Pères du Concile, en présence du roi Gontran, saint Théodore se justifia facilement de l'accusation de haute trahison qui pesait sur lui, et recouvra la liberté.

Le charitable Piencus mourut de la peste, en visitant ses ouailles, en 590. Quelques jours après, l'archevêque d'Arles Licerius succombait à la même mort ; dévouement admirable des pontifes d'Aix et d'Arles, qu'à treize siècles de distance nous avons vu se reproduire dans la mort glorieuse de notre dernier archevêque.

596. — En cette année se présentèrent à la Seds quatre moines, Augustin, Jean, Pierre et Laurent, envoyés par le pape saint Grégoire avec la mission de prêcher le christianisme à la Grande-Bretagne encore païenne. Ils ramenaient dans leur pays quelques adolescents d'une beauté « plus angélique qu'anglique », esclaves rachetés sur le marché de Rome et récemment baptisés. Ils furent accueillis par l'évêque Protasius avec les plus vifs témoignages de la charité chrétienne [1]. Tout le monde ne comprit pas son devoir comme Protasius. Plusieurs détournèrent les missionnaires d'une entreprise difficile sans doute, mais dont on exagérait les périls. Le découragement les saisit. N'osant poursuivre leur route ni revenir sur leurs pas, ils restèrent en Provence, à Aix selon quelques-uns, à Lérins selon d'autres, pendant qu'Augustin retournait à Rome pour exposer au pape ces nouvelles difficultés. L'âme intrépide de saint Grégoire ne fut point ébranlée : Augustin, fortifié par la parole pontificale, quitta Rome, animé d'une nouvelle ardeur, et ne goûta plus de repos qu'il n'eût avec ses compagnons atteint la grande île qui, grâce à son apostolat, allait devenir l'Ile des saints.

— Avec le VIII<sup>e</sup> siècle, les invasions sarrasines commen-

(1) « The missionaries landed at Marseille whence they proceded on to Aix in Provence. Here they fell in with persons who made disheartening reports of the country towards which they were bending their steps...... When Augustine reached the feet of his master he did not fail to report among other and less welcome intelligence, the kind and hospitable reception with wich himself and his compagnions had met at the hands of the gallicans prelates and ecclesiastics more especially Protasius, bishop of Aix in Provence... » (Lives of the english saints. St Augustine of Canterbury.) — Cf. *Sti Gregor. regest.* l. VI, ep. 55.

cent à désoler nos contrées. C'est une époque de ténèbres pour l'histoire.

En 737, la ville d'Aix est prise et saccagée. Ceux des habitants qui échappent au massacre se réfugient sur les hauteurs voisines et s'y fortifient. Dans ce désastre, Notre-Dame de la Seds fut-elle détruite ou simplement laissée à l'abandon ? Nous l'ignorons. Nous savons seulement que dans son testament, Charlemagne ne nomme pas la métropole d'Aix, sans doute parce qu'elle était alors déserte ; que l'archevêque Odalric, « forcé de quitter son siège à cause de la persécution des sarrasins », erra par la France entière et reçut un asile à Reims, où il devint abbé de Saint-Timothée et administrateur du diocèse [1] ; que durant deux siècles et demi nos annales religieuses ne rapportent pas un seul acte accompli par un archevêque d'Aix dans son diocèse, lacune qui dévoile éloquemment la triste situation qu'elle semble cacher.

C'est seulement avec le XI^e^ siècle que le nom de Notre-Dame reparaît, et encore l'attribution des documents n'est-elle pas d'une certitude absolue [2]. En 1012, Isnard lui fait une donation ; en 1044, Eblo lui lègue une terre ; en 1053, le nouvel archevêque Pons signe † *Ego Poncius nunc ordinandus episcopus sanctæ Mariæ sedis aquensis.*

Mais, si la ville put se relever de ses ruines, irréparables

(1) Flodoard, *Hist. eccl. Rem.*, cap. XXII.

(2) Au sujet de la localisation incertaine de quelques actes de cette époque, v. *Métropole Saint-Sauveur*, p. 11.

furent pour l'église de la Seds les suites de cette longue période d'abandon. Elle perdit, sinon la résidence, du moins le siège de l'évêque.

Le chapitre, rétabli comme ordre monastique, fixa sa résidence près de la Sainte-Chapelle, à l'église Notre-Dame, qui devint ainsi la cathédrale nouvelle. C'est autour de ce monument et du Palais que se formèrent les principales agglomérations. Dans la cité des Tours, quelques rues à peine se rebâtirent, exposées à toutes les incursions, faute de remparts.

Le peu d'importance du quartier est indiqué par ce fait que l'église de la Seds, devenue simple paroisse, était desservie par un seul prêtre, avec le titre de vicaire perpétuel. Les archevêques habitaient toujours le château des Tours, plutôt gardien des morts que protecteur des vivants. Ils firent ce qu'ils purent pour prévenir la ruine totale de l'ancienne cathédrale. En 1309, Rostang de Noves accorda cent jours d'indulgences à toute aumône en faveur de la Seds; en 1317, Robert de Mauvoisin étendit cette faveur à quiconque fournirait « des pierres, du bois, des journées de travail, de l'argent ou du blé », ordonnant à tous chapelains et vicaires de la ville et du diocèse de lire ses lettres en chaire toutes les fois qu'ils en seraient requis par les ouvriers ou par les porteurs de la bulle.

Dès 1212, les archevêques furent enterrés à Saint-Sauveur, à une exception près, celle de Pierre d'Auréole, le même prélat qui, dans la chaire de la Seds, affirmait en 1321 la croyance traditionnelle de l'Eglise d'Aix à l'auguste privilège de la sainte Vierge, l'Immaculée Conception.

Au XIVe siècle, nos archevêques décidèrent d'habiter à proximité de Saint-Sauveur, non plus transitoirement, comme ils le faisaient à l'occasion de quelque cérémonie à présider, mais d'une manière définitive. Et comme la ville des Tours était trop exposée aux surprises, pendant qu'on bâtissait la résidence qui est devenue l'archevêché, ils s'établirent en leur solide château de Puyricard.

C'est Armand de Barchesio qui abandonna le château des Tours, en 1334. Quelques années avant, il avait essayé d'un dernier moyen pour sauver la pauvre ville qui se mourait. Il avait édifié « de ses propres biens un notable hôpital pour le soulagement et la guérison des pauvres du Christ près de sa demeure archiépiscopale située alors dans la ville des Tours. » (Bulle de Thomas de Puppio, 14 oct. 1417). Cet hospice, dédié à saint Michel, fut détruit dans le même siècle par les routiers.

Le départ de l'archevêque sonna le glas de la cité épiscopale. Ses derniers habitants se mirent en devoir d'opérer aussi leur exode vers la nouvelle ville. En quittant le quartier des Tours, les émigrants cessaient de relever de l'archevêque, et en s'établissant dans la ville comtale, ils devenaient vassaux du prince [1].

Cette mutation de vassalité devait nécessairement compli-

(1) La campagne participait à cette division : la partie au levant du chemin de Marseille et du chemin de Puyricard appartenait à la ville comtale ; la partie au couchant, à la ville épiscopale.

quer l'opération. Comme les habitants démolissaient leurs maisons pour les reconstruire en terre comtale, Arnaud de Piretto crut enrayer le mouvement en prohibant la sortie des matériaux de la ville des Tours.

Les magistrats de la reine Jeanne excitèrent les gens à violer cette défense. Il s'attirèrent une sentence d'excommunication, mais ils s'humilièrent et furent absous. Les archevêques ne pressèrent pas trop l'exécution du décret : eux-mêmes y contrevinrent plus d'une fois. Ainsi Thomas de Puppio tira de la ville des Tours les pierres avec lesquelles a été bâti le clocher de Saint-Sauveur ; Aimon Nicolaï autorisa l'architecte de la chapelle absidale Saint-Mitre à se fournir de matériaux aux ruines de « la archevescat foras de la cieùtat, al luech appellat la villa de las Torres. » (1442). A cette époque la ruine était achevée : un compte trésoraire de 1450 (arch. dép.), déclare que, la taille de 24 livres, payable à chaque fête de saint Michel par les habitants de la ville des Tours, n'a pas été payée depuis longtemps, parce que ladite ville est « complètement inhabitée ». Ainsi disparut, après cinq cents ans d'existence, une des trois agglomérations qui avaient remplacé les Eaux-Sextiennes. Les deux autres, la ville comtale surtout, profitèrent de tout ce que la première avait perdu. Elles avaient, en 1357, abandonné leurs noms de bourg Saint-Sauveur et de ville comtale, repris celui d'Aix, et convenu d'une administration commune.

Ce qui précipita la déchéance de l'église de la Seds fut surtout la double guerre civile qui marqua la vie et la mort de la reine Jeanne, guerre marquée par les incursions de brigands de tous pays, tuchins, routiers, tard-venus, etc., qui n'épargnèrent aucune ville ouverte. En 1366, Louis d'Anjou parut à la tête des bandes languedociennes. A son approche, on répara à la hâte le château des Tours, on rasa les maisons où les assiégeants auraient pu trouver un asile, on transporta la statue vénérée de la Seds à Saint-Sauveur.

« Cette grande destruction fut à peu près inutile, car la paix se fit après quelques escarmouches et fut signée précisément entre les quatre murs de Notre-Dame de la Seds [1]. »

Dix-sept ans après, les reliques, y compris le corps de saint Mitre, prenaient le même chemin que la statue, malgré la protestation véhémente du vicaire perpétuel Meyfredi.

Nous avons parlé de la statue de la Vierge. Son transfert à Saint-Sauveur la sauva. C'est la même que la piété populaire vénère aujourd'hui. Elle est en bois, assise sur un trône, allaitant l'enfant Jésus debout sur ses genoux. Elle est couronnée d'un diadème crénelé, en sa qualité de protectrice de la ville des Tours.

Vers 1390, Notre-Dame de la Seds fut démolie par les troupes indisciplinées de Raymond de Turenne. En 1404, un inventaire, triste comme un acte mortuaire, constate que divers meubles et ornements de la sacristie de Saint-Sauveur proviennent de l'ancienne église de la Seds.

(1) A. Colomb, *Notre-Dame de la Seds*, p. 33. Cette notice, à laquelle nous avons emprunté plus d'un trait, est le meilleur des travaux consacrés à célébrer notre ancienne cathédrale. Cf. aussi, *Nos Madones*, p. 25 et suiv.

Durant un siècle et demi, quelques pans de murs dominant un amas de décombres marquèrent la place de l'antique église.

**La réédification. 1521.** — Tandis que la ville est désolée par la peste, une nouvelle mystérieuse se répand. On a vu dans l'enclos de maître Joannis des flammes sorties de terre dessiner sur le sol les lignes d'une église. Ce prodige se renouvelle chaque nuit. Joannis fouille son terrain, déterre des tronçons de colonnes, des fragments de mosaïques ; c'est l'ancien sanctuaire de Marie qui reparaît à la lumière. On édifie à la hâte une petite chapelle, et on fait vœu de relever l'église sur le lieu du prodige dès que la peste prendra fin.

Sans attendre davantage, le chapitre replaça la sainte image dans la chapelle provisoire (21 octobre 1521). On choisit les Minimes pour la desservir, mais ils ne purent répondre à l'appel qu'en 1556. En attendant, des prêtres amovibles célébrèrent les offices sous la direction du chapitre. Un de ces chapelains, Jean Granet, s'avisa un jour de se déclarer inamovible, comme successeur des anciens vicaires perpétuels, mais il fut débouté de ses prétentions par l'abbé de Saint-André de Villeneuve, commissaire apostolique, qui le condamna à quitter ses fonctions, et à restituer une somme de 97 florins et sept gros (1534).

1556, 25 mai. — Installation des Minimes par le chapitre, avec autorisation du grand vicaire Stephani. L'église était terminée, moins la façade qui ne fut élevée qu'au XVIIIe siècle.

1628, 2 juillet. — On ne sait pourquoi, les minimes refusent de porter la statue de la sainte Vierge à Saint-Sauveur, comme c'est l'usage. Les chanoines s'indignent, et commettent deux pénitents pour apporter la statue. Une fois en possession de la précieuse image, le chapitre délibère qu'elle ne sera point rendue, mais que désormais elle sera exposée à la vénération publique dans la chapelle absidale de Saint-Sauveur. Désolation des bons pères, qui font savoir au chapitre qu'ils offrent toutes satisfactions. Celui-ci mande les pères en la salle capitulaire, leur rappelle leur dépendance, les admoneste et réprimande, reçoit enfin leurs excuses et la promesse consignée en un verbal authentique de rapporter chaque deuxième juillet la statue à la Métropole.

1630, 11 janvier. — La peste sévit affreusement. Douze mille victimes ont succombé déjà dans la seule ville d'Aix. Les corps et communauté s'assemblent sur la place des Prêcheurs. L'assesseur Martelly « tenant le bâton du roy à la main », propose à la foule, dans un discours admirable de vigueur et de foi, le vœu de se rendre en procession à Notre-Dame de la Seds chaque année à l'anniversaire du jour où le fléau aura cessé. Le 20, Martelly prononça à Saint-Sauveur l'acte solennel de ce vœu. Le 14 septembre eut lieu la procession promise. Les consuls communièrent à la Seds. Au retour à Saint-Sauveur, antienne à Notre-Dame d'Espérance, et absoute pour les victimes de la peste.

Douze portefaix rangés dans la cour de l'hôtel de ville attendaient des consuls l'ordre d'enlever douze sacs de blé de demi-charge à destination du couvent du Bon-Pasteur. C'était le dernier article du vœu. de la ville : « donneront toutes les années six charges de blé à la maison des filles repenties...., cinq desquelles filles repenties se sont exposées à l'infirmerie de Notre-Dame de la Seds pour servir les malades. »

Chaque année, le 1er septembre, une messe fondée à l'intention de la ville, rappelle le vœu de 1630.

**1704.** — Le chapitre, tout en maintenant la procession du 2 juillet, cesse de chanter la messe à Notre-Dame de la Seds.

Ce siècle commençait par l'indifférence et l'abandon [1], qui n'étaient que le prélude d'une destruction nouvelle, aussi barbare que celle des sarrasins, mais devant être suivie heureusement d'une plus prompte restauration.

Quand les ordres religieux furent supprimés, les minimes, dix prêtres et quelques frères, furent chassés de leur couvent de la Seds. Quelques années après, la maison et l'église furent démolies et les matériaux mis en vente. Par une protection du ciel, l'abside fut respectée. Quant à la sainte image, un religieux, le P. Aillaud, la sauva et la tint cachée jusqu'en 1802. En cette année, il la rendit à l'autorité ecclésiastique, qui l'exposa à la dévotion des fidèles dans l'église métropolitaine.

(1) En 1790, les revenus de l'unique chapellenie de la Seds, conférée par le chapitre, s'élevaient en tout à huit livres.

Rappelons encore quelques souvenirs de Notre-Dame de la Seds, avant d'exposer ses gloires contemporaines.

Sa dignité d'ancienne cathédrale avait conservé à l'église de la Seds le privilège de recevoir, à leur arrivée, la première visite des archevêques et des rois.

« S'approchant de la ville, disait l'ancien règlement du chapitre, toutes les cloches sonnent jusques que le seigneur archevesque soit arrivé à Notre-Dame de la Seds, où il se repose jusques au lendemain après le dîner. » — A la réception d'Alphonse de Richelieu, « la compagnie (corps municipal) seroit entrée dans le reffectoire neuf, et se seroit présentée audit sieur archevesque, et par monsieur l'assesseur fait la réception et arangue à ce requize, en présence des révérendissimes evesques de Senez et de Riez. Après, ledit sieur archevesque d'Aix étant monté sur un petit cheval au devant la porte du couvent, abillé de son abit d'évesque avec le bonnet carré et le chapeau d'évesque attaché au coul pendant par dernier, lesdits sieurs évesques de Senez et de Riez au devant de luy à cheval et messieurs le viguier et consuls et assesseur en dernier et toute la cavallerie au devant, seroyent partis pour entrer en ville... [1] »

Les rois faisaient pareille station à la Seds, ainsi que leurs représentants, les gouverneurs de Provence.

« Le jour de l'entrée du roy, la ville fait faire un théastre devant l'église de Notre-Dame de la Seds, dit le cérémonial

(1) Cérémonies et ordre tenu à la réception de Rme Mgr Louys Alphonse Duplessis de Richelieu, arch. d'Aix. — Archiv. de la ville, livre jaune, 67.

précité, couvrir et tapisser derrière son siège souls un dez, où il y a montée de chaque costé. En près de suite, le roy monte sur le théastre, assisté des princes et des seigneurs de la cour... »

Ainsi furent reçus, le 19 octobre 1564, le jeune Charles IX et sa mère Catherine de Médicis, aux acclamations répétées de : Vive le Roy ! Vive la Messe ! « Estant approché de l'église de Lassèz (sic), là furent les consuls et assesseur, accompaignés de plusieurs nobles, bourgeois, marchans et autres de la maison commune faisans et représentant le corps de la ville, et le peuple suivant ravy de liesse ; oultre encore tout le clergé accompaigné des autres paroisses et couventz fut en rencontre et procession generalle avec chappes et ornemens précieux chantans et louans Dieu, disant : *Lætare*, ô cité d'Aix. [1] » La liesse qui ravissait le peuple d'Aix n'eût pas été justifiée s'il ne s'était agi que de recevoir la triste Catherine, elle l'eût été modérément à l'égard des enfants qui l'accompagnaient, le pauvre Charles IX et le duc d'Anjou, le futur Henri III ; mais elle l'était absolument à l'égard d'un petit prince, âgé de 11 ans, aux traits charmants, à l'allure franche et éveillée, dont Catherine avait voulu faire le compagnon de voyage de ses fils. Ce petit prince n'était autre qu'Henri de Navarre, celui que la France devait aimer un jour sous le nom du bon roi Henri. Sans nul doute, la Reine du ciel justifia en cette

(1) Ordre tenu par les seigneurs des comptes à l'arrivée du roi Charles IX en son pays et comté de Provence. — Man. de la Bibl. Méjanes.

occasion son titre de Siège de la Sagesse ; elle jeta sur le jeune huguenot un regard bienveillant et le prépara à remplir heureusement sa destinée de fils aîné de l'Eglise.

Signalons encore parmi ces réceptions, celle de l'épouse d'Henri IV, la future reine Marie de Médicis, qui arriva le 17 novembre 1600, accompagnée du connétable de Montmorency, des cardinaux de Gondi et de Joyeuse ; celles des gouverneurs d'Epernon, de Vitry, etc., escortés de la Seds à Saint-Sauveur, d'un président, de quatre conseillers, et d'un des gens du roi, tous à cheval.

Parmi les religieux qui habitèrent le couvent de la Seds, on cite Jérôme Duranti, général de l'ordre, † 1626 ; J.-B. Nicéron, physicien distingué, neveu du savant barnabite, † 1646 ; André de Colonia, † 1688, dont les thèses sur le prêt à intérêt, admises aujourd'hui de tous les moralistes, mais hardies pour l'époque où elles furent émises, excitèrent des discussions et furent censurées ; le P. Pellas, auteur d'un *Dictionnaire provençal-français*, imprimé à Avignon en 1723, la plus ancienne œuvre de ce genre.

Sur cette terre imbibée du sang de saint Mitre et des héros inconnus des premières persécutions, la tradition du martyre devait se perpétuer.

L'origine et la fin du couvent sont marquées par des immolations sanglantes. Le fondateur, Simon **Guichard**, quinzième général de l'ordre, hébraïsant et prédicateur fameux, s'était fixé à Aix, retenu par les habitants qui ne voulurent point le laisser partir, après qu'il eut achevé sa station de l'avent à Saint-Sauveur. Vingt ans il travailla à la conversion des protestants, avec un succès tel que des fanatiques résolurent de l'assassiner. Ils l'attendirent un soir d'hiver aux abords du couvent et le mirent à mort, 1574. Ses restes vénérés furent ensevelis dans le sanctuaire, du côté de l'épître. C'est un minime de la Seds, Louis-Thomas Nuyrate, de Martigues, qui fut immolé à Marseille, en 1792, comme première victime du schisme. Il y avait prononcé ses vœux le 6 janvier 1741. Deux autres versèrent leur sang pour la foi. Jean-Gabriel Vigne, natif d'Aix, fut massacré le 27 août 1792. Prêtre instruit, poète à ses heures, comme le prouvent les spirituelles poésies provençales qu'il a laissées, il avait refusé énergiquement le serment schismatique, et se disposait à passer à l'étranger. « Il traversait le Cours pour sortir de la ville, lorsqu'il fut reconnu par quelques méchants qui fondirent sur lui et le pendirent aussitôt à une lanterne aux cris du *ça-ira* ; après quoi on coupa la corde, et la populace traîna son cadavre à demi nu par les rues de la ville en lui prodiguant les plus infâmes outrages. [1] » Un autre aixois, le P. Jean-Baptiste Grognard, impliqué dans la révolte des sections, périt sur l'échafaud à Paris, le 21 août 1794.

— Dans l'église reposent le président Gaufridi ; les trois présidents Duchaîne, et Louis Duchaîne, évêque de Senez, † 1671, tous quatre inhumés aux pieds de la sainte image.

Sa fin tragique, le nom qu'il portait, le désespoir de ses parents, préserveront de l'oubli un infortuné jeune homme,

(1) *Rues d'Aix*, II, 187.

dont les dépouilles furent déposées dans un des caveaux de la Seds, (nef de gauche, le premier en entrant). Il s'agit de Marc-Antoine de Malherbe, fils du poète et de Madeleine de Carriolis, tué en duel le 13 juillet 1627. « .... Mon pauvre fils ayant été tué à quatre lieues d'Aix, y fut apporté, pour, selon son désir, être inhumé en l'église des Minimes, qui est au bout de l'un des faubourgs. Le peuple ne sut pas sitôt que le corps était arrivé, qu'il y courut en telle abondance, qu'il ne demeura au logis que les malades. Comme il fut question de le mettre en terre, ils dirent tous résolûment qu'ils voulaient le voir encore une fois. Les religieux en firent quelque difficulté, mais il fallut qu'ils cédassent. La bière fut ouverte, le drap décousu, et le peuple satisfait de ce qu'il avait désiré. Quelles bénédictions furent alors données au pauvre défunt, et quelles imprécations faites contre les meurtriers !... [1] » Malherbe mourut de chagrin l'année suivante. Sa veuve lui survécut trois ans, n'ayant cessé jusqu'à son dernier jour de poursuivre le châtiment des meurtriers de Marc-Antoine. Ce fut en 1632 seulement que le parlement de Toulouse condamna l'antagoniste, le sieur Fortia de Piles, à huit cents livres d'amende qui devaient être affectées à des prières pour l'âme de sa victime.

La veuve de Malherbe voulut reposer à côté de son fils : « Eslisant sépulture à mon corps dans l'église des PP. Minimes, et en la tumbe estant dans la chapelle que j'ay faict

(1) Lettre à Louis XIII. *Œuvres* de Malherbe, édit. Didot.

faire dans icelle et dans laquelle a esté ensevely le sieur Marc-Antoine de Malherbe, mon fils, où je veux mondit corps estre porté accompagné tant seulement des pères religieux dudit couvent portant la sainte croix et par treze pauvres portant chascun d'eux un flambeau de cire blanche poisant deux livres pièce. Je lègue audit couvent la somme de douze cents livres pour fondation d'une messe que dès à présent j'ordonne estre dicte perpétuellement par lesdits pères tous les jours à l'autel de la chapelle que j'ay faict faire en icelle pour faire prier Dieu pour les âmes des feus sieurs Françoys et Marc-Antoine de Malherbe mes mary et fils, et de la mienne après qu'il plaira à Dieu m'appeler de ce monde en l'autre... Je veux et ordonne que ladite chapelle et tombe soit et appartienne au sieur J.-B. de Bouyer... Je veux et ordonne que chascun jour des décès desdits sieurs de Malherbe mon mary et fils, qui sont les 13 juillet et 16 octobre, ensemble le jour de mon décès, soit célébré aux frais de mes héritiers en leur présence durant leur vie une haute messe ou *cantar* avec les ornements nécessaires et deux flambeaux allumés. »

En vertu de ce testament, la chapelle et le tombeau passèrent à la famille Boyer. Le philosophe J.-B. Boyer, marquis d'Argens, connu par ses productions impies et par sa liaison avec Frédéric de Prusse, n'y est pourtant point enterré. Il mourut chrétiennement à Toulon en 1771, et fut enseveli en la cathédrale de cette ville. Mais le roi de Prusse lui fit élever un beau cénotaphe par le sculpteur Bridan, à Notre-Dame de la Seds. « Il y eut une explosion générale de mur-

mures contre la hardiesse qu'on avait eue de permettre à un prince protestant d'élever un mausolée à un homme de foi suspecte dans un lieu si vénérable. L'archevêque, pressé par l'opinion, adressa de vifs reproches aux religieux pour avoir toléré cette profanation. Ceux-ci s'excusèrent sur ce que la chapelle où le monument avait été construit, appartenait à la famille des Boyer d'Eguilles. Le droit de propriété fut donc respecté, mais on exigea la modification de l'inscription [1]. » Le frère du marquis, chanoine de Saint-Sauveur [2], en composa une autre d'une orthodoxie irréprochable, où il était fait mention du retour final du marquis à la pratique chrétienne.

**Eglise actuelle.** — C'était en l'an 1773. Une jeune modiste, la gracieuse et spirituelle Mlle Raymond, causait avec un avocat devant sa maison. Elle vit venir de la rue voisine un pauvre à l'habit sordide, mais dont la physionomie inspirait le respect. Selon son habitude, la jeune fille déposa une pièce de monnaie dans la main du malheureux. « Merci, mademoiselle, répondit celui-ci en jetant sur sa bienfaitrice un regard qu'elle n'oublia jamais, je prierai bien Dieu pour vous. » La prière du mendiant, qui n'était autre que saint Labre, fut exaucée. Mlle Raymond renonça à l'avenir souriant que le monde paraissait lui réserver, et prit le voile chez les religieuses du Saint-Sacrement [3] à Marseille. Pen-

(1) A. Colomb, *N.-D. de la Seds*, 40.

(2) Paul Boyer d'Argens, abbé de Cruas, avant-dernier prévôt de Saint-Sauveur, † 1785.

(3) Congrégation fondée en 1636 par le dominicain Antoine Le Quien à Lagnes ; approuvée par Innocent XII en 1693.

dant l'émigration, se trouvant à Rome, elle put vénérer la tombe déjà glorieuse du pauvre de Jésus-Christ.

Dès son retour à Aix, sœur Saint-Augustin, — c'était le nom de religion de Mlle Raymond, — se proposa un double but, fonder une maison de religieuses sacramentines dans sa ville natale, et restaurer l'antique sanctuaire de la Vierge de la Seds. Elle acquit les ruines du couvent et de l'église, les aménagea provisoirement, et, le 16 mai 1816, avant d'y installer ses compagnes, écrivit au chapitre métropolitain, le siège vacant : « Messieurs et très honorés pères en Jésus-Christ !... C'est de l'ancienne église de Notre-Dame de la Seds, le premier siège de l'Eglise d'Aix et votre première demeure que nous allons entrer en possession... Nous nous proposons aussi avec votre agrément d'y transporter avec nous, dans son ancienne demeure, la statue miraculeuse de la sainte Vierge. Ç'a été la seule chose, bien précieuse sans doute, qu'il ait été possible de conserver de cette église. En l'y transportant avec nous, nous sommes bien sûres de nous y faire suivre de toutes sortes de grâces et de biens spirituels. » La statue fut accordée et la translation s'opéra solennellement le lundi de la Pentecôte. « Quel bonheur ! s'écriait le peuple, la Bonne-Mère rentre dans sa maison. »

Depuis qu'elle a repris place sur son trône séculaire, l'auguste Reine n'a cessé de donner à ses sujets fidèles des marques de sa protection. Les grâces privées, guérisons, conversions, etc., ne se comptent plus. Quatre dates resplendissent en lettres d'or dans l'église et rappellent les principaux bienfaits d'ordre général dont la ville d'Aix est redevable à sa protectrice : 1521, 1849, 1865, 1884. Il a été parlé de 1521. — En 1849, après une procession présidée par Mgr Darcimoles et Mgr Roy, et à laquelle dix mille fidèles prirent part, la ville d'Aix, entourée de pays contaminés, ne fut affligée d'aucun cas de choléra. Même préservation en 1865, et procession d'actions de grâces présidée par Mgr Chalandon. Enfin, en 1884, le fléau avait fondu violemment sur la cité, semant la mort dans les paroisses de Saint-Sauveur et de la Madeleine. Dès que la procession de supplication eut été décidée, les décès s'arrêtèrent subitement pour ne plus revenir. Une magnifique fête d'actions de grâces fut célébrée le 22 novembre, sous la présidence de Mgr Forcade. La dette officielle de reconnaissance envers la sainte Vierge est donc considérable pour la ville d'Aix. Elle saura la payer en demeurant pour la Madone de la Seds telle qu'elle s'est montrée jusqu'à ce jour.

Un nom est inséparable de cette restauration, c'est celui de l'abbé Roman, qui exerça pendant quarante ans ses fonctions de chapelain du sanctuaire. Par sa foi ardente, par le spectacle de sa confiance à toute épreuve, par ses incessantes démarches en faveur du sanctuaire qui lui était cher, il développa cette dévotion dans la population aixoise. Nul n'ignore quel essor merveilleux elle a pris depuis qu'un prêtre éminent s'est voué à la tâche consolante de la promouvoir dans le diocèse.

La nouvelle église, bâtie en style roman, fut consacrée le 20 novembre 1853, dimanche de saint Mitre, par Mgr Darcimoles, sous le titre principal de Notre-Dame de la Seds, et le titre secondaire du Saint-Sacrement. En 1857, la statue fut couronnée par Mgr Chalandon, peu de jours après sa prise de possession du siège d'Aix. Et à cette occasion, le pieux prélat fit élever le riche baldaquin de marbre qui domine le trône de la Vierge.

On ne peut compter tous les dons offerts au sanctuaire en ces dernières années, statues de saints, entre autres celles de sainte Madeleine, sainte Marthe, saint Lazare ; celle-ci a été bénite par Mgr Robert, évêque de Marseille, le 1er juillet 1889 ; chemin de croix, vases sacrés, etc., cinq lampes ajoutées au deux lampes d'argent qui, depuis le 20 novembre 1853, n'ont cessé de brûler à l'intention de la ville d'Aix.

Sur la façade, inscript.: *Ecclesia beatae Mariae de Sede episcopali — nunc simul S. Sacramento dicata — reædificata anno Dni 1853.*

Intérieur. — Dallage composé en entier de plaques de marbre, relatant des témoignages de confiance ou de gratitude à la Madone : * plaque de l'Immaculée Conception ; celle relatant la consécration de toutes les paroisses du diocèse à N.-D. de la Seds, à la suite du synode de 1882 ; celle reproduisant l'inscription autrefois placée à l'entrée de l'église :

> Ni caveas crimen, caveas contingere limen,
> Nam Regina poli vult sine sorde coli.

— Autels de saint Maximin, fondateur du siège d'Aix, et de saint Mitre, mort martyr dans cette église.— Tablx.: *Saint-Mitre*, attr. à J. Daret, prov. de l'anc. église ; *Vœu des mères aixoises à la guerre de 1870-71*, par Rixens. Vitr.: *Messe célébrée par saint Maximin*, André.

— Dans le sanctuaire, seule partie conservée de l'anc. église, statue de * *Notre-Dame de la Seds*, qu'on croit une œuvre du xe siècle, reproduisant une image plus ancienne. Dans la fresque, les anges déploient sur des banderolles un vers en l'honneur de la sainte Vierge, composé à l'époque de la renaissance, et célèbre par les combinaisons multiples dont il est susceptible,

Tot tibi sunt Virgo dotes quot sidera cœlo.

— Drapeau azur de Provence, étendard des pèlerinages diocésains à Rome, Lourdes, Paray, etc.; drapeau des mobiles de 1870, etc.

Avant de quitter cette chère église, adressons à sa Madone vénérée la prière d'un des poëtes qui l'ont chantée :

Nunc ad sedem cœli rapta,
Nobis cœli sedem præsta,
O Domina de Sede !

# LA MADELEINE

*Sancta Maria Magdalena aquensis*

---

**La paroisse et le quartier.** — Autant qu'on peut le conjecturer en l'absence de témoignages positifs, la paroisse de la Madeleine fut fondée à l'époque où l'ancienne ville, sortant de ses ruines, se groupait en agglomérations distinctes autour des trois principaux monuments restés debout, Notre-Dame de la Seds, l'ancien Prétoire romain, l'Oratoire du Sauveur et ses dépendances. Cette reconstitution, commencée au IXe siècle, interrompue par les dernières invasions, s'acheva avec le XIe siècle. Quand le bourg prétorial fut devenu la Ville Comtale, honorée de la présence du souverain, protégée mais isolée par une enceinte de remparts, ce quartier, ou plutôt cette ville, dut posséder son église paroissiale, comme possédaient la leur le Bourg à Saint-Sauveur, la ville des Tours à Notre-Dame de la Seds [1].

La Madeleine comptait certainement parmi les églises aixoises que la bulle de l'archevêque Pierre II, en 1082, confirmait au chapitre : « Confirmamus etiam canonicis...

(1) De Haitze, *Histoire d'Aix*, place cette fondation au IVe siècle « auquel la paix fut donnée à l'Eglise, et le christianisme se trouva la religion dominante », sans alléguer d'autre preuve. Il oublie que le mouvement de la ville vers le sud-est ne se produisit qu'après les invasions sarrasines. Au IVe siècle, cette église, si par hasard elle a existé, a pu avoir des pèlerins, mais non des paroissiens. Il ne faut pas oublier non plus que c'est la division de la nouvelle cité en trois villes différentes, qui a doté, dès le XIe siècle, la ville d'Aix de trois paroisses. Sans cette particularité topographique, les autres paroisses n'eussent été démembrées de la cathédrale que beaucoup plus tard.

omnes ecclesias quæ in civitate aquensi habentur. » Quoiqu'elle ne soit pas nommée, dit l'ancien Inventaire des archives capitulaires (arch. dép., *Saint-Sauveur*), elle est comprise dans le mot *omnes ecclesias*. Les bulles d'Alexandre III, en 1175, et d'Alexandre IV, en 1257, la mentionnent pour la première fois. Dans celle-ci, le pape ratifie l'assignation faite par l'archevêque Philippe à la manse capitulaire, de diverses églises, parmi lesquelles Sainte-Madeleine d'Aix, en consignant l'obligation acceptée par les chanoines d'y entretenir des prêtres en nombre suffisant pour le service. Cette clause indique une paroisse parfaitement établie et organisée.

On trouve encore sur cette paroisse : en 1267, un compromis avec le vicaire de la Madeleine pour la dîme d'un jardin dans le quartier Saint-Jean ; en 1293, un règlement établi par l'archevêque Rostang et le chapitre pour fixer la quantité de grains qui revenait au vicaire de la Seds et à celui de la Madeleine.

Vers 1300, le plus ancien curé dont le nom nous soit parvenu, le chanoine Pierre Gantelmi, rendit perpétuelle la vicairie, précédemment amovible, et l'unit à une chapellenie également perpétuelle de la Métropole. Mais Gantelmi ayant été promu à l'évêché de Riez en 1306, le chapitre, curé primitif de toute la ville [1], travailla à ressaisir une concession qu'il regrettait.

(1) Pour attester cette origine et la subordination qui en dérivait, le chapitre, jusqu'en 1627, alla chaque année, le jour de sainte Madeleine, présider la procession, chanter la messe et les vêpres à l'église paroissiale.

Pendant deux cents ans, les curés réussirent à maintenir leur situation ; mais au XVIe siècle, le chapitre atteignit le but par un vrai coup de maître. Il introduisit l'ennemi dans la place, ce qui lui permit de s'en emparer sans coup férir. Il avait nommé vicaire perpétuel Monnet Audrici, lequel, n'ayant cure des droits et privilèges confiés à sa garde, donna un beau jour procuration au notaire Borilly à l'effet de résigner en cour de Rome, en son nom comme en celui de ses successeurs, la vicairie au chapitre. Celui-ci accepta sans peine, et concéda même à Monnet une large pension. Une bulle de Jules II, en 1506, ratifia cet arrangement, et désormais la vicairie « unie, annexée et incorporée » à la mense capitulaire, dut être confiée à un prêtre « amovible à la volonté du prévôt et du chapitre. »

Les paroissiens s'indignèrent contre Monnet qui, en disposant d'un privilège plus réel que personnel, avait excédé ses droits, on pouvait le croire du moins ; et cinquante ans après, ils réclamaient encore dans leurs pétitions le rétablissement de la vicairie perpétuelle.

La lutte à fond s'engagea en 1670.

Cette année, le 15 juillet, messire Louis Henricy, muni d'une provision de vicaire perpétuel obtenue en cour de Rome, prit possession de l'église de la Madeleine. Le nouveau vicaire s'attendait à un procès, mais, ancien avocat au parlement, cette perspective ne l'effrayait nullement. Esprit vigoureux et délié, versé dans l'un et l'autre droit, familier avec les tours et les détours de la jurisprudence, peut-être désira-t-il la lutte : il la soutint en tout cas comme un adversaire redoutable et jusqu'au bout. Une instance avait été introduite par le chapitre devant le sénéchal aux fins de faire déclarer, malgré la provision perpétuelle qu'exhibait Henricy, la vicairie de la Madeleine amovible comme par le passé. Un jugement du 20 février 1671 maintint le chapitre en jouissance provisoire, réservant au parlement la décision sur le fond.

Etant donnés les termes de la bulle de Jules II, Henricy prévit sa défaite sur le simple examen de cette pièce ; changeant de tactique hardiment, trop hardiment, il interjeta contre elle un appel comme d'abus. Il connaissait son parlement pour l'avoir pratiqué, et n'ignorait pas combien la cour était flattée de ces sortes d'appels qui faisaient ressortir à sa barre la plus haute autorité qui soit au monde ; et il s'applaudissait d'une diversion qui lui assurerait la victoire. Mais l'avocat du chapitre ne voulut pas se trouver en reste de hardiesse avec son émule ; il fit sans hésitation la part du feu, déclarant qu'il abandonnait la bulle, qu'il n'en voulait rien défendre, pas même l'authenticité ; il annonça aux juges, ébahis de tant de désinvolture, que peut-être il l'arguerait de faux. « Ce n'est point notre titre, dit-il, et nous prouverons nos droits, non par des autorités, mais par des faits. »

Ainsi le débat revenait à son point de départ, au point qu'Henricy voulait éluder, et pour cause. La cour avait en effet déjà décidé indirectement la question dans un arrêt de 1560 par lequel elle obligeait le chapitre à entretenir à la Madeleine un curé et trois vicaires, et à contribuer pour un tiers à l'agrandissement de l'église, s'étant basée sur ce qu'il avait conservé les prérogatives et les charges de haut administrateur de la paroisse. Le chapitre s'offrait d'ailleurs à prouver par de nombreux exemples qu'il avait souvent confié la Madeleine à des vicaires révocables, quelquefois même à ses propres chanoines et bénéficiers, droits à lui reconnus et confirmés par des lettres patentes de Charles VIII et de François Ier.

Des lettres du roi, ses propres arrêts surtout devaient peser dans la balance du parlement plus que les bulles pontificales : Henricy recourut donc aux grands moyens. D'une part, il maintint son appel comme d'abus, persistant dans sa demande de ne point la séparer du fond du procès ; de l'autre, il obtint, par lettres royales du 28 mars 1673, l'évocation de l'affaire devant le parlement de Grenoble.

A Aix, les débats s'étaient ouverts entre deux parties ; à Grenoble ils se poursuivirent entre quatre ; les paroissiens étaient intervenus collectivement pour s'associer aux conclusions de leur curé, tandis que messire Poncy, bénéficier de Saint-Sauveur, ayant obtenu par dévolution la vicairie que cette contestation avait fait estimer vacante, demandait son admission dans l'instance tant contre Henricy que contre le chapitre.

Trois années encore l'affaire demeura en suspens ; ce fut seulement le 17 juillet 1676 que le parlement de Grenoble rendit un arrêt dont les motifs aboutissaient au dispositif suivant : « ... La Cour, en conformité des conclusions des gens du Roi, faisant droit à ladite appellation comme d'abus, dit y avoir abus à l'exécution de ladite bulle d'union, en ce qu'elle a été faite sans cause légitime, sans utilité et nécessité de l'Eglise, sans enquête précédente, sans ouïr les intéressés ni le procureur général, et en conséquence a déclaré ladite union nulle et abusive, et comme telle l'a cassée et révoquée ; . . . maintient Henricy en la possession et jouissance de ladite vicairie perpétuelle, condamne l'économe (du chapitre) aux dépens envers toutes les parties. »

Henricy triomphait ; on lui accordait plus qu'il n'avait demandé.

De son côté, l'économe émit appel contre cet arrêt désastreux. Sur sa requête en cassation, le conseil du roi décida, le 16 juillet 1677, d'assigner les parties à comparoir dans les deux mois, l'exécution de l'arrêt de Grenoble étant suspendue jusqu'à la sentence à intervenir. « L'arrêt ayant été obtenu par voies iniques et extraordinaires, et par-dessus l'injustice, avait dit l'économe aux chanoines, contient des nullités si évidentes qu'il sera facile de le faire casser, et surtout d'éviter les dépens montant à près de trois mille livres. » Ce cri du cœur, *surtout éviter les dépens*, fut-il entendu d'Henricy, et donna-t-il ouverture à une transaction maintenant celui-ci dans la vicairie perpétuelle, à condition que le chapitre ne solderait pas les frais du procès ? Nous n'avons point trouvé l'acte qui répondrait à la question. On peut supposer qu'il en fut ainsi, en sachant que l'appel au conseil du roi ne fut point poussé plus avant. Le jugement de Grenoble fut exécuté selon sa forme et teneur, et en toute conscience surtout par messire Henricy dont les trente années d'administration curiale prouvèrent qu'en conquérant si laborieusement l'inamovibilité, il n'avait pas entendu obtenir un vain titre [1].

Au reste aucune difficulté ne s'éleva plus à ce sujet entre le chapitre et les curés de la Madeleine, qui ne cessèrent dès lors de vivre en parfaite harmonie.

Après le Concordat, la paroisse fut rétablie comme simple succursale, mais l'inamovibilité fut rendue à ses curés par le décret du 1er mai 1822, l'érigeant en cure de seconde classe. Un décret du 3 août 1825 l'éleva au rang de première classe.

Les noms du P. Yvan et de M. Cotolendi, deux de ses curés, honoreront à jamais la Madeleine.

Durant la terrible peste de 1629, le fléau emporta *tous* les prêtres qui desservaient cette église, ce qui obligea à la fermer [2]. C'est à ce moment que le P. Antoine Yvan entra en fonctions. Son dévouement fut à la hauteur de l'épreuve. Par le chiffre des victimes, 12,000 dans les deux paroisses d'Aix, on jugera combien le saint curé dut se multiplier. Après moins de deux ans d'exercice, il se retira pour entreprendre les diverses fondations auxquelles sa vocation le destinait.

Ignace Cotolendi, curé à vingt-quatre ans, au lendemain

(1) Les pièces de ce procès ont été conservées par M. de Saint-Vincens en son recueil sur la ville d'Aix, 3 vol. in-f°. man. (bibl. Méj.).

(2) Pendant la peste de 1580, au contraire, on baptisait à la Madeleine les enfants de Saint-Sauveur, ce qui donne déjà quelque ancienneté à la Madeleine comme église *baptismale*, titre de noblesse supérieur à celui d'église paroissiale, surtout dans les villes.

de sa première messe, justifia par sa sainteté une nomination qui n'était prématurée qu'en apparence. Il ne garda sa charge que sept ans, et la quitta dans le dessein de se consacrer aux missions lointaines. C'était le moment où le P. Alexandre de Rhodes, jésuite d'Avignon, jetait les bases de cette société des Missions étrangères qui a rendu à l'apostolat de si éminents services. M. Cotolendi fut un de ses trois premiers disciples.

Avant le départ pour la Chine, son humilité subit une rude épreuve. Le pape Alexandre VII, instruit de son mérite, le nomma évêque de Métellopolis. M. Cotolendi fut sacré à Paris par l'archevêque de Rouen. Quand il revint, ses anciens paroissiens le supplièrent de s'arrêter à Aix avant son embarquement ; lui n'aurait voulu y passer que de nuit, mais on le retint cinq jours entiers. Dieu se contenta de la bonne volonté du jeune évêque. Nouveau François-Xavier, il mourut sur la route du grand empire qui lui avait été dévolu, à Paracol, sur la côte de Coromandel, le 16 août 1662. Ses restes furent inhumés à Goa [1].

On raconte de M. Cotolendi que, lorsqu'il était curé, il faisait sa semaine comme chacun de ses vicaires. Quand son tour de service était venu, il ne quittait plus l'église de huit jours, même la nuit, qu'il passait à genoux et en surplis devant le saint tabernacle. En ses loisirs, il avait écrit la vie de saint Gaëtan.

(1) Un paroissien de M. Cotolendi, devenu son compagnon d'apostolat, François de Fortis, seigneur de Claps, succomba six mois plus tard à Masulipatam.

Le clergé qui eut à souffrir la persécution révolutionnaire se montra digne de ses devanciers. Le curé, M. Ravanas, subit l'exil, et deux de ses vicaires, le martyre. De ces derniers, l'un, M. Benoît Barthélemy, natif d'Aix, docteur de la faculté de théologie, chargé de l'œuvre pie des agonisants, exerça quelque temps son ministère en des maisons particulières, puis se sachant reconnu, s'achemina à pied vers l'Italie. Arrêté par un parti de patriotes du côté d'Entrevaux, il fut accablé d'outrages et de coups, et mourut de ses blessures à l'hôpital de Nice, où il avait été transporté, 1792.

Aussi glorieuse, mais plus triste encore fut la mort de l'autre vicaire, M. Balthazar Cartier, né à Aix en 1747, fondateur de l'association des anges gardiens dans la chapelle Sainte-Catherine. Plusieurs livres de piété, publiés sans nom d'auteur, lui sont attribués [1]. Ne se sentant plus en sûreté à cause de son refus de prêter serment à la constitution civile, il s'embarqua à Marseille, avec un autre prêtre, M. Jaubert, sur la tartane *Saint-Jean-Baptiste*, qui partait pour Nice. La tartane fut abordée à la hauteur d'Antibes par le vaisseau de la Nation *Le Commerce-de-Bordeaux*, commandant M. de Saint-Julien. Les prêtres réfractaires furent reconnus, transbordés sur une chaloupe, et conduits à la prison d'Antibes. Ils y étaient détenus depuis douze jours, quand les soldats de la garnison, excités par

(1) Entre autres, la *Dévotion aux saints anges, particulièrement aux anges gardiens*, par un prêtre de l'association. Aix, Mouret, 1783.

quelques émissaires, se portèrent en tumulte vers la geôle, demandant qu'on leur livrât les deux prêtres. « Ce qu'ayant appris, disent les officiers municipaux dans leur rapport, nous nous sommes tout de suite transportés au devant desdites prisons, où nous avons trouvé beaucoup desdits volontaires qui, après avoir forcé la garde de la prison et repoussé un détachement de six hommes qui étaient accourus du poste de la maison commune, avaient obligé la femme du geôlier à leur remettre les clefs, tenaient déjà entre leurs mains les deux prêtres dénommés ci-dessus et les entraînaient à eux. Tout de suite un officier municipal s'est porté au corps de la place voisine desdites prisons pour les requérir d'arrêter et mettre sous leur sauvegarde lesdits deux prêtres qui, dans le même instant, ont été tués à coups de sabre, entraînés hors la ville et pendus à des arbres, sans qu'on ait pu leur porter le moindre secours [1]. » Les volontaires, auteurs de ce crime, avaient pour chef le commandant Miollis qui, prévenu trop tard, ne put empêcher l'attentat de se consommer.

Le prêtre qui rendit le plus de services aux aixois en ces années lamentables était marseillais de naissance, et se nommait Thomas Isnardon. Il exerçait au moment de la Révolution le modeste emploi de sacristain à l'ancienne Madeleine. Les événements révèlent les hommes. Avec le danger croissant se firent connaître le cœur intrépide et l'esprit

(1) Regist. des délibér. de la comm. d'Antibes, 7 sept. 1792, l'an IVe de la Liberté, avant midi.— Copie qu'a bien voulu nous transmettre M. l'abbé Rostan.

fertile en ressources de M. Isnardon. Il refusa le serment, et n'obéit point à la loi de déportation. Dix ans durant il assista les fidèles aixois. Comme le chartreux dom Joseph à Marseille, à plusieurs reprises, il se trouva, seul prêtre orthodoxe, chargé de la ville entière. Il recourait aux déguisements les plus divers pour dérouter les recherches. Un jour il débitait des *fromageons* dans les rues ; une autre fois, surpris par une perquisition, il revêtait à la hâte une robe de ménagère et courait à la cuisine couler une lessive ; devant bénir un mariage, il allait chercher la fiancée et l'amenait sous le bras à la maison retirée où le jeune homme s'était rendu avec sa famille. M. Isnardon fut signalé au pape Pie VI comme le prêtre le plus méritant du clergé aixois. Aussi personne ne fut étonné quand, au rétablissement du culte, l'ancien sacristain de la Madeleine fut promu curé de cette belle paroisse. Il l'administra de 1803 à 1820. Le camail canonial qu'il avait reçu durant sa dernière maladie, servit à parer son cercueil.

— Longtemps avant de posséder ces pasteurs vénérables, cette paroisse avait vu les saints illustrer de leurs vertus et de leurs miracles plusieurs de ses quartiers.

428. — Saint Honorat, évêque d'Arles, se rendant à Lérins, survint chez un ami à l'heure même où l'on allait procéder aux funérailles du fils de son hôte qui avait été écrasé par la chute d'un plancher. La douleur des parents était navrante :

Quan 'n Alphans et la donna
Viron lur enfant mort,
Han de neguna gent
Non vist dolor tant fort. [1]

Honorat, instruit du motif de ce désespoir, demande à rester seul devant le petit cadavre exposé sur un lit de fleurs. Il se prosterne et prie. Puis il prend un à un les os brisés et les remet en place : soudain l'enfant respire et, comme à une nouvelle naissance, se met à pleurer.

Le récit de cette résurrection était consigné dans l'ancien *Légendaire* de Saint-Sauveur. Le troubadour raconte encore quelques détails merveilleux : « Quand la mère ouït la voix de son enfant, elle n'y tint plus : malgré la défense d'Honorat, elle pénétra dans la chambre, se jeta sur le cher ressuscité, l'inondant de larmes et de caresses. Le saint arrangeait à ce moment les jointures du bras gauche, il s'arrêta ; et l'enfant, victime involontaire de l'amour maternel, garda ce membre

deformat
Tos lo tems de sa via. »

La maison d'Alfant était située non loin du prétoire, et à l'extrémité de la *via de balneis* (rue des Bagniers), près la place dite encore Saint-Honoré. Une chapelle dédiée au saint thaumaturge fut élevée dans le voisinage [2] ; une statue

(1) Ramon Feraud, XIIIe s., *Vida de sant Honorat.*
(2) Cédée par le chapitre aux Carmes, en 1248.

du saint fut posée à l'angle de la place. A la procession des Rogations, on s'arrêtait un instant en cet endroit pour répéter trois fois l'invocation *Sancte Honorate, ora pro nobis.*

Le palais du prétoire vit naître en ce siècle un enfant du *comte* d'Aix, destiné à illustrer le siège de Marseille par sa science et sa vertu, saint CANNAT.[1]

Il vit mourir le martyr saint Mitre. Jusqu'en 1788, on put visiter, au bas d'une des tours romaines enclavées dans le palais des comtes de Provence, le cachot dans lequel saint Mitre attendit l'heure de son supplice, et près duquel il eut la tête tranchée. Le ciel proclama sur l'heure la sainteté du généreux décapité. Mitre prit sa tête entre les mains et d'un pas rapide franchit l'espace qui sépare cet endroit de l'église de la Seds, où il vint expirer. La chapelle comtale fut dédiée au saint martyr. Plusieurs actes en parlent, entre autres un de 1153, qui dit : « Actum in castro aquensi, in capella S[ti] Mitrii.... ».

C'est aussi dans ce palais qu'en l'année 1220 naquit, de Raymond Bérenger IV et de Béatrix de Savoie, l'aimable et courageuse Marguerite de Provence. Le roi Louis IX, qui tenait Raymond pour « le plus sage et le plus illustre prince du monde », et savait sa fille « doctrinée en sens et courtoisie et toutes bonnes mœurs », envoya à Aix, au mois de mai 1234, l'archevêque de Sens, Gauthier Cornut, et le comte de Nesle, demander en son nom la main

(1) Le saint enfant serait né, d'après la légende, avec les cheveux blancs, d'où son nom de *Cannatus*. — Dans la langue du ve s., *comes* suivi d'un nom de ville signifie vicaire du préfet ; suivi d'un nom de province, il signifie le préfet lui-même.

de la jeune princesse. Les ambassadeurs réussirent dans leur négociation, reçurent un acompte sur la dot fixée à dix mille marcs d'argent (500,000 fr.), et, avec les princes Thomas et Guillaume de Savoie ses oncles, accompagnèrent Marguerite à Sens où Louis IX, en l'épousant, la fit reine de France. « Marguerite était sortie de sa bonne ville d'Aix, oublieuse un moment du bonheur qui l'attendait et tout entière au regret de ce qu'elle quittait... Ne pouvant emporter ni son beau ciel, ni ses affections, il semble qu'elle ne voulut rien garder de son heureuse enfance, car elle distribua tous ses bijoux et tout son argent à ses serviteurs désolés. La poésie du moins s'attacha à ses traces, un ménestrel du comte et six troubadours obtinrent la permission d'aller chanter à la cour de France si gentille princesse et si courtoise damoiselle.[1] » On connaît le poétique blason et la touchante devise choisis à cette occasion par notre Marguerite, une reine-marguerite sur champ d'azur avec la légende :

Roigna de parterra, ancelha de cœly.
Reine du parterre, servante du ciel.

Vingt ans après, au retour de la croisade d'Egypte, saint Louis et Marguerite s'arrêtèrent au palais d'Aix, chez leur frère et sœur, Charles d'Anjou et Béatrix de Provence.

Un jour de février 1264, le peuple aixois accourut sur la place de la Madeleine et les rues voisines. Alors parut au

(1) La Richardays, *Isabelle et la cour de saint Louis*.

balcon le cardinal Simon de Brie, légat du pape, tenant par la main le comte Charles Ier, qu'il proclama roi des Deux-Siciles, en présence des archevêques d'Aix et d'Arles, de huit autres évêques, et de l'élite de la noblesse provençale. Il poussa ensuite l'acclamation « Vie et victoire au roi Charles et à la reine Béatrix ! » que répéta la foule. Aussitôt la ville fit don à Charles de vingt mille florins, les dames apportèrent leurs bijoux, les chevaliers s'enrôlèrent pour la guerre. Personne, hélas ! ne prévoyait que cet enthousiasme et les brillants succès qui allaient suivre aboutiraient au massacre des Vêpres siciliennes.

Béatrix de Provence fut si souffrante pendant sa grossesse qu'on craignit pour sa vie. Une nuit, tandis que son état ne laissait plus d'espoir, elle vit une religieuse qui la visitait et la guérissait. Béatrix raconta le songe à Charles Ier. Le comte s'informa des plus saintes religieuses de ses états ; on lui en nomma une, Douceline, connue par son éminente vertu. « Dès que Béatrix la vit, elle reconnut en elle la dame qui lui avait apparu. Elle obtint par les prières de Douceline l'heureuse naissance d'une fille que celle-ci tint sur les fonts baptismaux. Le comte accorda toute sa faveur à la sainte, et en sa considération rendit ses bonnes grâces aux Frères mineurs contre lesquels il était alors fortement irrité [1]. »

Saint Louis de Provence, fils du prince de Salerne (Charles II), habita ce palais une partie de son enfance.

(1) De Rey, *Saints de l'Eglise de Marseille*, p. 293.

Saint Elzéar de Sabran demeura aussi au palais en qualité de gouverneur des enfants du comte Robert Ier, frère de saint Louis de Provence. En 1321, Dieu l'y favorisa d'une vision rapportée par ses historiens. Un soir, immobile à la fenêtre, Elzéar contemplait la splendeur du ciel étoilé. Ce spectacle le jeta dans un transport si véhément pour l'auteur de ces merveilles, que sa vie passée, comparée à l'amour dont le Créateur est digne, lui parut une suite d'ingratitudes monstrueuses. Son âme délicate se crut vouée à la juste vengeance de Dieu. Sous le poids de cette pensée, il se tenait prosterné, tremblant comme un coupable qui n'attend plus que sa condamnation. Après plusieurs heures de cette angoisse, Dieu vint au secours d'Elzéar, comme plus tard dans une épreuve analogue il devait le faire pour saint François de Sales. Il rendit le calme à son âme, en lui révélant qu'il n'avait point cessé de l'aimer. Cette révélation fut suivie d'un ravissement pendant lequel Elzéar se trouva dans une église où un prêtre célébrait la messe de la Passion, entouré d'anges qui portaient les marques visibles des plaies du Sauveur. Son âme souffrit alors comme si des clous eussent percé ses pieds et ses mains, et si une lance eût ouvert son côté. La nuit entière s'écoula en cette déchirante ivresse. Et le matin, quand les officiers du palais vinrent lui demander ses ordres, Elzéar eut quelque peine à répondre, et rentra à la hâte dans sa chambre tout ému des grandes choses qui venaient de se passer [1]. Le saint, âgé

(1) Roze, *Saint Elzéar et sainte Delphine.*

alors de trente-sept ans, n'avait plus que deux ans à vivre. Cette vision eut lieu dans une salle au couchant du palais, et tournant sur la place de la Madeleine. Cet appartement fut occupé plus tard par M^me de Sévigné.

A leur passage à Aix, les papes Urbain V, en 1370, et Grégoire XI, en 1376, s'arrêtèrent au palais. Grégoire XI, qui allait réinstaller les souverains pontifes à Rome, y passa deux jours. L'archevêque Gérard de Pousilhac alla le recevoir avec tout le clergé et les magistrats à l'entrée de la ville. Il le conduisit au palais à travers des rues tapissées de tentures de soie. Dans la relation qu'il a laissée de ce voyage, le bon évêque de Sinigaglia se loue des logements confortables assignés aux gens de la suite du pape, et de la table somptueuse qui leur fut servie.

Enfin, et ce souvenir ira au cœur de tout provençal, « le lundi 14 juillet 1480, sur les deux heures après midi, notre excellent et illustre seigneur le roi René, dont puisse l'âme obtenir l'éternel repos, ce prince de paix et de miséricorde, rendit le dernier soupir au milieu des pleurs et des sanglots de tout son peuple, et surtout des habitants de sa capitale. »[1]

Les pages que le séjour de nos princes au palais comtal a fournies à l'histoire paroissiale de la Madeleine forment la plus belle et la plus sainte partie de ses annales. Combien ne rendent-elles pas regrettable la ruine d'un monument[2]

(1) *Mémorial de la chambre d'Aix*, arch. dép.

(2) Le palais comtal fut démoli en 1786. Le palais actuel, inauguré en 1832, a été bâti sur son emplacement.

dont la conservation intéressait autant la religion que la patrie.

— La paroisse de la Madeleine a produit André Boutaric, chanoine de Saint-Sauveur, qui fut député au concile de Constance, devint évêque de Marseille et nonce du pape Eugène IV ; M. de Jarente, archevêque d'Embrun ; l'oratorien Bougerel, les jésuites Gaillard et Séguiran ; les deux Valbelle, évêques de Saint-Omer ; NN. SS. de Séguiran, évêque de Nevers, † 1789 ; du Chaffaud, évêque de Saint-Paul-Trois-Châteaux, † 1717 ; les deux Morel de Mons, l'un évêque de Viviers, † 1783, l'autre archevêque d'Avignon, † 1830 ; des Galois de la Tour, archevêque de Bourges, † 1820 ; Ch. F. de Mazenod, évêque de Marseille, † 1840 ; Claude Rey, évêque de Dijon, † 1858.

Elle a donné encore à la religion trois fondateurs d'ordre : Mgr Ch. Eug. de Mazenod, † 1861, neveu et successeur du précédent, fondateur de la congrégation des Oblats de Marie. Ce fut un grand évêque, débordant de zèle, et qui a laissé de ses prédications tant françaises que provençales, un souvenir impérissable. L'œuvre de jeunesse qu'il établit à Aix a fourni longtemps à la cité ses meilleurs chrétiens ; — le P. J. de Magallon, 1784-Lyon 1859, petit-fils du marquis d'Argens, ancien capitaine de l'armée impériale, et l'un des survivants de la retraite de Russie, qui rétablit en France l'ordre hospitalier de Saint-Jean-de-Dieu ; — l'abbé Ch. Fissiaux, 1806 - Marseille 1867, fondateur de la société de Saint-Pierre-ès-liens en faveur des prisonniers, et de plusieurs autres œuvres de charité qui prospèrent à Marseille et ailleurs.

Cette paroisse, démembrée de celle de Saint-Sauveur au XII^e siècle environ, a formé au XVII^e celle du Saint-Esprit, et au XIX^e celle de Saint-Jean-de-Malte. Elle appartenait à l'archiprêtré d'Aix, avait 10,000 habitants en 1790, était desservie par un curé, nommé par le chapitre, et quatre vicaires. Les revenus curiaux, qui étaient les plus élevés du diocèse, montaient à 4,000 livres, la congrue comprise. S'y rattachaient vingt-cinq chapelains non résidants dont le revenu variait entre 7 et 256 livres.

Le conseil de fabrique était organisé d'une façon qu'on pourrait presque dire démocratique, avec représentation proportionnelle des intérêts. Il comprenait un gentilhomme, un homme de finance, deux ménagers et quatre artisans. A chaque renouvellement partiel, les anciens membres réunis à la maison curiale élisaient les nouveaux.

Un institut fondé dans la paroisse en 1690, les *Sœurs de l'Ecole*, donnait *gratuitement* une éducation chrétienne à toutes les filles qui se présentaient, leur enseignait la lecture, l'écriture, le calcul et le travail manuel, leur faisait répéter le catéchisme jusqu'à l'âge de la confirmation et « les conduisait aux offices deux à deux. » (Etat du diocèse de 1728).

La paroisse a été favorisée depuis le concordat d'une série de pasteurs vraiment remarquables. A l'intrépide M. Isnardon succéda M. Auvet, qui avait beaucoup appris sans rien oublier, figure originale dont la bonhomie malicieuse ne savait point déguiser ses sympathies et ses antipathies d'ancien oratorien. Client fidèle de la sainte Vierge, il propagea avec une persévérante ardeur la dévotion à N.-D. de Grâce. On garde fidèlement le souvenir du curé Christol, dont la rare distinction d'esprit se reflétait dans la dignité de ses manières, et qui, jeune encore, fut enlevé à la vénération de ses ouailles et à l'attachement de son archevêque. M. Florens, son vicaire et son successeur, régit la paroisse trente-quatre ans. Par sa nature douce et franche, son visage ouvert et souriant, il captivait ceux qui l'approchaient. Sa parole pleine d'onction portait sans effort les âmes à la piété. Epris des beautés du culte et des splendeurs de l'art, M. Florens organisa de magnifiques fêtes, donna à l'octave de N.-D. de Grâce tout son éclat, dota son église de nombreux embellissements, entre autres d'une façade monumentale, fut l'ami de Joseph Reynier et comme l'excitateur de son génie musical.

A qui jette aujourd'hui un regard rapide sur l'église, les œuvres multiples et importantes accomplies en ces dernières années, avec le concours si généreux des paroissiens, le chemin de croix, la réfection du pavé et de la voûte, les grandes orgues restaurées, le second orgue, etc., révèlent l'activité et le goût avec lesquels la paroisse est régie aujourd'hui ; tandis que l'impulsion énergique imprimée aux associations pieuses et charitables, l'assiduité avec laquelle les exercices sont suivis, le rétablissement officiel, en cette église dominicaine où elle fut jadis si florissante, de la dévotion à la Vierge du Rosaire, montrent que les améliorations apportées au temple matériel n'ont fait que suivre les progrès de l'édifice spirituel.

Aujourd'hui la Madeleine est comprise dans l'archiprêtré d'Aix. C'est une cure de première classe, avec trois vicaires, et une population de 5,500 âmes. Son doyenné s'étend sur les paroisses de Vauvenargues, du Tholonet, de Saint-Marc, des Pinchinats.

Elle possède le petit séminaire, la résidence des PP. jésuites, la maison des Frères des écoles chrétiennes, la maison-mère de la congrégation de Saint-Thomas, des couvents de clarisses, de carmélites, d'ursulines, de sœurs de Saint-Vincent-de-Paul, de sœurs de l'Espérance, et l'orphelinat agricole.

**Anciennes églises.** — La Madeleine actuelle est la troisième connue.

1. La plus ancienne, celle mentionnée dans la bulle d'Alexandre IV, se trouvait immédiatement contre le rempart de la ville comtale, à l'entrée du chemin de la Sainte-Baume [1], ce qui sans doute fut la raison du choix de son vocable. Cette église avait son cloître dans lequel fut signée, en 1341, une convention réglant l'exercice de la justice à la Roquebrussane. On la démolit en 1365, à l'approche du comte Louis Ier qui venait assiéger la ville. Mais à ce moment il y avait quinze ans, à cause des incursions des routiers, qu'elle avait cessé d'être le siège de la paroisse.

2. On avait établi en 1350 une église en dedans des fortifications. Cette *ancienne* Madeleine était sise au midi du palais. Elle fut rebâtie en 1400, orientée et dotée d'un clo-

(1) Actuellement extrémité de la rue Pont-Moreau.

cher pour lequel on utilisa une des tours du rempart. L'antipape Benoît XIII avait donné licence d'affecter les legs pieux à cette reconstruction, mais la majeure partie de la dépense fut payée par un opulent paroissien, le seigneur de Gémenos, qui reçut en retour la sépulture au pied du maître-autel. Le bon M. de Jarente [1], archevêque d'Embrun, † 1555, y fonda six chapellenies, et l'orna de « vitres qui n'en avaient pas de plus belles dans toute la France. »

Cette église, servant de paroisse à la ville comtale, était fréquentée par les divers corps de magistrature, de préférence à la Métropole. Ainsi, les jours de Noël et de Pâques, le parlement en robe rouge et les consuls assistaient à la grand'messe à la Madeleine. Lorsque la fête de Pâques tombait le troisième dimanche du mois, il y avait procession du Saint-Sacrement dans les rues, et les consuls portaient le dais. Le mardi après Pâques, les consuls prenaient part à la procession des infirmes, comme ils l'avaient fait la veille dans l'autre paroisse.

Le 13 février 1676, le cardinal Grimaldi posa la première pierre d'une nouvelle reconstruction, entouré du chapitre qui, peut-être pour intimider le terrible Henricy, fit porter pour la première fois la masse devant lui. Cette fois les frais furent soldés par le produit d'une loterie à 85,750 billets de trois livres dix sols, avec 240,000 livres de lots; le

(1) Le même à qui les chanoines de Vence avaient fait prendre l'engagement de ne plus prêcher, parce qu'il était trop long. Regrettant sa promesse, mais ne voulant pas la violer, il se fit transférer à Saint-Flour.

gros lot était de 40,000 livres. Il resta 60,000 livres à affecter à la dépense [1].

En 1792, cette église fut démolie pour n'être plus relevée. Ce ne fut point l'effet de l'entraînement destructeur de l'époque : la démolition était décidée en principe depuis plusieurs années et approuvée par décret royal.

Alors disparurent les sépultures du peintre J.-B. Vanloo, de l'archevêque de Jarente, des premiers présidents Gervais de Beaumont et Le Bret père et fils ; de l'amiral espagnol de Mari, un des grands qui escortaient l'infant don Philippe en 1749 ; de l'artiste romain Félix, avec ces textes inégalement charitables : *Quiescit hic qui nunquam quievit.* — *Felix sit in cœlo qui Felix erat super terram.*

En 1581, Malherbe s'y était marié avec Madeleine de Coriolis ; deux de leurs enfants y furent baptisés.

1631. — Le P. Yvan, qui n'avait consenti à être curé que pour le temps de la peste, laissa de tels regrets dans la paroisse qu'on le força à remonter souvent dans la chaire de son ancienne église. Ces sermons attirèrent une telle affluence que, l'édifice se trouvant trop étroit, il fut obligé de prêcher sur la place voisine. Le philosophe Gassendi se faisait un devoir d'y assister, et il ne tarissait pas en éloges sur le mérite et la sainteté du prédicateur.

1784. — Lorsque son procès avec le chapitre fut terminé, le curé Henricy se montra pasteur puissant en œu-

(1) Voir l'affiche portant à la connaissance du public les motifs et le règlement de la Loterie, dans *Affiches historiques de 1600 à 1789*, éditées par A. Makaire, 1889.

vres. Avant de fonder les sœurs de l'Ecole, il établit pour les jeunes filles une congrégation qui depuis deux siècles a notablement contribué à maintenir et à développer l'esprit chrétien dans la paroisse. Un manuscrit, gardé à la sacristie, raconte l'histoire de cette congrégation depuis son origine, fait connaître le règlement primitif, la liste des présidentes et autres dignitaires, le budget année par année, plus des exhortations pieuses aux congréganistes. De ce recueil qui mériterait d'être publié, nous citerons le récit des fêtes célébrées les 20 et 21 novembre 1784, à l'occasion du premier centenaire de la fondation. Il donne une idée des plus avantageuses de l'esprit et du style de la congréganiste qui a tenu la plume. On y verra aussi que si les noms ont changé, les louanges à décerner n'ont pas varié.

« La veille de ce jour si fortuné pour nous et si longtemps désiré, la solennité a été annoncée à l'heure de midi par le son des cloches. Mgr l'Evêque de Vence s'étant rendu à quatre heures chez M. le Curé, un nombreux clergé a été l'y joindre et l'a conduit en cérémonie à la sacristie, où il s'est revêtu de ses habits pontificaux et il est venu prendre place sur le magnifique trône qui lui avait été dressé à gauche du maître-autel, d'où il a entonné les premières vêpres très solennellement chantées, à la fin desquelles Messieurs les musiciens de la Métropole et plusieurs amateurs qui s'étaient joints à eux ont exécuté avec le plus grand succès un motet à grand chœur, suivi de la bénédiction du T.-S. Sacrement, au bruit d'un très grand nombre de boîtes.

« Le lendemain, jour de la Présentation, beaucoup de

prêtres sont venus honorer notre fête par la célébration du saint sacrifice. Mgr l'évêque de Vence s'étant rendu sur les dix heures à l'église, a chanté la grand'messe accompagnée de la musique, à la fin de laquelle ce prélat a porté le T.-S. Sacrement à la procession du troisième dimanche qui, cette année, concourait avec notre fête, circonstance remarquable qui en a beaucoup augmenté l'éclat. Rien n'a manqué à cette procession de ce qui pouvait la rendre pompeuse autant qu'édifiante. Le concours étant très nombreux, M. le Curé a bien voulu permettre qu'on en prolongeât le tour.

« Mgr l'Evêque est ensuite allé au presbytère, où M. le Curé, que sa grande modestie n'empêche point d'être honorable dans les occasions et même magnifique, lui a donné un dîner splendide. A trois heures, les vêpres ont été chantées avec la même solennité que la veille, après lesquelles le prédicateur venu de Marseille pour nous donner le sermon, est monté en chaire et a prêché le mystère de la Présentation. En suite de quoi, la musique a merveilleusement exécuté le *Te Deum*, entonné par Mgr l'Evêque qui a fini la fête au bruit des boîtes par la bénédiction du T.-S. Sacrement.

« Le clergé et les musiciens se sont rendus après la cérémonie à la salle du *Corpus Domini*, où était préparée une très belle collation, et Mgr de la Gaude, aux bontés de qui rien n'a manqué, a bien voulu la bénir et y prendre part.

« Présentons sans cesse des vœux au Seigneur pour la conservation de ce prélat exemplaire et bienfaisant. N'oublions pas ce que nous devons à notre respectable curé, qui est notre protecteur et notre ami. Prions aussi pour messieurs les vicaires dont nous pouvons dire avec reconnaissance que tous ont surabondamment rempli la mesure de ce que nous attendions d'eux, en se prêtant à notre solennité avec un zèle, un empressement et une édification dont nous ne devons jamais perdre la mémoire. Que tous les paroissiens aient part aussi aux effusions de notre cœur ; quoique leur concours ait été prodigieux, la piété, loin d'en souffrir, en a été honorée et consolée ; les sentinelles préposées à la garde de l'église et des tribunes n'ont rien fait pour le maintien du bon ordre, ils n'ont eu qu'à l'admirer.

« Fasse le Seigneur que tout soit pour sa plus grande gloire et que ceux qui verront l'an 1884, la seconde fête séculaire, en recueillent autant d'édification et de satisfaction que nous de la nôtre ! »

— Le 7 mai 1791, le clergé constitutionnel transféra le siège paroissial dans l'église des dominicains ou Prêcheurs.

3. ÉGLISE ACTUELLE. — I. **Histoire.** — Les Frères Prêcheurs arrivèrent à Aix en 1218, du vivant de saint Dominique, et, sous la direction du prieur Raymond, s'installèrent au quartier des Fontettes, tandis que le comte Bérenger IV leur préparait un monastère dans les jardins mêmes de son palais. Ces constructions, commencées en 1226, ne furent terminées qu'en 1277, sous le règne de Charles Ier. En cette année le couvent fut dédié à saint Dominique, et son église à Notre-Dame.

Elevé à l'époque où l'art ogival atteignit à son apogée, en un temps de foi ardente, avec le concours du prince, cet édifice semblait devoir traverser les siècles aussi durable que magnifique. Un incendie le réduisit en cendres en 1383 : le feu consuma l'église et les deux cloîtres. Le petit cloître fut seul rétabli en même temps que l'église contre laquelle il est resté appuyé.

Ce couvent fut visité à trois reprises différentes par saint Vincent Ferrier, la dernière fois en 1408. « Nos consuls lui firent civilité avec les marques de leur magistrature, et l'aumônèrent de deux florins d'or. » On remarqua son abstinence de la viande, quoique pour lors les Prêcheurs en fissent usage.

Un ami de ce saint, Fr. André Abellon, y mourut le 15 mai 1450, exerçant pour la troisième fois la charge de prieur.

André Abellon, natif de Saint-Maximin, avait été appelé à Aix pendant la peste de 1415 pour relever le courage des habitants, en quoi il réussit merveilleusement. La dernière année de sa vie il prêcha une grande mission à toute la ville. Dès le jour de sa mort, il fut vénéré comme un saint ; on lui éleva un autel autour duquel on suspendit des lampes, et on dut laisser une ouverture à son tombeau pour permettre d'en recueillir la terre qu'on portait aux malades sur lesquels elle opérait de nombreuses guérisons. Tous nos anciens historiens lui donnent le nom de bienheureux, et son épitaphe le déclare « illustre par de grands miracles ». Ses restes furent retrouvés le 4 juin 1845 au bas du maître-autel, côté de l'évangile, à 1 m. 50 de profondeur, sous une couche de sable. Le curé Florens les transféra avec respect contre le mur, et c'est là que la dévotion des fidèles les vénère encore. La cause de béatification est en instance à Rome.

Quatre dominicains ont occupé le siège d'Aix : Rostang de Noves, Jacques de Cabriers, Aimon Nicolaï et Michel Mazarin. Fr. Dominique de Florence, natif d'Aix, mourut en 1422 archevêque de Toulouse. Deux autres religieux de ce couvent, Fr. Bertrand et Fr. Bernard, devinrent évêques de Grasse, l'un au XIII$^e$, l'autre au XV$^e$ siècle. Plus près de nous, dom d'Inguimbert, le bienfaisant évêque de Carpentras, y passa les années de son noviciat.

Dès leur installation, les Prêcheurs, sur la demande des habitants, ouvrirent des cours publics de philosophie et de théologie. Un de leurs maîtres, Jean de Montrond, composa un traité volumineux en faveur de la légitimité d'Urbain VI, mais un peu plus tard soutint témérairement des propositions contraires à l'Immaculée Conception. La Sorbonne le condamna, et le peuple aixois, zélé défenseur des privilèges de la sainte Vierge, l'obligea à quitter la ville, 1387.

L'incendie de 1383 avait ouvert une série de désastres. Cinquante ans plus tard, l'église souffrit beaucoup d'un tremblement de terre. Après des réparations considérables, elle fut consacrée le 9 janvier 1452 par l'archevêque Robert Damiani, cette fois sous le titre de *Notre-Dame de Pitié*. Le 28 décembre 1485, une partie de l'église s'écroula sans accident de personne.

En 1691, on se remit une dernière fois à l'œuvre pour la rebâtir non plus en style ogival, mais en style grec. L'inauguration se fit en 1703. Il n'y eut plus de changement notable ni à l'intérieur, ni à l'extérieur de l'édifice.

La place qui s'étend en avant était le cimetière « tout clos de hautes murailles, y ayant deux grandes portes, l'une pour aller dans le couvent, et l'autre dans l'église. Les religieux ouvrent les portes le matin et les ferment le soir, l'office achevé. » (Bouche).

L'église des Prêcheurs recueillit les avantages et subit les inconvénients du voisinage du palais. Ses proportions non moins que sa proximité lui valurent les préférences de nos Comtes et du parlement qui la considéraient comme leur propre église et le lui prouvaient par leurs libéralités. On a vu Raymond Bérenger s'en déclarer le fondateur. Le roi René donna 125 florins pour refaire le chœur, et restreignit de nouveau le jardin royal en créant la place qui depuis s'appelle place des Prêcheurs, *platea Prædicatorum*. Notre dernière comtesse, Jeanne de Lorraine, légua des fonds pour une chapelle où elle voulut être inhumée. Elle affecta à la fondation d'une messe quotidienne à perpétuité les revenus de la gabelle du sel qui passait sur le Rhône. Le parlement appliqua plusieurs fois à cette église les amendes imposées par ses arrêts. Ainsi, en 1628, un gentilhomme marseillais s'étant pris de querelle avec un avocat général, et l'ayant souffleté, fut frappé de mille livres d'amende applicables à l'église des Prêcheurs où il avait fait entendre son argument incorrect. La station quadragésimale était donnée aux frais du parlement : « Quoiqu'il ne s'y rende pas en corps, dit Achard, presque tous les membres de la compagnie y assistent régulièrement, surtout lorsque le prédicateur est doué de quelque talent. »

C'est aux Prêcheurs que le parlement faisait célébrer d'ordinaire les cérémonies commandées par les grands événements nationaux.

1644. — A l'occasion de la victoire de Fribourg, les religieux durent chanter le même jour deux *Te Deum*, l'un devant le parlement, l'autre devant la cour des comptes, les deux compagnies n'ayant pu s'entendre sur la préséance.

1697. — Un usage immémorial obligeait les procureurs *(avoués)* à demeurer agenouillés tout le temps du plaidoyer de leur avocat, attitude jugée humiliante par ceux-là seuls qui n'en comprenaient point la haute signification, à savoir que toute justice émane de la Divinité. Il faut reconnaître pourtant que la prolixité de certains avocats la transformait quelquefois en un réel supplice. Le président Le Bret, mû de pitié à l'égard de ces victimes de la faconde avocassière, commua leur pénitence en les autorisant à se tenir debout et découverts durant les plaidoiries. Dans le premier mouvement de joie qui suivit cette concession, les procureurs votèrent un don de deux mille livres pour coopérer à la reconstruction de l'église des Prêcheurs.

Tout bon voisin que le palais se montrât d'ordinaire, il ne put empêcher que le contre-coup des agitations qui s'élevaient contre lui-même n'atteignît l'église voisine. Plus d'une fois, pendant les troubles civils, les flots populaires, franchissant la porte du temple, montèrent jusqu'aux marches de l'autel.

1487. — L'accession de la Provence à la France ne s'accomplit point sans difficulté. Malgré les termes formels du testament de Charles du Maine, un parti s'était formé, à l'instigation de François de Luxembourg, vicomte de Martigues, se déclarant favorable aux prétentions du duc de Lorraine sur le comté. Le vicomte de Martigues s'enhardit jusqu'à tenter un coup de main. Il lança ses partisans sur la place des Prêcheurs au cri de *Vive Lorraine* , afin de soulever le peuple. Cet appel séditieux trouva peu d'écho. Cependant Palamède de Forbin, qui se trouvait à l'archevêché, n'eut pas plus tôt appris la tentative, qu'il descendit aux Prêcheurs, fondit avec ses amis sur les émeutiers et les dispersa aux cris répétés de *Vive France*. Le vicomte de Martigues, abandonné des siens, traversa l'église pour se réfugier auprès de l'autel. La chronique ne dit point s'il le tint embrassé à la manière antique ou si, avec un prosaïsme plus moderne, il se blottit derrière, elle se borne à indiquer qu'il fut appréhendé au corps par les archers et conduit en prison.

François de Luxembourg eût pu mieux choisir le théâtre de son échauffourée. C'était en effet au couvent des Prêcheurs, dans le grand réfectoire, salle ordinaire des séances des Etats, que toutes les communautés provençales avaient fait résolution de se donner entièrement à la France. Après ces troubles, cet acte fut solennellement renouvelé dans le même réfectoire, à la suite d'un patriotique discours de l'archevêque Philippe Herbert, président des Etats. On ajouta cette clause que jamais la Provence ne serait aliénée ou séparée du reste de la France, 9 avril 1487.

Ainsi ne finit pas la fortune du vicomte de Martigues qui obtint un peu plus tard la dignité de grand sénéchal, tandis que Palamède, qui avait ménagé la réunion de la Provence à la France, tombait en disgrâce. Frappant retour des choses d'ici-bas que sa fréquence empêche de trouver étrange.

Le roi qui agrandit ses états de cette belle province, Louis XI, avait logé chez les Prêcheurs, à son passage à Aix en 1447, n'étant encore que dauphin.

— Les *protestants*, enhardis par la politique de bascule que suivait Catherine de Médicis, molestaient les catholiques par mille excès. Leurs soldats « battaient toute la matinée le tambour pour détourner les religieux Jacobins lorsqu'ils célébraient leurs saints offices ; et sous prétexte de fouiller les femmes qu'ils voyoient aborder les églises, si elles portoient des chappellets, ils leur faisoient souffrir et aux filles aussi mille actions deshonnestes. Pendant que les pères Jacobins exhortoient le peuple, les soldats tiroient des coups de mousquetade dedans l'église pour épouvanter les auditeurs [1]. » Ces vexations finirent par irriter le peuple et le pousser à des violences dont voici un triste épisode.

Sur la demande des parents du conseiller Salomon, adepte de la secte, Flassans, chef des catholiques, avait décidé de confier ce magistrat au prieur des dominicains, pour

(1) Pitton, *Histoire d'Aix*, p. 245.

le soustraire à la haine de ses ennemis. La translation s'opéra de nuit et sous escorte. Malheureusement une troupe d'exaltés rencontra Salomon et le reconnut. Une lutte s'engagea avec l'escorte, pendant laquelle la bande força le cloître, saisit l'infortuné Salomon, et le perça à coups de poignard. Flassans, impuissant et indigné, quitta la ville le jour même, (1564).

1599. — Aux pieds de la Vierge du Rosaire, auj. N.-D. de Grâce l'autel du côté de l'évangile, et dans le caveau de sa famille qui habitait la maison située en face l'entrée du cimetière des Prêcheurs, fut déposée une jeune enfant, de deux ans au plus, dont le trépas plongea son père dans un morne déplaisir. Ce malheur domestique n'eût pas laissé de mémoire, s'il n'avait inspiré à un poète quelques stances pour la *Consolation* du père désolé. Le père était François Dupérier, l'enfant avait nom Rose et familièrement Rosette, le poète s'appelait Malherbe. Ces stances, en immortalisant la petite Rose, ont doté notre littérature de quelques-uns de ses vers les plus délicats. Aussi longtemps qu'il y aura une langue française, on redira la strophe :

Elle était de ce monde où les plus belles choses
Ont le pire destin;
Et Rose elle a vécu ce que vivent les roses
L'espace d'un matin. [1]

(1) Il faut rappeler sur cette strophe une tradition qu'on se transmet à Aix comme authentique. La version première de Malherbe portait :

Elle était de ce monde où les plus belles choses
Font le moins de séjour,
Et ne pouvait Rosette être mieux que les roses
Qui ne vivent qu'un jour.

Un épisode des troubles qui s'élevèrent à l'occasion de l'*édit des Élus*, [1] imposé par Richelieu, témoigne de l'esprit de foi qui n'abandonnait pas nos ancêtres même en leurs pires moments. Les partisans des élus poursuivaient un jour les soldats du baron de Bras, qui, en sa qualité de premier consul d'Aix, défendait les privilèges du pays. Ceux-ci, serrés de près, ouvrirent une brèche dans le mur du couvent, par laquelle ils entrèrent dans l'église ; quelques-uns, le baron de Bras en tête, escaladèrent le clocher dans l'intention de s'y retrancher. Les partisans des élus pénétrèrent à la suite dans l'église avec un tumulte effroyable. Les religieux, aidés de quelques membres du parlement, luttèrent longtemps pour prévenir un massacre. On exposa le Saint-Sacrement sans que le scandale prît un terme. Soudain le prieur Eynaud monte à l'autel, saisit l'ostensoir : « O Dieu, s'écrie-t-il, puisque la majesté de votre présence n'arrête point ces insolents, élevez-vous une fois encore sur leurs têtes pour leur donner non votre bénédiction, mais votre malédiction. » A ce mot de *malédiction*, le tumulte s'arrête, les plus turbulents tombent à genoux en criant *misé-*

Malherbe modifia ce texte en celui qui est devenu définitif, moins pourtant le troisième vers ainsi conçu :

Et Rosette a vécu ce que vivent les roses.

Sur le manuscrit le compositeur lut : *Et Roselle a vécu*, etc.; le poète saisit le trait au vol sur l'épreuve, et corrigea définitivement :

Et Rose elle a vécu ce que vivent les roses.

La *coquille* renfermait une perle.

(1) Cet édit enlevait au pays le droit de se taxer, et le transférait à des collecteurs *élus* par le roi.

*ricorde, miséricorde!* jettent leurs armes et se débandent, ce qui donne le temps au baron de Bras de descendre du clocher sans être inquiété.

1777, 1er juillet.— Le comte de Provence (Louis XVIII), de passage à Aix, assiste à la messe aux Prêcheurs. Le prieur en chape, à la tête de ses religieux, vient à la porte lui présenter l'eau bénite, puis le conduit à son prie-Dieu sous le dôme. Il y eut déploiement de forces militaires ; les soldats faisaient la haie, de l'Intendance, où le prince était descendu, jusqu'au maître-autel.

A cette époque se rapporte la légende *vraie* de la *Dame noire*. Durant de longues années et jusqu'à sa dernière maladie, une femme, au port distingué, vêtue de noir, s'en alla pieds nus chaque soir et par tous les temps visiter l'église des dominicains. Elle se tenait à genoux jusqu'à la fermeture de l'église, en versant des larmes abondantes..... Cette dame, dont le nom a toujours été ignoré, grâce au long voile qui cachait son visage, autant qu'au silence systématiquement gardé par les contemporains, appartenait, croit-on, à une des premières familles du pays ; elle expiait ainsi la part que dans sa jeunesse elle avait prise à une partie de plaisir qui s'était terminée dans l'orgie et dans le sang [1].

1788, 20 octobre. — Le parlement, rappelé de son exil, assista à la messe du Saint-Esprit, avant la reprise des audiences. « Des guirlandes et des emblèmes décoraient la

(1) *Rues d'Aix*, II, p. 59.

porte du couvent, où le parlement se réunissait depuis la destruction de l'ancien palais. On y voyait représenté un soleil chassant les nuages avec cette devise : *Post tenebras lux. Fugatis nubibus lucet et ditat.* [1] »

Recueillons, avant qu'on l'efface, la devise inscrite sur la porte : « Intrate porta hac ut debitum reddatis et votum Deo. » Les dates néfastes se pressent : en février 1790, les douze religieux sont contraints de quitter le couvent. — Le 27 septembre, la chambre des vacations, présidée par M. de Cabre, tient la dernière audience du parlement, après des adieux mémorables prononcés au nom de l'ordre des avocats par l'illustre Pascalis, à qui son courage coûtera la vie. Le lendemain les scellés furent posés sur les portes des salles. — Le 17 novembre, installation des juges élus du district d'Aix. Elle fut présidée par le corps municipal avec députation des clubs. « Les citoyens en foule, dit un compte-rendu de l'époque, devancèrent la marche du cortège pour purifier par leur patriotisme la salle du palais des derniers sentiments dont elle avait été infectée. »

Le 7 mai 1791, le clergé constitutionnel installe la paroisse dans l'église des Prêcheurs ; le 22 mai, il y transfère du couvent des Cordeliers la statue de Notre-Dame de Grâce.

Cette madone est vénérée à Aix depuis 1274, année où, d'après la tradition, elle fut donnée aux Cordeliers par

(1) Ch. de Ribbe, *Pascalis*. Cette remarquable étude nous a fourni encore plusieurs des détails suivants.

saint Bonaventure qui se rendait au concile général de Lyon. Gardée d'abord au premier couvent (gare des marchandises), elle fut au XIV$^{e}$ siècle portée au nouveau, celui qui a donné son nom à la rue des Cordeliers. « Depuis 500 ans, dit l'auteur des *Rues d'Aix*, on n'a jamais invoqué en vain N.-D. de Grâce. » Pour suppléer à l'absence des paroissiens qui, demeurés fidèles à leurs pasteurs légitimes, s'abstinrent de paraître à une translation opérée par des schismatiques, le cercle des *Amis de la Constitution* et le régiment de la vieille marine prirent part à la procession du 22 mai 1791.

On recourt à N.-D. de Grâce spécialement contre le fléau de la sécheresse ; les annales de la ville relatent même en ce siècle des marques extraordinaires de sa protection.

C'est en 1844 que la Madone si pieusement honorée par les paroissiens fut placée sur son nouvel autel, au fond de la nef. M$^{gr}$ Bernet présida la cérémonie pour laquelle Joseph Reynier composa ses admirables litanies en *si* bémol majeur. La statue fut couronnée par M$^{gr}$ Chalandon le 25 mai 1864. Elle a été portée en procession pour la dernière fois le 7 novembre 1869.

En fin mars 1794, l'église fut mise sous scellés. Rouverte, puis refermée, elle fut livrée, en 1798, aux assemblées du décadi en l'honneur de la déesse Raison.

C'est le 20 août 1802 que M$^{gr}$ de Cicé la rendit au culte, non plus sous le vocable de Notre-Dame de Pitié, mais sous celui de *Sainte Marie-Madeleine*, changement de titulaire qui fut confirmé à la nouvelle consécration de l'église faite par Mgr de Beausset-Roquefort, assisté de l'archevêque d'Avignon, de l'évêque de Digne, et de l'évêque nommé de Fréjus, quatre aixois, le 30 avril 1822.

Dix ans après, le chanoine Claude Rey, nommé au siège de Dijon, y reçut l'onction épiscopale des mains de Mgr de Posada, évêque de Carthagène.

Citons, en terminant l'histoire de la Madeleine, le nom de quelques-uns des orateurs qui ont fait entendre dans son vaste vaisseau leur puissante parole, le P. Mac-Carthy, Mgr Cœur, l'abbé Dauphin, le curé Deguerry, le P. Didon.

**II. Description.** — Première pierre posée par les consuls et Mme de Bérulle, prieure de Saint-Barthélemy, 1er septembre 1691. Achèvement en 1703.

* FAÇADE renaissance, 1855-1860, H. Revoil archit. — Tympan, *Jésus entre Marthe et Madeleine*, Bosc.

Vaisseau grec avec deux nefs secondaires, dôme et transept. Quelques traces de l'anc. église ogivale. — 64 m. de long, 24 de large, 22 de haut.

NEF MAJEURE. — *Orgues*, Moitessier 1856, rest. Mader 1884. 3 clav. péd. 42 jeux, 15 péd. de combin. C'est l'instrument que toucha jusqu'à la fin l'immortel organiste et compositeur J. Reynier. Le buffet, remarquable par ses dimensions et ses ornements, est surmonté des armes de Pie VI, sous le pontificat duquel les anc. orgues furent faites par le dominicain fr. Isnard, de Tarascon. — *Chaire* marbre, 1838, b. r. *Madeleine écoutant Jésus*, B. Pesetti.

— Au milieu de la nef, à la hauteur de la chaire, sép. de l'auteur provençal Claude Brueys. — * *Chemin de croix*, sculpté à Munich, 1880.

Transept. — Réunion de peintures d'une valeur exceptionnelle : * *Visitation*, Levieux ; — * *Salvator de Horta guérissant les malades*, J. Daret ; peinture très admirée de notre Granet ; — * *Jésus enfant recevant les instruments de la Passion présentés par un ange*, C. Vanloo. Envoyé de Paris en 1770 par un neveu du peintre, aux augustins de Saint-Pierre, en acquit d'un vœu ; — * *Martyre de saint Blaise*, Gasp. de Crayer, don de Louis XVIII, 1821 [1] ; dernier tableau du maître qui le peignit à 86 ans ; — *Saint Louis*, Viens, tabl. autref. à l'égl. des Jésuites ; — *Madeleine chez Simon*, Serre, au maître-autel de l'anc. égl. paroissiale ; — *Saint Marc*, Dandré-Bardon, anc. aux Carmes. — *Immaculée Conception* ; — *Saint Elzéar et sainte Delphine* ; — *Sainte Claire*, d'auteurs inconnus. — *Sainte Madeleine à la sainte Baume*, marbre, J. de Lestang-Parade, don de l'auteur.

Chœur. A dr. — Orgue d'accomp. Mader, 1884, 2 clav.

(1) Ce tableau désigné jusqu'ici comme le *Martyre de saint Cyprien* ou comme *Martyre d'un saint*, doit conserver, croyons-nous, sa nouvelle dénomination, parce que : 1° tous les historiens de G. de Crayer mentionnent un *Martyre de saint Blaise* parmi ses grandes peintures ; 2° notre tableau reproduit exactement les actes de ce martyre qui nous sont connus par neuf hymnes en prose mesurée de saint Jean Damascène (*Patr. grecque*). Saint Blaise subit la mort avec plusieurs chrétiennes, dont l'une, mère de deux enfants, dut les voir exécuter avant elle ; il fut assisté par une pieuse femme nommée Elisa, etc. ; 3° les détails du martyre de saint Cyprien, au contraire, sont en désaccord avec la peinture. L'évêque de Carthage souffrit seul ; il fut assisté d'un prêtre et d'un diacre ; le lieu du supplice était tout ombragé, etc.

péd. 11 joux. — Dans le mur du clocher, en attendant l'achèvement d'une chapelle qu'elle avait ordonné de construire, avait été déposé le corps de *Jeanne de Lorraine*, veuve du dernier comte de Provence. Louis XI, malgré le legs de 2,500 écus pour la chapelle, oublia son devoir; et le corps de la comtesse Jeanne demeura sans honneur dans une caisse en plomb recouverte d'un drap noir. On découvrit à cette place en 1845 quelques ossements de femme, mais la caisse de plomb avait disparu. — Sép. et épit. d'un chevalier *de Aqua* (famille qui s'est confondue avec les d'Oraison), † 1590. L'inscription fruste se termine par cette apostrophe : *Luge, ora et abi*, Pleure, prie et va-t-en; et le sigle : *H. m. fil. p.*, ses fils ont posé ce monument.

A g. — Epit. (refaite au XVII<sup>e</sup> s. par le P. Robert) du domin. Pierre d'Alamanon, év. de Sisteron, mort en son couvent d'Aix pendant la tenue du chapitre de 1304, et enseveli dans le chœur : « Fuit episcopus piissimus..... bonorum suorum pauperibus, viduis et orphanis medietatem tribuit. » Auprès de Pierre d'Alamanon doit reposer son neveu Jean Artaudi, évêque de Marseille, † 1335 : « Je veux, dit ce prélat, être enseveli *cum cappâ meâ nigrâ* dans l'église des frères Prêcheurs du couvent d'Aix, auprès de seigneur de vénérable mémoire l'évêque de Sisteron, mon oncle. Je lègue auxdits frères cent florins d'or pour le repos de mon âme. [1] » (Testam. du 7 juillet 1335, dicté par Artaudi au couvent de Saint-Maximin peu de jours avant sa mort.) —

(1) Cité par M. Albanès dans son étude savante sur *Jean Artaudi*.

Dans le chœur aussi, sép. des archev. d'Aix, Jacques de Concoz (de Cabriers), confesseur du pape Jean XXII, † 1329, et Robert Damiani, † 1460; — épit. de Claude et Louis Arnaud, conseillers au parlement.

Sanctuaire. — A dr. — Sép. de fr. André Abellon, prieur du couvent, émule de fra Angelico dans la sainteté et l'art du peintre, † 15 mai 1450. Le tombeau primitif fut découvert en 1845, lors de la translation de l'autel-majeur du dôme au fond de l'abside. On en a conservé la plaque où fr. Abellon est représenté avec l'auréole des bienheureux. La vieille épitaphe porte ces mots : *magnis claruit miraculis.* — Le savant Peyresc, † 1637, est inhumé dans la chapelle des Fabri, dédiée autref. à l'Enfant Jésus [1], act. isolée de l'église, avec entrée sur le petit couloir de la sacristie. Est inhumé aussi dans cette église, *loco incerto*, le jurisconsulte Saurin, connu par les paroles flatteuses que Louis XIV lui adressa au conseil d'Etat : « Parlez, Saurin, vous qui savez la loi. »

Nef de dr. (Présentation). — *Baptistère*, rotonde ionique octastyle, élevée au début de ce siècle : l'église dominicaine n'étant point paroissiale, n'avait point de fonts baptismaux. — Tablx. *Baptême de Notre-Seigneur*, longtemps attrib. à Finsonius, mais signé de Mimault, son élève ; * *Sainte Thérèse recevant l'habit du Carmel des mains de la*

(1) Les sépultures de la Madeleine n'ayant pas été violées à la révolution, on ne s'explique point que le monument de Peyresc ait été placé à Saint-Sauveur, alors qu'il était si naturel de le rétablir dans l'église qui possède ses restes.

*sainte Vierge et de saint Joseph*, J. Daret, anc. aux Carmes déchaussés, — * *La Vierge donnant le Rosaire à saint Dominique et à sainte Catherine de Sienne*, J. Daret, tabl. du maître-autel du temps des dominicains. — Dans la chap. de la Vierge, *Présentation de Jésus au Temple*, école de P. Véronèse ; — * Autel orné de ravissantes sculptures, surmonté de la célèbre * *Vierge* en marbre, réputée le chef-d'œuvre de Chastel[1]. Cette statue, qu'on désigne ordinairement sous le nom de *Présentation*, ce qui a fait ainsi appeler l'autel et la nef, semblerait plutôt représenter la Vierge au moment où, ayant reçu le message qui lui annonce sa divine maternité, elle répond le *Fiat* sublime qui assure le salut de l'humanité, par conséquent ce serait une *Annonciation*. Ce marbre, admirable de beauté et d'expression idéale, bien qu'il se ressente un peu du maniérisme du dernier siècle, avait été commandé à Chastel par l'abbé de la Gaude, mort évêque de Namur. Il revint, après la révolution, en la possession de Mgr de la Gaude, qui le rendit libéralement à ses compatriotes et à la congrégation de la paroisse pour qui il l'avait fait exécuter.

Nef de g. (N.-D. de Grâce). — Tablx. * *Nativité de Notre-Seigneur*, P. Mignard, anc. au maître-autel de l'Oratoire ; — *Mort de saint Joseph*, J.-B. Vanloo, prov. de l'anc. Madeleine ; *Flagellation*, attr. à Séb. del Piombo ;

(1) Sculpteur hors ligne, né à Avignon en 1726, mort à l'Hôpital d'Aix en 1793. Ses principales œuvres sont conservées à Aix : la fontaine des Prêcheurs avec l'aigle, le fronton des greniers publics, la crédence de Saint-Sauveur, le tombeau de Gueydan au musée.

— * *Annonciation*, xv$^{e}$ s. Naïve et très précieuse peinture de l'école allemande primitive, attr. à Albert Dürer, autref. à Saint-Sauveur, et sauvée par M. de Saint-Vincens à la Révolution. La Vierge, revêtue d'une chape de soie à fleurs noires, est agenouillée devant un élégant prie-Dieu dans la chapelle latérale d'une église ogivale. L'archange Gabriel, un genou en terre, annonce son auguste message : une chape, rose sur les parements de laquelle sont brodés les douze apôtres, déroule autour de lui ses plis ondoyants. Dieu le Père paraît à une rosace de l'église, et de ses lèvres sortent des effluves lumineuses qui aboutissent à Marie et dans lesquelles est suspendu un embryon microscopique. Ce dernier détail et l'absence de représentation du Saint-Esprit indiqueraient que le peintre avait embrassé une hérésie qui a été réfutée par saint Antonin. Au fond, des chevaliers assistent à la messe, sans paraître autrement troublés de l'anachronisme dont le peintre les a rendus complices.

Autel et statue de * *N.-D. de Grâce*. La nef, tapissée d'*ex-voto*, témoigne de la bonté avec laquelle la Vierge accueille la prière dans ce sanctuaire. Cette *madone* avait été précédée, du temps des dominicains, par une autre vénérée sous le vocable du Saint-Rosaire, « illustre, dit Pitton, par les diverses guérisons miraculeuses que les malades obtiennent par l'onction de l'huile de la lampe qui brûle devant son image. »

Cloitre. — Un seul côté a été conservé comme passage. C'est à l'entrée que fut assassiné le conseiller Salomon.

XVII^e *Siècle.* — Le chapitre accompagnait un jour le corps d'un prêtre qui devait être enseveli dans l'église des Prêcheurs. Il se présenta à la porte, mais les religieux refusèrent d'ouvrir, alléguant que le défunt était tertiaire, et qu'en sa qualité de religieux il devait passer par le cloître. Le chapitre ne voulut pas céder et revint avec le corps à la maison du défunt. Sentence du lieutenant du sénéchal qui ordonne aux religieux d'ouvrir les portes, sinon le chapitre est autorisé à faire l'inhumation à Saint-Sauveur ; soumission des religieux.

Clocher. — Nous désirons dans une future édition pouvoir décrire le nouveau clocher, car de l'actuel le mieux est de n'en rien dire. La cloche est celle de la Madeleine ancienne, apportée lors du transfert de la paroisse, et conservée pour sonner la décade. Elle fut fondue en 1716 par Jean Thomas, sous le curé Louis Panardy, par les soins d'Antoine Juramy, prêtre-sacristain ; et reçut pour nom « Madeleine ».

Sacristie. — En 1611, Gaufridi, bénéficier des Accoules, condamné au feu, fut préalablement dégradé dans cette sacristie par l'évêque de Marseille, son prélat diocésain. — Portraits des curés, en dessin, ceux d'avant la Révolution : MM^res Henricy, Panardy, Demours, Ravanas ; — en peinture, ceux depuis le Concordat : MM. Isnardon, Auvet, Christol, Florens. — *Sainte Madeleine à la Sainte-Baume,* dessin, Ant. Constantin. — Tablx. *Sainte Roseline de Villeneuve, Saint Jérôme.*

# LE SAINT-ESPRIT (1670)

*Sanctus Spiritus aquensis*

**L'Hospice.** — Guy, fils du comte de Montpellier, fonda dans cette ville un hospice pour les malades et les enfants trouvés, XI^e siècle. Pour le desservir il institua un ordre religieux sous le vocable du Saint-Esprit, « le père des pauvres ». Innocent III approuva l'institut et ses règles, puis, ayant appelé le fondateur à Rome, lui confia la maison de Sainte-Marie *in Sassia*, si connue depuis sous le nom d'Hôpital du Saint-Esprit. Les frères faisaient les trois vœux ordinaires et obéissaient à un supérieur avec le titre de grand maître. Les chefs de maisons s'appelaient commandeurs. Une robe noire marquée d'une croix blanche formait le costume. Cet ordre a subsisté en France jusqu'en 1672, année où il fut supprimé par édit royal.

La maison d'Aix, fondée en 1213, sous l'épiscopat de Bernard Cornuti, était affectée aux seuls enfants trouvés. L'édifice s'étendait en façade le long de la rue des Tanneurs et remontait la rue qui de son nom s'est appelée rue Saint-Esprit. Il fut enfermé dans l'enceinte de la ville par la construction du nouveau rempart, ainsi que le couvent des Augustins qui s'élevait parallèlement, 1450.

**La paroisse.** — Ce quartier relevait de la paroisse de la

Madeleine. Au début du XVII^e siècle, il s'était développé au point que son érection en paroisse s'imposa.

Le premier projet remonte à 1628. Le 23 août, le chapitre délibéra de passer un contrat avec les prêtres de l'Oratoire pour les établir en l'église des Augustins qui aurait été affectée à la paroisse : ce projet n'eut pas de suite. Il fut repris en 1670, et voici à quelle occasion.

Le 15 février, les syndics (fabriciens) de la Madeleine adressèrent une requête au parlement contre l'économe du chapitre, à l'effet d'obtenir l'agrandissement de leur église et l'augmentation de son personnel. Cette requête ramena l'attention sur l'ancien projet d'établir une église dans le quartier des Augustins ; le parlement, se rendant au vœu public, déclara, par arrêt du 12 mai, « nécessaire et obligatoire » l'érection d'une église succursale dans la paroisse de la Madeleine. Le chapitre avait appelé les consuls en assistance de cause. C'est pourquoi le parlement régla que la dépense serait supportée un tiers par le chapitre, deux tiers par la ville. Pour le clergé, il comprendrait un curé, deux prêtres et un diacre, tous entretenus par le chapitre. La succursale serait établie dans la chapelle de l'hôpital Saint-Esprit, en attendant que l'emplacement de la future église eût été déterminé. L'autel de N.-D. de Bon-Secours fut affecté spécialement au service paroissial.

Le cardinal Grimaldi rendit le 8 juin la sentence d'érection et le chapitre lui présenta M^re Collavery en qualité de vicaire *amovible*.

A ce moment commençait le grand procès entre le chapitre et le curé Henricy. Les chanoines ne pouvaient, sans se mettre en contradiction avec eux-mêmes, accorder l'inamovibilité au nouveau vicaire du Saint-Esprit, tandis qu'ils la refusaient au curé plusieurs fois séculaire de la Madeleine. Mais le cardinal Grimaldi, plus haut que ces démêlés, se montrait énergiquement favorable à l'inamovibilité des curés toutes les fois qu'il en avait l'occasion. Il fit donc expédier, sur requête du promoteur, des provisions de vicaire *perpétuel* à Collavery. Le chapitre releva aussitôt appel au vice-légat d'Avignon, lequel, sur le vu de l'enquête suivie par deux commissaires, l'archidiacre de Riez et le capiscol de Marseille, rendit une sentence favorable aux prétentions capitulaires. Alors les paroissiens du Saint-Esprit se pourvurent devant le conseil du roi contre le rescrit du vice-légat. Le conseil leur donna raison, et maintint la nomination de Collavery dans les termes où elle avait été faite par le cardinal.

Sur ces entrefaites, les chanoines se décidèrent à expédier à Collavery le diacre auquel il avait droit. Mais le curé du Saint-Esprit, exaspéré par les contestations précédentes, fit au pauvre diacre qui n'en pouvait mais un accueil des plus discourtois; il lui interdit même l'exercice de toute fonction dans son église, accompagnant son refus d'expressions si malsonnantes que le chapitre se fâcha et menaça l'irascible curé d'une instance au parlement. Collavery ne possédait pas le calme et la persévérance qui à la longue désarment les hostilités. Il ne garda son poste que trois ans, traversés de nombreux ennuis.

Un moment il fut question de lui adjoindre les Augustins. Ceux-ci seraient devenus chanoines réguliers, établissant une sorte de collégiale, et auraient pris la succession du curé à sa mort ; leur provincial n'accepta pas la combinaison.

Collavery résigna sa cure, en 1673, à Mre Brun, mais le chapitre le poursuivant jusque dans son successeur, s'opposa à sa résignation et à la prise de possession de celui-ci. Nouveau procès qui dura quatre ans, et aboutit à la défaite du chapitre. Le roi, son conseil entendu, rendit à Saint-Germain, le 11 mai 1677, un arrêt qui reconnaissait à la nouvelle paroisse du Saint-Esprit son existence propre ; elle cessait d'être succursale de la Madeleine et son curé était reconnu perpétuel ; le chapitre devait fournir à la nouvelle paroisse son prédicateur de carême, et lui allouer la même indemnité qu'à celui de la Madeleine. Cette décision royale devenait, par sa disposition finale, aussi importante pour le reste du diocèse que pour la paroisse du Saint-Esprit : « Déclare en outre Sa Majesté le présent arrêt commun pour toutes les vicairies du diocèse qui sont et demeureront perpétuelles, sans qu'à l'avenir elles puissent être destituées par le curé primitif. »

C'était le cardinal Grimaldi qui avait sollicité que la décision à intervenir fût généralisée et étendue à toutes les paroisses. Grâce à l'incident du Saint-Esprit, les curés du

(1) La Déclaration de Louis XIV sur l'inamovibilité est du 29 janvier 1686.

diocèse d'Aix jouiront du privilège de l'inamovibilité neuf ans plus tôt que les autres curés de France.

Brun fit signifier l'arrêt au chapitre. Le chanoine de la Bastide, administrateur, répondit qu'il faisait ses réserves et protestait de se pourvoir en temps et lieu contre ledit arrêt. Et ce fut tout. Le 6 septembre 1681, une sentence du lieutenant général au siège d'Aix, autorisa Brun à s'appeler *curé* ou *vicaire* perpétuel à son choix. Le chapitre obtint pourtant une fiche de consolation. Un arrêt du parlement de Grenoble, du 7 août 1685, lui conserva la préséance sur le curé aux enterrements des paroissiens du Saint-Esprit auxquels il serait appelé ; mais le curé avait le droit d'officier et de retenir la quarte funéraire.

Le curé Brun, qui ne manquait pas d'esprit, eût son heure de célébrité.

M. de Cosnac, évêque de Valence, avait été transféré à l'archevêché d'Aix, mais le pape tardait de lui transmettre ses bulles. Usant d'un biais anticanonique, auquel on a souvent recouru au début de ce siècle, M. de Cosnac se fit délivrer par le chapitre des lettres de vicaire général, et se mit à administrer en cette qualité.

La dignité de chancelier de l'Université qui était jointe à celle d'archevêque lui permit d'installer dans la charge de greffier le poète Mathieu de Montreuil, son commensal, plus connu par ses productions satiriques et licencieuses que par sa dévotion. Cela fit scandale, bien que Montreuil, arrivé à l'âge où le diable se fait ermite, eût opéré de notables réformes dans sa vie ; mais le public s'apitoie sur ces conversions tardives beaucoup moins que le bon Dieu. Montreuil, qui en avait chansonné tant d'autres, fut chansonné à son tour, et avec lui le chancelier qui l'avait nommé. M. de Cosnac irrité lança un monitoire, sur requête du pénitencier. Le curé du Saint-Esprit dut fulminer en chaire ce monitoire ; ayant lu la date inscrite à la fin de l'ordonnance : « Donné à Aix, le 22 septembre 1692, après midi », il ajouta cette remarque irrévérencieuse : « Observez, mes frères, que M. l'évêque de Valence avait dîné lorsqu'il rendit cette ordonnance. »

Quelques jours après, on afficha clandestinement à la porte de l'archevêché un canon du IIe concile de Lyon, *De electione et electi potestate*, déclarant nul et de nul effet tout acte d'administration ecclésiastique exercé par un prélat avant sa préconisation par le pape.

Malheureusement M. Brun était entiché des erreurs jansénistes. Il avait écrit en faveur de quelques propositions sur la grâce, soutenues devant l'Université, mais condamnées par le cardinal Grimaldi et le parlement. La cabale aidant, ces affaires lui firent une telle réputation dans le royaume que partout on demandait son portrait. Brun mourut en 1700 à Rians, son pays natal.

L'esprit d'insubordination mit du temps à disparaître de la paroisse. Le nouveau curé, M. Philippe de Cabannes, ayant refusé les sacrements à Mme de Cadenet-Charleval, janséniste obstinée, fut décrété de prise de corps par le parlement et condamné à lui porter le saint viatique entre deux exempts. Il dut fuir pour n'avoir pas à exécuter cet arrêt.

Cette malheureuse femme s'était passionnée pour l'erreur ; elle alla jusqu'à repousser les supplications de son fils, le pieux évêque d'Agde, ainsi que les exhortations véhémentes de Mgr de Brancas, son archevêque. Elle mourut dans l'impénitence, et la sépulture ecclésiastique lui fut refusée. Son fils accomplit un devoir pénible en interdisant à son chapitre de célébrer un service pour elle.

Voici un autre trait moins affligeant mais qui peint bien l'état de l'Eglise à l'époque où le philosophisme était devenu maître. Le 30 septembre 1753, le panégyrique de saint Jérôme fut prononcé par l'abbé Dubreuil [1], prêtre d'une foi éprouvée. Au cours du sermon, il établit un parallèle entre les hérésies réfutées par saint Jérôme et les erreurs récentes. Parlant des luttes contre l'arianisme : « Heureux temps, s'écria-t-il, où les évêques pouvaient combattre l'erreur en toute liberté, et se livrer à leur zèle pour la religion sans rien craindre ! » Le parlement se sentit atteint par cette allusion aux tracasseries dont il poursuivait Mgr de Brancas ; le premier président fit des remontrances au prédicateur. Quelques sectaires ne furent pas satisfaits ; ils instruisirent de l'affaire le ministre d'Etat, M. de Saint-Florentin, qui trouva que le parlement avait agi trop mollement. Il ordonna au premier président de mander une seconde fois l'abbé Dubreuil, de lui infliger une remontrance plus sévère que la première, et de le pré-

(1) Auteur d'une analyse des *Délibérations capitulaires*, man. de la bibl. Méjanes, auquel nous avons recouru plus d'une fois.

venir qu'en cas de récidive, il serait traité comme perturbateur du repos public.

M. de Cabanes, dont il a été parlé plus haut, se montra constamment le modèle des pasteurs. Après s'être signalé par son dévouement durant la peste de 1721, il reçut du roi, comme récompense, la commende de l'abbaye de Saint-Rambert, au diocèse de Lyon. Mgr de Brancas se l'attacha comme vicaire général.

En 1791, le curé Combe refusa le serment à la constitution civile du clergé et dut quitter son église.

Le 2 septembre 1792, la paroisse compta trois de ses enfants parmi les martyrs des Carmes. C'étaient les deux frères Pazéry de Thorame, grands vicaires l'un de Lisieux, l'autre de Toulon, et leur oncle, grand vicaire d'Arles. Ils avaient tous trois refusé le serment, et avaient été arrêtés au domicile du grand vicaire d'Arles, rue Pot-de-Fer. Ils périrent à côté de Mgr Dulau. « Du nombre des victimes, dit Barruel [1], furent les trois prêtres Thorame, tous les trois estimables par leurs talents, tous les trois charmants par la douceur de leur caractère, tous les trois édifiants par leur zèle et leur piété. »

*Passage du pape.* — Pie VII, récemment enlevé de Rome par ordre de Napoléon, arriva à Aix le vendredi 4 août 1809, à neuf heures du soir. Des marchands qui revenaient de la foire de Beaucaire prétendirent avoir rencontré le pape à Orgon; on ne les crut pas. Aussi peu de gens

(1) *Histoire du clergé de France pendant la Révolution.*

eurent-ils l'occasion de présenter leurs hommages à l'auguste captif. Durant le trajet on lui avait demandé plusieurs fois s'il voulait séjourner à Aix : « Comme on voudra », répondit-il invariablement. On le fit descendre à l'hôtel des Princes, sis à l'entrée gauche du Cours, pour y passer la nuit. Le maire Saint-Vincens fut admis auprès du pape : « Je demandai, écrivait-il au préfet le lendemain, à parler à l'officier chargé de la conduite du pape. C'est un colonel de gendarmerie nommé Boissard, le même qui avait accompagné Sa Sainteté à Paris, lors du sacre de l'empereur. Il me montra ses ordres qui obligent les autorités civiles et militaires de lui obéir. Je vis le pape peu après. Après m'être fait instruire du cérémonial, je fis une génuflexion et je lui baisai la main. Il me parla de Rome, du cardinal Borgia, du prélat Casali et du P. Pouillard (aixois), mes amis. Après un quart d'heure d'audience, je rentrai dans la chambre du colonel. Il fait l'éloge du caractère du pape et de sa bonne humeur. Il est toujours disposé à aller, à s'arrêter, à manger, comme on veut. »

Le samedi matin, Pie VII entendit la messe d'un de ses chapelains. Quelques personnes, dont les dames de Grignan, cousines du pape, furent admises à yassister. Après la messe il reçut plusieurs prêtres auxquels il accorda le pouvoir d'indulgencier les croix et chapelets. Comme il les vit émus du triste état auquel il était réduit, il leur dit en latin : « Priez et ne craignez rien. » Au moment du départ vers Nice et Savone, il parut au balcon et bénit la foule agenouillée.

Pie VII revint le lundi 14 février 1814, mais dans un appareil bien différent. Il était entré dans le diocèse par Tarascon, et avait passé à Saint-Remy, à Orgon et à Lambesc.

Toutes les boutiques étaient fermées dans la ville. Il n'y était resté, dit une relation contemporaine, que ceux qui étaient hors d'état de marcher. Le carrosse du pape parut vers une heure de l'après-midi, au plateau des Plâtrières ; là les chevaux furent mis au pas pour permettre au peuple, prosterné des deux côtés de la route, de recevoir la bénédiction du Saint-Père. On avait préparé un relais à la porte des Quatre-Dauphins. Ingénieuse invention de l'amour filial, un grand nombre de voitures étaient attelées, prêtes à partir ; et quand le carrosse du pape s'ébranla, elles lui firent cortège, et l'accompagnèrent jusqu'à Tourves. Le spectacle qui avait marqué l'arrivée se reproduisit jusqu'au pont des Trois-Sautets : la foule était agenouillée à droite et à gauche, poussant des vivats, et demandant une dernière bénédiction au vicaire de Jésus-Christ.

A deux mois de là, Napoléon passait par la même route, poursuivi par les clameurs et les outrages. Une déchéance si lamentable succédant à tant de grandeur montrait aux plus aveugles quel châtiment Dieu inflige tôt ou tard aux persécuteurs de l'Eglise.

— En cette paroisse sont nés le savant linguiste Esprit Rotier, dominicain, XVIe s.; le maréchal du Muy, ministre de la guerre sous Louis XV, gouverneur du dauphin, l'un des hommes les plus vertueux du XVIIIe siècle ; le cardinal d'Isoard, archevêque d'Auch, † 1839; Charles Miollis, un des seize enfants de Laurent Miollis et de Delphine de Fonscolombe, vicaire à Brignoles, capiscol de la collégiale de Barjols, aumônier des ursulines d'Aix, grand vicaire de Sénez, puis à partir de 1802, vicaire à Saint-Sauveur, curé de Brignoles, évêque de Digne, démissionnaire en 1838, mort en 1843 à Aix où il s'était retiré. Mgr Miollis a laissé un renom exceptionnel de sainteté tant à Digne qu'à Aix. C'est lui qui répondit à la demande de Napoléon: « Que vous a dit le Saint-Esprit? » — « Sire, tout le contraire de ce que m'avait dit Votre Majesté. » Cette réponse suffirait à démontrer l'inexactitude du portrait que l'imagination de Victor Hugo a tracé de Mgr Miollis, sous les traits de l'évêque Myriel, dans ses *Misérables*.

Elle avait donné au xv^e^ siècle deux évêques du nom de Gastinel au siège de Sisteron; au xvi^e^, un de Cabanes à Vence; au xvii^e^, un de Vacon à Apt; au xviii^e^, un autre de Cabanes, frère du curé, à Gap; Mgr de Reboul, à Saint-Paul-Trois-Châteaux; Mgr de Cadenet-Charleval, à Agde; Mgr de la Gaude, à Vence, puis à Namur, † 1826.

La paroisse du Saint-Esprit dépendait de l'archiprêtré d'Aix. La cure était à la nomination du chapitre. Le curé avait 1,500 livres de revenu, la congrue comprise. Trois secondaires lui étaient adjoints. La population s'élevait à 4,000 âmes. A l'église étaient attachées trois chapellenies, d'un revenu variant entre 23 et 164 livres. — Aujourd'hui le Saint-Esprit est une paroisse de première classe, comprise dans l'archiprêtré d'Aix, avec une population de 5,000 âmes. De son doyenné dépendent Eguilles, Luynes, Meyreuil, Les Milles. Il y a trois vicaires. Cette paroisse ne possède aucune maison religieuse, enseignante ou autre. Il n'en était pas ainsi avant la révolution, pour les écoles en particulier. L'*Etat du diocèse* de 1728 lui adjuge en effet « quatre écoles de garçons et deux de filles. »

On peut s'étonner que cette paroisse ait aujourd'hui la préséance sur celle de la Madeleine qui est son église-mère. Cela tient à la concordance imposée par Napoléon dans les divisions civiles et religieuses. La ville d'Aix, dans l'organisation des justices de paix, avait été partagée en cantons nord et sud. Le Saint-Esprit se trouvant seul dans le canton sud, jouit du titre inamovible affecté à chaque chef-lieu de canton ; la Madeleine, se trouvant en concurrence avec la métropole dans le canton nord, ne put être rétablie d'abord que comme simple rectorerie.

**L'Eglise.** — I. Histoire. — La chapelle du Saint-Esprit datait du XIIIe siècle, comme l'hospice.

Elle était le siège d'une confrérie, fondée en 1594, qui chaque année, le mardi de Pentecôte, faisait une distribution de pain aux pauvres, et payait un repas aux prisonniers.

Au moment où le duc d'Epernon se disposait à mettre le siège devant la ville, des conférences s'ouvriront à Saint-Maximin dans le but de réconcilier ligueurs et royalistes. Sur la demande de la communauté, le Saint-Sacrement fut exposé dans toutes les églises, et une procession générale se rendit de Saint-Sauveur à la chapelle du Saint-Esprit pour obtenir un heureux succès à ces conférences.

— Les Augustins refusèrent de céder leur église pour l'usage de la nouvelle paroisse. Le chapitre et la Ville reculèrent devant la dépense qu'aurait entraînée la construction de l'édifice en face la rue du Trésor. On se décida donc à occuper à titre définitif l'emplacement provisoire désigné par le parlement. Le dernier prieur du Saint-Esprit, Joseph de Gauthier (il ne faut pas oublier que l'ordre avait été supprimé en 1672), consentit à la démolition de la chapelle. Sur cet emplacement, agrandi de celui de quelques maisons voisines et d'une portion du cimetière qui était fermé depuis trente ans, on bâtit une église spacieuse, sur le plan de l'architecte Vallon.

La première pierre fut posée le 4 mars 1706 par les consuls et M^me^ de Forbin La Roque, devant une députation du chapitre. Pendant les travaux, le culte se célébra dans la chapelle vénérée de N.-D. de Beauvezet, que desservaient les PP. Picpus.

La bénédiction eut lieu le 11 février 1716, dimanche de Quinquagésime. En mémoire du grand cardinal Jérôme Grimaldi, et sur la requête des confrères du *Corpus Domini*, saint Jérôme fut assigné comme titulaire à la nouvelle église [1].

(1) Mais le peuple continua d'appeler le quartier et l'église du nom de Saint-Esprit qui a totalement prévalu. Sur l'exposé de cette situation, la congrégation des Rites a accordé de célébrer la Pentecôte comme fête du cotitulaire de l'église.

Le chanoine de Forbin-la-Barben célébra la grand'messe, puis alla prendre le Saint-Sacrement dans le chœur de la chapelle du Saint-Esprit, seule partie qui en avait été provisoirement conservée. Il le porta en procession dans les principales rues. Les consuls tenaient les bâtons du dais, et le parlement suivait « avec un nombre infini de peuple. »

Cette église a été consacrée le 24 octobre 1806, par Mgr Jérôme de Cicé, assisté de Mgr de la Porte, évêque de Carcassonne, son ancien vicaire général de Bordeaux.

Le fait le plus marquant qui s'y soit passé est une scène de violence dont le fameux président Marin fut le héros.

C'était la nuit de Noël. Un conseiller au parlement, M. de Ballon, s'était rendu à l'office en habit de ville, et s'était placé au banc des trésoriers de France qu'il trouva libre. Mais les trésoriers arrivèrent un peu plus tard en costume, et réclamèrent la préséance sur M. de Ballon. Celui-ci résista avec hauteur à une demande raisonnable. Oublieux du respect dû au lieu saint, les trésoriers poussèrent avec violence le conseiller hors du banc, et l'un d'eux s'emporta jusqu'à le souffleter. M. de Ballon, hors de lui, courut immédiatement chez le premier président lui faire part de l'affront que la compagnie venait de subir en sa personne, et lui remettre le soin de sa vengeance. Le président Marin achevait avec quelques invités le souper de Noël, le gros souper. Echauffé par ce récit, sans doute aussi par les fumées du vin cuit, il s'arme d'un bâton, vole à l'église, fend la foule agenouillée, et, avant que les trésoriers de France aient eu le temps de se reconnaître, fait pleuvoir sur eux une grêle de coups. Cette main de justice d'un nouveau genre mit en fuite les contempteurs de la majesté parlementaire. Il emporta comme butin le banc, cause de la rixe, et le fit mettre en pièces dans la rue.

Ce n'était pas fini. De retour à son hôtel, Marin convoque le parlement, décrète les trésoriers de prise de corps, et fait envahir leur domicile par la maréchaussée.

A des degrés divers, tous ceux qui avaient pris part à cette affaire s'étaient mis dans leur tort. Le roi, instruit de tout, imposa la paix : les trésoriers, pour toute réparation, présentèrent des excuses dont la cour dut se déclarer satisfaite. Quant au président Marin, ses écarts continuels lassèrent la ville entière. On finit par obtenir un ordre d'éloignement contre ce magistrat pétulant et irascible.

1755. — Le tremblement de terre qui détruisit Lisbonne fut ressenti jusqu'à Aix. Au Saint-Esprit, les fidèles qui assistaient à la messe le jour de la Toussaint furent saisis d'une vraie panique. On vit tout à coup le baldaquin suspendu au-dessus du maître-autel s'agiter avec des balancements désordonnés. On transporta le Saint-Sacrement et la messe s'acheva à un autre autel.

1772. — D'un tremblement de terre à Mirabeau, la transition n'étonnera pas. Voici en ses dispositions principales l'acte de mariage du fougueux tribun, extrait des registres paroissiaux du Saint-Esprit qui sont déposés à la mairie.

« L'an mil sept cent soixante-douze, et le vingt-trois du mois de juin, après trois publications faites dans la paroisse de Saint-Sulpice de la ville de Paris, vu le certificat de messire de Chazal de la Morantin, vicaire de ladite paroisse, en date du dix du courant, et une publication faite dans cette paroisse du Saint-Esprit, attendu la dispense des deux autres bans accordée par M. l'abbé Payan, vicaire général de ce diocèse, et datée du 17 du courant....., sans avoir découvert aucun empêchement ni opposition, mariage a été célébré selon la forme prescrite par la sainte Eglise romaine, en présence de nous, prêtre, curé de cette paroisse, et des témoins soussignés, et béni par M. l'abbé de Croisset, chanoine de l'église métropolitaine de Saint-Sauveur de cette ville, prêtre par nous délégué, entre très haut et très puissant seigneur *Gabriel Honoré de Riquetti, comte de Mirabeau*, capitaine de dragons [1], âgé d'environ vingt-trois ans, fils de très haut et très puissant seigneur Victor de Riquetti, marquis de Mirabeau, comte de Beaumont, seigneur de Négréoux et Saint-Auquille en Provence, premier baron du Limousin... et autres lieux, demeurant à Paris, au palais du Luxembourg, absent; et de très haute et très puissante dame Madeleine Geneviève de Vassan, de la paroisse de Saint-Sulpice, de la ville de Paris; (noms des témoins du futur); d'une part; — et illustre demoiselle Mademoiselle *Marie-Marguerite-Émilie de Covet de Marignane*, âgée d'environ dix-neuf ans, fille de très haut et très puissant seigneur Emmanuel-Anne-Louis de Covet, marquis de Marignane et des Iles d'Or, seigneur de Vitrolles, Gignac, Saint-Victoret et autres lieux,.... gouverneur de Sa Majesté

(1) Cette commission de capitaine lui avait été achetée par son père, mais il ne l'occupa jamais.

des Iles d'Or et forteresses, chevalier de l'ordre royal et militaire de Saint-Louis ; et de très puissante dame Madame Anne-Gabrielle-Mabile de Maliverny, résidant en cette ville d'Aix et sur cette paroisse du Saint-Esprit, ici présents et consentant au présent mariage.

*Signatures de nombreux témoins.*

Signé : « C$^{te}$ de Mirabeau, fils.

« Marignane de Mirabeau.

« Covet de Marignane.

« Maliverny de Marignane.

« L'abbé de Croisset.

« Roche, curé. »

Sans être graphologue, on peut observer que l'écriture de Mirabeau est ferme, grosse, légèrement montante ; par contre celle de la nouvelle comtesse est fine, élégante, timide. Ces deux signatures font penser à la colombe tombée entre les serres du vautour.

1824. — L'abbé Guitton était vicaire au Saint-Esprit, lorsque M. Guigou, nommé évêque d'Angoulême, l'appela auprès de lui en qualité de vicaire général. M. Guitton devint ensuite évêque de Poitiers, où il mourut en 1849.

1840. — La reine Marie-Christine, exilée d'Espagne, se rend un dimanche à la messe de neuf heures. Le curé lui présente l'eau bénite, et la conduit au prie-Dieu et au fauteuil en velours préparés pour elle.

1845. — Même cérémonie à l'égard du prince don Carlos, victime de Marie-Christine.

Ici s'arrêtent les souvenirs de la paroisse. Dans les dernières années du curé Emery, homme d'esprit qui s'était acquis du renom comme poète et *prôniste* provençal, l'église a subi une restauration complète : le pavé renouvelé, les fenêtres garnies de riches verrières, le monument du Sacré-Cœur, une nouvelle sacristie, l'ont dotée de tous les embellissements désirables.

II. **Description.** — Façade, grec-corinthien comme l'église. Elle perd à ne pouvoir être regardée de face.

Intérieur. — Une nef, transept à coupole et bas-côtés. 38 m. de long, 18 de large, 19 de haut.

Orgues, 1858, Moitessier. 2 clav., péd., 26 jeux, dont une curieuse *voix humaine*. Riche buffet de l'anc. égl. des Grands-Carmes.

Maitre-Autel majestueux, 1788, six fortes colonnes soutiennent un entablement surmonté d'un élégant baldaquin d'où tombent de larges draperies.

Tablx. — En face la *chaire* en marquetterie XVIII$^{e}$ s., * *Christ en croix*, Dandré-Bardon. Tableau qui dominait la grand'salle de la cour des comptes. — *Jésus au milieu des docteurs*, Daniel, anc. aux pénitents des Carmes ; *Ames du Purgatoire*, Daret fils ; *Ange de la bonne mort*, œuvre moderne ; *Vision de saint Jérôme*, Angelin ; *Présentation de la Vierge*, Marrot, don de Louis XVIII, 1821. — * Triptyque sur bois, attribué à Francia. Exécuté en 1505 par les ordres de A. Muleti, premier président, il demeura jusqu'en 1785 dans la chapelle du parlement, d'où il fut transporté dans l'église des Prêcheurs, puis en 1802 dans celle du Saint-Esprit. Panneau central : *Assomption.* La mère de Dieu monte au ciel, entourée d'anges qui jouent de divers instruments de musique ; au premier plan, les apôtres étonnés entourent le tombeau vide de sa virginale dépouille. Ces douze têtes représentent les portraits des douze premiers membres du parlement ; le premier président est figuré par saint Pierre. — Panneaux latéraux : *Adoration des bergers*, *Adoration des Mages*, *Ascension*, *Pentecôte.* Plusieurs de ces tableautins sont inachevés ; quelques têtes sont seulement tracées. *Mort de saint Joseph*, Goyrand ; *Pentecôte*, Daret ; *Madeleine chez Simon le pharisien*, Daniel, anc. aux pénit. des Carmes.

La chapelle à dr. du chœur est dédiée à la sainte Vierge. Elle possède une Madone en marbre, belle œuvre italienne, vénérée jadis chez les Capucins (hôpital). Elle est invoquée sous le titre de *N.-D. de Bon Secours*, en mémoire de l'autel de ce nom dans l'anc. chap. du Saint-Esprit.

Sur un des autels latéraux, *croix* en fer érigée hors la ville, à la suite de la mission prêchée par le P. Bridaine, en 1750.

VITRAUX, André : *Pentecôte* ; *saint Maximin* ; *saint*

(1) Bridaine obtint à Aix les succès ordinaires attachés à sa parole. La faculté de droit accourut à ses prédications. La magistrature ne montra pas moins d'empressement, et la ville entière, suivant ces beaux exemples, s'associa à ce mouvement religieux. (Azaïs, *Bridaine et ses missions*). — A cette mission se rapporte la conversion émouvante d'un officier, dont Bridaine parle dans une de ses lettres.

*Jérôme ; Visite de saint Antoine à saint Paul ; Communion de la Vierge.* Grisailles diverses.

Clocher, 1731 ; 3 cloches y furent placées. Le chapitre fit opposition, « à cause de la grosseur de ces cloches qui pourrait causer la ruine du clocher qui est situé sur le sanctuaire dont le chapitre a l'entretien. » On passa outre, et le clocher a tenu bon. Act. 3 cl.: *Jérôme*, grande, fondue par Sabatier frères, 1818 ; *Marie*, moyenne, Henricus Galopin fec. 1778 ; *Charles*, petite, Petrus Suchez fec. 1680; celle-ci appartenait aux hospices en 1790.

— *Chapelle de la Congrégation*, dite *de la Pureté*, parce qu'elle avait été bâtie, 1714, pour une maison hospitalière de jeunes filles. Les pénitents gris s'y sont réunis jusqu'à la construction de leur nouvelle chapelle, il y a trente ans.

# SAINT-JEAN-DE-MALTE (1803)

***Sanctus Joannes in Jerusalem aquensis***

---

C'est un provençal, le bienheureux Gérard Tenque, de Martigues, qui fonda l'ordre de Saint-Jean-de-Jérusalem. Les *Frères de Saint-Jean*, dits aussi *Hospitaliers*[1], parce qu'ils desservirent d'abord l'hôpital de Jérusalem, portaient une croix blanche sur le manteau noir, tandis que les Templiers portaient une croix rouge sur une robe blanche. Gérard Tenque avait ajouté aux vœux ordinaires de religion celui de « servir Dieu humblement et dévotement dans la personne des pauvres. »

Raymond du Puy, successeur de Gérard, institua la *milice*, afin que l'ordre pût non seulement s'appliquer au service des pèlerins malades, mais encore les escorter et les défendre contr les violences des infidèles. Devenu ainsi militaire autant que religieux, l'ordre se composa de *chevaliers de justice* et de *servants d'armes* destinés aux expéditions guerrières, et de *conventuels* affectés au service des hôpitaux.

(1) Nommés plus tard *chevaliers de Rhodes*, et *de Malte*, des îles où le grand-maître fixa sa résidence après la perte de la Terre-Sainte. Dépossédé de Malte par Bonaparte, en 1798, l'ordre n'a subsisté depuis que sous forme honorifique.

Du vivant de Gérard Tenque, de nombreuses stations hospitalières, en faveur des pèlerins que la maladie ou le dénûment atteignaient à l'aller ou au retour des Lieux Saints, furent établies en Europe. Ces établissements admettaient aussi les pauvres et les malades de la localité.

Telle fut l'originaire des *commanderies*. Celles de France étaient groupées en trois *langues*, Provence, Auvergne et France.

La COMMANDERIE d'Aix remonte au début du XII$^{e}$ siécle[1]. Le *commandeur* était le premier dignitaire de chaque maison. Son gouvernement avait pour objet principal les affaires militaires et temporelles. A Aix, il nomma longtemps le prieur, et les chapelains toujours. En qualité de collateur du prieuré, il avait le pas sur le prieur, un laïque sur un prélat, même à l'église, pour la place au chœur, l'encensement et le baiser de paix. Il nommait en outre les curés de Vinon et de Ginasservis.

La *commanderie* d'Aix, sous le vocable de Saint-Antoine, était située en arrière du transept de l'église, dans une large tour au nord. Elle fut plus tard transférée dans le prieuré. Ses vastes jardins s'étendaient jusqu'au boulevard

(1) Chaque historien fournit une date différente : Saint-Vincens 1100, de Haitze 1111, Roux-Alphéran 1129, Maurin 1166. Les deux premiers errent certainement, car la bulle de Pascal II, en 1113, ne mentionne en Provence, comme maison d'Hospitaliers, que celle de Saint-Gilles. D'autre part, quand les deux ordres coexistaient à Aix, les Hospitaliers avaient le pas sur les Templiers comme de plus ancienne fondation en cette ville ; or ceux-ci s'y trouvaient établis en 1154, où Adrien IV leur adressa une bulle, ce qui montre l'inexactitude de la date de M. Maurin. De plus, dans l'ordre même, la commanderie d'Aix a toujours passé immédiatement après Saint-Gilles, et avant Trinquetaille, commanderie fondée certainement en 1129 C'est donc entre 1113 et 1129 que se trouve la date en question.

actuel au midi, et jusqu'à la rue de la Monnaie au couchant. Elle était taxée pour sa contribution aux charges de l'ordre, à raison d'un revenu de 21,000 livres tiré en majeure partie des domaines de Vinon et de Ginasservis. Cette maison religieuse était représentée aux synodes diocésains : « Domus militiæ sancti Johannis », porte la liste du synode de 1421.

Entre les commandeurs, fr. Gautier est le premier mentionné dans les chartes. Il assista en 1180 à une donation faite aux Hospitaliers de Manosque par Guillaume, comte de Forcalquier. — Bérenger Monachi, † 1300, construisit l'église et commença le clocher, à ses frais, dit-on. — Reforciat d'Agoult fut nommé grand prieur de Saint-Gilles par Benoît XIII. — René Martin, des seigneurs de Puyloubier, se signala à la défense de Rhodes contre les Turcs, 1480 ; etc.

Le *prieur* était le premier dignitaire ecclésiastique. Tenant de l'abbé *nullius* autant que du doyen de collégiale, il s'était rendu à peu près exempt de la juridiction de l'ordinaire, vis-à-vis duquel il affectait beaucoup d'indépendance. « Ce *prieuré*, dit le procès-verbal de visite de 1613, est une dignité ou prélature fondée au mesme prototype de la dignité prieuralle de Saint-Jean de Rhodes et de Malte, et les prieurs dudict prieuré de Saint-Jean d'Aix, de toute antiquité dez son institution et origine, ont toujours célébré la messe *in pontificalibus*, ayant l'usage de la mitre et de la crosse les grandes festes *annuelles*. » Dans l'inventaire de 1306, se trouvent déjà mentionnées la mitre du prieur et sa crosse d'ivoire.

L'élection du prieur fut d'abord aux mains des religieux, sous réserve de l'approbation du commandeur, mais celui-ci finit par se l'attribuer exclusivement. Il n'y eut de dérogation à son privilège que trois ou quatre collations accordées directement par bulles pontificales ou par lettres du grand maître.

Le *prieuré*, situé au chevet de l'église et au midi, avait été bâti en même temps que l'église par le comte Raymond Bérenger. Un collège de jeunes clercs, un vrai séminaire, y fut annexé, *cent ans avant le concile de Trente*. Le recteur de l'Université ayant réclamé la nomination des régents de cette école, « les vénérables pères et frères de Saint-Jean-de-Jérusalem » protestèrent. De mutuelles concessions arrangèrent le différend : le prieur Honorat *pour une fois* admit les régents nommés par le recteur, et en retour celui-ci s'engagea à respecter les désignations que le prieur ferait à l'avenir.

Ce bâtiment, démoli à l'approche de Charles-Quint, fut relevé par le prieur Dubois. Il est occupé en partie par la nouvelle maison curiale. Marie de Médicis, qui allait épouser Henri IV à Paris, y logea le 16 novembre 1600.

Le 5 février 1671, le prieur Viany posa la première pierre du *nouveau prieuré*, demeure monumentale dont les galeries renferment aujourd'hui le musée de la ville.

Le prieur devait, d'après une bulle de Paul IV, 1606, être profès conventuel, et licencié en théologie ou en droit canon, comme les curés de *villes murées*. Il jouissait en effet de la cure attachée à l'hôpital.

Les *chapelains* placés sous sa direction, et logés au prieuré, formaient une sorte de chapitre exempt. Ils chantaient l'office canonial et portaient la mosette noire sur le surplis. Par concession de M. de Vintimille, le prieur et le sacristain usaient du rochet à manches étroites et du camail violet. Ces chapelains, d'abord au nombre de vingt-quatre, dont dix-huit de fondation royale, furent ramenés au chiffre de dix-huit par le grand maître Hélion de Villeneuve dans le chapitre général tenu à Saint-Jean le 10 mars 1330. « Aujourd'hui, écrivait Pitton en 1666, nous les voyons réduits à un fort petit nombre. »

Fr. Didier, le premier prieur connu, assista à la consécration de l'église, et mourut l'année qu'elle fut achevée, 1264. — Sous le prieur Aycardi, un des chapelains, fr. Bernard Grassi, fut élu grand-prieur de l'église de Rhodes. — Fr. Pierre Curti, ancien curé de Saint-Sauveur, assista au chapitre général de l'ordre tenu dans son église en 1410. — Fr. Anne de Naberat, aumônier de la reine, mourut durant la peste de 1630.

Son survivancier, nommé Pellegrin, avait bravement mis la mer entre la contagion et lui. De Malte, son refuge, il chargea un notaire de prendre possession en son lieu et place. Me Alphéran, notaire de Pellegrin, s'était de son côté mis à l'abri dans la salubre vallée du Verdon. Dès que la missive de fr. Pellegrin lui parvint, fidèle au devoir, il partit pour Aix, résolu pourtant à ne point s'écarter de cette prudence qui est la mère de la sûreté. Donc, le 21 février 1630, à l'ombre protectrice de la Tour de César, « en vue du clocher de l'église Saint-Jean », pardevant Mᵉ Gaspard Jaubert, notaire en la résidence de Rians, comparut Mᵉ Boniface Alphéran, notaire royal en la résidence d'Aix, procureur fondé de fr. Honoré Pellegrin, *retiré* pour lors en l'île de Malte, à l'effet de prendre possession au nom dudit Pellegrin, de ladite église « prieurale, collégiale et conventuelle » de Saint-Jean. Mᵉ Alphéran déclara pourtant ne pouvoir représenter le bref du pape qui pourvoyait son client, ce bref se trouvant en ville, serré dans un tiroir de l'appartement de fr. Pellegrin. Vu la contagion, il demanda qu'on le dispensât de l'aller chercher. Le chevalier François d'Agoult, lieutenant du commandeur, déclara l'excuse valable et autorisa le notaire à passer outre. En suite de quoi, les deux notaires rédigèrent l'acte de prise de possession, et le chevalier d'Agoult le signa pour le commandeur.

Mais le plus célèbre, sinon le plus pacifique, des prieurs de Saint-Jean fut le fr. Jean-Claude Viany, né à Aix en 1639.

Il était prêtre de l'Oratoire quand il fut élu prieur ; lié avec tous les beaux esprits de son temps, lettré distingué lui-même. Par des travaux considérables, dont plusieurs malheureusement inspirés par le faux goût de l'époque, il renouvela l'aspect de son église. C'est à ses démêlés avec les archevêques qu'il dut sa principale notoriété.

M. de Vintimille, chancelier de l'Université, avait manifesté l'intention d'admettre à l'acte du baccalauréat un jésuite, le P. Saint-Just, régent du collège Bourbon. Viany forma opposition à cet acte, avec trois prêtres de son église, docteurs comme lui, alléguant que le P. Saint-Just ne pouvait se présenter aux grades devant l'université d'Aix, parce qu'il n'en avait pas suivi les cours. Le conseil du roi admit l'opposition, 21 mars 1712. L'archevêque-chancelier en fut mortifié. N'osant s'attaquer à Viany, il crut pouvoir frapper les prêtres co-signataires de la requête, et leur ordonna d'aller vicarier à Rognes, à Alleins et à la Verdière. Ceux-ci, s'appuyant sur leur exemption de l'ordinaire, refusèrent de quitter Saint-Jean. L'archevêque les interdit. Alors le prieur Viany intervint par une protestation motivée contre les ordonnances de l'archevêque [1], qu'il fit afficher aux portes des deux églises de sa juridiction, Saint-Jean et Sainte-Catherine.

Il fit imprimer un mémoire, et transmit ses plaintes à Malte. L'ordre, prenant fait et cause pour les prêtres de Saint-Jean, introduisit au grand conseil un appel comme d'abus contre les ordonnances. Un arrêt du 17 novembre 1712 déclara qu'il y avait abus.

(1) *Avis au public* sur diverses ordonnances d'interdit et de suspension contre trois prêtres séculiers, habitués en l'Eglise Royale et Collégiale de Saint-Jean-de-Jérusalem de cette ville d'Aix. — Après avoir énuméré les cinq cas de nullité dont l'ordonnance de l'archevêque serait viciée, Viany ajoute : « Le sieur prieur de Saint-Jean proteste au surplus devant Dieu et devant le monde n'avoir fait et publié cet acte que par la nécessité de la défense des privilèges de son ordre et des droits de son église, qui est, après la Métropole, la plus célèbre de cette ville, dont il faudrait abandonner le service, ce qui n'est jamais arrivé depuis cinq siècles de sa fondation, et pendant quarante ans que le sieur prieur la régit avec l'édification publique. »

Viany l'emporta donc sur l'archevêque-chancelier, ou plutôt sur les Jésuites, — au point de vue strictement légal s'entend : on devine quelles réserves il y aurait à faire sur le reste.

Au cours de ces démêlés, M. de Vintimille, usant du *summum jus* à l'égard du prieur, lui signifia défense d'officier autrement que *januis clausis.* Viany avait plus d'un tour dans son sac. A la fête suivante, les cloches ayant convoqué les fidèles, quand l'église fut comble, le prieur parut crossé et mitré, et fit fermer les portes « pour obéir aux ordres de Monsieur l'archevêque[1] ».

Viany ne s'entendit pas mieux avec la ville. Comme l'une des quatre cloches dont il avait garni le clocher servait à l'horloge publique, il prétendit contraindre la ville à en payer une partie. Et comme celle-ci tardait à s'exécuter, il arrêta l'horloge jusqu'à complet paiement.

Viany fut aussi en mésintelligence avec son supérieur local, le commandeur Beauchamp de Merles : ce désaccord et son âge avancé l'amenèrent à démissionner en 1720. Il mourut en 1726, âgé de quatre-vingt-huit ans, et fut enterré au pied du maître-autel. Son frère aîné était mort à Malte, en 1700, avec la dignité de grand prieur.

Son successeur, Pierre Alphéran, devint évêque de Malte, et fut sacré à Rome par le pape Benoît XIII, 1728.

(1) A cette époque se rapportait sans doute l'origine des représailles suivantes : « Toutes les années, le premier lundi après St Luc, le chapitre va processionnellement à Saint-Jean célébrer un service solennel pour le repos de l'âme des souverains, mais il est obligé de porter les vases sacrés, les ornements, tout ce qui est nécessaire, même le feu pour éclairer les cierges. »

Le prieur Jean Alphéran, frère du précédent, ancien curé de Rognes, eut avec Mgr de Brancas un long différend au sujet de l'administration des sacrements dans la collégiale. Ce différend fut tranché en faveur de Saint-Jean par arrêt du conseil du roi, en 1760. A cette époque, Jean Alphéran était mort saintement à la Trappe de Sept-Fonds.

Lors de la suppression de l'ordre, en 1790, c'était encore un Alphéran, quatrième de nom, qui exerçait le priorat.

— Le grand maître Hélion de Villeneuve avait réglé que tous les prêtres de Saint-Jean iraient en procession chaque dimanche à l'hôpital des pauvres, visiter les malades, et leur chanter « l'épitre et l'évangile », selon l'usage de l'église conventuelle de Rhodes [1].

Cet *hôpital* datait de l'arrivée des frères à Aix. Les libéralités d'Hélion de Villeneuve l'enrichirent, mais il s'appauvrit beaucoup au XVe siècle. Il fut démoli à l'approche du connétable de Bourbon, en 1524. Tous les hôpitaux de la ville ayant été réunis à l'hôpital Saint-Jacques par le conseil communal en 1531, les chevaliers s'engagèrent à entretenir treize lits dans cet établissement. Cette fondation tomba en désuétude on ne sait quand ni pourquoi. Lorsqu'après une interruption considérable, une action fut engagée contre les chevaliers, un arrêt du conseil, de 1636, jugea que la prescription leur était acquise.

Gérard Tenque avait imposé aux Hospitaliers de se faire

(1) Cette cérémonie était un vestige de l'usage abusif dit la *messe sèche*, qui fut aboli par le concile de Trente.

inhumer à la suite des pauvres qu'ils avaient soignés et préparés à bien mourir : dernière attention de charité à l'égard des malheureux, et pour les chevaliers, issus la plupart de nobles familles, dernier acte d'humilité. Les commandeurs eux-mêmes, témoin Bérenger Monachi, étaient enterrés dans la fosse commune.

Aussi ne faut-il point s'étonner que le *cimetière* des Hospitaliers fût vénéré des fidèles dans toutes leurs résidences. On tenait d'autant plus à s'y faire enterrer que tous ceux qui y étaient admis participaient aux prières et aux mérites des chevaliers tant sur terre que sur mer. A Aix cette dévotion était générale ; et le chapitre, curé-primitif de la ville, se trouvait si souvent frustré de ses droits par ces obsèques célébrées à la campagne qu'il se plaignit. Les parties remirent la solution de leur différend à trois arbitres, les archevêques d'Arles et de Vienne, et l'évêque de Riez. Une décision du 29 juillet 1234 sembla donner satisfaction à toutes deux, mais on reconnut bientôt que si les concessions honorifiques étaient pour le chapitre, les avantages réels restaient aux religieux. En effet, faculté fut laissée à tout fidèle, d'élire sa sépulture au cimetière Saint-Jean ; les frères pourraient garder les trois quarts des legs faits à l'occasion d'un enterrement dans leur cimetière, et la totalité, si les legs provenaient d'une personne portant l'habit de l'ordre, d'un prêtre ou d'un serviteur de la maison ; les chanoines n'auraient non plus rien à réclamer des armes et des chevaux dont la valeur dépasserait dix livres, « comprenant et entendant sous le nom de *chevaux*, les juments, les palefrois, les roussins, les mulets et les mules », ni sur le cheval du testateur, au cas qu'il valût moins de dix livres.

D'autres points en litige furent réglés à cette occasion. Les arbitres décidèrent que les Hospitaliers n'administreraient la communion que dans leur oratoire, moins les solennités de Pâques, de la Pentecôte et de Noël ; qu'ils paieraient la demi-dîme de leurs biens présents et à venir ; qu'ils ne pourraient dire les messes de relevailles, ni administrer les sacrements de pénitence et de mariage ; que le vendredi-saint, ils n'exposeraient la croix que pendant l'office ; qu'ils ne béniraient les rameaux qu'après que cette cérémonie aurait été achevée à Saint-Sauveur ; que le jour de Pâques ils offriraient six livres de cire à l'archevêque ; enfin « qu'ils ne pourraient agrandir leur oratoire au-delà du plan qui devait être arrêté » ; qu'il n'y aurait qu'un autel, et deux cloches qu'on sonnerait seulement *à petit bruit*, c'est-à-dire tintées et non à volée.

Cet acte indique l'année précise où fut commencée l'église Saint-Jean : quoiqu'on lui refuse le titre d'église, en l'appelant simplement un oratoire, c'est bien d'elle qu'il s'agit.

**Eglise.** — HISTOIRE. — Avec leur couvent et leur hôpital, les Hospitaliers bâtirent une chapelle qui fut dédiée à saint Jean-Baptiste, patron de l'ordre.

Cette chapelle, qui a précédé l'église actuelle, ne dura qu'un siècle. En 1180 s'y tint un chapitre général, le premier qui se soit réuni en Europe. En 1210, le comte Ildefons II y fut enseveli. Le 24 avril 1236, le comte Raymond Bérenger y fut reçu chevalier de Saint-Jean, à titre d'honneur, dans une assemblée brillante dont, outre les premiers seigneurs de Provence, faisaient partie l'archevêque d'Aix Raymond Audiberti, celui d'Arles Jean Baussan, et celui d'Embrun ; les évêques de Fréjus, de Toulon, d'Antibes et de Digne ; l'abbé de Saint-Victor ; les prévôts des chapitres de Fréjus, de Toulon et de Pignans. Immédiatement après la réception, le comte admit ses vassaux et sujets à l'hommage et au serment de fidélité.

— Les travaux de l'église commencèrent en 1234 sous le règne et avec les subsides du comte Raymond Bérenger. Le « presbytère », c'est-à-dire le transept et l'abside, fut livré au culte avant le reste ; et consacré le 3 mai 1251 par le cardinal Pierre de Colmieu, évêque d'Albano, assisté de l'évêque de Panéas. En 1264, achèvement de la nef ; en 1376, du clocher. La clause limitant la sonnerie à deux cloches ne tint pas longtemps : en 1292, dès que la tour put les supporter, l'archevêque et le chapitre en autorisèrent quatre, sans plus en limiter la puissance.

A l'origine, l'église Saint-Jean formait une croix latine parfaite, sans chapelles. Distante des remparts de deux cents pas, elle se détachait svelte et légère des prairies qui lui faisaient une verte ceinture. On la trouve ainsi représentée sur le très curieux *plan de la ville d'Aix* durant le siège du duc d'Epernon, conservé au musée.

La première chapelle ouverte fut celle dédiée à saint

Louis de Provence. On en bâtit successivement sept autres, toutes prises sur le cimetière.

XIIIe Siècle, 1268. — La comtesse Béatrix mourut à Nocora, dans le royaume de Naples, en 1267, âgée de trente-huit ans. Par son testament elle déclarait vouloir être ensevelie en l'église Saint-Jean d'Aix. Comme Charles d'Anjou ne se hâtait point d'exécuter la dernière volonté de son épouse, les Hospitaliers se plaignirent au pape Clément IV qui agit auprès de Charles. Après la défaite de Conradin, Charles fit rapporter à Aix la dépouille de Béatrix.

XIVe Siècle. — La reine régente Marie de Blois, avec son fils Louis II, vint le lundi 4 novembre 1387, entendre la messe « dans l'église Saint-Jean hors la ville. C'est une église des Hospitaliers qui a pour commandeur le seigneur Reforciat d'Agoult. » (Journal de Lefèvre, évêque de Chartres). Le commandeur qui n'était venu à Aix que pour recevoir leurs Majestés, quitta la ville sitôt la réception terminée. Mais il reparut à Saint-Jean, au bout de quelques heures, tout penaud et marri. En effet, arrivé sous Venelles, il avait été attaqué par des brigands de Meyrargues qui le dépouillèrent de son argent et de ses habits, ainsi que de son cheval. Ils l'abîmèrent de coups, et le mirent dans l'impossibilité de continuer son voyage sur Manosque.

XVIe Siècle, 1536. — Lors de l'invasion de Charles-Quint, les aixois avaient décidé de résister, mais le maréchal de Montmorency s'y opposa, parce que la ville n'est pas défendable contre l'artillerie. Le maréchal ordonna de ne rien laisser debout hors la ville, pour ôter tout abri à l'ennemi, ce qui fut exécuté sans pitié. On démolit le couvent des servites, l'hôpital Saint-Jean, etc. La belle flèche ne trouva pas grâce devant les démolisseurs : heureusement les marteaux se brisèrent contre les pierres. Arena, le poète macaronique, célébra cet insuccès :

Clocherium pulchrum sanctique Joannis aquensis
Foygarunt multum, forte cavando pedem.
Plures martellos de ferro rumpere vidi
Ponere per terram quando volebat eum.
Jam quasi per ventum illum tramblare videbam,
Et totus populus fort regretabat eum.

Cette invasion causa d'immenses ruines. La commanderie réduite à la misère dut interrompre quelque temps les solennités du culte et la distribution des aumônes. Quelques années plus tard, sur intervention du procureur général, cette église étant de fondation royale, le parlement ordonna que le chant des offices et les distributions d'aumônes seraient repris. On avait envoyé à Malte, pour les mettre à l'abri, les reliques, les archives, la vaisselle d'argent. Elles n'en revenaient plus : le parlement contraignit l'ordre à les rapporter en 1598.

1588. — La nouvelle de la journée des Barricades, dans laquelle les Ligueurs parisiens avaient chassé le roi Henri III, surprit La Valette, commandant du pays, hors la capitale de la province. Il partit pour Aix sur l'heure, et se présenta à minuit avec ses troupes devant la porte Saint-Jean. Les consuls, qui étaient favorables à la Ligue, avaient donné ordre de ne point ouvrir les portes. Les troupes passèrent donc la nuit à la belle étoile, et La Valette s'estima heureux d'obtenir un abri dans la commanderie. Le lendemain les consuls allèrent l'y complimenter, et lui déclarer que l'entrée de la ville était libre pour lui, mais non pour ses troupes. La Valette ne voulant rien brusquer se soumit à cette condition, et fut conduit au couvent des augustins, où un appartement lui avait été préparé.

1589. — Même contre-temps s'imposa l'année suivante à l'évêque de Marseille, Frédéric Ragueneau. Ce prélat, accrédité par la grande-duchesse de Toscane, cousine d'Henri III, ménageait un rapprochement entre les ligueurs et les royalistes. A lui aussi on refusa l'entrée. « Le seigneur de Vins, appréhendant que le blâme de ce procédé peu honnête ne retombât sur lui, sortit à l'instant de la ville pour en faire des excuses en rejetant l'action sur le peuple, des emportements duquel on n'était pas toujours le maître. En cette occasion son éloquence naturelle lui vint à propos, car il eut assez de pouvoir pour persuader à l'évêque de prendre logis en la commanderie Saint-Jean [1]. » La grande duchesse, d'abord irritée du procédé, consentit ensuite à venir à Aix traiter de la paix.

XVII<sup>e</sup> Siècle. — Sous le prieur Viany, restauration gé-

(1) De Haitze, *Histoire de la ville d'Aix.*

nérale de l'église. Beaucoup d'ardeur de la part de Viany, ce qui ne rend pas moins critiquables plusieurs des changements qu'il introduisit.

Le maître-autel, qui était au fond, fut placé au milieu du transept ; la magnifique verrière de l'abside fut murée ainsi que la rosace de la façade, mutilations fâcheuses dont l'une a été réparée, et l'autre ne tardera pas à l'être, on peut l'espérer ; des orgues furent dressées devant la rosace. Le buffet fut payé au moyen d'une amende de 1,500 livres prononcée par le parlement contre un individu qui avait insulté un des frères de la collégiale à la procession de la Fête-Dieu.

Le tombeau de la reine Béatrix ouvrait le bras droit du transept. Viany le reporta au fond, pour faire face au tombeau de Raymond Bérenger. On fit à cette occasion l'ouverture du cercueil, mais on ne trouva que quelques ossements mêlés à de la cendre. L'abbé Maurin, dans sa *Notice sur Saint-Jean*, raconte qu'une ouverture avait été établie aux deux extrémités du cercueil. On introduisait un cierge par l'une, et de l'autre les regards indiscrets contemplaient la reine dormant son dernier sommeil. Curiosité et maladresse vont souvent ensemble. On laissa un jour tomber le cierge : la robe de la princesse s'enflamma et le corps fut consumé en un instant.

1622, 4 novembre. — Le roi Louis XIII entend la messe à Saint-Jean. Le chemin par où il passa s'appelle depuis *rue du Roi*.

1646. — Par cession du roi René, l'archevêché possédait

des prés et des jardins étendus au midi du rempart. L'archevêque Michel Mazarin fut autorisé à construire un quartier nouveau sur ces terrains. Le mur d'enceinte, qui suivait la ligne septentrionale du cours actuel, fut porté à cinq cents pas au midi, et ainsi l'église Saint-Jean et ses dépendances furent comprises dans la ville. Le 10 août, pose par l'archevêque de la première pierre de la porte dite d'*Orbitelle* [1].

XVIII^e SIÈCLE, 5 janvier 1701. — Le commandeur Merles de Beauchamp suspend à la voûte de l'église Saint-Jean, le grand étendard du vaisseau turc *la Sultane Benghem*, fort de 70 canons, enlevé à l'abordage par le fr. de Ricard. « Vénérable, très-cher et bien amé religieux, le chevalier de Ricard qui s'est signalé à la prise fameuse qu'ont fait nos galères, nous en présenta l'estendard qui estait en son pouvoir, que nous lui avons ordonné l'envoyer à Aix, lieu de sa naissance, pour estre mis dans notre église de Saint-Jean.... » (Lettre du grand-maître Perellos au commandeur.) — Fr. de Ricard ne fut pas le seul de nos compatriotes qui s'illustra dans l'ordre de Malte. C'est parmi les chevaliers de la langue de Provence que le roi de France choisit Pierre André de Suffren, type du gentilhomme chrétien, le vaillant bailli qui se signala par de si brillants exploits à la tête de la flotte française.

(1) Ainsi nommée par les aixois, à cause d'un échec que les troupes du ministre Mazarin, frère de l'archevêque, venaient de subir devant la place d'Orbitello, en Toscane.

5 mars. — Les ducs de Bourgogne et de Berry, petits-fils de Louis XIV, s'arrêtèrent à Aix après avoir accompagné en Espagne le nouveau roi Philippe V, leur frère. Sous la conduite du maréchal de Noailles, ils visitèrent Saint-Jean, en particulier les tombeaux d'Ildefons et de Raymond Bérenger, leurs aïeux du côté maternel. Le prieur Viany posa dans le transept une inscription commémorative de cette visite. Mais le commandeur de Beauchamp la déplaça, en y changeant quelques mots, ce qui excita entre le commandeur et le prieur un nouveau conflit durant lequel fut versée beaucoup d'encre.

1703, 30 décembre. — Consécration de l'autel majeur, œuvre de Th. Veyrier, par M. de Crillon, évêque de Vence.

1773. — En cette année vécut à Aix un mendiant vénéré depuis sous le nom de *Benoît-Joseph Labre*. Chaque matin il arrivait à Saint-Jean pour entendre la messe et l'office canonial ; sans quitter l'église, il montait ensuite à une sorte de tribune, placée au-dessus de la première chapelle à gauche, où sont les fonts baptismaux aujourd'hui, et s'y tenait en adoration la majeure partie de la journée. Sur le soir, Benoît Labre quêtait par les rues un peu de pain, puis regagnait l'étroit vallon de Chicalon au delà de l'Arc, où une cavité rocheuse lui fournissait un abri pour la nuit. Ces visites à Saint-Jean durèrent trois ou quatre mois.

C'est d'un pauvre mendiant que la vieille église royale, avant d'être profanée, recevait sa dernière illustration.

*La Saint-Jean*. — Le 23 juin, à six heures et demie du soir, le parlement se rendait aux Prêcheurs avec les consuls.

On chantait l'*Ut queant laxis*, puis on allumait le feu sur la place. La *bravade* défilait ensuite vers l'église des Hospitaliers, précédant les consuls et le parlement. Devant la grande porte, le premier président allumait le feu. On entrait alors dans l'église, les conseillers se plaçaient à droite et les consuls à gauche. Après la bénédiction du Saint-Sacrement chacun se retirait. Mille feux illuminaient la ville à ce moment, dans toutes les rues et devant chaque maison.

— Les décrets de l'assemblée constituante supprimèrent les ordres religieux dès le mois de février 1790, après avoir englobé leurs biens dans la confiscation générale des biens du clergé qui marque la fin de 1789. Les religieux de l'ordre de Malte, malgré les éminents services rendus à la civilisation, furent chassés et dépouillés comme les autres.

Le trésor de Saint-Jean offrit une riche proie aux révolutionnaires. Il se composait, en sus de ce que la commanderie d'Aix possédait, des objets de la maison des Templiers d'Aix et de la commanderie hospitalière de Marseille, réunis les uns en 1312, les autres en 1664. De précieuses reliques y étaient conservées : deux portions notables de la vraie croix, un doigt de sainte Madeleine, le livre d'heures et un peigne en corne de saint Thomas Becket, le chapeau épiscopal de saint Louis de Provence, etc.; tout fut profané. On envoya à la Monnaie deux croix processionnelles et un buste de saint Symphorien en argent, la mitre brodée du prieur, sa crosse d'ivoire, un autel portatif antique. Trois châsses en vermeil et d'autres pièces précieuses n'arrivèrent pas jusqu'à Paris, retenues au départ ou au passage par quelques bons patriotes.

**La Paroisse.** — Depuis un demi-siècle, il était question d'établir une paroisse à Saint-Jean : la question était à peu près résolue en 1789, en ce sens que le service paroissial eût été confié au prieur et aux chapelains, comme curé et vicaires. L'évêque constitutionnel Benoît Roux trancha les dernières difficultés, et créa la nouvelle paroisse en 1792.

Deux ans après, les schismatiques ayant été chassés par ceux qui les avaient installés, les tombeaux des comtes furent saccagés, et l'église fut convertie en entrepôt de fourrages.

Rouvert à la chute de Robespierre, fermé de nouveau sous le Directoire, parce qu'il servait de réunion aux prêtres fidèles au saint-siège, Saint-Jean fut mis en vente, moins le clocher que la ville s'était réservé. « L'église, la maison prieurale et les jardins furent, en 1798, adjugés à un particulier au prix énorme de 1,063,000 francs, mais ce particulier jouait la comédie, car il n'avait pas un sou. Instruit qu'une association de citoyens pieux s'était formée dans l'intention de conserver ces édifices pour de meilleurs temps, et qu'elle s'était vantée qu'elle pousserait les enchères plus haut que personne, il les poussa lui-même à ce chiffre. Il en coûta définitivement à l'association qui se substitua au premier adjudicataire, en sus du pot-de-vin donné à celui-ci, la somme de 513,000 francs en valeur réelle. »[1]

La ville racheta plus tard l'église et ses dépendances au prix de 40,000 francs qu'elle paya aux premiers acquéreurs à qui elle avait servi depuis le rétablissement du culte une modique rente de 800 francs.

En 1803, Saint-Jean fut érigé, canoniquement cette fois, en succursale sous le nom de Saint-Jean-Baptiste *intra muros*, titre qui ne fit point tomber celui de Saint-Jean-de-Malte, sous lequel il continua d'être désigné. Un décret du 28 août 1827 lui accorda le titre de cure de 2$^{me}$ classe. La fête du titulaire se célèbre le 29 août *(Décollation)*, tandis que Saint-Jean du Faubourg célèbre le 24 juin *(Nativité)*.

Cette paroisse, démembrée de la Madeleine depuis 1803, dépend de l'archiprêtré d'Aix et du doyenné de Saint-Sauveur. Sa population s'élève à 4,000 âmes. Elle est desservie par un curé et trois vicaires. Elle possède une maison d'Oblats de Marie, et la chapelle du Lycée, plus deux maisons de sœurs de la Présentation.

1828, 12 novembre. — Translation des restes des comtes de Provence dans leur nouveau tombeau, en présence du préfet de Villeneuve, commissaire du roi, de M$^{gr}$ de

(1) *Rues d'Aix*. — Nous regardons comme un devoir de consigner ici les noms de ces généreux paroissiens, MM. Aubert-Mignard, Aubert Antoine, de Callamand, de Mayol Saint-Simon, de Meyronnet-Châteauneuf, Pellicot, de Philip, Roux-Alphéran, Vial ; MM$^{mes}$ Brochier, d'Eymar de Nans ; M$^{lle}$ de Tamisier.

Beausset-Roquefort, archevêque d'Aix, et de Mgr de Posada, évêque de Carthagène.

La restauration du tombeau des comtes, les orgues, la grande verrière du fond, les stalles, l'autel majeur, sont autant de travaux importants qui ont marqué l'administration des curés de cette belle église. Ils trouvent toujours dans leurs paroissiens le concours le plus entier dès qu'il s'agit d'honorer Dieu et de soulager ses pauvres.

Parmi ces curés, il faut citer M. Christine, ancien doctrinaire, orateur éminent, qui fonda la paroisse, à son retour des îles Baléares où il avait dû s'exiler pendant la persécution, et qui mourut chanoine titulaire en 1842, à l'âge de quatre-vingt-quinze ans ; M. Monge qui, victime du devoir, périt d'une attaque de choléra, en 1831 ; M. Rouchon, mort en 1862, en odeur de sainteté, remplissant les fonctions de vicaire général.

Ce quartier peut se glorifier des saints personnages qu'il a fournis en nombre inusité à l'Église.

D'abord, les martyrs. M. Jean François-Xavier Roux, plus connu sous le nom de P. Régis. Né rue d'Italie n° 33, Jean Roux entra au couvent des augustins de Saint-Pierre, où il devint supérieur et provincial. En 1791, il se retira à Lyon, mais après le siége de cette ville, il fut dénoncé par un jeune homme à qui il avait fait faire la première communion quelques années avant. Des amis s'intéressèrent à son sort, et obtinrent des juges qu'il serait relâché si, dès le début de l'interrogatoire, il niait sa qualité de prêtre. Mais le P. Régis déclara que jamais il ne rachèterait sa vie par un mensonge. Quand il comparut devant le tribunal, au président lui demandant sa profession, il répondit : « Prêtre de l'Eglise catholique. » C'était sa condamnation à mort. Il fut guillotiné le lendemain, 16 décembre 1793.

François-Augustin DE ROUVILLE naquit à Aix le 28 août 1734. Il entra de bonne heure dans la compagnie de Jésus, et professait la rhétorique au collège de Billom lors de la suppression de la société. Le collège ecclésiastique d'Aubenas le posséda ensuite comme professeur pendant vingt-cinq ans. Son refus de serment à la constitution civile l'obligea à quitter sa chaire. Arrêté une nuit qu'il allait assister un malade, il fut traduit devant le tribunal criminel de l'Ardèche, à Privas, et condamné à mort par les juges, parmi lesquels il eut la douleur de reconnaître un de ses anciens élèves. Le 31 juillet 1794, il fut guillotiné dans une *fournée* composée de trois religieuses de Saint-Joseph et de quatre autres prêtres. « Les cinq prêtres passèrent ensemble et dans la prière toute la nuit. Ils chantèrent l'office des morts et la messe de *Requiem*, bien qu'ils fussent privés du bonheur de célébrer, faute des objets nécessaires au saint sacrifice. Ils se confessèrent une dernière fois, et quand le jour parut, ce jour qui devait consommer leur immolation, ils résolurent de se présenter au peuple dans le costume ecclésiastique que le malheur du temps les avait forcés de dissimuler.... Ils donnèrent leurs mains aux chaînes avec une joie empressée ; toutes ces illustres victimes furent jetées sur la même charrette, et le funèbre cortège se mit en marche. Les religieuses récitaient des prières à haute voix. Les prêtres entonnèrent, à la porte de la prison, d'une voix forte et sonore le *Miserere*. A chaque verset ils ajoutaient le *Parce Domine, parce populo tuo*... Nous savons que le P. Rouville fut le troisième prêtre exécuté. Avant que de mourir, il eut le temps de se tourner vers la foule et de prononcer ces paroles : « Je meurs pour ma religion et pour mon pays. Dieu fasse que mon sang leur soit utile. » On remarqua que les cinq prêtres, en attendant leur tour, ne cessèrent point de chanter, et on les vit se succéder sur l'échafaud avec une sorte d'ivresse... A mesure qu'une tête tombait, les survivants récitaient tout haut : *Requiem æternam dona eis, Domine, et lux perpetua luceat eis.* »[1]

La mémoire du P. Rouville est gardée avec vénération dans le diocèse de Viviers, et plusieurs faits estimés miraculeux ont récompensé la confiance des fidèles qui accourent au tombeau du martyr aixois[2].

Dans la rue du Louvre ou de l'Intendance naquit Joseph-Hippolyte GUIBERT. Entré dans la congrégation des Oblats il devint successivement évêque de Viviers, archevêque de Tours, puis de Paris, siège qu'il occupa jusqu'à sa

(1) P. François Rousset, *le R. P. Rouville*.

(2) La naissance du P. Rouville « à Aix, département des Bouches-du-Rhône », est certaine : il l'a déclarée dans tous ses interrogatoires. Mais comme son acte de baptême, et aucune pièce indiquant le domicile de ses parents, n'ont pu être retrouvés, on ne peut l'attribuer avec certitude à aucun quartier. Considérant son titre de noblesse, l'origine de sa famille étrangère au pays, et qui était peut-être celle de quelque officier de l'armée royale, nous avons cru pouvoir l'inscrire dans le quartier Saint-Jean, avec plus de probabilité que dans un autre.

mort, 9 juillet 1886. Il avait été en 1873 nommé cardinal du titre de Saint-Jean-Porte-latine. Ce prince de l'Eglise qui, par sa prudence, sa sagesse et sa fermeté, a marqué parmi les grands évêques de ce siècle, était resté dévoué à sa paroisse natale. On se rappelle avec quelle piété dans un de ses voyages il s'agenouilla devant les fonts de son baptême, et avec quel tendre respect il les baisa. Le dernier objet bénit par le cardinal Guibert déjà agonisant fut une mitre qu'il destinait à son coparoissien Joseph Boyer, Aix 1824-1887, provicaire apostolique de Mandchourie, promu évêque en 1886. Ce souvenir et les autres dons envoyés à Mgr Boyer par ses amis aixois, et ses anciens paroissiens du Mas-Thibert, n'arrivèrent guère que pour servir d'ornement à ses funérailles.

Dans la rue Cardinale, étaient nés les deux frères de Bonneval, l'un, dernier évêque de Senez, courageux confesseur de la foi, mort à Viterbe en 1837 ; l'autre, député aux Etats-Généraux, s'opposa fortement à la constitution civile, refusa un évêché sous l'Empire, et finit ses jours à Vienne en Autriche, chanoine du chapitre royal de Saint-Etienne, 1820.

Terminons cette liste par le nom d'un vénérable religieux, le chartreux dom Jean *Sallier*, dont la sainteté se manifesta par des macérations surhumaines, et aussi, dit-on, par des faits miraculeux. Son séjour à la chartreuse de Collegno, en Piémont, l'avait mis en rapport avec Charles-Albert qui l'aima : « Priez beaucoup, lui écrivait ce prince chevaleresque et chrétien malgré ses imprudences, priez pour que je sauve mon âme même au prix de ma couronne... » Cette lettre est datée de quelques jours avant la bataille de Novarre. Dom Sallier mourut à la grande Chartreuse en 1861, âgé de cinquante-cinq ans. Sa vie a été récemment publiée par un de ses confrères.

Telles sont les plus récentes gloires chrétiennes de la paroisse Saint-Jean. Elles sont si belles qu'en illustrant le passé, elles ne peuvent manquer de préparer un avenir qui en soit digne.

**Description.** — (*Mon. hist.*). Œuvre d'un ordre militaire autant que religieux, l'église Saint-Jean a été construite dans un style simple et sévère. Son architecture extérieure annonce moins une église qu'un château fort, mais l'intérieur, tout en restant sobre, revêt un cachet de pure élégance.

Le *portail*, flanqué de deux tours de 32 mètres, est surmonté d'un fronton triangulaire, dont il faut observer, pour l'histoire de l'art, le dessin plus roman qu'ogival.

Au-dessus, *rosace* murée, correspondant à la grande fenêtre du fond ; elle attend qu'une main intelligente l'ouvre de nouveau.

Vingt-deux *clochetons* [1] surmontent les contreforts qui entourent l'église. A qui en domine l'ensemble du haut du clocher, ces gracieuses petites flèches, se détachant au-des-

(1) Quelques-uns, ceux qui contournent l'abside, n'ont point été rétablis ; c'est un oubli à réparer.

sus de la toiture, donnent une idée des forêts dentelées qui peuplent le faîte des grandes cathédrales.

* Clocher. — (1264-1376), 67 m. de haut ; tour carrée à deux étages, surmontée d'une flèche hardie. La tour est percée de huit fenêtres, quatre au premier étage géminées, quatre au second très élancées. A la base de la flèche, sur chaque face, frontons triangulaires que relient d'élégants clochetons. Vers le sommet, inscript.: *XPS Rex venit in pace. Deus homo factus est.* [1] Au levant, inscript. mentionnant la restauration du clocher en 1854, sous la direction des architectes Revoil et Huot.

En 1754, la foudre renversa la croix latine qui dominait le clocher. On mit à la place la grande croix de Malte qui s'y voit actuellement. Chaque année, la veille de saint Jean, celui qui parvenait le premier à attacher une banderolle à cette croix gagnait un prix de dix écus. Petite cloche (horloge), 1710, anc. aux Pénitents blancs.

La *cloche* paroissiale, d'une sonorité remarquable, porte cette inscription en lettres ornées : « † JHS. MA. Têpore egræ. milit. F. René Martini prœposit. aquêsis hæc câpana fuerat facta, 1463. Ruptâ auxit et restituit R. in Xto P. Fr. Joan. Claud. Viany, prior hujus Ecclesiæ, 1670. Te Deû laudamus. Te Dnm. côfit. Claudius Peyrons [2]. »

Intérieur. — Une seule nef, avec transept, abside carrée, et chapelles. — 45 m. de long ; 22 de large ; 16 de

(1) « Le Christ roi est venu dans la paix. Dieu s'est fait homme. » Ce texte était gravé en exergue sur les monnaies provençales du XIVe siècle,

(2) Fondeur avignonais, XVIIe siècle.

haut. 20 fenêtres géminées de 10 m., garnies autrefois de verrières. Dans ses proportions restreintes, Saint-Jean, comme édifice ogival, est plus un, plus pur et plus harmonieux que Saint-Sauveur. Il a récemment été débarrassé des ornements parasites qui en dégradaient l'intérieur [1]. Quand par l'ouverture de la rosace du couchant, il aura repris son aspect primitif, ce sera non le plus vaste, mais le plus charmant et le mieux conservé des édifices que le XIIIe siècle a légués à la Provence.

*Autel majeur*, pierre, Gaulier archit. et sculpt., consacré par Mgr Forcade, 16 décembre 1875. Tabernacle en forme de mausolée antique. Au rétable, 2 groupes marbre de H. Pontier : *Prédication de saint Jean, Baptême de Notre-Seigneur par saint Jean.*

En avant de cet autel, à peu près à l'endroit où se trouvait précédemment le caveau des commandeurs et des prieurs, ont été déposés les restes de nombreux chevaliers et religieux enterrés dans cette église depuis 1681.

A la clef de voûte, armes du grand prieuré de Saint-Gilles.— Belles *stalles* sculptées.

* *Vitrail*, rouvert en 1858 [2], garni d'une magnifique verrière de Maréchal. Dans le bas, patriarches et prophètes, Abraham, Moïse, Isaïe, Jérémie, Ezéchiel, Daniel. Au mi-

(1) Sous les curés Caillat et Poulon. — Trop débarrassé peut-être. On a regretté que divers objets d'art précieux, notamment un buste du Christ de Th. Veyrier, et un petit tryptique de l'école Lombarde, aient cessé, depuis l'érection de l'autel, d'appartenir à la fabrique.

(2) Il avait été fermé par Viany ; et recouvert par le tableau de Mathias de Pretti, le *Martyre de Sainte-Catherine*, auj. au musée. Le neveu du sculpteur Veyrier avait peint au-dessus une grande fresque, le *Baptême de Notre-Seigneur*.

lieu : Visitation, Baptême de Notre-Seigneur, saint Jean montrant le Sauveur au peuple. Dans les trèfles de l'ogive, le comte Raymond Bérenger IV, et le commandeur Bérenger Monachi, fondateurs de l'église.

Dans le chœur, tablx. * *Apothéose de saint Augustin*, Michel Serre ; — *Vierge entourée d'anges*, aut. inc.; — *N.-D. de Bon-Repos*, Garcin ; — * *N.-D. du Mont-Carmel*, N. Mignard, anc. aux grands-carmes.

Transept. — A la voûte, croix de Jérusalem. Tablx. *Mort de saint Joseph*, Savournin ; — * *Apothéose de saint François-de-Paule*, Jean Jouvenet ; don de Louis XVIII, 1821. — Sculptures : * *Enfant Jésus portant la croix* ; * *Tête de saint Jean-Baptiste*, Chr. Veyrier.

Epitaphe de Dragonet de Mondragon, grand-prieur de Saint-Gilles, XIV$^e$ s.: † *Dns : Fr : Drgoet : D: mõte: Drãc : pōr : hnrbil : sci : Egidii : et vice : magr : ĩ prtib : cis : maris : hic : iacet : q : migrvit : ab : h : sẽlo : anno : Dni : M : CCC : X : XI : Kl : Febr : ei : aia : reqescat : in pace : Amen : Pater : noster* †.

« Ci gît seigneur frère Dragonet de Mondragon, grand-prieur de Saint-Gilles, et lieutenant du grand maître pour la région cismarine, lequel quitta ce siècle, l'an du Seigneur 1310, et le 22 janvier. Que son âme repose en paix. Amen. Notre Père. »

Epit. des deux frères Géraud et Valentin *de Bosco*, prieurs de cette église au XVI$^e$ s.

En cet endroit s'élevait le tombeau monumental de la

comtesse Béatrix de Provence, épouse de Charles d'Anjou. Ce tombeau l'emportait sur celui d'en face par la richesse des sculptures et le nombre des statues. Béatrix était couchée sur un lit de parade, autour duquel se tenaient trois de ses fils morts avant elle, les princes Louis, Philippe et Robert.

Sur le sol, épit. du chevalier de Châteauroux : « Icy gist Frère François de la Tour de Landry de Chateauroux, chevalier de l'ordre de Saint-Jean de Hierusalem, lequel par un très grand malheur se noïa dans la rivière de Durance, passant le port de Mallemort, revenant de Malte, le lundi XIX décembre 1616, à deux heures après-midi. Priez pour lui. [1] »

* *Tombeau des comtes de Provence Ildefons II et Raymond Bérenger IV*, rétabli, d'après les dessins conservés, par B. Pesetti, 1828.

Le prince couché est Ildefons II, † 1209 à Palerme.

Par son mariage avec Garsende de Sabran, il réunit le comté de Forcalquier à la Provence. Il protégea et cultiva la poésie provençale.

Le prince debout en costume guerrier est Raymond Bérenger IV, fils d'Ildefons, fondateur de l'église Saint-Jean, † 1245. Il tient à la main la rose d'or que le pape Innocent IV lui remit au concile de Lyon.

(1) Cette inscription, comme celle de Dragonet de Mondragon, est tout ce qui reste des monuments élevés à ces personnages. La Tour Landry avait été inhumé près du tombeau de la reine Béatrix. « Mais le prieur avait négligé de demander la permission au parlement, l'avocat général Decormis porta plainte à la cour. Le monument aurait été abattu, sans une une lettre du prince de Condé qui déclara que ce chevalier avait des alliances avec la couronne. » Maurin, *Notice sur l'église Saint-Jean*.

Le tuteur de Raymond Bérenger IV fut son oncle Pierre le Cruel qui l'emmena en Aragon malgré sa mère, et lui donna pour précepteur saint Raymond de Pennafort. Pierre ayant été tué à la bataille de Muret, Raymond s'échappa et revint à Aix en 1216.

Ses quatre filles devinrent reines par leur mariage : Marguerite, l'aînée, épousa saint Louis ; et Béatrix, la plus jeune, Charles d'Anjou, frère de saint Louis, à qui elle transmit le comté de Provence. C'est par ce mariage que la race capétienne acquit ses premiers droits sur notre pays.

**La princesse debout est *Béatrix de Savoie,* épouse de Raymond Bérenger IV, † 1269.**

Béatrix de Savoie fit de la cour d'Aix le centre du bon ton et des lettres. Cette princesse qui, semblable aux femmes des héros homériques, passait une partie de ses journées à filer avec ses dames d'honneur, s'élevait quand elle prenait la plume au rang des premiers écrivains provençaux et français. On lui attribue le fabliau de la fée Urgèle et quelques lais d'amour à stances inégales. C'est elle qu'invoquait le roi Richard dans sa prison. Elle lui répondit un jour par un chef-d'œuvre dans lequel on ne sait ce que l'on doit le plus admirer de la délicatesse du sentiment, de la pureté de la langue, ou de la coupe poétique. Ces vers, écrits cinquante ans avant Joinville, doivent faire compter Béatrix de Savoie parmi les créateurs de la langue française.

Scay qu'est un feu, courant de veyne en veyne,
Feu que nuz hom puet n'estaindre ne fuyr,
Qu'heur en souley torne et déduicts en payne,
Et sy nos cuers ez torments faict se duyr ;
Por vos aymor, très vaillant syre,
D'ung tel amors,
Mon cuer, et ma voix, et ma lyre
Sont en discors.

Mais si vollez de votre ancelle et dame,
Ez foulx plus dolz le cuer tendre ployer,
Dont l'attyzant Gloire apurit la flame,
Et trouve en soy digne et noble foyer,
Por sy vos aymer, vos le dyre
Jusqu'à la mors,
Mon cuer et ma voix et ma lyre
Sont jà d'accors.

Vis-à-vis l'autel de la Vierge, tombeau d'un fils de Raymond et de Béatrix, mort en bas âge. Il a été transformé en armoire. Signaler cette affectation peu respectueuse suffira sans doute pour la faire cesser. — *Crucifix*, donné par le grand prieur P. Viany, 1692.

Tabl. *Saint Bruno en prière devant Notre-Seigneur et la sainte Vierge, ex-voto*, Levieux ; anc. au maître-autel des chartreux. Deux inscript., l'une relat. la restitution du tombeau des comtes, l'autre, épit. du chevalier Guill. Galard (xv$^e$ s.).

*Chaire* xviii$^e$ s., bois doré, attrib. à Thomas Veyrier.

Chapelles. — 1. Chapelle du Sacré-Cœur, la plus anc. de l'église, aussi élevée que la nef sur laquelle elle prend jour, style ogival secondaire, constr. en 1331 par le grand-maître Hélion de Villeneuve, le frère de sainte Roseline, et dédiée par lui à saint Louis de Provence. A la voûte, blason d'H. de Villeneuve, avec la croix magistrale. Sép. de Claude de Savoie, comte de Tende, grand sénéchal de Provence, † 1566. — Sculptures de Christ. Veyrier : *Saint Jean à l'agneau*, premier ouvrage de l'auteur à son retour de Rome ; * *Enfant Jésus couché sur la croix*, anc. à l'égl. de l'Oratoire. — Tablx. *Sainte Madeleine*, Garcin ; — * *La Religion*, C. Vanloo ; * *Résurrection de N.-S.*, Finsonius ; — *Présentation*, Levieux ; — *Adoration des bergers*, Levieux.

2. Chap. Saint-Labre. Voûte aux armes des Leydet-Calissanne. Tablx. provenant de la chap. du parlement et

attrib. à Nic. Pinson, *Christ en croix*; la *Femme adultère*; *Jugement de Salomon.* — *Mausolée du prieur Viany*, buste[1] par Th. Veyrier; épitaphe composée par l'historien de Haitze.

3. Chap. Saint-Blaise, patron second. de la commanderie, 1672; voûte aux armes de l'avocat Viany. Siège de la confrérie des pénitents blancs, anc. à la rue du Louvre, qui y ont transporté leur autel. Tabl. *Saint Blaise guérissant un enfant*, Garcin.

4. *Fonts baptismaux*, autref. chap. N.-D. d'Espérance; cette chap. a été divisée dans sa hauteur. C'est dans la partie supérieure que se tenait saint Labre. Sép. et épit. du chevalier de Grossis, professeur de droit civil, mort en 1347. — Stat. *Saint Jean-Baptiste*; — *Bon Pasteur*, H. Ferrat.

A DR. *en remontant*. — 5. Anc. chap. N.-D. de Bon Voyage, 1682; voûte aux armes du fondateur, V. de Forbin, grand prieur de Toulouse. On l'appelait chapelle des porte-livrées, parce que les cochers et autres serviteurs s'y tenaient, en attendant la sortie de leurs maîtres. C'est auj. le dépôt des chaises.

6. Chap. du Purgatoire, 1682; voûte aux armes du fond. le chev. Simiane la Coste. Avant la révolution, l'association y faisait célébrer tous les jours, à 4 heures du matin, une

(1) Viany porte le grand cordon de l'ordre de Malte, ouvrage compliqué de passementerie noire et blanche qui supporte des attributs très divers, instruments de la Passion, médaillons, petits paniers qui rappelaient le devoir de quêter pour les pauvres, etc.

messe pour les défunts. Une association similaire, N.-D. du Suffrage, a son siège dans cette chapelle.

* Piscine *géminée*, XIII^e s., autref. dans le sanctuaire, réduction de celle qui se trouve à Saint-Sauveur. Epit. de Pons de Urro, bailli de Manosque, commandeur d'Aix, † 1548. — Tablx. *Purgatoire*, Armelin. — *Notre-Dame de Lorette*, école ital. primit., don de M. de Bourguignon. — *Martyre de Saint-André*, aut. inc.

7. Chap. Saint-Roch, autref. Ste-Marthe, 1668, constr. par le prieur Viany. *Saint Bernardin*, *Saint Sébastien*, *Saint Roch*, trois tableaux sur bois, XVI^e s., réunis en tryptique. — *Annonciation*, aut. inc.

8. Chap. de la Croix, autref. Saint-Paul, 1693, constr. par le prieur Viany. * *Descente de croix*, Fréd. Barrochio, acheté aux pénitents noirs, à leur dissolution, 1771.

*Orgues*, 1834, Doublaine et Calinet. — Les premières orgues placées à Saint-Jean, œuvre de Royer, ouvrier flamand, étaient placées dans l'abside. Elles furent détruites par un orage qui pénétra par la toiture, 1684.

A signaler au milieu de la nef l'absence d'un *puits*[1], recouvert par le dallage, mais décrit par le procès-verbal de visite de 1613 comme « faict en rond, en pierres de taille, de bonne eau claire et nette. »

(1) Les *puits d'église*, auj. fort rares, étaient communs dans l'antiquité chrétienne. On y puisait l'eau nécessaire aux divers rites liturgiques. Afin d'augmenter le respect dû à ces eaux, on les bénissait parfois avec une oraison spéciale — *pro benedictione putei* — qui se trouve dans les anciens rituels. On voit plusieurs de ces puits à Rome, dans les églises Saint-Alexis, Sainte-Praxède, etc. Dans le diocèse, un seul subsiste, celui des Saintes-Maries.

SACRISTIE. — Dais velours et or, orné de fleurs de lys et de croix de Malte entrelacées, œuvre et don de la duchesse de Berry, 1826.

---

**Note sur les Templiers.** — Les Templiers s'étaient établis à Aix en 1140. Une bulle d'Adrien IV, en 1154, parle de leur maison.

Ils fondèrent de nombreux hospices en Provence, et s'occupèrent de rétablir les chemins et de protéger les voyageurs, moyennant des péages divers.

Le même coup de force qu'en France leur fut appliqué en Provence. Le comte Charles II envoya, le 13 janvier 1308, à tous ses juges et viguiers deux lettres, dont la première demandait un accusé de réception et prescrivait de n'ouvrir la seconde que le 23. Celle-ci portait : « Nous vous ordonnons, sous peine de punition exemplaire, de prendre vos mesures avec tant de prudence et de secret que le 24 du présent mois vous fassiez arrêter et mettre sous bonne garde tous les Templiers qui se trouvent dans votre ressort, empêchant qu'on leur fasse aucun mal. »

Ces instructions furent exécutées au jour dit, de grand matin. A Aix, le commandeur Albert de Blacas et trois religieux furent saisis dans leur lit. Vingt-sept Templiers furent enfermés dans le château de Meyrargues, et vingt-un dans celui de Pertuis ; ces chiffres indiquent leur nombre dans les maisons de Provence.

Guillaume Aycardi, prévôt de Saint-Sauveur, un des

huit commissaires nommés par le pape pour examiner leur cause, refusa d'informer contre eux. Aucun ne fut mis à mort.

Il ne paraît pas que les Templiers de Provence, non plus que ceux de Languedoc, aient pris part aux crimes dont on accusa leurs frères de France. Ils n'étaient pas riches : quelques terres et des bestiaux, c'était tout ; pas d'argenterie.

Clément V, dans la bulle donnée le 22 mars 1312, au concile général de Vienne, supprima l'ordre « non par manière de condamnation, mais par voie de provision », ce qui laissera toujours du doute, non sur les crimes de quelques particuliers, mais sur la culpabilité de l'ordre en général.

Une bulle du 2 mai 1312 attribua les biens des Templiers aux Hospitaliers.

La maison du Temple était bâtie sur l'emplacement des prisons actuelles et des maisons au levant de la prison. Le couvent des clarisses (rue Sainte-Claire) fut construit à la place de leurs écuries. L'église des Templiers, dédiée à sainte Catherine, fut acquise de l'ordre de Malte par la province, et démolie en 1787.

# SAINT-JEAN DU FAUBOURG (1691)

***Sanctus Joannes Baptista aquensis***

---

Par ordre de date, la paroisse Saint-Jean du Faubourg est la quatrième des paroisses d'Aix, on pourrait dire la seconde si l'on considère qu'elle a succédé, après un intervalle de deux siècles, il est vrai, à l'antique paroisse de Notre-Dame de la Seds.

Sous le règne de Louis XIV, la sécurité, longtemps troublée par les guerres de la Ligue et les désordres de la Fronde, s'était complètement rétablie : on ne craignait plus de bâtir hors les murs. C'est pourquoi un quartier considérable se forma au couchant de la ville, au delà de ses remparts. Cette extension de la ville fit accorder à ce quartier, en 1680, une promenade publique qui est devenue le cours Sextius.

Une paroisse devint nécessaire. Sa fondation fut l'œuvre du chanoine Jean-Baptiste Duchaine, grand vicaire du cardinal Grimaldi. Duchaine mourut le 8 septembre 1684. Il légua douze mille livres dans le dessein d'établir une paroisse au Faubourg, laquelle serait unie à la communauté des PP. de la Doctrine chrétienne, avec ces conditions ; 1° que le chapitre ne serait recherché en rien pour contribuer à la dépense de cet établissement; 2° que la nouvelle église serait dédiée à saint Jean-Baptiste, son patron.

Le président Lazare Duchaine, en délivrant le legs de son frère, en augmenta généreusement le montant.

Les *Doctrinaires*, fondés en 1593 par César de Bus, chanoine de Cavaillon, s'étaient établis à Aix, le 4 janvier 1680, à la suite d'une mission qu'ils avaient prêchée. Pierre de Thomassin du Loubet les installa à ses frais près de Sainte-Catherine, ancienne église des Templiers, les chargeant particulièrement de prêcher des missions dans les paroisses du diocèse où le régiment dont il avait été capitaine avait causé du scandale [1].

Les dons des MM. Duchaine servirent à construire un couvent convenable au Faubourg, et à élever l'église nouvelle. Par une autorisation du 6 novembre 1691, le chapitre reconnut cette église comme succursale de Saint-Sauveur, « à condition qu'il ne sera tenu à rien que ce soit envers ladite succursale. »

Dix ans après, les syndics de l'église Saint-Jean-Baptiste présentèrent une requête à l'archevêque dans laquelle ils demandaient que cette succursale, desservie par les Pères de la Doctrine chrétienne, fût érigée en paroisse indépendante, et unie à perpétuité à ces pères, l'un desquels serait établi à titre de curé. L'archevêque transmit la requête au chapitre, curé primitif. Celui-ci rendit, le 19 novembre 1703, un avis défavorable, auquel d'ailleurs on s'attendait.

(1) Le capitaine de Thomassin mourut au service des pauvres de l'hôpital, et voulut être inhumé dans la fosse commune de leur cimetière.

On comprend que le chapitre, anciennement curé de la ville entière, voyant sa juridiction réduite bientôt au seul quartier de Saint-Sauveur, n'acceptât point de gaîté de cœur ces démembrements successifs.

M. de Cosnac ne s'arrêta point à cet obstacle, et il assigna le jour où il ferait sa visite pastorale à ladite succursale, pour l'ériger en paroisse, « s'il y échet ».

A la réception de cette ordonnance, le chapitre délibéra : 1° d'intenter à l'archevêque une action comme d'abus devant le parlement ; 2° d'envoyer au Faubourg, le jour de la visite pastorale, un procureur qui ferait « tous actes, réquisitions et protestations nécessaires ».

Nonobstant cette opposition, qui ne se manifesta point dans la forme insolite qu'on pouvait craindre, la succursale fut érigée en paroisse le 16 décembre 1703. Les dernières inquiétudes des habitants furent dissipées par l'arrêt du parlement qui, le 19 juin 1704, débouta le chapitre de son appel contre l'archevêque.

Les Doctrinaires ont desservi la paroisse jusqu'en 1792. Ils tenaient dans leur maison, depuis 1698, un établissement d'instruction dit Collège de la Doctrine chrétienne. Leur expérience des choses de l'enseignement aida le parlement à réparer les funestes effets du renvoi des Jésuites. Des séculiers avaient remplacé ces religieux au collège Bourbon en 1763, et, avec l'intention de perfectionner les études, les avaient ruinées. Aussi le bureau du collège Bourbon s'estima-t-il très heureux que les Doctrinaires acceptassent cette pénible succession.

Trois prêtres, portant le nom de curés, desservaient la paroisse, et cinq le Collège du Faubourg qu'ils tinrent à conserver, en prenant la direction de Bourbon. Le bénéfice produisait 800 livres. Il y avait deux chapellenies seulement, au revenu total de 152 livres, et à la nomination de la famille Duchaine.

Un des curés du Faubourg, le P. Chaillot, fut l'auteur principal de la réforme (?) du bréviaire d'Aix, ordonnée par Mgr de Vintimille. Il en composa les hymnes et plusieurs offices, celui du Sacré-Cœur en particulier.

— « La ci-devant paroisse du Faubourg, dit un mémoire rédigé en 1802, a été dépouillée, saisie et vendue au sieur Abel, ancien chanoine du chapitre Saint-Sauveur, pour la desservir comme curé, à son refus de rentrer au nombre des nouveaux chanoines. »

C'est dans ces bâtiments que le curé Jean-Pierre Abel releva le petit séminaire, dont l'autorité diocésaine lui confia officiellement la direction peu d'années après.

M. Abel mourut vicaire général en 1842, âgé de 77 ans. Ses anciens élèves lui érigèrent un tombeau au cimetière. Une plaque de marbre, placée dans l'église, rappelle aux paroissiens la mémoire de ce curé modèle.

Mgr Joseph-André Guitton, 1797-1849, évêque de Poitiers, naquit dans cette paroisse. Un ancien vicaire de cette église, M. l'abbé Boyer, occupe très dignement à cette heure le siège de Clermont.

Voici au sujet d'un autre vicaire du Faubourg, une anecdote véridique, quoique ignorée des biographes. Le commerce épistolaire dont cette rencontre fut l'origine, fournit une explication très plausible au changement marqué, quoique trop peu durable, qui se manifesta un jour dans la manière d'écrire d'un auteur fameux.

Une dame dont la tenue indiquait une condition distinguée examinait un jour les tableaux de l'église du Faubourg, et, avec une attention particulière, on peut le croire, la belle toile de Serre, *Jésus pardonnant à la femme adultère.* Un des vicaires passait en ce moment. A une demande d'explication formulée par la visiteuse, il répondit par quelques remarques qui attestaient un homme de goût et laissaient soupçonner un littérateur. Le renseignement donné, le vicaire prenait congé de son interlocutrice, quand celle-ci ajouta à ses remercîments la demande d'être autorisée à ouvrir une correspondance. A l'abbé qui ne dissimulait pas sa surprise : « Vous ne refuserez plus, monsieur, dit-elle, quand vous saurez qui je suis. » Et elle présenta une carte sur laquelle était inscrit un nom alors à l'apogée de l'influence et de la gloire, *George Sand.*

Le jeune prêtre, styliste distingué, admirateur religieux de Virgile, pour qui il priait tous les jours à la messe, n'était pas incapable de donner la réplique au grand écrivain, une réplique sérieuse et salutaire. La correspondance dura quelques années, et cessa vers 1848. Il ne reste rien, et c'est regrettable, de ces pages qui eussent formé un chapitre précieux de l'histoire d'une âme.

Cet épisode ajoute un élément à l'étude de la nature si complexe et si peu fixée de George Sand. On ne peut douter que ces relations épistolaires aient eu une influence bienfaisante sur la romancière, car l'amélioration de son œuvre coïncida avec elles. En cette période, en effet, furent écrits *François le Champi*, *la Mare au Diable*, *la Petite Fadette*, au jugement de M. Caro « les meilleures et les plus saines productions de Georges Sand. »

L'humble héros de cette histoire est mort curé de Graveson.

— La paroisse du Faubourg, succursale de l'archiprêtré d'Aix et du doyenné de Saint-Sauveur, compte 3,200 âmes. Elle est desservie par un curé et deux vicaires. Elle possède dans sa circonscription, l'insigne église Notre-Dame de la Seds, avec une maison de religieuses sacramentines ; des maisons de sœurs de Saint-Thomas, de religieuses du Sacré-Cœur, de religieuses de Notre-Dame de la Merci, de Petites Sœurs des pauvres.

**Eglise.** — Bâtie en 1691. Sur la façade, stat. de saint Jean-Baptiste, jetée à bas sous la Terreur, transportée dans le cloître Saint-Sauveur, réintégrée dans sa niche en 1836.

Une nef avec un collatéral. Celui de droite manque, ainsi que les coupoles des chapelles que comporte le plan primitif.

* *Chaire*, bois. Sujet des sculpt.: la Transfiguration, les Evangélistes, Prédication de saint Paul ; les quatre grands docteurs de l'Eglise latine : S^t^ Grégoire, S^t^ Ambroise, S^t^ Augustin, S^t^ Jérôme. Sur l'abat-voix, S^t^ Jean-Baptiste.

Tablx. — *Saint Louis en prière*, Lafosse ; don de

Louis XVIII, 1821 ; — *Résurrection de Lazare*, J.-B. Vanloo, une de ses premières œuvres ; — * *la Femme adultère*, Serre ; prov. tous deux des Pénitents des Carmes. — *Martyre de saint Symphorien*, copie du tableau d'Ingres à la cathédrale d'Autun, Ant. Coutel. — *Vision de saint François de Paule*, attrib. à P. Mignard ; etc.

*Orgues*, 1843, restaurées récemment.

— 2 cloches : 1. « Si quis parvulus veniat ad me. » (Prov. IX), Suchet, 1710. Parrochia Doctrinæ christianæ civitatis Aquensis. » — 2. Sert à l'horloge et porte le quatrain suivant :

Que le son régulier de cet airain sonore
D'un peuple qui m'est cher règle longtemps les jours.
Qu'il le guide en sa vie, et l'avertisse encore
Que chaque heure en sonnant peut en finir le cours. [1]

On célèbre en cette église la fête de la Nativité de saint Jean comme titulaire ; l'octave en l'honneur de saint Symphorien y est très suivie.

(1) Ces vers sont de M. Michel, ancien curé, † chanoine de Notre-Dame de Paris, 1884.

# NOTRE-DAME DE CONSOLATION

*Ecclesia beatæ Mariæ consolatricis*

---

L'Eglise de l'hôpital Saint-Jacques s'appelait autrefois Notre-Dame de Consolation. Quoiqu'elle ne soit plus guère connue sous ce vocable, il lui appartient toujours, nulle consécration nouvelle ne le lui ayant fait perdre, et nous sommes heureux de le lui restituer. En trouverait-on d'ailleurs un plus convenable pour l'église d'un asile ouvert à tant de misères et d'afflictions ?

Nous ne pouvons, pour des raisons déjà exposées, suivre plusieurs de nos historiens qui, n'ayant point connu l'existence d'une grande église près l'Oratoire du Sauveur, et ne sachant où placer Notre-Dame de la Résurrection, l'ont confondue avec Notre-Dame de Consolation.

Cette église remonte cependant à une respectable antiquité. Elle existait au XIIIe siècle. Le quartier se nommait alors Saint-André, d'une autre chapelle sise dans le voisinage et plus ancienne encore [1]. Un inventaire de 1326 la compte parmi les possessions du chapitre.

(1) Dans la bulle de 1082, l'archev. Pierre II concède aux chanoines : « l'église Saint-André, sise au nord, un peu au-delà des murs de la ville, avec ses terres cultes ou incultes, vignes, jardins et dépendances. » En 1104, cette église est inscrite parmi celles qui paient un cens à Saint-

1387. — « .... Le 21 jour octembre, Madame (la reine régente Marie de Blois) parti de Saint-Cannat viut à Nostre-Dame de Consolacion près de Aix. Là descendirent le roy (Louis II) et elle. Les sindics et conseil de Aix requirent que le Roy et Madame jurassent observer les choses traictiées. Ils le jurèrent sur les esvangiles; puis on cria Vive le Roy [1]. » Une des « choses traictiées » obligeait les aixois à quitter l'obédience d'Urbain VI pour celle de Clément VII. Le texte provençal du traité, conservé aux archives municipales, porte : « Fach dins la gleisa de Santa Maria de Counsoulatien, defoura lous murs de la cieùtat d'Ais. »

XV<sup>e</sup> Siècle. — La dévotion à cette Madone grandit à la suite de l'abandon de Notre-Dame de la Seds. Son église vit se transporter chez elle le siège principal du culte rendu à la sainte Vierge. La statue était portée en procession par le chapitre deux fois par an, le 25 mars et le 8 septembre.

1403. — Par acte notarié, les syndics de la communauté des juifs se reconnaissent tenus à payer annuellement une livre de poivre à Notre-Dame de Consolation.

1517. — L'archevêque Pierre Fiholi fonde à Notre-Dame de Consolation le chant des complies chaque samedi.

1585. — *Etablissement des capucins.* La ville leur

Victor. Elle s'élevait sur un rocher, qui avait servi de réceptacle à un dragon homicide. Un chevalier s'étant recommandé à saint André, occit le monstre, et bâtit la chapelle. A la dernière procession des Rogations, on y faisait station : en tête du cortège était portée l'image d'un dragon à la gueule béante dans laquelle les gens jetaient des morceaux de pain. Démolie au XVII<sup>e</sup> siècle.

(1) Journal de Lefèvre, évêque de Chartres.

cède une maison et un jardin, et le chapitre leur confie l'église Notre-Dame de Consolation, se réservant d'y chanter le *Regina cœli* la veille de Pâques.

1589. — Durant le siège d'Aix, Notre-Dame de Consolation, située entre les deux camps, fut une position chaudement disputée. Le duc d'Epernon la bombarda du haut du coteau de Saint-Eutrope. Un des boulets pénétra dans l'église et vint se briser, sans l'endommager, contre un grand crucifix qui depuis fut nommé le *crucifix inexpugnable*.

1590. — Le duc de Savoie Charles Emmanuel, arrivé incognito le 17 novembre, coucha à l'archevêché. Le 18 au matin, il se rendit en carrosse fermé à Notre-Dame de Consolation, entendit la messe, et partit de là pour faire son entrée solennelle en ville.

*1790.* — L'assassin qui avait poignardé M. d'Albertas, au milieu des réjouissances de la fête de la Fédération à Bouc, avait été condamné à mort. Un complot s'était ourdi pour délivrer ce misérable. Au moment de l'exécution, il y eut du désordre, le bourreau éperdu quitta son poste. On le retrouva blotti dans un confessionnal de Notre-Dame de Consolation, et on le força à revenir sur la place des Prêcheurs pour s'acquitter de ce lugubre office.

— Quelques mois après, les capucins, au nombre de douze, furent chassés de leur couvent, et du sanctuaire qu'ils desservaient.

**Description de l'église.** — *Portail* renaissance, orn.

curieux. — Chap. à g. — * Monument du Calvaire, *Jésus portant sa croix*, en présence de saint Augustin, parce que ces statues se trouvaient dans l'église des augustins. Il avait été élevé par le roi René, auteur du « planch »[1] qui est gravé sur le soubassement. Armes du prince aux extrémités. Ce monument, donné par M. Véran, acquéreur de l'église des augustins, a été restauré avec goût. — Sép. du P. Porphire, de Barcelonnette, missionnaire fameux par son éloquence et ses vertus.

Sur les *fonts*, devant de * *tombeau chrétien*, v$^{e}$ s., représ. Notre Seigneur au milieu des apôtres : à ses pieds l'agneau crucifère. — Statue marbre de * *saint François d'Assise*, par « un grand sculpteur de Gênes », don du conseiller Thomassin d'Aynac, † 1634. — Tabl. *Notre-Dame des Sept-Douleurs*, entourée de religieuses de la Miséricorde.

Chap. à dr. Autel bois à rétable, avec peintures de Nic.

(1) Voyez l'angoisse et dure peine
Que pour vous autres gent humaine
J'endure très cruellement
Car sur moy n'y a nerf ni veine
Qu'en portant cette croix greveine
N'excite douloureux tourments
Quant allant hault
Je perds haleine
Et le cœur me fault
Tant est pleine
Ma chair las ! de murtrissement.
Ainsi m'en vais piteusement
Recevoir mort honteusement
Pour votre coulpe horde et vaine
Dont condampnés à damnement
Etiez perpétuellement.
Et est chose toute certaine
Pour quoi te offrir benignement
Que il faut mon mal pietamment
Si qu'ayez des cieulx le domaine.

Pinson, anc. aux carmélites, puis au Refuge. Sur le tombeau, médaillon marbre, *Assomption,* attrib. à Chastel, † dans cet hôpital en 1793.

Autel majeur, *Assomption,* tabl. de Simon Vouet. — Chœur, * *Nativité de N. S.;* * *Communion de la Sainte Vierge,* J. Daret.

Sacristie. Portrait de * *saint François, anno 1226,* anc. aux Cordeliers.

— La chapelle primitive de l'hôpital a cessé depuis longtemps d'être affectée au culte ; il est même assez difficile d'en reconnaître les traces au milieu des constructions qui l'enserrent.

L'hôpital Saint-Jacques fut fondé en 1519 par le charitable consulaire Jacques de la Roque qui lui légua toute sa fortune en 1532. Le testateur, appliquant les décrets de divers conciles provinciaux de l'époque, confirmés plus tard par le concile de Trente, exclut les ecclésiastiques de l'administration temporelle de l'hôpital. Mais le testament de J. de la Roque révèle un homme profondément religieux, et un excellent catholique.

En 1531, tous les hôpitaux furent réunis à celui de Saint-Jacques, d'où son nom d'hôpital général.

Le chapitre qui avait renoncé à tous ses droits sur le domaine dans lequel l'hôpital fut construit, donnait chaque année à cet établissement quatre-vingt charges de blé et l'archevêque vingt-quatre. L'archevêque d'Embrun de Jarente, et Mgr de Brancas comptent parmi ses principaux bienfaiteurs. La grande aile du couchant, dite des convalescents, fut élevée aux dépens de cet archevêque, avec les pierres du château de Puyricard.

L'*hospice des Incurables*, fondé en 1722 par le procureur général André de la Garde, occupe l'ancien couvent. Un orphelinat de garçons et de filles, dit la *Charité*, y est annexé, desservi comme l'hôpital et les Incurables par les sœurs de Saint-Thomas. L'aumônier de ces établissements porte le titre de curé, son église étant baptismale.

— La *chapelle du cimetière* fut construite au XVIIe siècle aux frais du jurisconsulte Fr. Decormis, qui voulut être enterré avec les pauvres, exemple qui fut imité par le procureur général de la Garde et le consul Thomassin, frère du canoniste.

## Archevêché et Maisons Diocésaines

**Archevêché.** — Quand le chapitre transféra sa résidence à côté de Saint-Sauveur, l'archevêque ne le suivit point, mais conserva sa demeure à proximité de Notre-Dame de la Seds. Le chapitre lui aménagea une maison, située à peu près à l'endroit où siège aujourd'hui l'Académie, comme pied-à-terre pour les jours où il viendrait officier à Saint-Sauveur.

Arnaud de Barchesio, † 1336, décida la construction du nouveau palais épiscopal. Il en jeta les fondements sur l'emplacement de la maison du prévôt qu'il avait acquise : c'est la partie qui correspond à la porte d'entrée.

Robert Damiani, en 1460, éleva l'aile parallèle au fond de la cour ; Pierre Fiholi, l'aile du midi avec le grand escalier ; Alphonse de Richelieu, les galeries du nord. Ces constructions occupent l'espace où s'élevait au moyen-âge l'hospice des pauvres, annexe obligé des cathédrales. D'anciens actes nomment cette maison *hospitium de crottis*, à cause des caves (crottes) qui s'étendent encore sous ces terrains. Le cardinal Grimaldi et M^gr^ de Vintimille réparèrent tout l'édifice, et unifièrent les parties disparates, lui imprimant le grand air qu'il a gardé.

L'archevêché logeait d'ordinaire les princes de passage à Aix ; il hébergea notamment François I^er^, Charles IX, la princesse Chrétienne de Lorraine, Marie de Médicis, Louis XIII, Christine de Suède, Anne d'Autriche, Louis Napoléon. Il est d'autres princes, dont le nom ne déparera pas cette liste, et qui ont reçu la même hospitalité, le P. Lacordaire, M^gr^ Plantier, M^gr^ Dupanloup.

Ont pris naissance à l'archevêché le Séminaire diocésain, et l'Oratoire provençal, uni en 1626 à celui de M. de Bérulle.

1659, 14 février. — Durant la période d'émeutes qui marqua la Fronde en Provence, le peuple assiégeait un jour le parlement, et réclamait à grands cris la tête du premier président Forbin d'Oppède. A quelques conseillers qui le pressaient de fuir par une porte dérobée, Forbin d'Oppède, nouvel Achille de Harlay, avait fièrement répondu : « A Dieu ne plaise que je fasse cet affront à la magistrature. Il n'est pour moi asile plus sûr que celui où le Roi m'a placé. Si quelqu'un de vous ne se croit pas en sûreté, qu'il sorte. Pour moi, je ne dois rien craindre dans le sanctuaire où résident la majesté et la justice du souverain. » Cependant le cardinal-archevêque apprend le danger que court le chef de la magistrature. Il part incontinent pour le palais, arrive jusqu'au premier président, le couvre de son manteau rouge, et, devant l'émeute interdite, l'introduit dans son carrosse et l'emmène à l'archevêché. Revenue de sa première surprise, la foule poursuit le carrosse lancé à fond de train. Après avoir vociféré tout son saoûl sous les fenêtres de l'archevêché, elle se sépara.

Ainsi finit la journée de Saint-Valentin. Mais pour le cardinal tout n'était pas terminé. On dit que, la nuit venue, il conduisit le premier président à Saint-Sauveur, et que, devant le tabernacle, sous la pâle lueur de la lampe, il lui fit jurer de ne demander vengeance contre aucun citoyen d'Aix.

1660, 27 janvier. — « Le prince de Condé qui s'estoit retiré parmy les Espagnols, arriva à Aix le 27, avec le duc de Longueville, le marquis de Coligny, de Bouteville, et autres qui l'avaient suivy en Flandres ; il fut descendre chés le cardinal Mazarin [1], qui le présenta au Roy, qui pour lors estoit avec la Reine sa mère dans l'Archevêché, où dans une des chambres de ce Palais la réconciliation du Roy et du Prince furent faites. » Pitton, *Histoire d'Aix*. — C'est très probablement dans la pièce dite le *salon jaune* qu'eut

(1) Mazarin logeait chez le premier président Forbin d'Oppède.

lieu cette entrevue historique qui rendit à la France le plus grand de ses hommes de guerre.

— L'archevêché devint, au mois d'avril 1791, la résidence de Benoît Roux. Peu de jours après, une main inconnue mutila le blason du chapitre qui était sculpté sur une des portes, et inscrivit au dessous cette sentence : *Adveniente lupo, fugit agnus*. Benoît Roux y résida peu, ayant dû céder la place au Directoire départemental, lorsque, à la création des départements, la ville d'Aix fut désignée comme chef-lieu des Bouches-du-Rhône. Quand Napoléon fonda la Légion d'Honneur, il fit de ce palais une des résidences de l'ordre. C'est pourquoi Mgr de Cicé fut installé à la rue Littéra, puis à la rue Saint-Michel, sur la paroisse Saint-Jean, où il mourut.

Son successeur, Mgr de Beausset, reprit possession de l'archevêché.

— Le *palais archiépiscopal* d'Aix est un des plus vastes et des plus beaux de France.

*Chapelle*, dédiée à saint Nicolas et à sainte Catherine par Olivier de Pennart (XVe s.)[1], restaurée totalement au XVIIe. — Au tombeau de l'autel, * *Pietà*, magnifique b. r. marbre, attr. à Michel-Ange ; donné en 1565 aux Pénitents de l'Observance, par le comte de Tende. — Dans cette chapelle Louis de Vendôme, duc de Mercœur, nommé cardinal, reçut les ordres jusqu'au sous-diaconat, des mains du cardinal Grimaldi, en présence du cardinal de Retz (avril

(1) Arch. dép., *Arch. Aix*, 2, 7.

1667); — le cardinal d'Astros y fut tonsuré à l'âge de huit ans par Mgr de Boisgelin. « On le conduisit à l'archevêché en chaise à porteurs. Il était encore si ingénu, si délicat et de si petite taille qu'à son aspect le prélat s'écria avec une ironie qu'il ne croyait pas devoir être prophétique : Je vous salue, Monseigneur. »[1] ; — le Rme P. Paulin y a été bénit comme deuxième abbé de Saint-Michel de Frigolet, par Mgr Forcade, 14 octobre 1883.

Dans le *grand escalier*, « Martyre de saint Cyr et de sainte Julitte, » plâtre des bas-reliefs qui ornent le maître autel de la cathédrale de Nevers, Gautherin.

Dans les *galeries*, portraits des archevêques ; ceux d'Hurault de l'Hospital et d'Alphonse de Richelieu sont de Finsonius. — Dans les *appartements privés*, * tentures de Beauvais (XVIIIe s.), représ. des scènes pastorales ; * tapisserie, style italien, époque Louis XIII, et surtout les * tapisseries des Gobelins, représ. l'*Histoire de don Quichotte*, tissées d'après les cartons de Natoire, Oudry et Besnier, XVIIIe s. — Fauteuil de Benoît XIV.

Plusieurs objets d'art de la cathédrale sont déposés à l'archevêché depuis la restauration de l'abside et du chœur, notamment : neuf panneaux des tapisseries XVIe s. dont nous avons parlé ; deux bas-reliefs du maître-autel, * *Exaltation*, et *Communion de sainte Madeleine*, de Chr. Veyrier. Ces marbres superbes, prov. de l'anc. église des carmélites, furent achetés aux enchères, en 1808, par M. Hon-

(1) Caussette, *Histoire du cardinal d'Astros.*

norat, premier vicaire de Saint-Sauveur, moyennant la somme de 830 francs, ainsi que les colonnes marbre rouge et le ciborium ; — * *Saints Innocents*, tabl. du maître flamand Zyegiart ; *Saint Bruno*, J.-B. Vanloo ; etc.: en outre, onze volumes de chant, composant le *liber choralis* de Saint-Sauveur (xve s.), avec riches enluminures. Plusieurs des pièces qui y sont contenues ont été publiées récemment par D. Legeay.

**Grand Séminaire.** — Le 11 mars 1583, vingt ans après le décret du concile de Trente sur l'institution des séminaires, l'archevêque Canigiani, ancien chapelain de saint Charles Borromée, fit part au chapitre de son intention d'établir un séminaire en sa ville métropolitaine. Il installa dans son palais quelques prêtres chargés de préparer les jeunes clers aux saints ordres. Après avoir donné l'exemple, il fit de cette création une obligation pour chaque diocèse de la province, dans le concile de 1585.

En 1591, MM. Arnaud, Aillaud, et de Mimata achetèrent une maison près de l'archevêché pour loger les séminaristes. La dépense pour les premiers achats « paillasses, toile, essuye-mains, pelles, cueillers, chandeliers, plats, assiettes, écuelles, chemises, cloche, etc. » s'éleva à 150 florins 17 gros 6 patacs.[1] Un mois de séjour au séminaire fut dès lors exigé de tout ordinand. Cette règle indique la destina-

(1) Arch. dép., *Arch. Aix*, 2, 173.

tion première de la maison, un lieu de retraite pour la préparation immédiate aux saints ordres.

C'est le cardinal Grimaldi qu'on doit regarder comme vrai fondateur de la maison. Il se fit présenter par son promoteur une requête à l'effet de construire un séminaire, le 15 septembre 1654. L'ayant approuvée, il acquit en 1657, au levant de son palais, un vaste terrain qui appartenait aux carmes déchaussés. Le chapitre abandonna son droit de directe sur ce terrain « durant le temps que le susdit emplacement sera occupé pour l'usage dudit séminaire, lequel venant à n'avoir pas lieu, le chapitre restera en jouissance desdits droits à lui dus à l'occasion de sa directe. » Les trois chanoines susnommés affectèrent aux constructions projetées les 3,150 livres que produisit la vente de leur maison. Un avis favorable du conseil de ville fut donné le 27 mai 1660, et enregistré le 5 décembre.

Le 3 novembre 1658, le cardinal, entouré du chapitre, en présence des consuls, posa la première pierre de l'église, la dédiant au « très auguste sacrement de l'Eucharistie », et inaugura une chapelle provisoire. Il y érigea en même temps la confrérie de l'Adoration perpétuelle du Saint-Sacrement, avec procession tous les premiers jeudis du mois.

Le soir même, les trois premiers directeurs s'établirent à l'archevêché pour la durée des travaux. Deux appartenaient au clergé du diocèse, M. Philippe, d'Aix, et M. Cadri, de Trets, qui succéda au premier comme supérieur ; le troisième, M. Robert, était de Sisteron. Le cardinal déclara qu'il n'admettrait plus personne, même à la tonsure, qu'il n'eût passé par le séminaire.

Le pieux fondateur de la compagnie de Saint-Sulpice, M. Olier, s'intéressa vivement à cette œuvre. Il avait failli s'en charger, et avait songé à la confier à M. Tronson ou à M. Hurtevent. Ne l'ayant pu, il avait fortement encouragé M. Philippe, son disciple, à en accepter la direction. « Cette maison est en quelque sorte son ouvrage, écrivait M. Philippe à M. Tronson, puisque je n'ai entrepris d'y travailler que par ses ordres. »

Les prêtres séculiers ont dirigé la maison jusqu'en 1790. Benoît Roux nomma un supérieur du séminaire, M. Couture, qui n'eut jamais un élève. C'est seulement après le Concordat que la compagnie de Saint-Sulpice a pu donner suite à la promesse faite au cardinal par son vénéré fondateur.

Erigés d'abord en communauté indépendante, les directeurs furent déclarés amovibles par M. de Vintimille, qu'inquiétaient les tendances jansénistes de plusieurs. L'archevêque dut même, en 1708, condamner la doctrine du supérieur, M. Léget. Celui-ci refusa de se soumettre et fut exilé en divers endroits. Il ne redevint libre qu'à la mort de Louis XIV [1].

Au moment de la révolution, les directeurs formaient de nouveau un corps autonome. Ceux d'entre eux qui étaient

(1) Antoine Léget, né à Callian, avait d'abord publié divers ouvrages orthodoxes et solides, parmi lesquels une réfutation des *Maximes des saints*, de Fénelon. A la suite de sa disgrâce, il fut accueilli à Paris par le cardinal de Noailles qui lui confia la direction de la communauté de Sainte-Pélagie.

*agrégés* avaient seuls voix délibérative pour tout ce qui touchait le temporel de la maison. Ils étaient au nombre de six : trois ans d'épreuve étaient requis pour parvenir à cette agrégation.

Deux directeurs furent appelés à la charge épiscopale, M. Genest, que le cardinal Grimaldi fit nommer évêque de Vaison, et M. de Villeneufve qui, s'étant signalé durant la peste de 1721, devint évêque de Viviers. Cette tradition a été reprise en ce siècle quand M^gr de Charbonnel quitta sa chaire de morale pour le siège de Toronto, au Canada.

Jérôme de Grimaldi donna plus de 30,000 écus pour les constructions du séminaire, et à sa mort l'institua son héritier, lui léguant entre autres le domaine de Lignane, à la charge d'y établir une pharmacie pour les pauvres et de leur distribuer du bouillon et autres secours.

Il mourut le 4 novembre 1685. Un service solennel fut célébré à son intention, le 15. A cause de l'exiguité de la chapelle provisoire, on passa dans la grand'salle après la messe pour entendre l'oraison funèbre. M. Philippe ayant pris pour texte le verset « Similem fecit illum in gloria sanctorum », et rappelé que le cardinal était mort le jour de saint Charles, établit un parallèle très goûté entre ces deux illustres restaurateurs de la discipline ecclésiastique.

M^gr de Brancas s'établit au séminaire en arrivant dans le diocèse, et il y mena la vie de communauté avec une régularité édifiante. Mais il manifesta la prétention de se faire prendre et ramener au séminaire par le chapitre en corps, les jours où il se rendait à Saint-Sauveur. Le chapitre subit cette exigence, y ayant été contraint par arrêt du conseil du roi, mais il se vengea en suivant un itinéraire à long circuit qui fatigua bientôt l'archevêque.

Ce prélat construisit de ses deniers, en 1750, l'aile du midi, celle qui donne sur la cour des arceaux. Il légua tous ses biens au séminaire.

Mgr de Boisgelin fonda des places gratuites au concours, et des prix à décerner aux élèves les plus méritants.

Outre le domaine de Lignane, le séminaire possédait le quart de la dîme de Vinon, la demi-dîme de Camps ; trois chapellenies de l'autel de la Croix à Saint-Sauveur, 900 livres ; deux chapellenies dans l'église de Gardanne, 230 livres ; une dans celle de Mallemort, 300 livres ; les prieurés de Saint-Laurent de Cabardel, à Pélissanne, 540 livres ; de Saint-Michel de Mirabeau, 1,000 livres ; de N.-D. de Villevieille, à Jouques, 150 livres ; de Saint-Martin, à Camps, 450 livres ; de N.-D. de Beauvoir, à Ansouis, 350 livres ; de N.-D. du Bourguet et de Saint-Suffred, à Reillane, 600 livres ; plus les prieurés-cures de Cabriès, de la Fare, de la Verdière, de Seillons, de Reillane, avec droit de présentation à la cure. — On peut évaluer le total de ces revenus à une vingtaine de mille francs.

Le supérieur joignait à sa charge la direction des *catéchismes de la campagne*, et celle de l'hospice des Enfants abandonnés, lesquels étaient reçus le soir pour le catéchisme, le souper et le coucher. L'idée si charitable des asiles de nuit est donc moins nouvelle qu'on ne serait tenté de le croire.

Cette maison fut confisquée en 1794 et convertie en magasin militaire. Elle fut rendue au diocèse en 1802. Mgr de Cicé rouvrit le séminaire en 1803. Il appela pour le diriger l'ancien supérieur du séminaire d'Avignon, M. Roux. C'était un sulpicien qui s'était admirablement conduit durant la persécution, ayant été revêtu des fonctions d'administrateur apostolique des diocèses d'Avignon, de Cavaillon et de Carpentras. Il succomba bientôt sous le poids d'une charge que les circonstances rendaient accablante : notre diocèse comprenait à ce moment les sept anciens diocèses dont les territoires avaient formé les départements des Bouches-du-Rhône et du Var. La Corse, qui ne put de plusieurs années rétablir son séminaire, envoyait aussi ses clercs à Aix.

Enfin, en 1804, M. Dalga, de Béziers, prit possession de la maison, au nom de la compagnie de Saint-Sulpice. Ce prêtre austère et intrépide, dont la rude franchise ne cachait qu'à demi le cœur d'or, qui avait eu l'honneur d'être traqué par les révolutionnaires et exilé par Napoléon, laissa à sa mort, 1829, une mémoire universellement vénérée.

À citer parmi les anciens séminaristes, Mgr Laurent Imbert, martyrisé en Corée ; les cardinaux Fesch, d'Isoard, Guibert ; les évêques de Prilly, Jeancard, de Gaffori, Joseph Boyer ; le voyageur Tournefort, le publiciste Poujoulat, l'orateur parlementaire Michel (de Bourges), Lucien Bonaparte.

— Sous Mgr Chalandon a été construite, 1866-1872, la façade principale, sur la cour du nord.

Cette cour a été prise sur les terrains vagues, situés autrefois au-delà du rempart, et qu'un duel funeste avait rendus tristement fameux.

Le seigneur de la Roque et le baron d'Allemagne avaient choisi cet endroit pour leur rencontre. Ils se battirent au poignard, attachés au bras l'un de l'autre. En se retournant ils se percèrent le cœur, et expirèrent à l'instant, 1612. Le baron d'Allemagne laissait veuve à vingt-deux ans, Marthe d'Oraison, femme d'une rare vertu. En apprenant l'affreuse nouvelle, elle déclara renoncer à toute consolation terrestre, et courut s'enfermer dans le cloître. Les capucines de Marseille la comptent parmi leurs fondatrices. Elle se retira plus tard à Paris, où elle mourut en odeur de sainteté, à l'âge de trente-sept ans. Sa vie fut écrite par trois auteurs différents. Elle est si remplie de traits édifiants que les âmes chrétiennes gagneraient à ce qu'elle fût écrite de nouveau par une plume à la hauteur du sujet.

*Chapelle.* — Autel maj. consacré par Mgr Miollis, 1839. Tabl. * *Visitation*, P. Puget, anc. dans la chap. des Messieurs, aux Jésuites. — *Crucifix* sur la porte, ainsi qu'une *Vierge* dans la sacristie, dons du card. Fesch. — Aux piliers, cœurs du card. Grimaldi, de Mgr de Brancas, de M. Dalga.

*Salle des exercices.* — Portraits de * *Mgr de Brancas* par J.-B. Vanloo ; du card. *Grimaldi*, don du cardinal-fondateur, ainsi que le tabl. du *Crucifiement* ; collection de portr. des archev. depuis le Concordat.

Au rez-de-chaussée, *Vierge* d'ivoire, don de Pie IX. —

Au 1er étage, corps de saint Gaudioso, jeune martyr des Catacombes.

Dans la Bibliothèque, formée de livres confisqués aux couvents et restitués par l'Etat, beau volume en gothique, dit la *Bible de Constance*, qui aurait servi aux Pères de ce concile. L'autre volume se trouve aux archives départementales.

**Petit Séminaire.** — C'est la ville d'Aix qui donna à la Provence l'exemple de l'institution des Petits Séminaires, comme elle l'avait déjà fait pour les Grands Séminaires. Mgr de Brancas construisit à ses frais dans ce but le beau bâtiment qu'occupe aujourd'hui le pensionnat Sainte-Croix, près l'ancienne route des Alpes. Il plaça dans cette maison les plus jeunes ecclésiastiques de son diocèse, sous la conduite d'un directeur du grand séminaire, résidant dans l'établissement, lequel eut sous ses ordres un professeur de rhétorique et un d'humanités. L'acte de fondation est du 25 janvier 1741 : par une ordonnance datée de ce jour, le prélat invite les curés à envoyer au petit séminaire les jeunes ecclésiastiques de leurs paroisses.

Un de ces séminaristes fut Lucien Bonaparte, le frère de Napoléon, qui y fut admis après un court séjour à l'école de Brienne [1].

(1) Voici en quels termes Joseph, l'aîné de la famille, et futur roi d'Espagne, annonce à M. d'Isoard, correspondant de la famille Bonaparte à Aix, la prochaine arrivée de Lucien, son jeune frère :

« Monsieur et cher ami, — Je profite de l'occasion que m'offre un de

La Révolution vendit l'établissement. Quand le culte fut restauré, M. Abel, ancien chanoine, curé du Faubourg, et M. Durand, son vicaire, ayant acheté le couvent des Doctrinaires, y ouvrirent un pensionnat que Mgr de Cicé érigea en petit séminaire, 1804.

En 1821, la direction passa aux Jésuites qui s'installèrent au cours Saint-Louis, dans l'ancien Dépôt de mendicité, devenu depuis l'école des Arts et Métiers. Le P. Loriquet, homme éminent malgré les clichés stupides que se transmet sur son nom la presse irréligieuse, en fut le premier supérieur, avec des professeurs qui s'appelaient le P. Deschamps, le P. Chaignon, le P. Lefèvre ; et des élèves comme l'avocat Saint-Malo, le poète Autran, qui a consacré, dans la *Maison démolie*, quelques pages émues à cet asile de ses jeunes années, etc.

La division des élèves ecclésiastiques était établie dans un immeuble voisin, primitivement filature de soie, acheté par Mgr de Beausset, et dans lequel le petit séminaire fut installé après le départ des jésuites, imposé par les ordonnances de 1828.

mes compatriotes pour avoir l'honneur de vous donner de mes nouvelles qui en effet sont telles que je désire que soient celles de toute votre charmante famille. Au mois de novembre j'espère avoir l'honneur de vous revoir à Aix où je fairai mon droit. Je vous prie de présenter mes respects à Mme votre mère, MM. vos frères et tous ceux de ma connaissance. Je m'imagine qu'un de mes frères sera arrivé à Aix ou du moins y arrivera bientôt. C'est un échapé de l'Ecole militaire de Brienne, qui ne se sentant aucune disposition pour le service de notre Bon Roy, se réfugie au petit séminaire d'Aix où à l'ombre de l'autel il puisse en liberté suivre son inclination et augmenter le Beat escadron. Je vous prie de lui témoigner les bontés que vous avez eu pour moi, et il aura lieu de vous remercier infiniment. J'ai l'honneur d'être, etc. — BONAPARTE. » — La date inscrite au bas de la lettre, 26 août 1785, démontre que l'échappé de l'école de Brienne n'est pas Napoléon, mais Lucien, alors âgé de dix ans.

Les Pères de la Retraite leur succédèrent jusqu'en 1831, année où les prêtres du diocèse prirent le service de la maison, ayant pour premier supérieur le vénéré M. Rouchon.

Sur un terrain affecté à un jeu de mail, et confrontant au nord l'ancienne filature, Mgr Darcimoles, avec les souscriptions généreuses des prêtres et des fidèles, commença la construction d'un nouveau petit séminaire, que Mgr Chalandon acheva, 1856-1859.

— Edifice bâti sur les plans de M. Revoil, avec un cloître XIIe s.; une chapelle XIIIe s., bénite le 7 juillet 1857 par Mgr Chalandon. Elle renferme un bel autel bois (Goyers, à Louvain) qui avait figuré à la première exposition universelle, et des vitraux représentant les saints de Provence. Les fondateurs de la maison, Mgr Darcimoles et Mgr Chalandon, y sont représentés, l'un sous les traits de saint Honorat, l'autre sous ceux de saint Césaire. Quelques bons tableaux, entre autres un *Saint Pierre martyr*. — Un *collège catholique*, placé sous le vocable du Sacré-Cœur, a été annexé au petit séminaire en 1873. — Inscrivons, pour nous borner aux plus récents souvenirs, celui de M. de Bonde, professeur, qui succomba à Haï-Phong, aumônier en chef du corps expéditionnaire, 1885, et celui de l'élève Lionel Hart, mort aussi au Tonkin, dont la biographie, récemment publiée, a divulgué au loin la vaillance et la vertu.

# COUVENTS

**Couvents d'hommes.** — PP. de la Retraite. — La congrégation fondée en 1789 par le vénérable P. Receveur s'est établie à Aix en 1803, à la chapelle Saint-Joachim, puis en 1818 dans le local de l'ancien petit séminaire. La chapelle actuelle, dédiée à la Sainte Croix, fut consacrée, le 25 juin 1835, par Mgr de Mazenod. Mgr Imbert, martyrisé en Corée, Mgr Pompalier, archevêque océanien, le poète Aubanel ont étudié dans le collège annexé à la maison, et Mgr Ferréol, mort en Chine, y a professé.

— La *chapelle Saint-Eutrope*, auj. dépendance de Sainte-Croix, fut fondée en 1469 pour l'hospice des hydropiques, avec les dons du chanoine Barras, des fidèles et de la ville. Réédifiée en 1600 par Michel Jaulne, marchand.

1594. — Le duc d'Epernon, après avoir assiégé la ville d'Aix pour le compte d'Henri IV, voulut se rendre indépendant dans son gouvernement de Provence. Il se maintint dans le fort qu'il avait fait bâtir sur le coteau Saint-Eutrope, et laissa son étendard flotter sur la chapelle, refusant d'y substituer le drapeau blanc. Ce fut Lesdiguières qui tira le roi d'embarras par un stratagème presque enfantin. Il sortit de grand matin avec le comte de Carcès pour une partie de chasse. « Ils se présentent à la porte du fort qui était du côté opposé à la ville, feignent d'être las et altérés. Cependant qu'on les reçoit, les gens du connétable se saisissent de la porte, font le signal à la ville, d'où aussitôt les hommes, les femmes et les enfants sortent avec tant d'impétuosité que dans trois jours on eut peine à reconnaître l'endroit où ce fort avait été construit.[1] » La Ville, reconnaissante du service que lui avait rendu le connétable, lui offrit un cheval de mille écus, lorsqu'il partit pour le Dauphiné.

Dans cette chapelle, abattue en 1803, relevée en 1821, bénite le 16 août de cette année par Mgr de Beausset-Roquefort, sép. et épit. de Mgr Claude Rey, ancien évêque de Dijon, chanoine de Saint-Denis, † 1858.

**Oblats de Marie.** — La maison est l'ancien couvent des carmélites qui s'y étaient établies en 1625. Sa mère ayant été fondatrice de la maison, le chanoine Louis de Forbin, nommé évêque de Toulon, choisit leur chapelle pour lieu de son sacre, cérémonie qui fut accomplie le 28 septembre 1654, par le cardinal Grimaldi, assisté des évêques de Marseille et de Riez.

L'église fut bâtie en 1695, et dédiée aux saintes Thérèse et Madeleine.

Après avoir chassé les carmélites, les révolutionnaires installèrent dans cette église le culte de la Raison, représentée par une Renommée en marbre, enlevée au mausolée du marquis d'Argens.

La réaction de la France honnête ayant rendu pour quelques mois les églises au culte orthodoxe, le jour de Pentecôte 1795, quatre cents volontaires aixois qui allaient com-

(1) Pitton, *Histoire d'Aix*, 365.

battre les terroristes à Toulon vinrent, musique en tête, y faire bénir leur drapeau par des prêtres insermentés.

Les Oblats de Marie Immaculée ont été fondés dans cette maison, sous le nom de Missionnaires de Provence, le 1er novembre 1818, par l'abbé Charles-Eugène de Mazenod, plus tard évêque de Marseille. Le diocèse a fourni à cette congrégation ses premiers sujets, les PP. Tempier, Courtès, Mie, Suzanne, Guibert, etc. Léon XII l'érigea en ordre régulier en 1826, et depuis elle a pris dans le monde entier un remarquable accroissement.

— *Eglise*, bâtie en 1695, sur les plans de Puget, les derniers qu'il ait fournis. Fermée, ainsi que le couvent, le 29 octobre 1880, quoique autorisée par décret de 1822. — Dôme remarqué des architectes. — Tabl. * *Sainte Thérèse*, par Barbieri, dit le Guerchin; autrefois aux carmes de Paris; don de Louis XVIII. — Autel de Saint Liguori, le premier élevé en France au saint docteur. — *Orgues*, Doublaine et Danjou, 1843.

Jésuites. — La société de Jésus fut appelée en 1584 à diriger le collège que les États de Provence avaient décidé de fonder, mais le P. Aquaviva ne put d'abord acquiescer à la demande transmise par les consuls d'Aix.

Le collège, autorisé par édit d'Henri IV à s'appeler Royal-Bourbon, s'ouvrit en 1603, sous la direction de prêtres séculiers.

Des lettres patentes de Louis XIII, du 6 février 1621, permirent aux jésuites de s'y installer. Ces lettres, enregistrées par le parlement avec des clauses jugées inadmissibles par la compagnie, furent ensuite vérifiées purement et simplement sur un édit de jussion du 27 juillet.

Bâti dans l'ancien jardin comtal, le collège était placé sous le vocable de saint Michel, mais la chapelle était dédiée à saint Louis, en souvenir d'une ancienne chapelle de ce nom qui se trouvait dans le jardin.

Le riche prieuré de Saint-Pierre de Tourves, et plus tard la paroisse elle-même, furent unis au collège qui devint promptement célèbre. Six régents y professaient, et dix prêtres desservaient la résidence. Les Pères joignirent à l'enseignement des lettres et de la philosophie diverses œuvres de zèle, entre autres sept congrégations qui, s'adressant aux divers états des deux sexes, englobaient la majeure partie des fidèles. Deux chapelles furent construites à l'usage de ces congrégations, l'une pour les *Messieurs*, l'autre pour les *Dames*.

Le premier recteur du collège fut le P. Claude de Suffren dont nous aurons à parler. Un autre recteur, le P. Isnard, succomba avec le P. d'Oraison et plusieurs de ses confrères en soignant les pestiférés, 1629.

Parmi les religieux les plus distingués, on doit citer le P. Séguiran, confesseur de Louis XIII ; le P. Gaillard, qui prêcha quatorze carêmes devant Louis XIV, et que Mme de Sévigné compare à Bourdaloue ; le P. de Colonia, auteur d'une excellente *Rhétorique* ; le P. Croiset, dont les livres de spiritualité se réimpriment encore ; le P. d'Augières, poète latin ; le P. Bertet, de Tarascon, qui parlait douze langues.

*Suppression de la Compagnie.* — Le 6 mars 1762, l'avocat général de Castillon porta les premières réquisitions ; le procureur général de Monclar les soutint en plusieurs discours restés fameux. Le 5 juin, fut rendu, par 29 voix contre 27 [1], un arrêt provisoire qui avait la gravité d'une décision définitive, car il prétendait soustraire les religieux à la juridiction du P. Général, et ordonnait le licenciement des élèves. Le 22 décembre 1764, enregistrement de l'édit royal de suppression.

Le Royal-Bourbon, enlevé aux jésuites, fut dirigé de 1763 à 1773 par des séculiers, de 1773 à 1790 par les Doctrinaires.

Les jésuites, revenus à Aix en 1821 sous le nom de Pères de la Foi, rétablirent, dans l'ancien local de la Charité, aujourd'hui école des arts et métiers, le collège Saint-Louis, auquel le petit séminaire fut adjoint en 1826. Ils durent l'abandonner à la fin de l'année scolaire 1828, par suite des ordonnances imposées à Charles X par le libéralisme. Le P. Delvaux, qui dirigeait la maison, fut chargé l'année suivante de ramener son ordre en Portugal.

La résidence actuelle (ancien Royal-Bourbon), ne put rouvrir son église qu'en 1848. Les décrets du 29 mars lui

(1) Furieuse d'avoir vu le succès sur le point de lui échapper, et sachant que sa précipitation partiale avait été dénoncée au roi, la majorité du parlement se vengea de la minorité par d'odieuses proscriptions, dignes de la Convention. Le président d'Eguilles et le conseiller-clerc de Montvalon furent bannis, l'un du royaume à perpétuité, l'autre de Provence pour vingt ans ; MM. de Coriolis, de Beaurecueil, de Mirabeau, de Jouques, de Montvallon père et fils, déchus à perpétuité de toute magistrature ; MM. de la Canorgue et de Charleval, interdits pour 15 ans. — La première effervescence tombée, le conseil du roi réhabilita complètement les glorieux condamnés, sauf les deux premiers qui bénéficièrent seulement d'une large commutation.

ont été appliqués le 30 juin 1880, malgré les protestations de nombreux prêtres et laïques.

*Eglise.* — L'abbé Geoffroy de Latour, prêtre de Digne, mort à Aix en 1629, légua ses biens aux jésuites à condition qu'ils remplaceraient leur modeste chapelle par une belle église. Le 10 avril 1681, le cardinal Grimaldi posa la première pierre.

1787, 31 décembre. — Première séance des Etats généraux de Provence. A 9 heures du matin, les Messieurs de la noblesse avec leurs syndics, MM. de Saint-Tropez, de Vintimille, de Galiffet, et les députés du Tiers, précédés des consuls et assesseur d'Aix, se rendirent à l'archevêché où les attendaient les membres du premier ordre, ayant à leur tête l'archevêque de Boisgelin. La procession se rendit à l'église du collège, qui avait été disposée en forme de salle avec des tapis et de riches tentures. MM. de Caraman, de la Tour et de Boisgelin prononcèrent des discours tout à la paix et à la concorde. Puis les trois ordres remontèrent en procession à Saint-Sauveur pour entendre la messe du Saint-Esprit.

1788, 28 décembre. — Réunion dans l'église du collège pour préparer les élections aux Etats généraux convoqués par Louis XVI. La noblesse et le clergé n'y parurent point, mais les bourgeois, les artisans, les ménagers, au nombre de plus de douze cents, vinrent entendre les discours de MM. Pascalis et d'André.

1789, 26 janvier. Autre réunion dans la même église. Mirabeau fait voter une motion par laquelle le Tiers déclare illégale la future assemblée « attendu que les deux premiers ordres sont en plus grand nombre que le tiers-état. » — 25 mars. Election des trente députés d'Aix à l'assemblée de la sénéchaussée. Les électeurs ruraux votent à l'église du collège. — 2 avril. Assemblée des députés des trois ordres de la sénéchaussée d'Aix, pour l'élection des députés aux Etats généraux. Après la vérification des pouvoirs et la prestation du serment, le clergé et la noblesse se retirent dans leurs salles de vote, laissant l'église du collège au Tiers, dont c'est le lieu de scrutin. Le 10, Mirabeau est proclamé premier élu. Après lui, Audier-Massillon, Bouche, de Pochet.

— *Autel*, rétabli sur le dessin de l'ancien, auj. à l'église de Pertuis. — *Autels latéraux*, Berriat. — *Chaire*, Vian. — Corps de saint Colomban, martyr des catacombes, *proprii nominis*.

— La chapelle des congrégations d'hommes, dite des *Messieurs*, existe encore, convertie en salle d'honneur de l'école des Frères. Les statues qui l'ornaient ont été portées durant la révolution dans le jardin du monument Sec, cours de l'Hôpital. Elle servait à l'école de dessin depuis 1771 : c'est dans cette salle qu'ont professé le sculpteur Chastel et le peintre Constantin. — La chapelle des Dames a été démolie en 1815.

Depuis 1881, année de la laïcisation des écoles communales, une florissante *école des Frères* des écoles chrétiennes occupe ce local. Les Frères qui tenaient plusieurs écoles à Aix depuis 1733, y ont été rétablis en 1819, et ont toujours été entourés d'autant de confiance que de sympathie.

Capucins. — Admis en 1581, et installés par le chapitre à Notre-Dame de Consolation en 1583 ; chassés au nombre de douze en 1790. Rétablis en 1824, dans l'ancien couvent des augustins de Saint-Pierre ; dans l'ancien couvent des Trinitaires, en 1836. — Le P. Casimir, commissaire général de la province de France, en fut gardien jusqu'à sa mort, 1831. C'est à son initiative hardie que fut dû l'arrêt célèbre de la cour d'Aix, reconnaissant licite en France le port du costume religieux.

Le dévouement de ces religieux pendant le premier choléra, qui causa la mort de plusieurs, est encore présent à la mémoire des aixois.

Citons parmi les hommes remarquables qu'avaient possédés les anciens capucins, le P. Porphyre-Marie, qui devança Fontenelle, en publiant un traité sur la *Pluralité des mondes* ; les PP. Michel-Ange[1] et Blaise[2] qui furent mêlés à de dramatiques événements. — Dans l'anc. chapelle, vint

(1) Le seigneur de la Napoule, enfermé dans son château, envoyait ses hommes rançonner les villages catholiques. En 1596, le P. Michel-Ange, en route pour une mission, tomba entre les mains des soldats de cet hérétique forcené. Le barbare seigneur condamna le P. Michel-Ange à mourir, lui annonçant qu'il aurait l'honneur d'être décapité par lui. Le capucin était déjà à genoux, la tête inclinée, quand son bourreau lui commanda de rabattre davantage son capuce : il obéit à l'instant croyant tenir la palme du martyre, mais cette soumission sans murmure toucha le seigneur qui remit son prisonnier en liberté. L'an d'après, ce seigneur arrivait aux prisons d'Aix, dont le P. Michel-Ange était aumônier. Il reconnut son ancien captif, et quand il eut été condamné à mort « pour meurtres exécrables, voleries, violences, rançonnements, etc. », il abjura entre ses mains le calvinisme. Accompagné du P. Michel-Ange, il marcha à l'échafaud de la place des Prêcheurs, acceptant le supplice avec une admirable résignation, 24 janvier 1597.

(2) Episode de la peste de 1629. — Sur la demande du premier président d'Oppède, chef du bureau de santé, six religieux, conduits par le P. Blaise, se rendirent aux Infirmeries pour soigner les pestiférés ... Après leur inspection, les commissaires du parlement rendirent une ordon-

entendre la messe, le 15 mai 1847, la reine Marie-Christine, chassée d'Espagne, après avoir exilé les religieux ses sujets.

*Chapelle* actuelle, bâtie à la place de l'ancienne, mais plus vaste, bén. et cons. par Mgr Chalandon, 19 octobre 1867. — Fresque du fond, la *Trinité*, Victor Sublet.

Elle a été fermée ainsi que le couvent, le 29 octobre 1880 au matin, malgré les protestations de Mgr Forcade et de nombreux prêtres et laïques. Aucun serrurier du pays ne voulut prêter son concours à cette honteuse besogne : la police dut requérir quatre ouvriers piémontais qui enfoncèrent la porte à coups d'énormes madriers. Même scène le soir au couvent des oblats.

**Couvents de Femmes.** — Saint-Thomas *de Villeneuve*, maison-mère. — La congrégation de Saint-Thomas fut fondée en 1662 à Lamballe, près Saint-Brieuc, par le père de Proust. Au retour de l'émigration, une des religieuses, ancienne maîtresse au pensionnat de Lambesc, Mme Pauline de Pinczon du Sel, se chargea du service de l'hôpital d'Aix. Elle fut autorisée par la supérieure générale de Paris, Mme Walsh, à se consacrer à cette œuvre et à ouvrir un noviciat pour

nance unique en son genre, mais bien glorieuse pour celui qui en était l'objet. Ils nommèrent le P. Blaise intendant général des infirmeries, avec ordre à tous, sains ou malades, de lui obéir *sous peine de la vie*, lui confiant le pouvoir de condamner et d'exécuter sans appel. A cet effet, les commissaires firent dresser un échafaud et donnèrent la vie à un prisonnier à condition qu'il remplirait les fonctions d'exécuteur des hautes œuvres. Cette ordonnance fut imprimée et affichée à toutes les avenues. Trois des capucins moururent aux infirmeries. Le P. Blaise ne rentra en son couvent que le 25 décembre 1630, escorté du peuple entier, et rapportant 1,500 livres économisées sur l'allocation qui avait été accordée aux sept religieux pour leur nourriture.

les pieuses filles qui s'étaient jointes à elle. Ces premières religieuses s'établirent au jardin de Grâce [1], non loin de l'hôpital. Mgr de Cicé obtint en 1804 de Mme Walsh que cette branche de sa famille jouit d'une vie autonome. Un décret impérial du 23 avril 1807 accorda l'autorisation civile.

Le grand vicaire Guigou, supérieur de ces religieuses, leur fit prendre le titre d'Hospitalières de N.-D. de Grâce par dévotion à la sainte Vierge très honorée à Aix sous ce vocable. Il les installa dans le couvent des Récollets, et bénit la nouvelle chapelle, à l'extrémité du cours Saint-Louis, le 22 mai 1824.

Le *noviciat*, précédemment transféré à Lambesc, avait été ramené à Aix, après la mort de Mme de Pinczon.

Mme Pauline de Pinczon du Sel, née à Rennes en 1753, mourut en odeur de sainteté à Lambesc, le 22 septembre 1820, le jour même de Saint-Thomas de Villeneuve.

Un soir d'octobre 1821, cinq religieuses de l'hôpital d'Aix, escortées de deux hommes, partirent pour Lambesc, pénétrèrent à minuit dans le cimetière, ouvrirent la fosse qui renfermait les restes de leur mère, chargèrent le cercueil sur une charrette, et l'ayant recouvert de linges, comme pour un retour de lessive, revinrent à l'hôpital avant le jour. Les autres sœurs ignorèrent la pieuse équipée jusqu'à l'heure de la récréation, car, pour réparer le temps perdu, on s'était remis avec scrupule à l'observation de la règle. A l'ouverture du cercueil, ce fut un cri général

(1) Ou plutôt de Grassi, nom d'une ancienne famille.

d'étonnement quand on trouva le corps conservé, souple aux articulations, gardant la ressemblance. Cet état, d'autant plus inexplicable que la terre du cimetière de Lambesc dissout rapidement les corps, s'est maintenu depuis 70 ans. On a pu voir jusqu'à ces dernières années, dans une salle du noviciat, le corps de M^me^ de Pinczon, légèrement momifié, et le nez comprimé par le couvercle trop étroit du cercueil primitif. La cause de béatification ayant été reprise en 1880, M^gr^ Forcade, pour obéir aux règles canoniques, a fait déposer le corps de la vénérée Mère sous le sol de la salle où elle était exposée précédemment, 27 février 1883.

*Chapelle,* dans le style du XIII^e^ s., œuvre superbe de l'abbé Pougnet. — Long. 32 m.; larg. 16 m.; haut. 15 m.; clocher, 34 m. — Première pierre posée par M^gr^ Chalandon, 22 avril 1867; bénite par le vic. gén. Fontaine, supér. de la congrég., 28 août 1870; consacrée par M^gr^ Forcade, 5 mars 1874. — * *Autel* de pierre, œuvre admirablement fouillée du sculpteur Laffitte. Sujets des bas-reliefs : au tombeau, quatre figures de l'Eucharistie, sacrifices d'Abel, de Melchisédech, d'Isaac, d'Aaron; à la porte du tabernacle, Jésus en croix entre Marie et saint Jean; au rétable, Annonciation, Nativité de N.-S., Apparition de Jésus ressuscité à sa Mère, Couronnement de la sainte Vierge.

— Les sœurs de Saint-Thomas, outre le pensionnat annexé à la maison-mère, les classes enfantines du petit séminaire, l'Hôpital général, l'asile d'aliénés, desservent à Aix :

1° L'orphelinat de la *Providence,* pour les jeunes filles,

fondé à la suite de la mission de 1820. Chapelle bénite par Mgr Bernet, 24 juin 1844.

2° La maison de la *Miséricorde* (dans l'ancien hôtel de Châteaurenard, orné de belles fresques de Daret, où Louis XIV séjourna un mois en 1660). — Au mois de décembre 1590, avant que saint Vincent de Paul eût excité le zèle des dames de Paris, huit *artisanes* d'Aix, auxquelles se joignirent sept notaires et marchands, s'associèrent à l'effet de secourir les pauvres honteux dont le nombre s'était extrêmement accru à la suite des guerres civiles. Alexandre Canigiani mit l'œuvre sous le patronage de Notre-Dame de Miséricorde, accorda des indulgences, et permit de quêter dans les églises. Le P. Yvan rédigea les statuts. Comme le secret était l'âme de cet établissement, les dames eurent le bon esprit de se retirer. Les premières réunions eurent lieu dans une chapelle de Saint-Sauveur, accordée par l'archevêque. On s'installa ensuite à Notre-Dame de Beauvezet, 1639, puis au local dit de la Miséricorde, en face l'hôtel-de-ville, 1654, où l'on bâtit une chapelle, 1659. L'œuvre, continuée par le Bureau de bienfaisance, y a demeuré jusqu'en 1883, année de son transfert au local actuel. — La *chapelle*, bâtie en 1883, possède le tableau curieux et vénéré de * *N.-D. de Pitié*, xve s., éc. ital. primit., donné par Canigiani au P. Yvan. Sur la banderolle que la Vierge tient à la main est inscrit en caractères gothiques le verset : « Subversum est cor meum in memetipsa quia amaritudine plena sum, multi autem gemitus mei et cor meum mœrens. » Thr. I, 20. Sur la porte, *N.-D. de Miséricorde*, b.-r. marbre. — Cloche de l'anc. chap. Saint-Laurent hors les murs : † *Ave Maria* † *Sancte Laurenti. 1483.*

Ursulines (anc. *Visitation*). — Les Ursulines, établies à l'Isle, 1590, par le P. Roumillon, sur le modèle de celles instituées par saint Charles à Milan, fondèrent à Aix leur second établissement qui fut doté par Mme de Perussis, veuve de Forbin-Lafare. On adopta la clôture et les règles de Rome en 1634.

Ce couvent était dans la rue Baussenque, appelée depuis Saint-Sébastien, quand la chapelle des ursulines fut devenue la station de la célèbre procession du 20 janvier [1]. M. Thus, de Jouques, guillotiné à Marseille, 1794, en fut le dernier chapelain, et M. Miollis le dernier aumônier. En 1791, après l'expulsion des religieuses, le club des *Antipolitiques républicains*, le plus exalté de tous, s'installa dans la chapelle qui fut fermée et abattue peu après.

Un second couvent fut bâti, 1666, aux frais du conseiller d'André, dont la fille y fit profession. On l'appela les *Andrettes*, du nom du fondateur. Le jansénisme pénétra dans cette maison, et M. de Vintimille dut exiler quelques sœurs des plus opiniâtres, 1714. La chapelle sert actuellement au Lycée. Quand les prisons ordinaires regorgèrent de suspects, en 1793, cet asile servit à détenir les *inciviques* hommes, tandis que le couvent voisin, les Bénédictines, renfermait les inciviques femmes.

(1) La chapelle du saint, bâtie par le roi René en 1470, fut démolie en 1619 pour la halle aux poissons.

Les ursulines ont été rétablies, 1805, dans l'ancien premier monastère de la Visitation.

*Chapelle.* — Première pierre posée par le cardinal-archevêque Mazarin, et la comtesse d'Alais, née Henriette de la Guiche, 1er mai 1647; consacrée par Louis Duchaine, évêque de Senez, 24 juin 1651. — La sœur de Mazarin donna le corps de saint Vital, et sa nièce, Laure Martinozzi, duchesse de Modène, le magnifique autel marbre porté depuis à Cucuron, et dont l'autel actuel reproduit le dessein. — A g., autel du Sacré-Cœur. * *Le culte public du Sacré-Cœur en Provence a commencé dans cette chapelle où un autel lui fut élevé en 1693.* Inhumés en avant de cet autel : Mme de Venel, née de Gaillard, † à Versailles, 1687, sous-gouvernante des Enfants de France; son mari, de joyeuse mémoire; deux petites-filles de Mme de Sévigné, Marie-Blanche de Grignan, visitandine, † 4 septembre 1731, et la sœur de celle-ci, l'aimable Pauline de Simiane, † 3 juillet 1737.

Ces souvenirs nous amènent à parler de l'ancienne maison de la Visitation. — 2 août 1624, arrivée de Perrone de Châtel avec quatre sœurs : Thérèse de Rogat, première supérieure. La communauté prospéra et fonda les maisons d'Arles, de Draguignan, de Toulon, de Grasse, de Monaco, etc. Sainte Jeanne de Chantal y visita ses filles, et demeura un mois avec elles, juillet-août 1636 [1].

(1) L'*Histoire de sainte Chantal*, par M. Bougaud, II, 473 et s., contient des détails pleins d'édification et d'intérêt sur ce séjour de la sainte, l'as-

Mme de Sévigné, qui passa l'hiver de 1672 à Aix, se rendait souvent à la Visitation, encore embaumée du souvenir de sa sainte aïeule. Et plus tard son cœur se reportait avec tendresse vers sa petite-fille Marie-Blanche qui y était élevée. « Mandez-moi si la petite est à Sainte-Marie, écrivait-elle à Mme de Grignan [1] ; encore que mon amour maternel soit demeuré au premier degré, je ne laisse pas d'avoir de l'attention pour les *pichons.* » — « J'ai le cœur serré de ma petite-fille, elle sera au désespoir de vous avoir quittée et d'être, comme vous dites, en prison. [2] » Mme de Grignan aimait à s'enfermer à la Visitation pendant les voyages de son mari à la cour. Sa mère s'alarmait de la vie mortifiée qu'elle devait mener en ces jours de retraite : « Vous aviez bien raison de dire, lui écrivait-elle, que j'entendrais parler de la vie que vous feriez en l'absence de M. de Grignan... Vous vous êtes donc jetée dans un couvent, vous avez couché dans une cellule ; je suppose que vous avez mangé de la viande quoique vous ayez mangé au réfectoire : le médecin qui vous conduit ne vous aurait pas laissé faire une folie. Vous avez très habilement évité les récréations... Vous ne me dites rien de la petite. Ne lui avez-vous pas permis d'être dans un petit coin à vous regarder ? La pauvre enfant ! Elle était bien heureuse de profiter de cette retraite. [3] » Cependant Marie-Blanche manifeste des inclina-

semblée des supérieures, la visite que leur fit l'évêque de Rennes, de passage à Aix, etc.

(1) Des Rochers, 11 mars 1676.

(2) De Paris, 6 mai 1676.

(3) De Paris, 29 mars 1680.

tions pour la vie religieuse : « Plût à Dieu que j'eusse à Vitré mes pauvres filles de Sainte-Marie (de Nantes)! Je n'aime point ces *baragouines* d'Aix [1] : pour moi je mettrais la petite avec sa tante (abbesse à Aubenas); elle serait abbesse quelque jour... On a mille consolations dans une abbaye, on peut aller avec sa tante voir quelquefois la maison paternelle ; on va aux eaux; on est la nièce de Madame. Mais qu'en dit Monsieur l'archevêque (d'Arles)? [2] » — Pour comble de malheur, Mme de Grignan songe à enfermer aussi Pauline, sa plus jeune enfant; Mme de Sévigné n'y tient plus : « Dites-moi, écrit-elle, si vous ôterez Pauline d'avec vous : c'est un prodige que cette petite : son esprit est sa dot : voulez-vous la rendre une personne toute commune? Je la mènerais toujours avec moi, j'en ferais mon plaisir, je me garderais bien de la mettre à Aix avec sa sœur : enfin, comme elle est extraordinaire, je la traiterais extraordinairement. [3] » — Et lorsque Marie-Blanche est sur le point de faire profession, l'aïeule attristée, déguisant son chagrin, répond au président de Moulceau qui se trouvait vieilli depuis qu'il avait une petite-fille : « Que feriez-vous donc si vous en aviez une qui eût pris l'habit à la Visitation d'Aix à seize ans? Vraiment vous feriez une belle vie, et moi, je soutiens cet affront comme si ce n'était rien. [4] » En d'autres lettres, Mme de Sévigné parle avec

(1) Mme de Sévigné leur en voulait de ne s'être point laissé séduire par le jansénisme.

(2) Des Rochers, 9 juin 1680.

(3) Des Rochers, 15 juin 1680.

(4) 6 janvier 1687.

moins d'humour de la Visitation et de ses religieuses, les nommant toujours « notre maison », « nos sœurs ».

— *Deuxième maison*, fondée en 1652 par douze religieuses ayant pour supérieure la sœur de Peiresc, à la rue du Bœuf (plus tard couvent de la Merci); transférée à la Plateforme (anc. usine à gaz et pensionnat de la Présentation); — première pierre, 19 avril 1671, par le cardinal Grimaldi, la présidente de Boue et Mlle de Fabri. Connues sous le nom de *Petites-Maries*, par opposition aux sœurs du premier couvent, dites *Grandes-Maries*.

Les visitandines, rétablies en 1860, de l'autre côté de la Plateforme, s'installèrent ensuite dans l'anc. monastère des bénédictines (act. Lycée Mignet), d'où elles sont malheureusement parties en 1878. Espérons que le jour où, réalisant le vœu de beaucoup, elles reviendront dans la ville d'Aix, ce sera non pour lui être montrées, mais pour lui être rendues d'une manière durable.

Sœurs de la Retraite, fondées à Besançon par le vén. P. Receveur, 1789. Etablies à Aix en 1803, et en 1827 dans l'hôtel où naquit le canoniste Thomassin, 28 août 1619. — Chapelle bénite par Mgr de Beausset, 8 déc. 1828.

Sœurs de Saint-Joseph, des Vans, dirigent l'*Orphelinat Notre-Dame*. — Œuvre fondée en 1820 par le P. Guillon, missionnaire de France. On y élève cent orphelines. Elle a atteint son plein développement sous la direction aussi longue que dévouée du grand vicaire Reynaud. — Première pierre posée le 10 déc. 1860 par Mgr Chalandon, en présence du P. Monsabré, prédicateur de l'Avent à Saint-Sauveur. Bénédiction de la chapelle et du local, 20 nov. 1862. — Les restes de M. Reynaud, † 22 mars 1881, sont déposés dans un caveau en avant de l'autel.

CARMÉLITES. — Etablies par Mme Aymare de Castellane, épouse Forbin d'Oppède, dans la maison act. des Oblats, 1625. — Rétablies dans l'anc. Oratoire 1822 ; hors la Plateforme, 1857. — Chapelle, bénite par Mgr Chalandon, 13 août 1857 ; consacrée par Mgr Forcade, 12 mars 1874. Style XIIe s. On accède au maître-autel par un double escalier sous lequel s'étend une crypte. Nombreuses reliques. — Les exemples et les écrits de la mère Marie de la Conception (Mme d'Olivary), † 1881, après cinquante ans de profession, vivront longtemps dans le Carmel et la ville d'Aix. Distinction de l'intelligence, délicatesse du cœur, énergie virile, tout dans cette admirable religieuse rappelait sainte Thérèse, dont elle possédait l'esprit à un degré éminent.

CLARISSES, dites Capucines. — Fondées en 1312 par la reine Sanche, à l'endroit qu'occupe actuellement le petit séminaire. Cette pieuse princesse mourut à Naples sous la bure franciscaine, et légua à ses sœurs d'Aix sa couronne royale qu'elles placèrent sur leur ostensoir [1]. De 1362 à 1787, elles occupèrent l'ancienne maison des Templiers. Elles

(1) Le comte Charles II donna sa couronne au chef de sainte Madeleine, à Saint-Maximin, et Charles III la sienne au chef de sainte Ursule, à Saint-Sauveur.

sont revenues en 1827, et se sont établies en 1831 au couvent du cours Saint-Louis. Le tableau de *Sainte-Claire*, dans la chapelle, provient des anciennes clarisses. — L'oratoire de N.-D. de Bon-Voyage qu'on voit au nord du couvent, sur le chemin de Vauvenargues, a remplacé une chapelle de ce nom, devant laquelle le capitaine royaliste Stanzau fut tué dans un engagement avec les Ligueurs, 28 déc. 1593.

**Religieuses du Sacré-Cœur**, installées en 1832 dans le pavillon Vendôme, acquis de Mgr Guigou. Dans ce pavillon (cariatides de Chr. Veyrier) étaient morts en 1669 le cardinal de Vendôme qui l'avait construit; en 1745, le peintre J.-B. Vanloo. — La fondation fut décidée par Mme Barat à la suite d'une charmante émeute scolaire qui, au moment du départ, éclata dans le pensionnat de demoiselles dont elle avait décidé de ne point prendre la succession [1]. — La vénérable fondatrice y revint en 1836. — Elégante chapelle ogivale, bénite le 11 avril 1852. — 2 cloches anciennes : IHS, Maria-Joseph, 1657. — Maria-Anna de Chaponay dono dedit, 1719.

**Sœurs de l'Espérance**, garde-malades, fondées à Bordeaux par le chan. de Noailles, 1836. — Etablies à Aix en 1840 ; ont quitté en 1866 l'hôtel d'Aiguines pour la nouvelle maison de la Plateforme. Le local fut bénit par M. Contestable, secrétaire de l'archevêché. La chapelle eut sa pro-

(1) Racontée dans l'*Histoire de Madame Barat*, par l'abbé Baunard, 4e édit., II, 46.

mière pierre posée en 1872 par Mgr Chalandon, et fut bénite en 1873 par le P. Garnier, supérieur des Oblats.

SŒURS DE LA PRÉSENTATION. — Les filles de Mme Rivier, établies à Aix depuis 1854, y possèdent trois maisons. — La première, pensionnat-externat, près Saint-Sauveur (anc. Oratoire,[1] puis Carmel). Chap. bénite en 1822. Les deux autres, paroisse Saint-Jean-de-Malte, l'une pensionnat de la Nativité de Marie (anc. 2e couvent de la Visitation); l'autre, école libre de filles (anc. Intendance de Provence), près du cercle catholique d'ouvriers Saint-Mitre, fondé en 1879, et dont la chapelle est à leur usage.

(1) L'ORATOIRE. — J.-B. Roumillon, chanoine de la collégiale de l'Isle, s'étant séparé de César de Bus, vint à Aix, où l'archevêque lui donna l'hospitalité dans son palais, 1600. Les prêtres Brun et de Retz furent ses premiers disciples. Ils se transportèrent ensuite à la chapelle Saint-Joachim, et convinrent de prendre le nom d'Oratoire, « conformément à l'institut établi par le sieur Philippe de Néry », 1601. Paul V leur accorda les mêmes privilèges qu'aux oratoriens de Rome, 1615.

Cependant M. de Bérulle avait établi une société similaire à celle de Provence. Les deux familles oratoriennes s'unirent en une seule par une convention conclue à Tours, 21 sept. 1619, et approuvée par Urbain VIII, 1626. La branche aixoise avait déjà fondé dix maisons.

Le P. Roumillon mourut en odeur de sainteté, 1622. Quand on l'ensevelit, on découvrit les stigmates à ses pieds et à ses mains.

Nouvelle maison bâtie de l'autre côté de la rue, 1638. La Ville céda les eaux gratuitement, en récompense du dévouement montré par les oratoriens pendant la peste, et à condition qu'une messe serait chantée pour le roi, le jour de saint Louis, 1651.

Ils dirigeaient l'œuvre des Enfants abandonnés.

*Eglise*. Première pierre par M. de Bretel et le comte d'Alais, 21 sept. 1638; charpente et autel donnés par le duc de Créqui. Inaugurée sous le vocable de Jésus-Enfant, par Louis Duchaine, év. de Senez. 24 déc. 1643, consacrée par Godeau, év. de Vence, 22 févr. 1661. M. d'Arbaud y fut sacré év. de Sisteron par l'archev. Mazarin, 1648. Démolie pendant la révolution.

Les plus illustres oratoriens aixois sont les canonistes Thomassin, Cabassut et Gibert; l'érudit Bougerel, les physiciens Bertet et Mollet, ce dernier mort doyen de la faculté des sciences de Lyon. *J.-B. Massillon* entra dans cette maison comme novice le 10 octobre 1681, âgé de dix-huit ans.

Cette communauté fut malheureusement infectée par le jansénisme. En 1790, elle comptait quatorze prêtres et le noviciat.

Filles de la Charité, dites Sœurs de Saint-Vincent-de-Paul. — Etablies dans l'hôtel de Venel, 1856. Leur chapelle, bénite le 2 juillet 1865, où se donnent des retraites aux pauvres, est aussi le centre de la dévotion à N.-D. de la Salette. — Crêche, orphelinat, ouvroir, visite des pauvres à domicile. — Depuis 1880, les Filles de la Charité desservent l'infirmerie de l'école d'Arts et Métiers.

Religieuses de la Nativité de N.-S., de Valence, établies depuis 1877 à l'anc. institution Curet et Dumont. Pensionnat.

Religieuses de N.-D. de la Merci, de Nancy, établies depuis 1887 dans l'anc. pensionnat Gal. Ecole professionnelle pour les jeunes filles. Fourneau économique.

Petites Sœurs des Pauvres, établissement fondé par par Mgr Gouthe-Soulard, en 1888, en face N.-D. de la Seds. Asile pour les vieillards des deux sexes. La plus vive sympathie n'a cessé d'entourer cette maison depuis sa création. Nul doute qu'en peu d'années la générosité aixoise ne fournisse au charitable fondateur les moyens de développer son œuvre et de lui donner toute l'extension utile et désirable.

---

Avant la Révolution, la ville d'Aix possédait quatorze couvents d'hommes, dont quatre de Franciscains : Cordeliers (1218), Observantins (1464), Récollets (1613), Capucins (1585) ; des Carmes, avec deux maisons (12.7, 1637) ;

des Augustins, 1297; des Servites, 1514; des Minimes, 1551; des Oratoriens, 1600; des Trinitaires, avec deux maisons (1622, 1726); des Chartreux, 1624; des Feuillants, 1655; des Picpus, 1666; des PP. de la Merci, 1674. — Huit couvents de femmes, des Dominicaines, 1290; des Clarisses, 1312; des Visitandines avec deux maisons (1624-1652); des Carmélites, 1625; des Augustines, 1628; des Ursulines, avec deux maisons (1592, 1666); des Cisterciennes, 1639; des Bénédictines, 1681.

**Autres chapelles.** — EN VILLE. — *Pénitents.* Les plus anciennes confréries de *Pénitents* remontent au XIIIe siècle, ceux de Rome (blancs) sont de 1264, ceux d'Avignon (gris) de 1268.

En 1306 furent institués à Marseille les pénitents bleus de la Sainte-Trinité destinés à quêter pour la rédemption des captifs. C'était comme le tiers-ordre des Trinitaires. La plupart des confréries provençales ont été fondées par eux.

On parle bien d'un premier établissement de pénitents fait à Aix par saint Vincent Ferrier, mais, si la fondation est exacte, elle survécut peu à son départ.

Les pénitents marseillais ont établi deux confréries à Aix, les *Bleus* en 1517, les *Blancs* en 1520.

Pénitents *bleus primitifs*, sous le vocable de Saint-Jean-Baptiste, et le titre de *Battus* (ailleurs on disait *Flagellants*), établis à N.-D. de Beauvezet, 1517; chez les Observantins, 1518, d'où nommés Pénitents de l'Observance; supprimés par ordre royal, reconstitués sous la couleur blanche, se bâtissent, 1563, une chapelle chez les observantins (jardin des bains Sextius), où ils se sont réunis jusqu'à la révolution. — Pénitents *blancs*, établis à Sainte-Catherine, 1520 ; chez les Cordeliers, 1526, où ils se bâtissent une chapelle bénite par le coadjuteur Ant. Fiholi, 1534. A la reconstitution des confréries, les anciens Bleus prirent le noir. Schisme parmi ceux-ci. Honteux de leur sombre aspect, quelques-uns revinrent au blanc, allèrent chez les carmes, 1563, d'où leur nom de pénitents des Carmes, puis construisirent la chapelle de la rue du Louvre, 1654, qui demeurée propriété de la ville, leur a été retirée depuis 1866. Ils se réunissent actuellement à Saint-Jean-de-Malte. Les pénitents noirs s'étaient dissous en 1771. — Les *pénitents bleus actuels*, issus des pénitents de l'Observance, 1645, se consacrèrent à ensevelir les suppliciés, agrégeant ces malheureux à leur confrérie, et les traitant en frères avant et après la mort. Leur *chapelle Saint-Joachim*, bâtie en 1602 par les oratoriens, renferme la sépulture du chanoine Arnaud, fondateur de la confrérie ; de M$^{me}$ de Laurans et de M. de Laurans, † 1788, recteur des pénitents, fondateur de l'hospice des aveugles autrefois annexé à la chapelle. Il avait aussi établi deux maisons hospitalières, l'une pour les prêtres âgés ou infirmes, l'autre pour les étudiants ecclésiastiques dénués de secours. On y hébergeait gratuitement les prêtres qui se rendaient à Aix pour leurs affaires. — Cloche, 1653.

— *Pénitents gris*, dits Bourras, fondés, sous le nom de *Frères déchaussés de la Passion*, par le card. Grimaldi, à Saint-Laurent hors les murs, 1677, puis à la rue des Bourras, 1678, rétablis en ce siècle, rue de la Pureté, puis dans l'ancien local des pénitents noirs. Ensevelissent les pauvres. — Chapelle dédiée à saint Jérôme, patron de la confrérie, bénite le 16 octobre 1859, par Mgr Chalandon. Au-dessus de l'autel en rocaille, * monument de la *Sépulture du Christ*, douze personnages grandeur nature : Joseph d'Arimathie et Nicodème déposent le corps du Sauveur dans le tombeau, la sainte Vierge s'évanouit soutenue par saint Jean et sainte Madeleine, etc. Œuvre remarquable d'artistes flamands, 1515, donnée aux Prêcheurs par Ant. Donati, seigneur de Saint-Antonin, 1534. Elle était placée dans leur église, à la gauche du transept, où se trouve la statue de sainte Madeleine.

Chapelle des *Arts et Métiers* (anc. Charité, asile de vieillards et d'orphelins). — Première pierre, 17 mars 1641 : inaugurée, 1662. MM. de Bonneval et Miollis y évangélisaient les pauvres vers 1780. Le dernier aumônier, M. Hermitte fut pendant l'émigration la providence des Français à Florence. Il y mourut en 1820, et fut enterré sous le parvis de la collégiale San-Frediano. Son épitaphe porte cet éloge : « Concives exules ingeniosa charitate per xxv annos aluit ipse pauper. » — Autel en cuivre, fondu par les élèves. Tabl. la *Mère de Dieu*, don de Napoléon III.

*Chapelle du Lycée.* — Le lycée Mignet occupe deux anciens monastères : 1. Bénédictines, transférées de la Celle à Aix, 1660, établies en cet endroit en 1681 ; — 2. Ursulines, dont la chapelle, bâtie en 1666, a été conservée au culte. Il y a deux tableaux de Daret, représ. des saints évangéliques, et proven. de l'Oratoire ; une *Assomption*, de Levieux ; un b. r. l'*Annonciation*, par Chr. Veyrier.

*Chapelle* (provisoire) *de l'Orphelinat agricole* de garçons, fondé en 1869 par l'abbé Peilin, et dirigé par les prêtres de M. Timon-David, qui sont chargés aussi de l'Œuvre de la jeunesse. Inaugurée en 1872.

*Chapelle du tiers-ordre dominicain*, pose de la première pierre le 2 février 1866, bénite le 13 octobre 1867, par Mgr Chalandon.

*Chapelle de l'Asile d'aliénés* (provisoire), bénite en août 1873. Celle de l'anc. établissement, démolie pour l'école normale, datait de 1681.

*Chapelle de la prison*, inaugurée en 1831.

II. Hors la ville. — *Saint-Mitre-des-champs*, bâtie à l'endroit où se trouvait le vignoble cultivé par saint Mitre. Le préteur Arvandus, irrité des reproches de son serviteur, résolut de le perdre. Il chargea quelques esclaves de dévaster les vignes pendant la nuit, et d'accuser ensuite Mitre du larcin. Un miracle confondit l'imposture. Lorsque Arvandus vint constater le délit, il trouva les souches garnies de grappes plus nombreuses et plus belles que celles qui avaient disparu : les amphores dans lesquelles avaient été déposés les raisins fraîchement coupés étaient vides et couvertes de toiles d'araignée. Irrité par ces prodiges, Arvandus déclara que la magie seule avait pu supprimer les traces d'un vol certain, et Mitre fut condamné à mourir.

Un buste en pierre, de l'époque romaine, revêtu de la tunique d'esclave est vénéré de temps immémorial en ce lieu comme l'image de saint Mitre.

« Quelques merveilles toutes extraordinaires arrivées en cet endroit ont donné occasion d'y bâtir une très belle chapelle... Non seulement le peuple d'Aix, mais les étrangers qui y viennent de bien loin y reçoivent mille faveurs du ciel par les prières du saint martyr. » (Pitton, *Annales*, 52),

La chapelle dont il est parlé fut bâtie en 1657 [1] par M. Mallet, bénéficier de Saint-Sauveur, M. Boutin, et MM[lles] de Céas et Isnard, sur un terrain donné par le conseiller d'André. Le prieuré y annexé fut uni depuis aux Doctrinaires du Faubourg qui se chargèrent du service dominical. Ce service, repris en 1804, interrompu en 1814, a recommencé cinquante ans après.

En 1864, sur l'initiative de l'abbé Roman, une souscription populaire fournit les ressources pour ériger une nouvelle chapelle à côté de l'ancienne. Première pierre posée le 28 avril 1864, édifice bénit, 22 juillet 1865, par Mgr Chalandon ; terrain donné par Mlle Courtès. Style roman, avec porche à trois arcades, Huot, archit. — Nouvel autel majeur, payé par une loterie, consacré par Mgr Forcade, 27 juin 1876.

2. *Saint-Jean de la Pinette*, élevée sous Mgr de Brancas,

(1) L'examen de la construction porte à croire qu'en cette année fut bâtie la partie plus élevée qui est au fond ; quand à la partie antérieure, sur laquelle il n'y a pas de documents, elle paraît beaucoup plus ancienne.

vers 1750, pour les catéchismes de la campagne. — *Sacré-Cœur*, tabl. d'Arnulphy. — Derrière l'autel, sép. et mon. du peintre Marius Granet, † 21 nov. 1849. Au-dessus * une de ses peintures, avec l'effet de lumière accoutumé, *Granet assistant à la messe anniversaire de sa femme*. — Service dominical par le clergé du Faubourg.

3. *Chapelle des Infirmeries*, bâtie pour les pestiférés en 1720, utilisée plus tard pour les catéchismes de la campagne. Ce domaine, connu sous le nom d'Infirmeries depuis la peste de 1565, s'appelait primitivement le moulin de Perignane. Ce moulin fut acquis pour l'Eglise d'Aix par Raymond Audiberti, et cédé par le chapitre au roi René en 1471. La partie angulaire, à laquelle sont attachées les deux ailes, est l'ancienne *bastide* d'où le bon roi a daté nombre de décrets, lettres, concessions, sous la formule « Datum in nostra bastita prope civitatem aquensem ». Entré dans le domaine royal de France à la mort de Charles du Maine, Perignane fut donné par Charles VIII à Jean de Benaud qui le revendit à l'archevêque Herbert, en 1497, avec l'approbation du pape Jules II. Il fut acheté d'urgence par la ville en 1565, au prix de 1,500 écus. La ville reconnut de bonne foi après la peste qu'il y avait eu lésion énorme au détriment du chapitre, et elle s'obligea à payer en sus une rente de 270 livres. Elle a vendu ce domaine à un industriel il y a vingt-cinq ans.

## ENVIRONS D'AIX

# PUYRICARD

*Podium Ricardum* ou *Ricardi*

L'église de Puyricard, XI^e siècle, a été précédée d'une autre, située dans l'ancien *castrum*, sur le chemin de Rognes. Ce *castrum* couvrait l'éminence, le *puy*, qui a donné son nom au pays, et sur lequel se dressent, au milieu de ruines d'époques diverses, les murs démantelés du château Grimaldi. Il est inscrit dans la liste *Pergamenorum*, 1200.

Le souvenir de nos évêques est intimement lié à l'histoire de cette très ancienne paroisse. Ils en possédaient la seigneurie de temps immémorial, avec droit de haute [1], moyenne et basse justice, ce qui leur permettait de traiter de puissance à puissance avec les comtes. Une branche de la maison des Baux avait aussi des droits sur une partie de Puyricard, mais moins étendus que ceux de l'archevêque,

(1) La haute justice était le droit de prononcer la peine capitale. Quand ce droit était possédé par un seigneur ecclésiastique, si le criminel méritait la mort, on le livrait au bras séculier, en transmettant aux juges laïques l'instruction faite par les juges ecclésiastiques.

et sous sa suzeraineté. Les archives départementales gardent de nombreux actes d'hommage de ces seigneurs, hommages rendus quelquefois dans l'église même de Puyricard, ainsi celui de Bertrand des Baux à Guillaume Vicedominis, le 27 mars 1258, etc.

Les deux seigneurs, quoique ayant leurs demeures juxtaposées, vivaient ordinairement d'accord. L'humeur inquiète des princes des Baux soulevait pourtant quelques conflits de temps à autre. En 1259, par exemple, Bertrand des Baux, son bailli et quelques manants se révoltèrent contre l'official de l'archevêque et l'accablèrent d'injures. Revenu à lui-même, Bertrand des Baux se rendit le lendemain à la ville des Tours, s'humilia et consentit à payer une amende de 250 livres tournois, dont cent livres comptant, et le reste dès que possible. Il abandonna en garantie les recettes du péage qu'il possédait à Puyricard.

Une autre fois, le différend, beaucoup plus grave, dura douze ans. Cet épisode montre en action le droit féodal et mérite d'être raconté.

Raymond des Baux avait prêté, en 1274, hommage et serment de fidélité à l'archevêque Grimier. Il avait même reconnu aux juges épiscopaux la faculté de punir ses propres juges et son bailli, s'ils manquaient à leur devoir. Mais à l'avènement de Rostang de Noves, 1283, l'harmonie cessa entre le vassal et le suzerain. Cet archevêque avait autorisé Hugues des Baux, frère de Raymond, à prendre possession du château de Meyrargues. Raymond, qui nourrissait des prétentions sur ce château, devint furieux de le voir passer à un autre, il injuria Rostang, l'appelant traître et félon, chassa son bailli de Puyricard, et se déclara affranchi de toute vassalité.

Cependant l'archevêque assigna son vassal à comparaître devant lui au château du Puy-Sainte-Réparade.

Raymond ayant fait défaut, son suzerain le déclara perturbateur du repos public, déchu de tous droits, et en conséquence, envoya attaquer le château de Puyricard par une troupe armée qui le prit d'assaut et le mit au pillage. En outre, l'archevêque déclara Raymond débiteur de plus de 5,000 livres, à cause de nombreuses amendes impayées, et, attendu qu'il ne possédait aucun bien saisissable, sa juridiction et ses droits de haute et moyenne seigneurie furent mis à l'encan. Jean Gasqui, procureur de l'archevêque, s'en rendit acquéreur, en qualité de plus fort, peut-être d'unique enchérisseur, ainsi que du domaine que Raymond possédait à Lignane, et des 200 livres annuelles que lui rendait le péage de Meyrargues. Cette adjudication fut faite pour 2,500 écus provençaux coronats, le 1er mars 1287.

Raymond n'avait pas attendu sa déchéance pour se plaindre au sénéchal du comte. L'archevêque exposa de son côté que Raymond ayant manqué au premier devoir d'un vassal, en refusant l'hommage à son suzerain, et s'étant déclaré rebelle par multiples dommages à sa personne et à ses droits, avait encouru en toute justice l'exécution dont il se plaignait. Charles d'Anjou, après examen de la cause avec sa cour, rendit sa sentence le 31 mars 1298. Elle déclarait que la seigneurie de Raymond n'avait pu tomber en commise au profit de l'archevêque pour défaut de prestation d'hommage, mais que Raymond ayant eu tort dans ce refus, il devrait le plus tôt possible prêter publiquement hommage et serment de fidélité à l'Eglise d'Aix. Ce qui fut fait et rétablit la paix entre les coseigneurs.

Les archevêques devinrent seuls seigneurs par la cession que leur fit des droits des princes des Baux leur héritier, Pierre de Cabanes, 1477. Celui-ci reçut en échange le fief de Graveson, trop éloigné de la ville métropolitaine pour n'être pas cédé par les archevêques à la première occasion favorable.

— Compris dans la liste des soixante-dix-neuf places de la maison des Baux, à elle reconnu par Raymond Bérenger en 1150, inutilement assiégé par le comte d'Armagnac au nom de la reine Jeanne, confisqué, donné aux habitants d'Aix, puis réuni au domaine comtal par Louis III, le château de Puyricard fut, en 1587, durant les guerres de la Ligue, occupé par La Valette et rasé. Il n'en reste qu'un des forts que ne put emporter le comte d'Armagnac. Converti en pigeonnier, il expie sa gloire passée.

— Le château des archevêques formait à l'extérieur une seule construction avec la forteresse baucenque, il en partagea le sort.

En 1158, Pons de Lubières, en présence de son chapitre et de Guillaume Hugues, évêque de Saint-Paul-Trois-Châteaux, « en sa maison de Puy-Ricard », concéda divers privilèges à l'abbaye de Silvacane. Au XIVe siècle, nos archevêques se trouvant isolés dans la ville des Tours, dépeuplée et en ruines, établirent leur séjour au château de Puyricard. Trois y moururent, Arnaud de Nargis en 1336, Armand de Saint-Urcisse en 1348, Arnaud de Bernard en 1358. Le corps de celui-ci fut porté jusqu'à la ville par des ecclésiastiques qui s'offrirent pour cette mission. Les seigneurs d'Eguilles et de Puyricard, vassaux de l'archevêque, suivaient le cortège.

Ce cas de la mort d'un archevêque à Puyricard s'étant présenté trois fois de suite, on régla le cérémonial des funérailles à venir, mais on n'eut jamais à l'appliquer.

— L'archevêque qui attacha son nom à Puyricard fut le cardinal Grimaldi. N'ayant pu faire accepter au chapitre ses plans sur Saint-Sauveur, il se décida à relever le *château* démoli depuis soixante-dix ans. Jérôme Grimaldi était doyen du Sacré-Collège. Il désirait donner aux cardinaux qui viendraient le visiter, l'illusion des résidences de Frascati et de Tivoli. Il se proposait aussi de tenir à Puyricard les conciles provinciaux. Dans cette intention, il disposa douze appartements complets pour les prélats qui seraient appelés à y siéger.

On copia le plan du palais Farnèse, œuvre de Michel-Ange. La façade était divisée par de hauts pilastres et percée de fenêtres « aussi nombreuses que les jours de l'année », s'il faut en croire le dicton populaire.

Au milieu du vestibule était exposée la statue du roi, avec cette dédicace *Ludovico Magno Ecclesia Aquensis*. Des allées ombreuses, animées de jets d'eau et de fontaines, égayaient le parc du midi. A droite de ce parc, le charitable cardinal installa une apothicairerie où l'on distribuait aux gens du pays remèdes, linge, pain et bouillon. Près du château s'élevait l'élégante chapelle encore debout.

Cette résidence magnifique, dont la construction avait duré vingt ans (1657-1678), qui avait coûté plus de deux millions de livres d'alors, ne subsista pas plus de cinquante ans. M. de Vintimille, qui désespérait de l'entretenir convenablement, obtint de Louis XIV l'autorisation de la démolir, 1709. Il fallut employer la mine pour renverser ces fortes murailles.

On ne quitte jamais Puyricard sans visiter ces ruines imposantes, protégées désormais par leur faiblesse, et qu'on voit se dresser humiliées et hautaines à l'horizon.

La chapelle a été desservie jusqu'en 1791 par le secondaire de la paroisse, qui le dimanche y célébrait la messe de l'aurore et prêchait le prône des bergers. Son autel a été porté à l'église du village, et la statue du Christ ressuscité qui surmontait le dôme, à Saint-Sauveur. Quant aux pierres et matériaux provenant de la démolition du château, Mgr de Brancas leur trouva un emploi que n'eût pas désavoué le charitable Grimaldi, il en fit bâtir la grande aile des convalescents à l'hôpital d'Aix.

— La mansuétude de la juridiction épiscopale fut certainement la cause pour laquelle un village ancien et important comme l'était Puyricard ne s'érigea jamais en commune. Il fait bon vivre sous la crosse, disait-on au moyen-âge, et l'on cherchait à s'y maintenir le plus longtemps possible.

Les droits seigneuriaux, droits des plus modérés, n'étaient pas perçus avec âpreté. Une partie notable revint aux habitants, sur la renonciation du cardinal Grimaldi, moyennant l'hommage d'un missel romain in-folio à chaque avènement d'archevêque.

Quoique ne formant pas de communauté, Puyricard trouva moyen, jusqu'en 1639, de s'exempter des charges de la commune d'Aix. Il alléguait, à l'appui de son exemption, qu'il possédait ses officiers de justice séparés, ceux de l'archevêque. On répondit que ces officiers résidaient à Aix, et on menaça les habitants, s'ils résistaient davantage, d'encadastrer leur territoire, la commune d'Aix ayant seule le privilège de n'être pas encadastrée. Sur cette mise en demeure, ils se déclarèrent aixois.

— Les archevêques n'exerçaient pas seulement la seigneurie ; de temps immémorial, par des concessions princières et privées dont l'origine échappe aux recherches, ils étaient les plus grands propriétaires fonciers de Puyricard. Ils avaient donné beaucoup de leurs terres au chapitre. Grimier, † 1282, lui céda sa campagne, pour la rente de son anniversaire. Les terres soumises à la dîme la payaient à un taux bien inférieur au dixième, et sans changement depuis le XIII<sup>e</sup> siècle, « au 21<sup>e</sup> pour les grains, au 31<sup>e</sup> pour les raisins. »

Le quartier qui longe la Trévaresse payait un cens à la chartreuse de Bonpas. On trouve aux archives de Vaucluse le plan cadastral de ces propriétés.

— La *paroisse* de Puyricard est nommée dans les bulles de Célestin III, en 1191, et d'Alexandre IV, en 1257. Dans celle-ci le pape approuve la cession des revenus de l'église

Sainte-Marie faite au chapitre par l'archevêque Philippe Ier. Mais la paroisse remonte à une époque antérieure à ces documents. Eglise de *castrum*, elle a dû être fondée entre le ve et le ixe siècle.

Le *vicaire* (curé) était à la nomination du curé primitif, le chapitre depuis 1308 : il devint perpétuel en 1686. Deux prêtres desservaient la paroisse, le vicaire et son secondaire. Aujourd'hui il n'y a plus qu'un curé desservant ; le vicaire n'a été maintenu que jusqu'à la séparation du quartier de Couteron. La paroisse avait 1,400 h. en 1789, en 1889, 1,000 h. (sans Couteron). Elle dépend de l'archiprêtre d'Aix, et du doyenné de Saint-Sauveur. Les sœurs de Saint-Joseph, des Vans, tiennent une école de filles fondée en 1869, et conservée généreusement depuis la laïcisation des écoles communales.

—Le chapitre, en qualité de curé-primitif, présidait la solennité du dimanche de Quasimodo, auquel on célébrait la fête des Cinq-Plaies de Notre-Seigneur. La députation comprenait trois chanoines, trois bénéficiers, le maître de chapelle, quelques officiers du bas-chœur et enfants de la maîtrise. Il y avait procession, puis grand'messe chantée par un chanoine. Le vicaire officiait à vêpres. Quelquefois l'archevêque paraissait en tête de la députation capitulaire, et en ce cas la maîtrise exécutait la messe en musique. En 1601, Hurault de l'Hospital présida la fête, assisté de cinq chanoines. Après le *dîner*, il vit les paysans se disputer les prix des divers concours, distribua de sa main les *joies* aux vainqueurs, après quoi il officia à vêpres, le tout, dit un chroniqueur local « à la grande satisfaction du peuple [1] ».

Le *dîner* de Quasimodo mérite d'être souligné. Jusqu'en 1790, le chapitre paya en ce jour un grand repas auquel tous les chefs de famille, du plus riche au plus pauvre, étaient invités. Si l'on se trouvait heureux et franchement gai en ces agapes fraternelles, si l'on portait avec entrain la santé du vénérable amphytrion, c'est ce qu'il est plus facile d'imaginer que de décrire.

— Passons à un souvenir très honorable pour cette paroisse.

M. Joseph-Antoine Donnadieu, natif de Barcelonnette [2], 1724, admis dans la cléricature à Marseille, ordonné prêtre à Avignon, fut en 1747 nommé secondaire à Puyricard, où il demeura onze mois [3]. Ce fait donne une idée de son zèle, il prêcha en même temps le carême à Puyricard et à Venelles. Il se livra ensuite à la prédication avec beaucoup de fruit. Sa mission aux régiments de Médoc et du Hainaut, en garnison à Aix, produisit des fruits merveilleux. Entré dans la société des prêtres du Sacré-Cœur, à Marseille, il devint l'apôtre populaire de cette grande ville. Il émigra en

(1) Cité dans la *Notice sur Puyricard*, par l'abbé Roustan. Ce livre nous a fourni plusieurs détails, moins cependant que les archives départementales.

(2) Non de Marseille, comme l'affirme par erreur M. Gaduel, dans la *Vie de M. Alemand*. Nous avons lu à la mairie de Barcelonnette l'acte latin de naissance et baptême du serviteur de Dieu.

(3) Son premier acte est un baptême du 16 juillet 1747, avec la signature *Donnadieu, secondaire*, et le dernier, un mariage du 20 mai 1748, *Donnadieu*, prêtre-vic.— Il resta attaché jusqu'à sa mort au diocèse d'Aix, par la seconde des sept chapellenies de N.-D. de Nazareth dans l'église de Trets, dont il était titulaire.

Italie en 1791. Des renseignements inexacts lui firent croire qu'il pourrait rentrer sans danger. Mais il fut saisi et condamné à mort comme insermenté et émigré rentré. Un léger mensonge, accepté d'avance par les juges, l'eût sauvé : il refusa de le dire. Le 1er mars 1798, après avoir écrit son testament, et reçu la sainte communion apportée par une pieuse jeune fille, Mlle Lazarine Dudemaine qui avait pu pénétrer jusqu'à sa cellule dans le fort Saint-Jean, M. Donnadieu fut conduit à la plaine Saint-Michel où il fut fusillé. Sa mémoire est restée en vénération à Marseille où beaucoup l'invoquent comme un saint. Voici le début de son testament qu'a bien voulu nous confier M. Blain, de Saint-Remy, arrière-neveu du martyr : « Au nom de Dieu mon créateur, de Jésus-Christ mon rédempteur et mon bon maître qui m'a racheté, et que j'ay tant offensé, jjacepte très volontiers, tout ce qu'il trouvera bon, trop heureux de donner ma vie pour témoignage de ma foy que jai professé, mourant dans la croyance de tout ce que la ste Eglise catholique, apostolique et romaine (enseigne), croyance que je désire de sceler de mon sang. »

M. Sylvi s'était maintenu dans ses fonctions curiales jusqu'en 1792. Un dimanche, au moment qu'il quittait l'autel, une troupe armée pénétra dans l'église, et devant le peuple interdit, se saisit de lui. En voyant emmener leur pasteur, les fidèles reviennent de leur stupeur première. Les femmes se massent devant la porte pour empêcher la sortie. Deux paysans, Davin et Armand, tombent à coups de poings sur ces bandits, et leur arrachent le prisonnier. Ces braves gens mirent leur curé à l'abri, et lui procurèrent ensuite les moyens de fuir. M. Sylvi est mort en ce siècle curé de Châteaurenard.

— Sont nés à Puyricard : Raymond Draconis, augustin, évêque de Toulon, puis de Fréjus, † 1368 ; et l'oratorien Jean Cabassut, savant canoniste, 1604-1685.

Sont morts dans cette paroisse deux généraux dont les noms sont inscrits dans l'histoire de l'Eglise à des titres différents, M. Miollis, † 1828, frère du saint évêque de Digne. Comme gouverneur de Rome, il transmit à Radet l'ordre d'enlever Pie VII, et des jardins Colonna il surveilla l'exécution du sacrilège. — M. de Rostolan, † 1862, plutôt que de s'associer aux perfidies de Louis Napoléon contre la papauté, donna sa démission. Cet éclat blâmé par les habiles, lui fit perdre la dignité de maréchal qui lui était réservée, mais attira à son nom la gloire durable qui s'attache aux grands caractères.

— Il faut mentionner, malgré de récentes difficultés, le *bureau des pauvres,* intéressante institution de charité, sous la présidence du curé, distribuant aux indigents, aux malades, « aux filles pauvres, mais honnêtes et sages », aux enfants sans ressources admis à la première communion, les legs des abbés Girard et Davin, du général Rostolan, etc. — L'*Etat du diocèse* de 1783 portait : « L'hôpital de Puyricard, sous le titre de la Miséricorde, a été fondé par M. le cardinal Grimaldy, et il est chargé, avec 1,800 fr. de revenu fixe, du soulagement des pauvres malades de la susdite paroisse et de celle du Puy. Il est administré au temporel par MM. les supérieur et directeurs du séminaire qui en sont les recteurs-nés. »

— Eglise, tit. l'Assomption. — * *Portail*, fin du XII$^e$ s., marquant les premiers débuts de l'art ogival en Provence ; les archivoltes appuyées sur six colonnes fluettes, accouplées deux à deux, sont encore cintrées comme dans le roman — *Clocher* roman, style XII$^e$ s., sur la façade : rétabli sur le modèle de l'ancien qui était au-dessus de l'abside. C'est un mur droit à faîte angulaire, percé de baies ; grande cloche, 1600, prov. de l'abbaye de Valsainte, près Apt, mais refondue.

*Grande nef*, XI$^e$ s., moins l'abside et les transepts ajoutés à la fin du XII$^e$ s. Le sol a été exhaussé de deux mètres pour établir des tombes, ce qui la fait paraître écrasée. — * Maître-autel marbre, du château Grimaldi, marqueterie génoise du XVII$^e$ s. — Tabl. *Marie porte du ciel*, J.-B. Vanloo. — Inscript. à la mémoire du général Rostolan, à celle de M. Girard, anc. archiviste du chapitre, qui distribua les secours religieux pendant la Terreur, et devint curé au Concordat.

Chapelles rurales. — La bulle de Célestin III à Bertrand Garcini, prévôt du chapitre, en 1191, énumère les églises alors existantes à Puyricard : « Apud Podium Ricardi, ecclesiam sancte Marie, eccl. S$^{ti}$ Johannis, eccl. S$^{ti}$ Petri, eccl. S$^{ti}$ Thomae, eccl. S$^{ti}$ Mitrii, eccl. S$^{ti}$ Vincenti, eccl. S$^{te}$ Marie de Curatâ. » — *Sainte-Marie*, c'est la paroisse ; — *N.-D. de Cure*, chapelle de l'anc. hôpital.

L'archev. Imberti fit proclamer une de ses décisions dans son cimetière, en 1550. — *Saint-Mitre*, rebâti au XVIe s., act. chapelle du chât. de Maliverny. — *Saint-Vincent*, chapelle du chât. de Rians. L'inscription votive à Jupiter qu'on y a trouvée porte à croire qu'elle a remplacé un temple païen. Son chapelain assista au synode de 1421. — *Saint-Pierre*, nommé dans la bulle de 1082, avec nombreuses tombes alentour, près le pays. — *Saint-Jean de la Sale*, « S. Joannes a Saletis », est un édifice du XIe s., flanqué de quatre tours à l'instar d'un château-fort, intelligemment restauré. Sur la porte, blasons de l'archev. Imberti, haut seigneur, et du propriétaire du domaine, le chanoine André d'Estienne, nommé à trois évêchés par le roi, mais obstinément refusé par le pape, XVIe s. — On trouve aux archives départementales les actes d'hommage des seigneurs des Baux à l'archevêque pour le fief de Saint-Jean de la Sale, ainsi que diverses mentions du juge de Saint-Jean et de Venelles pour l'archevêque. Pierre, fils de Guillaume II, vicomte de Marseille, de la maison des Baux par conséquent, fit don de cette église à l'abbaye Saint-Victor, pour le repos de l'âme de son frère, en 1055. La bulle d'Innocent III, en 1204, indique cette donation comme ayant été transmise à l'abbaye de Montmajour. Depuis cette époque, en effet, on trouve toujours un moine de Montmajour comme prieur de Saint-Jean de la Sale. Les moines avaient droit en outre au cens d'un écu d'or qui leur fut confirmé, en 1680, après un long procès avec l'archevêque. Au moment de la révolution ce prieuré avait encore 180 livres de revenu : il était à la nomination de l'archevêque d'Aix, depuis la suppression de Montmajour. — Charles IX se rendant de Salon à Aix dîna à Saint-Jean, le 19 octobre 1564.

Il y avait encore dans le territoire une chapelle de *Sainte-Madeleine* à laquelle Bertrand des Baux légua vingt sous tournois, 1266, ainsi qu'aux chapelles de Saint-Mitre, de Saint-Pierre, de Saint-Vincent, de Saint-Thomas, et à deux églises dont il nous reste à parler, Saint-Jacques et Sainte-Marie, de Lignane.

— L'ancien *bourg de Lignane*, réduit aujourd'hui à quelques maisons sur la grande route, ne manquait pas d'importance. Raymond de Turenne le détruisit au XIV^e siècle. Les habitants transportèrent leurs pénates à Saint-Cannat, ainsi que la célèbre foire aux oignons du 8 septembre qui jusque-là s'était tenue chez eux. Le domaine de Lignane fut légué par le cardinal Grimaldi au séminaire, à charge de distribuer chaque année trente charges de blé aux pauvres de Puyricard et autant à ceux du Puy, de payer un médecin pour la visite des malades, etc.

*Saint-Jacques*, désigné dans la bulle de 1082 comme relevant du chapitre, avait un service dominical. Son prieur assista au synode de 1421. — *Sainte-Marie* (N.-D. de Consolation) était desservie au XIV^e siècle par les carmes d'Aix, lesquels eurent avec le curé de Saint-Cannat un différend que concilia Arnaud de Nargis. Elle a joui d'un service dominical et des réunions du catéchisme de la campagne jusqu'en 1791 ; démolie en 1821.

Non loin de ces ruines coule une source à laquelle se rattache une légende, pure comme ses eaux, lumineuse comme le ciel provençal. Quand la sécheresse désolait le territoire d'Aix, les jeunes filles de la ville partaient en troupe pour le poétique pèlerinage de la fontaine de Lignane. Elles choisissaient l'une d'elles, la plus belle et la plus sage. Celle-ci entrait dans la cavité rocailleuse, puis agenouillée à l'ouverture de la source tarie, récitait sa prière à la benoîte Vierge. Bientôt des vapeurs humides s'élevaient du sol, ceignaient la jeune fille d'un frais nuage, puis, dépassant sa tête, la couronnaient d'un diadème dont les perles tremblantes reflétaient les couleurs de l'arc-en-ciel. A ce moment, joyeuses du bienfait obtenu, les jeunes filles couvraient leur compagne de fleurs, tandis qu'elles entonnaient un cantique de reconnaissance. Cependant les nuées montaient, montaient toujours, elles se répandaient sur le territoire entier. Et pendant la nuit, une pluie bienfaisante ne manquait jamais de rafraîchir les vergers et les prés, et de remplir les puits et les citernes des aixois.

---

# COUTERON (1860)

---

Une chapelle existait autrefois près le hameau de Couteron, le plus important des trois qui composent la paroisse (Couteron, Fontrousse, Notre-Dame), et celui qui lui a donné son nom. Elle fut démolie en 1800, l'endroit se nomme encore *l'église fondue*. On n'en connaît point le vocable. Peut-être était-ce Saint-Thomas, le seul des titres énumérés dans la bulle de Célestin III, dont on ne retrouve point l'identification

Cette paroisse, démembrée de celle de Puyricard en 1860, dépend de l'archiprêtré d'Aix et du doyenné de Saint-Sauveur. Au civil, elle appartient à la commune d'Aix, comme Puyricard. 280 hab.

Sa charmante église, bénite en 1860 par Mgr Chalandon, est dédiée à l'Immaculée Conception. M. Fouque, premier curé, y a été inhumé.

---

# ÉGUILLES

*Aculia*

---

Une des plus importantes paroisses de l'ancien diocèse d'Aix, *ville murée* [1], la cité d'Eguilles est nommée dès 1004 dans le cartulaire de Saint-Victor. La liste *Pergamenorum* l'appelle *castrum de Arquillâ*. C'est une pa-

(1) Un décret du concile de Bâle, XXXI, 3, décret inséré dans le concordat de Léon X, imposait, comme condition préalable, à tout nouveau curé de *ville murée*, d'être gradué dans une des quatre facultés, ou d'avoir étudié trois ans en théologie dans une université. La liste de ces villes, révisée par la Déclaration royale du 23 février 1770, comprenait pour l'ancien diocèse : Aix, Alleins, Bouc, Eguilles, Gardanne, Istres, Jouques, Lambesc, Lançon, Malemort, Pélissanne, Puyloubier, Rognes, Trets, plus dix-huit autres qui n'appartiennent pas au diocèse actuel.

roisse de castrum dont on peut fixer l'origine entre les v° et IX° siècle.

Dans la bulle de 1082, l'archevêque Pierre Gaufridi cède aux chanoines de Saint-Sauveur « les oblations, prémices, sépultures et dîmes d'Eguilles. » Innocent III, dans la bulle de 1204, reconnaît à Montmajour l'église Saint-Jean de *Aculea* (probablement l'ancien baptistère paroissial) et ses dépendances. Plus tard, l'église Saint-Julien d'Eguilles fut donnée à la même abbaye par le pape Jean XXII, en échange d'autres églises qu'elle perdait, parmi lesquelles Saint-Pierre, de Saint-Remy.

— Le *castrum* d'Eguilles appartenait à la branche de la famille des Baux qui possédait Puyricard : l'hommage, dû à l'archevêque, lui était fidèlement prêté. Cependant en 1510, le procureur général prétendit obliger les seigneurs d'Eguilles à demander l'investiture au roi, mais il fut débouté par un arrêt du parlement qui reconnut le droit de l'archevêque.

Un de ces seigneurs, Raymond II, comte d'Avellin, se révolta contre la reine Jeanne. Il rencontra un intrépide auxiliaire en son frère Antoine de Baux, prévôt de la cathédrale de Marseille. Celui-ci, faisant « plus le cavalier que l'ecclésiastique », selon l'expression de Ruffi, parcourut toute la Provence à la tête d'une bande de gens de sac et de corde, recrutés un peu partout, et avec leur aide pilla et brûla tous les bourgs et villages fidèles à la reine. Il vint ensuite s'enfermer dans le château d'Eguilles, d'où il faisait des incursions jusque sous les murs de la capitale. Aix et Toulon qui avaient le plus souffert des expéditions du belliqueux chanoine, décidèrent de l'assiéger dans Eguilles. Ces villes obtinrent l'aide des marseillais qui fournirent cent arbalétriers pour quarante jours. Les quarante jours se passent, mais le terrible prévôt ne se rend pas. Ne recevant plus de solde, les arbalétriers menacent de se débander. Alors les consuls d'Aix écrivent une lettre pressante aux marseillais pour obtenir le concours des arbalétriers jusqu'à la reddition de la place. Les marseillais y consentent, le siège reprend avec une nouvelle vigueur, et quelques jours plus tard, Eguilles capitule, et ses défenseurs se rendent à discrétion. Au reçu de cette nouvelle, les marseillais se livrèrent aux transports de la joie la plus vive. Ils firent une procession d'actions de grâces à laquelle on porta les reliques de saint Victor. (1358)

Il faut dire à la décharge d'Antoine de Baux, qu'avant de partir en guerre, il avait, pour se mettre en règle avec sa conscience et les statuts capitulaires, prévenu naïvement le pape Clément VI que de quelque temps il ne pourrait exercer sa charge de prévôt. Il faut ajouter qu'à cette époque Antoine de Baux n'était point engagé dans les ordres sacrés. C'est du moins ce que donne à entendre le testament de son frère, le comte d'Avellin, testament postérieur de neuf ans à cette équipée. Antoine de Baux, détenu quelque temps comme prisonnier de guerre, fut rendu à la liberté sur l'intervention du pape.

— Le sieur Genas, seigneur d'Eguilles, dont le jardin servait à Aix aux réunions luthériennes, installa le prêche dans le château, en 1571, mais sa propagande demeura vaine. Quoique pour la plupart fermiers ou tenanciers du seigneur, les habitants ne se laissèrent pas entamer.

Saluons la mémoire d'un autre seigneur qui souffrit persécution pour la justice. Le conseiller Alexandre de Boyer d'Eguilles n'ayant pu empêcher l'arrêt inique rendu par le parlement contre les jésuites, voulut en décliner la solidarité, et rendit publics les mémoires qu'il avait adressés au roi sur cette affaire. Ses collègues, s'établissant juge et partie, le condamnèrent pour ce fait au bannissement perpétuel. Le noble banni reçut du roi la permission de revenir en France. Il mourut en 1783 en son château d'Eguilles.

Ce grand chrétien mérita sans doute à son frère aîné la grâce de revenir de l'impiété philosophique. Dans le dernier voyage qu'il fit à Eguilles, le marquis d'Argens était toujours le premier à parler religion à son frère et à lui exposer ses difficultés. Il eut de fréquentes conférences avec deux chanoines de Saint-Sauveur. En quittant le château, le marquis d'Argens dit à son frère : « Je ne crois pas encore, mais je t'assure que je ne décrois pas non plus. » Sur son lit de mort, à Toulon, il reçut les sacrements et témoigna son repentir de ses productions irréligieuses.

Un ermite d'Eguilles, fr. Félix, a son nom inscrit dans tous les traités de médecine opératoire. Atteint de cécité, il se rendit à Montpellier. Et c'est sur lui que Daviel pratiqua pour la première fois l'opération de la cataracte.

— La crise agricole a produit à Eguilles des effets désastroux. Cette paroisse, qui possédait 2,700 habitants en 1789, n'en a plus que 950. Elle relevait de l'archiprêtré d'Aix, était desservie par un curé, deux vicaires, plus un *aubier*, prêtre tenu à dire la première messe, en vertu de la fondation faite par un négociant d'Eguilles qui était mort à Cadix où il avait fait fortune.

L'*hôpital*, fondé en 1740, était administré au temporel par le curé, le juge et les consuls, tous recteurs-nés, et par quelques autres annuellement amovibles.

Le curé était nommé par l'abbé de Montmajour. Il n'était pas congruiste, et jouissait d'un revenu de 3,000 livres, fort élevé pour l'époque.

En 1781, l'abbaye étant vacante par démission de l'abbé commendataire, l'archevêque, collateur ordinaire de toutes les cures, nomma directement le curé. Le curé, le chapitre et l'archevêque étaient prieurs décimateurs.

Un vicaire fut maintenu jusqu'en 1885. Actuellement la paroisse est confiée à un curé-desservant. Elle appartient à l'archiprêtré d'Aix, et au doyenné du Saint-Esprit.

— Eguilles a produit en ce siècle une réunion vraiment remarquable de prêtres d'élite. Nous en citerons seulement quelques-uns : M. Pin, † Marseille 1872, auteur d'*Elévations sur l'Immaculée Conception*, d'une *Vie du P. de Condren*, dont il a réédité les œuvres, d'une étude profonde sur *Jésus-Christ et le plan de l'Incarnation*. — M. Dioufoufet, † Aix 1867, hébraïsant aussi distingué que modeste. — Sylvain GIRAUD, né en 1830, professa la philosophie au petit séminaire, et se révéla orateur consommé dans les brèves conférences qu'il prêchait à la Madeleine. Imagination ardente et poétique, science sûre et solide, forme originale et toujours littéraire, voix harmonieuse, action saisissante sous laquelle on sentait le cœur doux et miséricordieux de l'apôtre du Christ, tout en lui annonçait un maître de la chaire. Dieu l'appela à une mission moins éclatante, non moins utile. M. Giraud entra dans la congrégation des pères de N.-D. de la Salette, dont il devint le missionnaire le plus en vue. Sa vie se passa en prédications adressées la plupart aux communautés religieuses. Ses discours et ses lettres ont opéré un bien immense que continueront longtemps ses admirables livres de spiritualité. M. Giraud était attaché en dernier lieu à la maison de Vienne. Il venait de prêcher une retraite à Narbonne quand, vaincu par la maladie, il dut s'arrêter à l'hospice de la Charité de Tarascon, où il mourut comme meurent les saints, le 22 août 1885. Le corps du pieux serviteur de la Vierge réconciliatrice a été transporté sur la sainte montagne, théâtre ordinaire de son apostolat.

Eglise. — La première église paroissiale, dédiée à Saint-Julien, est enclavée dans le cimetière et tombe en ruines. Bertrand des Baux lui légua, ainsi qu'à chacune des autres églises d'Eguilles, vingt livres tournois, 1266. Elle avait été précédée d'une autre, en contre-bas, qui sert d'ossuaire aux déblais du cimetière. A celle-ci se rapporte l'inscription enchâssée dans le mur de l'église supérieure : *Anno Dominicae Incarnationis MLXXV Indt VII Hœc aula Dedicata patet sub die XVIIII kld Fbr.* — « L'an de l'Incarnation du Seigneur 1075, indiction VII$^e$, ce temple s'ouvre à l'honneur de Dieu, le 19 des calendes de février. »

Par suite de l'accroissement de la population au XVII$^e$ siècle, il fallut construire une église plus vaste. La communauté acheta en 1681 un terrain à côté du château. Les Boyer d'Eguilles contribuèrent largement à la dépense, et en retour acquirent la faculté d'ouvrir une tribune qui donnait du château sur l'église. Pas d'honoraires à payer à l'architecte, car l'auxiliaire du cardinal Grimaldi, M. de Malleveau, religieux récollet, évêque d'Aulone, fournit un plan d'ordre toscan qui ne manque pas de caractère. Long. 30 m.; larg. 14, haut. 18. Tribunes à galeries. Les chapelles de gauche ont seules de la profondeur : on n'obtiendrait une profondeur symétrique pour celles de droite qu'en déplaçant le presbytère.

Autel majeur, dédié à saint Julien, martyr, titul. de l'église et patron du pays. — Tablx. *Christ en Croix*, de Daret fils, autref. derrière le maître-autel de Saint-Sauveur ;— *Sainte-Famille, disciples d'Emmaüs*, par Conté, autref. à la chap. Saint-Antoine. — Orgues. — *Cloche*, Galopin, 1761. *A fulgure et tempestate, libera nos, Domine.*

— Le nombre des chapelles d'Eguilles témoigne de l'ancienne importance du pays. Il y a encore : *Chap. Saint-Roch*, 1721, à la suite de la peste. — *Chap. Saint-Antoine*, 1614. Occupée depuis 1750 par les pénitents blancs, confrérie qui date de 1593. — *Chap. N.-D. des Sept-Douleurs*, 1660, à l'hospice. — *Chap. Saint-Martin*, près la ferme de ce nom, prieuré en ruines qui a été desservi jusqu'à la révolution — *Chap. Saint-Alexis*, 1704, au hameau des Figons. Desservie jusqu'en 1791 par les Trinitaires d'Aix, à qui avaient été concédés des pouvoirs quasi-paroissiaux, comme de baptiser, de confesser, de célébrer les mariages, etc., parce que les habitants se prétendaient paroissiens non d'Eguilles mais de Saint-Sauveur. Ce service incombe maintenant au vicaire d'Eguilles, ou, à défaut de vicaire, à un prêtre d'Aix mis à la disposition du curé.

---

# VAUVENARGUES

*Vallis veranica*

—

Le terroir de Vauvenargues a conservé un monument des deux paganismes, celtique et romain, qui ont précédé la vraie religion en notre pays ; une *pierre levée* [1], souvenir salyen, sur le plateau qui s'étend vers Peyrolles ; les ruines d'un temple (delubrum) élevé à ses dieux par le peuple conquérant, et nommé encore le *Délubre*.

L'existence de ce temple, celle d'un *castrum*, et le nom même du titulaire, le protomartyr saint Etienne, assignent

(1) Enormes pierres en forme de table, posées sur un bloc, sépultures des grands chefs ou autels pour les sacrifices humains, souvent l'un et l'autre à la fois. — Celle-ci a 1 m. 30 de large sur 3 m. 80 de long. Le bloc qui la soutient a 1 m. 70 de haut et 2 m. 60 de circonférence.

une haute antiquité à cette paroisse, probablement le IVe ou le Ve siècle.

En 1004, Blitger d'Eguilles, son frère Bernard, et le prêtre Pontius donnent à Saint-Victor l'église de Saint-Sulpice de Vauvenargues, dont l'emplacement nous est inconnu. La bulle de 1082 confirme au prévôt et aux chanoines de Saint-Sauveur l'église Saint-Etienne, de Vauvenargues. Dans la liste du reg. *Pergamenorum*, ce pays est nommé « castrum de Valle veranica. »

Lorsque, en 1206, Ildefons II accorda aux aixois le privilège de lignage et pâturage sur les terres comtales, cinq lieues à la ronde, les gens de Vauvenargues s'exemptèrent de cette servitude, en se réclamant de l'Eglise d'Aix dont ils dépendaient depuis un temps immémorial. Mais en 1275, l'archevêque Grimier pour reconnaître « fidem quam (cives aquenses) habent et habuerunt Sanctæ Romanæ Ecclesiæ », accorda auxdits aixois sur les terres relevant de l'Eglise les mêmes privilèges qu'Ildefons leur avait accordés sur les terres comtales. Et les gens de Vauvenargues, convaincus par leur propre déclaration, ne purent réclamer.

L'archevêque Vicedominis ayant acquis en ce lieu le domaine de Béatrix d'Entrevènes, épouse du seigneur d'Agoult, en affecta les revenus au paiement de son anniversaire à Saint-Sauveur, 1265.

Les archevêques possédaient le droit de basse justice à Vauvenargues. Au XVe siècle leur château seigneurial était en ruines depuis longtemps. D'après un inventaire de cette époque copié sur un plus ancien (arch. départ.), Olivier de

Pennart céda au roi René son fief de Vauvenargues, ainsi que celui du Sambuc, que Rostang de Noves avait acquis. Il reçut en échange le jardin que le roi René possédait au midi de la ville métropolitaine, terrains sur lesquels Michel Mazarin bâtit le nouveau quartier Saint-Jean.

— Peut-on compter saint Labre parmi les pèlerins de Notre-Dame de la Victoire? — C'est probable, car on a la preuve de son passage à Vauvenargues.

A son arrivée, tout le monde était en émoi. On venait de rapporter à la maison le cadavre d'un jeune homme qui dans une chute malheureuse s'était tué sur le coup. La mère désespérée n'acceptait aucune consolation : presque folle, elle ne parlait que de se donner la mort. On avise ce mendiant à la figure vénérable, et on l'instruit de cette grande douleur. Rien n'est bon et compatissant comme le cœur des saints. Benoît Labre pénètre dans la maison désolée; il parle à la pauvre femme un langage céleste, lui communique un peu de cette soumission à la volonté divine qui procure aux âmes l'égalité et la paix. Il ne s'en va point qu'il n'ait réussi dans sa charitable entreprise, et qu'il n'ait fait redire à la chrétienne revenue à elle-même la prière des résignés : « Mon Dieu, que votre volonté soit faite. »

— La cure de Vauvenargues, dépendant de l'archiprêtré d'Aix, était à la nomination du capiscol de Saint-Sauveur, prieur décimateur. La plus ancienne collation conservée aux archives départementales est celle faite à Antoine Garnier, en 1444. C'était un poste à secondaire. Le revenu du curé, non congruiste, était estimé 780 livres. Cette paroisse dépend maintenant de l'archiprêtré d'Aix et du doyenné de la Madeleine, 660 hab. en 1789, act. 350. Le *bureau de charité*, présidé par le curé, se tenait à la maison curiale.

L'*église*, romane, est celle mentionnée dans la bulle de 1082; l'abside paraît plus ancienne que le reste de l'édifice. Saint Sidoine, deuxième évêque d'Aix, a remplacé plus ou moins légalement saint Etienne comme titulaire, à la réouverture des églises.

Chapelles rurales. — *Saint-Lambert*, au Sambuc, ancien prieuré à 90 livres de revenu, où le service dominical était fait par un vicaire de Jouques. En 1327, le Sambuc « lieu fortifié et habité », appartenait aux dominicaines d'Aix à qui il avait été légué par Charles II qui l'avait lui-même reçu à la mort d'Hugues des Baux. — *N.-D. de Bon-Désir*, au château d'Isoard, érigée au XVIIe siècle par Boniface de Séguiran, et munie encore des vases sacrés dont il la dota. Il y avait la messe tous les jours, d'après l'*Etat de 1728*, dite par un chapelain qui recevait 60 écus et l'entretien. La dévotion au rosaire y florissait : « On y expose le Saint-Sacrement le premier dimanche d'octobre, et on y dit le rosaire toutes les fêtes et dimanches. » Le moraliste Vauvenargues, le cardinal d'Isoard, et l'auditeur de rote d'Isoard, † Rome 1847, ont habité le château. * *Le cardinal d'Isoard*, portrait par Horace Vernet. — *N.-D. de la Nativité*, au hameau de Claps, était desservie par le secondaire. Les offices s'y célèbrent encore le 8 septembre.

*N.-D. de la Victoire*, sur le mont Sainte-Victoire. —

Cette ascension exige des jarrets solides et de larges poumons. Victor de Laprade, le poète chrétien, l'entreprit souvent :

> Que de fois dans la nuit, fuyant tout camarade,
> J'ai de Sainte-Victoire accompli l'escalade ! [1]

Walter Scott l'avait précédé. Dans son roman historique d'*Anne de Geierstein*, il en a donné cette très exacte description : « A cinq ou six milles de la ville d'Aix s'élève une montagne de trois mille pieds [2], à la cime hardie et rocailleuse. Voyez là-haut ce monastère qui s'élève entre deux énormes rochers. Il n'y a de terrain plat que le défilé où le couvent de Sainte-Marie de la Victoire se trouve pour ainsi dire niché. Pour gravir la montagne, il faut la contourner et suivre un sentier étroit et escarpé, tantôt escaladant des rochers presque à pic, tantôt atteignant leur sommet par un long détour. On serpente à travers un bois de buis sauvage et d'autres arbustes aromatiques, pâture des chèvres, mais qui retardent beaucoup la marche du voyageur. L'heure s'écoule avant d'avoir atteint la cime du mont et de se trouver en face du singulier couvent. Sa sombre façade répond à l'aspect sauvage des roches arides qui l'entourent partout, à l'exception d'un petit espace de terrain plus uni où les bons pères, à force de travail, étaient parvenus à se procurer la jouissance d'un jardin.

(1) *Livre d'un père.*

(2) La *croix* est à 946 m., le pic de Saint-Serf à 1011.

« Du côté d'Aix le couvent commande une vue superbe et illimitée. Un balcon naturel, placé sur le bord d'un immense précipice, semble établi pour jouir du coup d'œil. On détourne les yeux du gouffre pour admirer le paysage admirable surtout à l'heure du soleil couchant. Les derniers rayons de l'astre laissent voir dans une splendeur rougeâtre une variété infinie de montagnes et de vallons, de pays découverts et de champs cultivés, de villages, d'églises et de châteaux..... »

D'après la tradition, le consul Marius aurait consacré un temple à la Victoire sur la montagne, témoin de son triomphe sur les hordes teutoniques. Les chrétiens auraient plus tard substitué à la déesse une sainte du même nom, la vierge et martyre Victoire. Longtemps visitée par les pèlerins, cette chapelle n'était plus que ruines au XVI$^e$ siècle. En 1651, messire Aubert, prêtre de Saint-Sauveur, « fit dessein de renouveler la dévotion qui était autrefois à l'ermitage. » Il fut secondé par un bourgeois d'Aix, Honoré Lambert, « lequel avait pendant une longue maladie fait vœu, s'il recouvrait la santé, de bâtir au sommet de la montagne une église sous le titre de Notre-Dame de Victoire, depuis le fondement jusqu'au clocher, l'ayant garni de sa cloche. » Lambert fit faire « le maître-autel auquel il y a quatre colonnes avec son ornement et tabernacle, l'image en bosse de Notre-Dame au milieu et à chaque côté les figures de S$^t$ Jean-Baptiste et de S$^t$ Honoré, avec une lampe qui brûle toujours. Il a fait refaire tout de neuf l'ancienne chapelle qui était tombée d'elle-même, et a fait élever ce bastiment à plus de 14 paus d'ault, et parce que le soleil n'y entrait pas du tout l'hyvers, a fait ouvrir la montagne du côté du midi, et d'autant qu'il n'y avait point d'eau a fait faire une très belle cisterne, et depuis, plusieurs autres belles réparations pour l'ornement des deux églises, et ce qui est encore meilleur une maison à quatre chambres, avec ses offices, partout bien meublée.[1]. » Durant ces travaux, le 25 octobre 1654, le clergé de Saint-Sauveur, sa musique, et les pénitents de l'observance portèrent une statue de N.-D. de la Victoire qu'ils placèrent dans une grotte au-dessous de l'ancienne chapelle.

Le seigneur du lieu, Henri de Clapiers de Séguiran, donna le terrain, et un circuit autour, sous réserve d'inaliénabilité, 1658. Il fonda trois messes, et avec l'approbation du cardinal, nomma messire Aubert recteur de la chapelle. Les seigneurs de Saint-Antonin et de Roques-Hautes donnèrent les terrains adjacents. Enfin, aux aumônes recueillies à Aix, la communauté de Vauvenargues ajouta le don de 338 livres, et l'interdiction de la dépaissance sur les terres du prieuré.

Aubert s'étant établi à Sainte-Victoire avec un frère, les pèlerins affluèrent, et l'on s'adressa aux carmes d'Aix pour desservir la chapelle.

Quatre religieux s'installèrent dans cette solitude aérienne. Ils l'habitaient depuis quelques mois quand, par ordre

(1) *Acte de fondation*, communiqué par M. le marquis d'Isoard-Vauvenargues, ainsi que le suivant, et la lettre de Joseph Bonaparte, p. 219.

de leur général, ils l'abandonnèrent, 21 décembre 1664. Nicolas Lambert, neveu d'Honoré, y demeura treize ans. Il plaça la Vierge à l'entrée de la chapelle, *Regina Victoriæ 1676.*

Le 16 janvier 1681, Aubert fit cession aux camaldules de tous ses droits sur l'ermitage. Deux de ces religieux y séjournèrent, mais peu d'années.

Depuis, des ermites s'y succédèrent de loin en loin. Le prieuré Sainte-Victoire est mentionné dans le pouillé de 1728. Il possédait encore 200 livres de revenu en 1790, mais n'était pas à résidence.

A ce moment, le seigneur de Vauvenargues avait repris possession de la chapelle et dépendances, circonstance qui les sauva. Le dossier de la vente des biens nationaux ne mentionne, en effet, pour cette paroisse, que le jardin du curé.

Faute d'entretien, tout se dégrada. Les excursions à la montagne se firent de plus en plus rares. Les Pertuisiens abandonnèrent leur ascension traditionnelle de la Saint-Jean eux dont un notaire aixois avait écrit avec conviction que « lorsqu'un enfant vient à naître, on peut douter s'il reçoit la vie plus tôt que l'inclination d'aller à Sainte-Victoire. »

En 1871 seulement, lors de l'érection de la *Croix de Provence*, le mouvement a repris d'une façon sérieuse.

De temps immémorial une croix a été placée sur le pic qui domine l'ermitage au levant. Un marin, sauvé d'un naufrage, avait planté une de ces croix. On a trouvé deux petites ancres en fer dans le trou où elle avait été fixée. Celle qui la remplaça portait cette inscription : « Cette croix est dédiée à Louis Joseph François-Xavier, Dauphin de France (armes du dauphin), et c'est Jean Laurens, originaire de Toulouse, et citoyen d'Aix depuis trente ans, qui l'a faite de ses propres mains, et fait planter à tous ses dépens, l'année 1785, le 22 octobre. » Cette croix avait été préalablement bénite dans l'église Saint-Laurent *intra muros*.

Une autre croix, haute de dix mètres, posée par le pensionnat Nicolas en 1842, fut renversée vingt ans après par une tempête.

La * *Croix de Provence* traversera les siècles. Vouée à Dieu, durant l'hiver de 1870, par quelques chrétiens groupés autour de M. Meissonnier, curé de Rousset, dans l'intention de préserver la Provence de l'invasion menaçante ; ainsi nommée parce qu'elle se dresse au centre des quatre départements provençaux, elle a été élevée du 20 avril 1871 au 15 mai 1875, par les aumônes de 100 paroisses et de 22,000 fidèles. Dépense totale, 15,500 francs.

Tous les matériaux, l'eau même, furent transportés à dos de mulet jusqu'au plateau, et de là au pic sur les épaules des ouvriers qui avaient été obligés de tracer dans le roc un sentier des plus dangereux.

Cette croix n'a pas sa pareille en France. 19 m. de haut. dont 7 m. 25 pour la croix elle-même, toute en fer, près de 12 pour le piédestal, pierres et briques. Nom des souscripteurs dans un grand cœur de cuivre.

Elle fût bénite par Mgr Forcade qui fit l'ascension à pied et à jeun, célébra la messe, la première certainement qu'un archevêque ait dite sur cette montagne, distribua de nombreuses communions, et accorda quarante jours d'indulgence pour chaque *Pater* et *Ave* récités de près ou de loin, en vue de cette croix.

*Inscriptions du piédestal.* — 1. Vers Paris. — Croix de Provence, bénite par Mgr Théodore-Augustin Forcade, archevêque d'Aix, Arles et Embrun, le 18 mai 1875.

2. Vers Rome. — D. O. M. O Crux, Dei virtus et nostra, salve. Lux tua cordibus Jesum amantibus dulcis, heu! non amantibus misericors, late splendeat[1].

3. Vers Marseille. — ΙΔΟΥ ΝΑΥΤΑΙ Η ΦΑΡΟΣ—ΕΜΠΟΡΟΙ ΤΟ ΚΕΡΔΟΣ — ΕΡΓΑΤΑΙ Η ΗΣΥΧΙΑ ΧΑΙ Ο ΠΛΟΥΤΟΣ[2].

4. Vers Aix. — O crux ave! Sourgènt d'inmourtalo lumièro. — Emé lou sang d'un Dièu, o Testamen escri! — La Prouvènço a ti pèd se cliné la proumièro. — Assousto la Prouvènço, O Crous de Jesu-Cri.

Non loin de la croix, au-dessous d'un arc grandiose de rochers, s'ouvre le gouffre du Garagaï dans lequel Marius, sur le conseil de la prophétesse Marthe, aurait voué aux dieux infernaux trois cents prisonniers teutons[3]. Au fond

(1) O croix, force de Dieu et la nôtre, salut! Puisse votre lumière si douce aux cœurs qui aiment Jésus, si miséricordieuse à ceux qui, hélas! ne l'aiment plus, resplendir aux plus lointains horizons.

(2) Matelots, voici le phare; négociants, voici le gain; travailleurs, voici le repos et la vraie richesse.

(3) Plutarque, *Vie de Marius.*

du gouffre s'étend un lac azuré, aux eaux transparentes, parsemées d'îles merveilleuses dont l'une nourrit dans ses prairies enchantées la mystérieuse *cabro d'or*. On n'a qu'à aller voir. *Facilis descensus averni*... le mérite sera d'en revenir.

Jours de pèlerinage à Sainte-Victoire, 24 avril, fête de la sainte ; 24 juin « où le soleil fait trois sauts à son lever », c'est-à-dire qu'il paraît trois fois, après avoir disparu derrière deux pics différents ; 3 mai et 14 septembre, fêtes de la Croix. La messe se dit toujours dans la chapelle le 24 avril.

Avant de quitter le mont illustre depuis vingt siècles, agenouillés devant la grande croix, redisons la prière inspirée de notre poète national :

Plus aut que lou Mount et que lou Delubre,
Vègues longo-mai, Crous di Prouvençau,
Lis ome en dessouto e Dièu en dessubre
Moure a toun entour l'ordre universau.

Aubouro ti bras, Crous de la Patrio,
E mete a la sousto aquest terradou,
Ounte sant Lazare e li tres Mario
Vengueroun planta toun bos sauvadou

Dóu mounde catièu se l'endourmitòri
Dins l'oumbro eilavau nous meno au degai,
Treluse eilamount, signau de Vitòri,
Per que noun toumben dins lou Garagai !

F. Mistral.

# VENELLES

*Venellae*

—

Une charte de Saint-Victor, du 14 juin 1014, déclare appartenir à l'abbaye « ecclesiam sti Ypoliti de Vennennâ cum presbyterato ». Les bulles de Grégoire VII, en 1079, et d'Innocent II, en 1135, comptent aussi cette église dans les possessions de Saint-Victor. Cependant l'archevêque Pierre II assigne, en 1082, l'église de Venelles à son chapitre.

C'est qu'il y avait deux Venelles à cette époque, chacun avec son église. Plusieurs chartes du xi$^{e}$ siècle établissent en effet la distinction entre *Velenna vetula*, et *Velenna nova*. Le premier appartenait au chapitre comme curé-primitif, le second à Saint-Victor par une concession que son ancienneté dérobe aux recherches.

Jusqu'à la révolution, les droits du chapitre, nomination à la cure, partage de la dîme, etc., ont été exercés par le chanoine capiscol, et ceux de Saint-Victor par l'infirmier du monastère. Ces derniers droits devaient être importants, car le cartulaire de l'abbaye rapporte de nombreux dons de terre faits à son église, au xi$^{e}$ siècle surtout.

En ce siècle, la paroisse était constituée, puisque l'acte de 1014 parle d'un presbytère. Paroisse de *castrum*, sa fondation doit remonter à la période qui s'étend du v$^{e}$ au au IX$^{e}$ siècle.

A cette époque, le *castrum* avait quitté son emplacement primitif, pour s'établir dans une position nouvelle qui domine les vallées de l'Arc et de la Durance. Il reste du premier quelques ruines au lieu dit le *Castellas*, et du second des débris un peu mieux conservés à peu de distance de l'église. *Castrum de Venellis* est porté sur la liste *Pergamenorum*, 1200.

La haute seigneurie de Venelles appartenait aux hospitaliers de Saint-Jean d'Aix. Ils la vendirent en 1192 au comte Ildefons I$^{er}$. Charles II la transmit en 1291 à l'archevêque Rostang de Noves, qui de son côté lui céda ses droits sur Meyrargues.

Cet échange régularisa une situation anormale au point de vue du droit féodal. Hugues des Baux avait fait donation à Charles II du château de Meyrargues et de la bastide du Sambuc qu'il tenait en fief de l'Eglise d'Aix. Le comte, placé au-dessus de tous ses sujets par son droit souverain, devenait donc, par sa substitution à la maison des Baux, vassal de l'un d'entre eux, l'archevêque d'Aix. Pour arranger les choses, il fit proposer cet échange à l'archevêque qui accepta. Le pape examina la convention et l'approuva.

Voici en quelle forme s'opéra ce qu'on nommerait aujourd'hui la transmission des pouvoirs. En ayant reçu l'ordre du sénéchal de Provence, le clavaire d'Aix, Pierre Desdier, se rendit à Venelles le 24 mars 1300, avec Bertrand Atanulphe, de Ventabren, procureur du seigneur archevêque et du chapitre. Ils rencontrèrent à la porte du château le bailli du lieu, Guillaume Sigaudi, tenant la place de noble damoiseau, Jacques Artaudi, son seigneur. Le clavaire présenta le diplôme royal au bailli, puis prenant par la main le procureur de l'archevêque, il l'introduisit dans le château, déclarant que par cette investiture de haute seigneurie, il n'entendait préjudicier à aucun des droits du seigneur Artaudi.

Le curé de Venelles, Bérenger Ardoyn, le prêtre Raymond, son neveu et vicaire, appelés comme témoins, assistèrent à cette prise de possession, ainsi que l'huissier de la cour royale Guisot, et l'huissier de l'archevêché, Guillaume Fournier.

A une heure ou deux d'intervalle, le temps sans doute de dîner, le clavaire fit arborer au-dessus de la plus haute tour du château l'étendard du seigneur archevêque en signe de haut domaine. Et incontinent le changement de seigneurie fut publié à son de trompe par les rues du village et le territoire. « Gens de Venelles, proclama le héraut, sachez que pour tous les cas où vous aviez recours à notre sire le Roi, vous aurez désormais à vous adresser à l'autorité du seigneur archevêque. »

Quand les publications furent terminées, le notaire Robert Brizabbaras dressa procès-verbal des opérations de la journée, acte qui fut signé par les témoins susdits et deux notables du lieu.

Ainsi, en la dernière année du siècle treizième, fut transmise du comte de Provence au seigneur archevêque d'Aix, la haute seigneurie sur le castrum et territoire de Venelles.

Les Artaudi possédaient la seigneurie depuis 1237, par concession du comte Raymond [1].

Jacques Artaudi, dont il a été question, avait épousé une d'Alamanon, sœur de l'évêque de Sisteron qui est enterré dans la Madeleine.

Il en eut plusieurs enfants dont l'un, Jean ARTAUDI, entra chez les frères prêcheurs, devint prieur du couvent de Saint-Maximin, pénitencier du pape Jean XXII, puis évêque de Nice en 1329, et de Marseille en 1333. Artaudi n'occupa ce dernier siège que deux ans, et encore en cet espace de temps se rendit-il, avec le titre de nonce apostolique, dans les provinces flamandes en guerre avec le duc de Brabant. Il contribua puissamment à la conclusion de la paix en faisant accepter par les belligérants l'arbitrage du roi Philippe VI. Il mourut au mois de juillet 1335, dans son ancien couvent de Saint-Maximin, et fut, selon toute probabilité, inhumé à la Madeleine d'Aix.

La haute seigneurie de Venelles fut rendue à la couronne par Olivier de Pennart, le roi René abandonnant à la place la totale juridiction sur le *castrum de Alpibus* (Aups).

Mais l'administration du roi René était si paternelle qu'on ne se résignait pas facilement à passer sous une autre, même celle des archevêques. Les gens d'Aups, dès qu'ils connurent le traité, jetèrent les hauts cris, et le bon roi, ne

(1) V. Abbé Albanès, *Jacques Artaudi*, étude neuve et solide qui abonde en faits et en documents inédits. C'est d'après une charte exhumée des archives départementales, et rapportée dans ce livre que nous avons rédigé le récit précédent.

voulant point les contrister, reprit sa juridiction. Il remit à l'Eglise, comme nous l'avons déjà dit, le jardin qu'il avait au midi de sa capitale, sur lequel l'archevêque Mazarin bâtit plus tard le quartier d'Orbitelle, 1479.

— Venelles était desservi par un curé et un vicaire : il l'est aujourd'hui par un curé-desservant. Le curé assista au synode de 1421, ainsi que le prieur de Venella nova. Un autre curé, le fait est vieux, c'était en 1547, n observa qu'à peu près la loi de la résidence. L'archevêque Antoine Imberti revenait des premières sessions du concile de Trente, où justement il avait été chargé de procéder contre les prélats absents sans cause légitime. Il rendit une ordonnance pour obliger ce vicaire perpétuel à résider ou à se substituer « ung vice-gérant ydoine et suffisant ».

Le curé qui partageait la dîme avec le capiscol, n'était pas congruiste : ses revenus s'élevaient à 700 livres. Assisté de deux notables, il administrait le bureau de charité dont les réunions se tenaient à la sacristie. — Cette paroisse relevait de l'archiprêtré d'Aix et avait 600 habitants en 1789. Actuellement elle est comprise dans l'archidiaconé d'Aix et le doyenné de Saint-Sauveur, 600 habitants.

— Démolie en 1868, l'*église* a été rebâtie en style roman sur les plans de M. Huot. Elle a été consacrée par Mgr Forcade, le 8 mai 1875. Son titulaire est saint Hippolyte, titulaire primitif, qui depuis quelques siècles avait été remplacé par N.-D. de la Rose, c'est-à-dire du Rosaire. Le maître-autel et deux cloches sur trois proviennent des anciens Trinitaires d'Aix. L'autre cloche, *Marie Made-*

*leine*, est surnommée *Mario saùvo terro*. C'est ainsi qu'était désignée dans la plupart des paroisses la cloche qu'on sonnait à l'approche de l'orage. Sur presque toutes, comme sur celle-ci, était gravé le verset : *A fulgure et tempestate, libera nos Domine.*

Chapelles rurales. — *Saint-Hippolyte*, au château de ce nom, charmante chapelle ogivale bâtie en 1855. C'est, croyons-nous, en cet endroit que se trouvait le prieuré de *Velenna* ou *Venella nova* (on rencontre l'un et l'autre dans les chartes) qui dépendait de Saint-Victor, et était placé, comme l'ancien Venelles, sous un patron commun, saint Hippolyte. — *Sainte-Anne*, vers la limite de Saint-Marc. Il n'en reste plus que les quatre murs. Achard disait d'elle à la fin du siècle dernier : « Elle est presque abandonnée depuis qu'on ne fait plus le roùmavagi du 26 juillet. »

---

# MEYREUIL

*Mirolium*

« Ecclesia parochialis de Miroil » est une de celles que le chapitre d'Aix reconnaît appartenir à l'abbaye Saint-Victor, dans la liste dressée en 1098.

On retrouve encore les vestiges de cette église primitive,

confondus avec ceux du *castrum* de Meyreuil (liste *Pergam.*, 1200), au nord du village et à mi-côte de la colline : l'abside n'a été démolie que tout récemment.

Le château, confisqué en 1300 sur le seigneur du lieu, pour cause de félonie, et réuni au domaine comtal, fut transmis ainsi que la seigneurie aux dominicaines d'Aix, 1303, par Charles II, sous réserve des droits du chapitre. Il servit de prison d'Etat durant la Ligue : quatre conseillers au parlement, d'Agard, de Tourtour, de Châteauneuf et Deydier y furent enfermés par une faction rivale en 1590. Le 5 janvier 1593, église et château furent démolis par ordre du comte de Carcès, chef des ligueurs, de peur que les troupes royalistes ne s'y fortifiassent.

Le *castrum* ne fut pas relevé. Une maison de plaisance, élevée par les dominicaines dans un domaine sis au midi du village, et que Charles II leur avait donné en 1308, le remplaça. On en voyait encore la chapelle il y a peu d'années.

Relevée à la hâte, quand les guerres civiles eurent cessé, l'église servit encore au culte l'espace d'un siècle. Mais son état de délabrement, l'éloignement et les difficultés d'accès, firent reconnaître au chapitre, prieur primitif du lieu de Meyreuil, la nécessité d'en bâtir une autre. La communauté fit quelques difficultés, mais un acte d'interdit rendu par le grand-vicaire Bernard, official de l'archevêque, trancha la question. Le 3 juillet 1687, messire Bernard, à la suite de sa visite de l'église Notre-Dame de la Rose, « ordonna de transférer l'*osanna* de ladite paroisse dans la chapelle joignant la bastide du sieur Durud, jusqu'à ce qu'on eût construit une nouvelle église et une maison claustrale dans un lieu plus commode. »

Trois jours après, la délibération du chapitre et l'ordonnance du grand vicaire étaient lues en conseil de la communauté, et séance tenante une députation était chargée, de concert avec le vicaire perpétuel, de chercher l'endroit le plus convenable pour cette construction. La députation visita les divers emplacements proposés et se décida pour celui que le vicaire perpétuel recommandait. Me Gilles, notaire à Aix et greffier de la communauté de Meyreuil, dressa procès-verbal de cette décision, rédigea le cahier des charges pour l'entrepreneur, et les travaux furent commencés. « L'admirable *(sic)* chapitre de Saint-Sauveur offrit la somme de six vingt livres et le vicaire perpétuel Léon Honoré en fit autant. » Tous deux dépassèrent de beaucoup leurs promesses. En sus des offrandes généreuses des habitants, le chapitre contribua pour 600 livres, messire Léon Honoré pour 300, et la communauté, Barnoin et Bonneau étant consuls, pour 900.

La nouvelle église fut livrée au culte en 1689, et reçut saint Marc pour titulaire. Le second anniversaire séculaire de cette inauguration a été célébré le 15 septembre 1889 dans une belle fête que présida Mgr Gouthe-Soulard.

Messire Léon Honoré fut un de ces curés dont le nom se transmet d'âge en âge. Il ne voulut jamais quitter Meyreuil qu'il évangélisa quarante-quatre ans. Non content d'avoir bâti l'église, il institua un bureau de charité auquel il légua une somme de 1,500 livres, affectant les intérêts à fournir la dot d'une fille pauvre et honnête. Chaque année les consuls et le vicaire se réunissaient à la maison claustrale et choisissaient la vertueuse bénéficiaire de ce legs.

M. Joseph Baille était curé depuis le 6 mai 1780, et en outre titulaire d'une chapellenie à Saint-Sauveur et d'une autre dans l'église de Lambesc, quand il fut arrêté sous l'inculpation de fédéralisme. Condamné à mort par la commission militaire de Marseille, le 14 février 1794, il fut fusillé le lendemain, vrai martyr de la religion, malgré le motif mis en avant pour le frapper.

Un autre curé, M. Mallet, † 1837, a laissé une mémoire bénie. Incarcéré durant les mauvais jours, il échappa à la mort comme par miracle. S'étant fixé dans le territoire de Meyreuil, il administra les sacrements en secret, disant la messe à Valbrillant et dans les fermes écartées. Dès que la tolérance des autorités permit aux églises de se rouvrir, on vit paraître le vaillant prêtre dans un costume misérable, affublé d'une veste qui accusait des ans l'irréparable outrage. On lui acheta sa première soutane.

Mais la misère du prêtre était moins attristante que les profanations infligées à la maison de Dieu. Une vieille déité, Flore ou Pomone, enlevée au parc d'un château voisin, avait été hissée sur l'autel à la place du crucifix, et, sous le nom de Mère de la patrie, avait reçu les hommages des patriotes. On descendit l'image sacrilège, et on l'enterra dans le chemin creux qui monte à l'église, où gens et bêtes l'ont foulée aux pieds longtemps.

— Les religieuses dominicaines, avons-nous dit, possedaient la seigneurie de Meyreuil depuis 1303. Chaque année, à la belle saison, elles quittaient leur couvent de Saint-Barthélemy, et s'en allaient, à la mode italienne, passer quelques semaines au grand air dans leur domaine. On voit encore dans l'église de Meyreuil un portrait de religieuse dominicaine, en large manteau fourré d'hermine, les cheveux poudrés comme une femme du monde. Il représente M^me^ Julie Victoire de Reboul-Lambert, sœur du dernier évêque de Saint-Paul-Trois-Châteaux, et tante de M^gr^ de la Gaude, dernière prieure du monastère, lequel demeura jusqu'au bout l'asile préféré des vocations aristocratiques. Expulsée en 1790, M^me^ de Reboul survécut à la révolution, et mourut en 1803, âgée de 94 ans. On a mis la crosse à ses pieds, parce que les prieures s'intitulaient abbesses depuis que Louis XIV les avait rendues perpétuelles.

— En 1789, la paroisse, avec 700 habitants, était desservie par un curé, nommé par un des chanoines de Saint-Sauveur, tenant la place du chapitre comme prieur décimateur, et un vicaire. Le curé, congruiste, avait un revenu total de 560 livres. Depuis une dizaine d'années, le vicaire était remplacé par un capucin qui venait aider le curé tous les samedis et dimanches. Archiprêtré d'Aix. — Actuellement Meyreuil, avec 670 habitants, est confié à un curé-desservant. Il dépend de l'archidiaconé d'Aix, et du doyenné du Saint-Esprit.

Eglise, 1689, tit. saint Marc, patron du pays; l'ancienne était sous le vocable de N.-D. de la Rose. Agrandie du collatéral de gauche en 1848, du sanctuaire en 1850.

* *Autel majeur* à rétable, en bois doré, avec statues de saint Augustin et de saint François de Sales, et une *Visitation*, bonne peinture du XVIIe s. — * *Autel du Sacré-Cœur* à rétable, bois doré, avec une * *Apparition de N. S. à la B[se] Marguerite-Marie*, tabl. d'Arnulphy, 1742. — *Chaire*, bois doré ; aux panneaux, les quatre grands docteurs de l'Eglise latine. — Tous ces objets proviennent du deuxième couvent de la Visitation d'Aix. Ils ont été donnés par M. Maréchal, ancien maire, qui les avait acquis d'un brave charretier, lequel se les était fait adjuger à vil prix à la vente des visitandines, dans l'intention de les conserver pour des temps meilleurs.

— *Saint Marc* est aussi le titulaire d'une chapelle qui domine la rive droite de l'Arc. *Saint-Marc-de-l'Arc* est une construction romane, agrandie au XVe siècle, mais qui semble élevée sur les ruines d'un temple païen. Elle est d'ailleurs établie sur l'ancienne voie aurélienne, et entourée de tombeaux et de débris antiques. On raconte qu'un paysan ayant été épargné dans la chute d'un des énormes rochers qui surplombent la route, attribua sa préservation à saint Marc, et dota la chapelle de son dernier agrandissement. Cette chapelle était confiée aux soins de quatre syndics annuels : ceux de 1628 firent peindre le tableau qui s'y voit encore, représentant saint Marc, et dans le lointain la ville d'Aix, de tout temps très dévote à saint Marc, comme le prouve l'épisode suivant des guerres de religion, 25 avril 1562 :

« C'estait, dit Pitton, une coutume fort ancienne parmi

le petit peuple d'aller le jour et feste de S. Marc à sa chapelle sur le chemin aurélian ; la cérémonie consistait à marcher dans le silence et à pieds nus, fondés sur l'évangile du jour laquelle dit de ne porter ny souliers ni baston et ne salüer personne en chemin. Le soir auparavant, les religionnaires semèrent des grains d'espinards depuis la chappelle de Sainte-Anne iusques à celle de Saint-Marc et en si grande quantité que ceux qui de grand matin voulurent continuer leur dévotion ne purent faire le chemin à cause de la douleur qu'il souffraient à la plante des pieds par les picures de cette graine, laquelle est fort dure et armée de petites pointes, tellement qu'ils furent contraints de se retirer, et ce qui les fascha le plus furent les huées et les railleries qu'il fallut subir à l'entrée des portes. »

Cette mauvaise plaisanterie retomba sur ses auteurs. Quelques pèlerins plus durs à la souffrance avaient poursuivi leur route jusqu'à Saint-Marc, les pieds ensanglantés et les jambes bleuies par les coups de houssine dont les protestants, postés de distance en distance, les avaient frappés. Ils priaient, la rage au cœur, lorsque le carrosse du comte de Carcès fut signalé. Les catholiques arrêtent leur chef et lui demandent vengeance. On concerte un plan d'attaque à exécuter sans retard, et des émissaires courent à la ville porter le mot d'ordre. Au moment où Carcès fait son entrée, le tocsin sonne à tous les clochers. C'est le signal convenu. Les catholiques descendent dans la rue, surprennent les corps de garde huguenots et les dispersent. On rapporte que les pénitents noirs quittèrent leur chapelle où ils chantaient l'office, et qu'ayant retroussé leurs robes, ils délogèrent à coups de pierres le poste huguenot de la porte des Cordeliers. La ville fut évacuée par les hérétiques avant le soir. — Bénite après réparation, le 4 mai 1890, par Mgr Gouthe-Soulard.

---

# LE THOLONET

*Todonum*

---

Renommée pour l'agrément de son site, l'abondance de ses eaux et la beauté de ses ombrages, cette paroisse tire son origine du *castrum Todoni* que la liste *Pergamenorum* mentionne vers l'an 1200. Ce fut longtemps une terre de l'Eglise, et les mêmes incidents qu'à Vauvenargues s'y élevèrent au sujet des exemptions locales. Quand Ildefons II accorda aux aixois le privilège de lignage et pâturage à cinq lieues autour de la ville, les gens du Tholonet firent sonner bien haut leur titre de sujets de l'archevêque, mais lorsque l'archevêque Grimier eut accordé aux aixois « ob fidem quam habent et semper habuerunt sanctae Romanae Ecclesiae », les mêmes privilèges que le comte leur avait concédés, les habitants du Tholonet, comme ceux de Vauvenargues, durent tolérer cette servitude.

En 1287, l'Eglise d'Aix céda à Raymbaude, femme de Bertrand Audibert, toutes ses possessions au Tholonet, estimées 15,000 sous, en échange des droits que cette dame avait sur diverses parties du territoire de Puyricard. Le château des archevêques est marqué comme détruit dans un document de 1450, copié sur un autre plus ancien, ce qui reporte la destruction au moins au XIVe siècle, probablement aux incursions de Raymond de Turenne.

Dans la liste du synode de 1421 est inscrite « Ecclesia de Tordonos » ; les archives de l'ancien archevêché ne mentionnent pourtant de nomination de curé qu'à partir de 1636.

Le chanoine-archidiacre de Saint-Sauveur était prieur-décimateur et nommait à la cure. Le curé recevait 630 livres. — Cette paroisse comprenait autrefois les trois communautés du Tholonet, de Beaurecueil et de Roques-Hautes. Elle avait 300 habitants en 1789 : actuellement le chiffre s'élève à 500 ; elle dépendait autrefois de l'archiprêtré d'Aix, aujourd'hui de l'archidiaconé d'Aix et du doyenné de la Madeleine.

Un des curés, M. Bagarris, mort en 1834, avait été avant la révolution chanoine du chapitre royal de Saint-Quentin.

Un de ses successeurs, M. Bernard, composa dans son modeste presbytère une traduction en vers de la *Jérusalem délivrée* qu'un maître de la critique parisienne déclara digne de l'impression. Au reste le site varié et pittoresque du Tholonet avait déjà excité la verve d'un écrivain classique, du premier de nos poètes descriptifs. Pendant un séjour au château, l'abbé Jacques Delille composa une partie du poème de *l'Imagination*, la plus ingénieuse et la plus brillante de ses œuvres.

L'Église, qui a pour titulaire Saint-Sauveur ou la Transfiguration, fut bénite en 1780 par l'abbé Fontaire, secrétaire de l'archevêché, en présence de messires Gillet, curé du Tholonet ; Martin, curé de Saint-Marc ; Jourdan, curé de Beaurecueil ; du syndic du Tholonet, de la famille de Galiffet, etc. Les communautés de Beaurecueil et de Roques-Hautes, quoique érigées en paroisse distincte, entrèrent en part dans la dépense parce que le Tholonet demeurait leur paroisse mère. Jusque-là le culte s'était exercé dans la chapelle du château, qui avait succédé à celle de l'ancien *castrum*. La fête patronale est l'Invention de la Croix. — Réparée complètement, et inaugurée par Mgr Gouthe-Soulard, 3 mai 1890.

---

# BEAURECUEIL

*Bellus recessus*

Dans le voisinage du manoir de Beaurecueil s'élève la modeste église de N.-D. de l'Annonciation, qui jusqu'en 1756 fut une simple annexe du Tholonet, où l'archidiacre de Saint-Sauveur, prieur-décimateur de la paroisse, faisait dire la messe les dimanches et fêtes. En cette année elle fut érigée en paroisse, non pas absolument indépendante comme aujourd'hui, mais succursale du Tholonet.

Dans sa *Notice sur la paroisse de Beaurecueil*, M. Bourrillon a résumé les divers actes qui aboutirent à la création de cette paroisse. Double requête des consuls en 1677 et en 1682, à l'effet d'obtenir une église avec un service régulier ; — enquête par le docteur Cadry, favorable aux habitants ; — transaction de 1683 qui décide la construction d'une chapelle, « on y mettra un bassin ou un vase en pierre pour administrer le baptême en cas de nécessité » : la dépense sera payée deux tiers par les communautés de Beaurecueil et de Roques-Hautes, un tiers par l'archidiacre de Saint-Sauveur, prieur du lieu ; un prêtre, agréé par l'archevêque, dira la messe, mais le curé du Tholonet conservera la charge des âmes, administrera les sacrements de mariage et de baptême dans la future église lorsqu'il en sera prié, ledit curé ira au moins une fois le mois dire la messe dominicale et faire le prône, il dira aussi la messe et fera l'office pour la fête du titulaire, et à l'une des trois fêtes principales, Pâques, Noël et la Pentecôte, à son choix. — Comme on ne se pressait pas de bâtir la chapelle, l'archevêque s'étant porté à Beaurecueil en 1699, « vu qu'il n'y avait aucune chapelle propre pour y célébrer la messe et que de tout temps elle s'était célébrée dans le château, » interdit cet oratoire et ordonna de bâtir une chapelle séparée du château.

On s'exécuta cette fois, et sur un terrain donné par le seigneur du lieu, on édifia une église qui fut terminée en 1703.

Le 15 novembre 1707, en homologuant la transaction de

1683, le grand vicaire official, après avoir réglé la nomination des marguilliers et leur administration, ordonna que les vieillards, les *femmes enceintes*, les *nourrices* et les infirmes de Beaurecueil et Roques-Hautes pourraient faire leurs pâques à Beaurecueil, que le prêtre chargé du service transmettrait le rôle de ces communiants au curé du Tholonet, etc. Par ces concessions, cette chapelle était élevée au-dessus d'un simple *service*, et devenait une *annexe*. En 1756, elle fut érigée en *succursale*, ayant son vicaire perpétuel. Par ordonnance du 22 juin, rendue malgré réquisitions contraires du curé du Tholonet et de l'archidiacre de Saint-Sauveur, Mgr de Brancas prononça cette érection, spécifiant qu'on établirait des fonts baptismaux, un cimetière, dans lequel pourraient être inhumés les fidèles décédés dans le district, seulement depuis la Saint-Michel jusqu'à Pâques de chaque année, à cause de la difficulté de passer le *torrent* de Bayeux en hiver ; qu'un prêtre desservant résiderait à Beaurecueil avec logement convenable et l'honoraire de 250 livres qui était la congrue d'alors ; que les publications de mariage seraient faites tant dans l'église paroissiale du Tholonet que dans la succursale de Beaurecueil, sans que les habitants eussent à payer aucun nouveau droit.

M. Taneron, qui faisait le service précédemment, fut le premier titulaire de la succursale.

La communauté de Roques-Hautes ayant été réunie à celle de Beaurecueil en 1829, il n'y a plus depuis qu'une seule commune comme il n'y avait qu'une seule paroisse.

— Au XVIIIe siècle, les Laugier étaient seigneurs de

Beaurecueil. Cette famille, connue dès le XI^e^ siècle où elle donnait un évêque au siège de Digne, a fourni encore plusieurs prêtres remarquables par leur science et leur vertu, entre autres Charles Bernardin de LAUGIER DE BEAURECUEIL, qui installé, en 1743, curé de Sainte-Marguerite, à Paris, conserva la direction de cette populeuse paroisse jusqu'à l'heure où sa tête fut mise à prix comme celle des prêtres qui refusèrent le serment à la constitution civile. M^re^ Laugier de Beaurecueil était à ce moment doyen des curés de Paris. Le 9 janvier 1791, malgré la défection de vingt-six de ses prêtres, le noble vieillard déclara que sa conscience ne lui permettait point de prêter ce serment schismatique : cinq de ses prêtres l'imitèrent.

Il connaissait le chemin de l'exil : le 8 mars 1755, il avait été condamné au bannissement pour refus de sacrements dans l'affaire des billets de confession. Il avait passé ce premier exil à Rome. C'est encore à Rome qu'il se retira après son expulsion. On croit qu'il y mourut, mais on ne connaît pas la date précise, ce qui empêche d'affirmer absolument que ce soit sous son administration, de droit sinon de fait, qu'ait été inhumé dans le cimetière de Sainte-Marguerite, le 10 juin 1795, le corps du malheureux Louis XVII, décédé la veille au Temple. Sous l'administration de M. de Beaurecueil eurent lieu, en 1760, l'érection de la chapelle des âmes du Purgatoire dont les peintures à fresque de Brunetti et Briard, parfaitement conservées, sont bien connues des artistes ; en 1768, l'érection de la tour-clocher, qui coûta 40,000 livres et qui fut garnie de six cloches.

Dans la série des portraits gravés des curés de Sainte-Marguerite que possède cette paroisse, est comprise une belle gravure qui le représente en surplis et étole pastorale, à l'âge de la maturité. Autour de l'ovale qui encadre le portrait, on lit : « Messire Charles Bernardin Laugier de Beaurecœuil *(sic)*, curé de Ste-Marguerite et Doyen de Messieurs les Curés de Paris. » — Au bas sur un cartouche style Louis XVI :

Chéri de son nombreux troupeau,
Ce Pasteur tend les mains à la triste indigence,
Ami des Arts, ami du Beau,
Il plait par sa douce éloquence,
Et pour son cœur sensible un trait de bienfaisance
Est toujours un plaisir nouveau.

Par M. D'AQUIN.

— Les anciens registres paroissiaux portent à la fin de plusieurs actes la signature du petit clerc Claude Rey, le futur évêque de Dijon.

— Beaurecueil, succursale du Tholonet, archiprêtré d'Aix, avait 250 habitants en 1789. — Actuellement il relève de l'archidiaconé d'Aix, et du doyenné de Trets, 150 habitants. Un curé-desservant aux deux époques. — Les sœurs de Saint-Joseph, des Vans, y dirigent une école libre depuis 1875.

— *Colonie agricole.* — Le château a été converti en une colonie agricole-pénitencier qui a contenu jusqu'à 800 jeunes détenus. La fondation eut pour auteur l'abbé Fissiaux, le 15 mars 1853.

Charles-Marie Fissiaux, né à Aix en 1806, agrégé au clergé de Marseille, vicaire à Saint-Ferréol, puis à Saint-Vincent-de-Paul, fonda l'œuvre des orphelins du choléra de 1835, après s'être signalé par son dévouement durant cette terrible épidémie. Il établit en 1839 la congrégation de Saint-Pierre ès-liens pour la garde et la moralisation des prisonniers, qui fut approuvée par Pie IX en 1853. Très apprécié de la reine Marie Amélie, il fut avisé trois fois de sa promotion à l'épiscopat, mais il refusa toujours, désireux de se consacrer entièrement à l'œuvre de relèvement moral qu'il avait entreprise. Sa croix de la Légion d'Honneur lui fut imposée par surprise en 1847. M. Fissiaux mourut subitement à Marseille en 1867. Ses restes ont été transportés à Beaurecueil, sa fondation préférée ; ils reposent dans le cimetière de la paroisse.

A la colonie pénitentiaire supprimée par le gouvernement en 1880, l'institut a substitué un orphelinat agricole, dont Mgr Gouthe-Soulard a accepté le haut patronage, et qui est appelé à rendre de grands services à la population rurale de cette région.

---

# SAINT-MARC

*Sanctus Marcus*

---

Lorsque, sorti de la ville d'Aix, on s'est engagé sur la route de Rians, après avoir laissé à droite un calvaire de pierre à moitié détruit, dont le nom populaire « lei Tres bon Dieù » brave naïvement l'orthodoxie, et un peu au delà, sur une hauteur à gauche, la tour de la Keyrié, appelée jadis *tour du Prévôt*, parce qu'elle avait été relevée en 1385 par le chanoine Isnard [1], un des partisans de Charles de Duras, un adversaire par conséquent de la reine Jeanne, on arrive après une heure de marche au château qui fut témoin d'une aventure, poétique comme une légende, certaine comme une histoire.

Au temps des croisades, deux frères, Eudes et Robert, seigneurs de Saint-Marc, s'étaient enrôlés sous l'étendard du Christ. Eudes emmenant avec lui l'aîné de ses fils, avait laissé Raymond, le plus jeune, aux soins de sa mère. Quant à Robert, inconsolable de son veuvage récent, il n'eût jamais consenti à quitter Jaumette, sa fille unique, si la mère de Raymond n'avait promis de prendre l'orpheline sous sa garde et de veiller sur elle comme sur son enfant.

(1) Ce nom manque à la liste des prévôts donnée par la *France pontificale* (Gallia christiana).

Raymond et Jaumette avaient seize ans : depuis leurs plus jeunes années ils s'aimaient sans se le dire, sans même le savoir.

Or tandis que les pères bravaient les hasards des batailles, les enfants couraient un grave danger.

Un lion, le dernier qu'aient recélé les forêts alpestres, avait été signalé du côté de Sainte-Victoire. Peu de jours après cette annonce, une nouvelle lamentable parvenait jusqu'au manoir escarpé, rapportée par un ménestrel de passage, c'était la mort du jeune seigneur de Vauvenargues, qui, s'étant trouvé sur le chemin du fauve, avait été mis en pièces.

Tous les cœurs furent saisis d'effroi, Raymond et Jaumette pleurèrent leur pauvre ami.

Et chaque jour, sortant de son repaire, le lion dévorait bêtes et gens.

Cependant, sur le front de Raymond jusque-là serein et enjoué, Jaumette a reconnu la trace des sombres soucis et des résolutions irrévocables. Anxieuse, elle l'a suivi de loin : dans une cour reculée, à l'abri de tout regard, elle l'a vu pénétrer avec mystère, aiguiser des javelots, fourbir des armes.

La jeune fille a tout deviné. Et le sang se glace dans ses veines à la pensée que celui qui possède son cœur expiera sous la dent du lion son généreux dévouement. Vingt fois elle veut parler, vingt fois sa voix s'arrête oppressée par les sanglots. Comme frappée de la foudre, elle reste immobile.

Mais tout à coup dans un fier élan : « Je mourrai avec lui, s'écrie-t-elle, ou plutôt, mon Dieu, je le sauverai. »

Sans tarder, Jaumette descend dans la salle basse du château, fait choix d'une armure à sa taille, et s'échappant par de secrets détours, va s'en revêtir dans une cabane solitaire. Sur la cuirasse de la vierge hardie luit une croix d'or, et ses lèvres murmurent une prière à Monseigneur saint Georges et à Madame sainte Marthe, vainqueurs des monstres.

Incontinent le vallon la voit se porter au pas dangereux par où la bête débouche chaque jour. Elle ne voit que la solitude, n'entend que le silence : heureuse d'être arrivée la première, elle attend.

Cependant, accompagné d'un serviteur dévoué, Raymond approchait à la même heure. Mais il s'engageait à peine dans le fatal défilé que d'affreux rugissements firent gémir la forêt prochaine. Il hâte le pas, tenant son javelot d'une main, sa longue épée de l'autre, quand soudain le lion saute sur lui, l'œil hagard, la crinière rouge de sang. « Que Jaumette me garde ! s'écrie le jeune chevalier, invoquant la dame de ses pensées, et il se jette sur la bête rugissante, frappant et refrappant encore. Mais aux premiers coups, le lion s'abat : quelques convulsions, un rugissement qui finit en une plainte, et il expire.

Raymond s'étonne de sa facile victoire, mais à la vue d'une large blessure que sa main n'a point faite, il comprend qu'il n'a fait qu'achever un ennemi déjà frappé à mort. Un triste pressentiment traverse son esprit. Sans plus songer à l'horrible dépouille étendue à ses pieds, tout à son inquiétude, il interroge les buissons l'un après l'autre... Un soupir étouffé arrive à son oreille. La voix est faible, mais il en a reconnu le premier accent. Il vole à l'appel, et voit Jaumette pâle, haletante, inondée de sang. Appuyée au tronc d'un vieux chêne, elle se tient encore debout, mais comme la tendre fleur qu'a heurtée le soc de la charrue, elle n'a plus la force de relever sa tête défaillante. « Raymond, murmure-t-elle, je meurs contente, puisque vous êtes sauvé... Vous garderez le souvenir de la pauvre Jaumette qui vous aima... Priez Dieu et Notre-Dame de recevoir mon âme en paradis ! »....

Le serviteur fidèle a sonné le cor d'alarme, on est accouru auprès de la vaillante moribonde. Des mains amies l'ont déposée doucement sur un lit de branchages, puis à pas lents on la ramène au château. Raymond la soutient pour amortir les soubresauts de la route pierreuse.

Durant la marche il invoque le patron du manoir : « Monseigneur saint Marc, vous qu'en notre chapelle l'imagier a peint domptant un lion soumis, si vous sauvez Jaumette de sa blessure, j'en fais le vœu, désormais au jour de votre fête, parents et amis, vassaux, libres et serfs, tous vous porteront par ce territoire en belle procession. »

La blessure que Jaumette avait reçue au moment où elle enfonçait son poignard dans le cœur du fauve, ne fut point mortelle. Les déchirures profondes taillées dans cette chair virginale par la griffe du lion se fermèrent, et Jaumette guérit.

Et quand, après des années d'absence, les deux frères

revinrent de la croisade, une de leurs premières joies fut d'entendre Raymond et Jaumette, agenouillés devant le vieux chapelain du château, échanger le serment des époux.

Depuis ce jour, Jaumegarde — forme abrégée de *Jaumette me garde* — devint le cri de ralliement des seigneurs de Saint-Marc et s'ajouta à leur nom de noblesse. Des sculptures représentant l'héroïsme de Jaumette furent longtemps conservées au château. Un jeu curieux, qui se maintint jusqu'à l'âge moderne, le rappelait chaque année.

A l'issue de la messe du 25 avril, on amenait devant l'église un chariot surmonté de deux piques qui tenaient suspendue la peau du lion fameux. Un cheval choisi entre les plus ardents et les plus vites, excité par un fagot qui lui piquait les jarrets, emportait le char vers la plaine. Dispersés sur le chemin, les jeunes paysans lançaient leurs traits à la peau du lion, quand elle passait rapide comme l'éclair. Celui qui l'atteignait d'abord était proclamé roi de la fête, reconduit à l'église et à sa bastide, au son du tambourin.

A ce jeu la fière dépouille s'usa au point de tomber en loque informe, tant est vraie la parole du Sage, « un lion mort vaut moins qu'un chien vivant. » La coutume tomba avec elle. Ainsi, tandis que ses nobles frères d'Arles et de Venise continuaient à régner sur d'illustres blasons, le pauvre lion de Jaumegarde s'ensevelit dans l'oubli.

Et si sa mémoire revit aujourd'hui, c'est grâce à une vieille chronique que le baron de Saint-Marc a trouvée dans ses papiers de famille. Il l'a gracieusement communiquée à celui qui a « escript à nouveau » toute cette histoire.

— Ce lieu était consacré à saint Marc dès le x<sup>e</sup> siècle. En 1004, Pons d'Avignon donne à l'abbaye Saint-Victor un mas sis *in villa Sti Marci prope vallem Veranicam*. En 1168, Pontius *de Sancto Marcho* contresigne comme témoin une donation faite à Silvacane.

Il est prouvé qu'en 1257 la chapelle existait déjà. Elle a été plusieurs fois rebâtie, et c'est probablement à la première construction que fut prise la colonne en granit placée à l'angle du chemin.

Quand la famille de Mouron, c'était d'après la chronique le nom patronymique de Raymond et de Jaumette, s'éteignit, le domaine échut à la couronne. Le roi René le donna à noble Pierre Robin, son médecin, qu'il qualifie de *famosissimus* dans le diplôme de concession. Il y est dit que le château de Saint-Marc est ainsi nommé « de la chapelle dédiée au saint qui est distante d'une portée d'arbalète. » Après lui il passa à noble Jacques Garde [1], aux de Vins, aux Meyronnet, aux Fonscolombe. Il fut démoli pendant les guerres de la Ligue, à cause de la part prise par le seigneur à un complot royaliste, et relevé peu après.

La *paroisse* date de 1673, mais avant il y avait un service dominical. L'archidiacre de Saint-Sauveur, prieur-décimateur, nommait le curé qui était réduit à sa congrue de 500 livres. En 1789, 350 hab., archipr. d'Aix ; actuel-

(1) En provençal *Jaume Garde* qui, d'après tous les historiens, aurait donné son nom au château. Nous nous sommes promis de ne jamais discuter les questions d'étymologie locale, ne tenant pas à augmenter le nombre des assertions étranges ou gratuites que ces questions ont fait émettre.

lement, 120 hab., archidiaconé d'Aix, doyenné de la Madeleine

A débuté par cette paroisse M. Placide Bicheron, plus tard supérieur du petit séminaire de Marseille, vicaire général de Viviers, mort en 1868 professeur à la faculté de théologie.

L'Eglise est de style à peu près roman. Elle a été bénite, après sa restauration complète, le 23 mai 1869, par le vicaire général Reynaud. Tablx. * *Christ jardinier*, Finsonius ; *Crucifiement*, bonne copie du Titien. — Près de l'autel de saint Marc est déposé le cœur de Jules de Meyronnet de Saint-Marc, « en mémoire de ses bienfaits. » Un de ces bienfaits est l'établissement des sœurs de Saint-Thomas qui depuis 1868 tiennent l'école et soignent les malades.

---

# SAINT-ANTONIN (1760)

*Sanctus Antoninus*

« Le territoire de Saint-Antonin compris anciennement dans la vallée de Trets et dans le domaine des vicomtes de Marseille, fut donné en partie à l'abbaye Saint-Victor vers l'an 1030, par Foulque, fils de Guillaume II et frère de Pons Ier, évêque de Marseille... L'abbé y établit quelques moines qui défrichèrent le sol et y attirèrent les habitants[1]. » La chapelle et la maison claustrale furent appelées *cella sancti Antonini*, ce qui donna son nom au hameau.

Le château datait au moins de cette époque : vers 1200, en effet, la liste *Pergam.* l'appelait « castrum *quondam* sancti Antonini. » On en trouve quelques ruines au pied de Sainte-Victoire.

La *cella S. Antonini* est mentionnée dans les bulles données en faveur de Saint-Victor en 1079 par Grégoire VII, en 1135 par Innocent II.

L'infirmier de l'abbaye était prieur de Saint-Antonin. Entre autres charges qui grevaient ses revenus, il devait solder les frais du romérage local.

En 1225, le prieur Bernard du Puy eut un différend au sujet de la dîme avec le commandeur de l'hospice des Templiers de Bayle. Trois arbitres, Isnard de Remoules, le prieur de Cadenet Isnard, et frère Jean, du couvent de Marseille, accordèrent les parties.

Autre différend en 1244, entre le prieur Dieudé et Raymond Ermengaum, commandeur de Bayle, différend tranché par les arbitres Chabaud et Valentin, nommés à cet effe par l'archevêque Raymond Audiberti.

La première mention de curé que nous ayons rencontré dans les anciennes archives de l'archevêché est de 1728 mais avant l'érection canonique de la paroisse, le servic religieux se célébrait à Saint-Antonin depuis plusieurs siè

(1) Statist. des B.-du-R., II, 1041, d'après le Cartul. S. V.

clos, puisque « ecclesia sancti Anthonii (sic) » près le Tholonet, fut représentée au synode de 1421.

Il se pourrait que ce nom de Saint-Antonin ne fût que le diminutif de celui de Saint-Antoine, et eût été donné à cette petite localité par les vicomtes de Marseille ou les moines de Saint-Victor pour le distinguer du village de Saint-Antoine près Marseille. En tous cas si, comme c'est beaucoup plus probable, saint Antonin est le patron du pays, il s'agit, puisqu'on trouve ce nom dès le XIe siècle, non du saint archevêque de Florence, mort en 1450, mais de saint Antonin, évêque de Marseille, qui vivait vers l'an 500.

— Le curé était nommé par l'Infirmier de Saint-Victor. Il percevait seulement trente livres en sus de la congrue. — 1789, 250 hab., archiprêtré d'Aix. — Actuellement 60 hab., archidiaconé d'Aix, doyenné de Trets.

EGLISE. — Bâtie en 1760. La cella romane, encore debout à l'extrémité du parc du château possédé aujourd'hui par la duchesse de Fitz-James, n'a été abandonnée qu'à cette époque. A la procession des rogations, on s'y arrête pour le chant du *De profundis*. C'est un souvenir donné au cimetière qui entourait cette cella comme presque toutes les chapelles romanes. — Autel majeur, avec * rétable bois doré, dans lequel sont encadrées de bonnes peintures et de précieuses reliques. 1er reliquaire, ossements des SS. Déodat, Théodore, Innocent et Félicissime, tirés des catacombes de Saint-Calixte, donnés en 1661 au P. Pellas, minime, par Mgr Aquilani, évêque de Porphyre. — 2me reliq. portions notables de l'avant-bras de saint Côme et du bras de saint Damien, patrons des médecins, données en 1667 au docteur Lauthier, professeur à la faculté de médecine d'Aix, par Mgr Anducci, évêque de Porphyre. Elles sont encore munies des authentiques du cardinal Grimaldi. Le tout provient de l'église des Bernardines d'Aix, qui était dédiée à l'Immaculée Conception.

— L'ancienne maison des Templiers de *Bayle*, « domus templi Bailès », *Pergam.* 1200, à une demi-lieue au sud-est de Saint-Antonin, datait du milieu du XIIe siècle. Elle avait précédé celle d'Aix de quelques années. Ce n'est plus aujourd'hui qu'une *bastide.* La bergerie occupe la place de l'église. Dans la cour, débris du cloître ; deux pierres portant en relief le soleil et la croix du Temple. On attribue à ces religieux une tranchée de 12 à 15 m. de profondeur, sur une longueur de plus de 300 m., taillée dans le roc. Ce travail paraît avoir été entrepris pour dessécher un étang qui existait autrefois au-dessous de l'hospice. — Le 24 janvier 1307 au soir, les Templiers furent arrêtés à Bayle et à la grange voisine de la Galinière par le viguier Pierre Gantelmi et le juge Garnier. Tous leurs biens meubles et immeubles furent mis sous séquestre. Un chevalier nommé Raymond Pardigon, un prêtre et onze serviteurs furent saisis et conduits au château de Meyrargues. L'inventaire dressé à cette occasion relate « un troupeau de 381 bêtes à corne, beaucoup de volaille, peu d'argent, seulement 65 sous tournois, etc.; 2 cloches au clocher, une clochette, un livre d'offices, un psautier, un légendaire, une vie de saints, etc. »

# LES MILLES (1696)

---

Le 3 septembre 1696, sur la demande des habitants du Plan d'Aillané, M. de Cosnac rendit une ordonnance portant érection d'une succursale de la paroisse Saint-Sauveur audit lieu, et construction d'une église, d'une maison claustrale et d'un cimetière. Cette succursale fut érigée en paroisse distincte l'an 1775 : le premier curé André Rey prit possession le 3 décembre 1777.

Depuis longtemps l'Eglise d'Aix et l'abbaye de Saint-Victor avaient des possessions en ce quartier.

La plaine de Moissac où se trouvaient les biens du chapitre n'était point située dans le Quercy, comme on l'a écrit quelquefois, mais aux portes d'Aix, près des Milles. Ces biens provenaient du legs d'Isnard, 2 avril 1012, indiction x$^{e}$, donnant à l'église Sainte-Marie « quae est sedes episcopalis » tout ce qu'il possédait à Moissac, le tiers du quartier, estime une charte de 1125 ; du legs d'Eblo, en 1044, consistant en une métairie dans le même « agro Moysaco » ; du don de la terre de Ratmont fait par l'archevêque Gui de Fos, † 1212. Tous ces legs avaient été précédés d'un autre dont la date est inconnue, car un acte de 1010 parle déjà du domaine Sainte-Marie à Moissac. Une église y fut bâtie, dont la bulle de 1082 fait mention, et qui est désignée dans l'acte de consécration sous le titre de Sainte-Marie *de Columpnadas*. Elle a laissé son nom au quartier de Courounade.

Quant à Saint-Victor, il avait reçu, en 1024, du vicomte Guillaume III, tout ce que ce prince possédait au vallon d'Encagnane, entre l'Arc et le domaine de l'Eglise d'Aix.

— 1579, 30 juin. Catherine de Médicis se rendit de l'archevêché au château de *Beauvoisin* (auj. la Pioline); elle y manda les chefs des deux partis opposés, razats et carcistes. Les Razats (à Paris on eût dit les Politiques), déférèrent à l'invitation, mais les Carcistes (les Ligueurs), qui n'avaient pas confiance en cette femme astucieuse, se tinrent seulement à portée, au château de Saint-Pons.

Le 1er juillet, la reine dressa un acte de pacification religieuse qu'elle fit accepter et signer par les deux partis. Elle data de la Beauvoisine l'édit qui promulguait cet accord. — Précédemment, Charles-Quint, sur le point d'entrer dans la ville d'Aix, avait passé en ce château la journée du 9 août 1536.

— Revenons à la paroisse. Il arriva en 1750 que le desservant était épuisé par l'âge et les infirmités. Un récollet venait l'aider le dimanche, mais durant la semaine, le service lui incombait tout entier. Les habitants réclamèrent à l'archevêque un secondaire pour leur desservant : « Toutes les fois que notre curé a voulu prendre une monture, disait la pétition, il s'est mis en danger de perdre la vie, parce que la grosseur de son corps le rend chancelant et fait toujours craindre quelque accident... Aussi, ajoutaient-ils, non sans malice, messire Perrinot est-il prudent. » Cette requête, plusieurs fois renouvelée, finit par être accueillie, et en 1760, un vicaire fut substitué avec avantage à la monture de messire Perrinet.

— A la suite de la constitution civile du clergé, les diverses églises de la ville d'Aix furent remises aux prêtres schismatiques. Ceux-ci, conscients de leur intrusion, laissaient d'ordinaire les prêtres orthodoxes célébrer la messe librement : mais les autorités révolutionnaires usaient de procédés moins conciliants. Les prêtres fidèles préféraient donc célébrer dans les chapelles, ou bien dans les paroisses de la banlieue, les Milles et Puyricard. Pour se venger, le directoire d'Aix ordonna, en 1798, la fermeture de ces deux églises.

Les motifs de l'arrêté sont trop à l'honneur des habitants des Milles pour que nous les omettions : « Considérant que... une partie des habitants du hameau des Milles et de Puyricard, fanatisés par leurs prêtres, se rassemblent dans les temples, suscitent de nouvelles dissensions aux républicains qui veulent exercer leur culte, les honnissent, les insultent et menacent même leurs jours. C'est aux Milles surtout que le royalisme et le fanatisme font des progrès, c'est dans l'église des Milles que des prêtres insoumis, que leurs sectaires conspirent contre la République et ses sincères amis.... Considérant que le sceptre et l'encensoir se prêtent un mutuel secours pour anéantir la liberté et l'égalité, — Arrête : les temples des hameaux des Milles et Puyricard seront fermés à l'instar de tous les autres de la commune.

Il est expressément défendu à tous ministres du culte, aux habitants de ces hameaux d'exercer leur culte ailleurs que dans le temple de Saint-Sauveur. »

— La paroisse des Milles, de l'archiprêtré d'Aix, était confiée à un curé, qui recevait 80 livres en sus de la congrue, et à un secondaire. Le chapitre était prieur décimateur, et un chanoine présentait à la cure. La population s'élevait à 1,400 habitants. — Aujourd'hui Les Milles, confié à un curé-desservant avec vicaire, dépend de l'archidiaconé d'Aix et du doyenné du Saint-Esprit, 1,800 hab. Les *Sœurs de Nevers* y ont été établies en 1874 par Mgr Forcade ; elles tiennent une école et un asile libres.

Eglise. — Dédiée à sainte Madeleine, commencée en 1696, inaugurée en 1702, restaurée complètement en 1869. Autel majeur à deux faces, anciennement aux cordeliers d'Aix.

Chaire, dans laquelle le curé Dol fut frappé de mort subite, en prêchant, 2me dimanche de l'avent 1857. Tabl. *Conversion de la Madeleine*.

Chapelles rurales. — A *Galice*, à *Campredon*, à *Riquetti*, à *Sainte-Anne*, du plan d'Aillane, à *Saint-Pons*, toutes modernes, sauf celle-ci qui remonte au moyen-âge et qui jouit longtemps d'un service dominical. — *Chap. du Paradou*, sur la rive gauche de l'Arc, au-delà du pont de Roquefavour. Elevée en 1867 par le P. Raymond de Cuers, ancien capitaine de vaisseau, second supérieur général des prêtres du Saint-Sacrement. Mgr Chalandon y fit la première exposition du Saint-Sacrement, le 6 août, et plusieurs années durant, de nombreux pèlerinages vinrent adorer la divine Eucharistie perpétuellement exposée dans cette solitude. A la mort du P. de Cuers, 21 juin 1871, le culte public cessa, à cause de la situation trop isolée de la chapelle.

Des sœurs de l'Enfant-Jésus, du Puy, se sont établies en 1881 non loin de là, dans la propriété de Mme Ziem, auprès d'une nouvelle chapelle bâtie en de meilleures conditions. Elles tiennent une école de filles.

---

# LUYNES (1858)

*Lodena*

—

Un petit affluent de l'Arc, la Luyne, a donné son nom à ce gracieux hameau. Au bord du ruisseau s'élevait une chapelle dédiée à saint Martin, chapelle dont les vestiges ont depuis longtemps disparu, mais que mentionnent plusieurs actes, entre lesquels un de 1025. Ces actes relatent le don de plusieurs mas (mansus) à Saint-Victor par divers particuliers, Aldebert, Guiran, Bermond de Meyreuil, etc. Tous ces mas sont situés « prope ecclesiam sancti Martini ad aquam quae dicitur Lodena. »

La chapelle appartenait au chapitre Saint-Sauveur, à qui l'archevêque Pierre l'avait donnée en 1103.

— Le quartier de Luynes a été distrait de la paroisse du Saint-Esprit, et érigé en succursale par décret du 16 octobre 1858.

— L'église a été bâtie, sur les plans de M. Huot, dans le style du XIe siècle. Mgr Chalandon en posa la première pierre le 15 juin 1858, et la consacra le 15 juin 1859, lui imposant pour titulaire son propre patron saint Georges. Le patron de Luynes, comme de la ville et de tout le territoire d'Aix, est saint Mitre. Le clocher fut élevé en 1868 et la cloche baptisée le 29 août 1869 par le vicaire général Reynaud. L'inscription gravée à l'avance : « J'ai été baptisée par Mgr Chalandon, archevêque d'Aix » se trouva fausse par suite de la maladie du prélat.

Tout dans la nouvelle paroisse a été créé par les dons des habitants aidés des subventions de la ville d'Aix. Le cimetière et l'école sont dus à la générosité d'un grand seigneur d'origine provençale, Honoré d'Albert, duc de Luynes, le même qui couronna une vie de savant et de protecteur des arts par la mort d'un héros en soignant les cholériques de Rome pendant l'épidémie de 1867. Une plaque placée dans l'église rappelle la mémoire de cet illustre bienfaiteur.

— La paroisse a célébré en 1883 le vingt-cinquième anniversaire de sa fondation par une fête que Mgr Forcade daigna présider. Aucun regret n'attrista l'heureuse journée, car, après vingt-cinq ans, on retrouvait préposé à cette église le prêtre dévoué, enfant du pays, qui l'avait créée. En le félicitant de sa promotion au canonicat, chacun lui souhaita de présider un jour les noces d'or de sa paroisse.

— Luynes, confié à un curé-desservant, relève de l'archidiaconé d'Aix et du doyenné du Saint-Esprit, 500 hab. Les sœurs de Saint-Joseph des Vans y dirigent une école de filles depuis 1862.

— Sur une éminence, au nord-est, *Saint-Pierre de Fonscuberte* (XVIII^e s.), ancienne chapelle de secours desservie par le clergé du Saint-Esprit, et lieu de réunion pour les catéchismes de la campagne, avant la création de la paroisse. Le fondateur, Pierre Décôme, y est enseveli avec sa femme. A leurs pieds repose un ami fidèle, qui, n'acceptant point de consolation, se laissa mourir de faim. C'est leur chien.

---

# LES PINCHINATS (1861)

Cette riante vallée offre bien le plus agréable séjour de la campagne d'Aix. Les modestes châlets se pressent sur les côteaux, et les riches résidences s'étalent au bout de ses prairies : partout la variété, partout la fraîcheur. Les citadins y accourent nombreux, surtout aux mois d'été : ils lui demandent le repos et l'oubli des soucis, et l'obtiennent quelquefois.

Le vallon des Pinchinats relevait jadis du chapitre, les actes du moyen-âge l'appellent *vallis canonicorum*. Une famille dont le membre le plus connu est ce chanoine Pinchinat qui livra aux angevins le corps du roi René, lui a donné son nom actuel. Le chapitre, usant de ses droits de propriété, amena les eaux limpides du vallon jusqu'au milieu du cloître de Saint-Sauveur. Fidèle à ses traditions gracieuses à l'égard des habitants, il mit ces eaux, les meilleures parmi les eaux de source, à leur disposition, en les faisant couler sur la place du Bourg, en 1444.

— C'est le mouvement de plus en plus général de la villégiature aixoise qui a fait établir une paroisse aux Pinchinats.

L'ancienne chapelle avait été bâtie aux frais de demoiselle Louise Teissier, sous le titre de Notre-Dame du Calvaire, en 1663. Mgr de Brancas y installa les catéchismes de la campagne. Depuis 1811, elle était devenue chapelle de secours de la paroisse de la Madeleine avec messe et prône le dimanche. Son insuffisance fit songer à l'agrandir, puis on s'enhardit à en demander l'érection en paroisse.

La pétition, appuyée en haut lieu par le député Rigaud, fut accueillie en 1861. On se mit promptement à l'œuvre pour bâtir une église nouvelle et un presbytère sur un terrain donné par la famille de Mougins-Roquefort. Le 8 septembre, jour de la fête du quartier, le vicaire-général Reynaud posa la première pierre de l'édifice, qui fut bénit le 26 juillet 1862, par l'abbé Audric, curé-fondateur.

— Les Pinchinats, avec 400 habitants, relèvent de l'archidiaconé d'Aix et du doyenné de la Madeleine. Ils sont régis par un curé-desservant.

Église en croix latine, style roman, Huot, archit.. dédiée

à Sainte-Anne. — Tabl. *Immaculée Conception*, de Murillo, bonne copie par Valton.

— Cette paroisse possède des chapelles en divers châteaux, entre autres à celui de *la Mignarde*, où ce sanctuaire domestique sanctifie.... le boudoir de la princesse Pauline. C'est à la Mignarde que fut arrêté Pascalis, le dernier défenseur des libertés provençales. Son ami le jurisconsulte Dubreuil, plus heureux, se cacha au pavillon de Lanfant. Il y revêtit une soutane, se fit faire la tonsure, et sous ce déguisement gagna l'Italie où il passa dix ans en émigration, 1790.

En cette résidence est mort, le 19 mars 1890, M. Emile Rigaud qui, premier président de la cour lors des décrets de 1880, fournit un exemple de justice et d'indépendance digne des plus beaux jours de la magistrature, en ouvrant une instruction criminelle contre les auteurs de ces attentats.

— Le *Pavillon*, bâti par M. de Lanfant, commissaire général des guerres sous Louis XV (beaux plafonds à fresque attrib. à Vanloo), a été racheté pour le grand séminaire par Mgr de Beausset, Une élégante chapelle y a été ajoutée en 1865. — Pavillon de *la Gaude*, ancienne propriété de Mgr de Pizani de la Gaude, évêque de Vence, en 1784, mort évêque de Namur en 1826.

## VAL DE TRETS

### (Vallée supérieure de l'Arc)

# TRETS

*Tritis*

Trets, ancienne colonie marseillaise, sous la protection d'une divinité topique, la nymphe Tritea, devint un marché considérable à l'époque romaine. L'importance de ce marché autorise à placer le pays parmi ceux qui entendirent des premiers la prédication évangélique et qui par conséquent possédèrent de bonne heure une église baptismale.

Au XIIIe siècle, Trets était le chef-lieu d'une vallée qui comprenait une notable partie des diocèses d'Aix et de Marseille [1].

Nul pays peut-être n'offre un exemple plus frappant de la puissance étonnante conquise par l'ordre monastique au moyen-âge. L'abbaye Saint-Victor finit par posséder cette

(1) Pourrières, Pourcieux, Puyloubier, Peynier, Négrel, Rousset, Roquefeuil, auxquels s'adjoignirent postérieurement Fuveau, Meyreuil, Gardanne, Bouc, Collongue, Mimet, Roquevaire, Auriol, Ollioules, Ners, le Bausset, Allauch, Aubagne, Roquefort, la Ciotat, Ceyreste, Cuges, le Castelet, Gémenos. (Arch. départ., Reg. Prov. *anno* 1501).

vallée presque en entier. « Il s'était établi au XIe siècle un goût de piété qui consistait à donner aux moines, si général que les biens leur pleuvaient pour ainsi dire de toutes parts. » De Haitze, qui fait cette remarque, attribue ce mouvement à l'hostilité des peuples envers le clergé séculier. En quoi il erre absolument, car les chartes montrent ce clergé à la tête du mouvement : il est peu de ces donations, en effet, qui ne portent la signature de quelque évêque ou de quelque prêtre.

Les causes de ce « goût de piété » furent multiples.

On peut mettre en première ligne l'estime et la vénération que ces siècles de foi portaient à l'état monacal, la plus parfaite des professions chrétiennes. Il faut se souvenir encore qu'aux époques des invasions barbares, et durant les temps d'ignorance qui suivirent, les sciences ecclésiastiques, comme les lettres profanes, ne trouvèrent de refuge que dans les cloîtres. Le sacerdoce digne de sa vocation ne put se former que dans les monastères, la plupart des écoles épiscopales ayant été dispersées et ne s'étant reconstituées qu'avec lenteur. Ils fournissaient leurs évêques à la plupart des diocèses, leur clergé aux plus importantes paroisses. Ces pontifes et ces prêtres demeuraient fidèles à leur couvent par un souvenir sympathique autant que par la profession religieuse. Dans la période qui s'étend du VIe au XIIe siècle, ils avaient fondé un nombre considérable de paroisses, dont ils demeurèrent prieurs primitifs quand le clergé séculier, redevenu égal à son service par le nombre et la formation morale, les remplaça. En outre les donateurs ou testateurs qui instituaient des fondations pieuses ou charitables, croyaient mieux en assurer la durée, en les confiant à des corps stables et sans cesse renouvelés. Les vassaux et les colons ne détournaient pas de ces intentions leurs seigneurs et maîtres, car ils savaient que les moines les traiteraient toujours moins durement, c'est-à-dire plus chrétiennement. Ces concessions étaient d'ailleurs toutes grevées de charges qui en absorbaient la majeure part. Leurs revenus entretenaient et les couvents et les paroisses. Ils payaient presque intégralement un triple budget, celui du culte, celui de l'assistance publique, celui de l'instruction publique.

Justifié dans son principe, le vaste mouvement de générosité en faveur de l'ordre monastique, amena avec le temps des abus divers, c'est le sort des meilleures institutions. Mais on doit reconnaître qu'avec le changement des époques et des services, l'Eglise a su imposer aux religieux, à ceux de Saint-Victor en particulier, les abandons et les sacrifices utiles au bien général.

L'abbaye Saint-Victor, de Marseille, fondée par Cassien vers l'an 408, devint, par la régularité de ses moines, la sainteté de ses abbés dont quatre ont été canonisés et deux élus papes, par les évêques qu'elle a fournis aux diverses églises, par les nombreuses maisons sorties de son sein, un des lieux les plus célèbres des Gaules et du monde chrétien. Son église, rebâtie trois fois, fut trois fois consacrée par un pape, saint Léon en 440, Benoît IX en 1040, Urbain V en 1370. On sollicitait de loin l'honneur d'être inhumé dans son *paradis* [1]. Comblée de privilèges par les papes, elle fut enrichie par les empereurs et les princes, si bien qu'en France, en Sardaigne, en Espagne, en Toscane, une multitude d'abbayes, de couvents, de paroisses, de prieurés, vivaient sous sa dépendance.

— Au XIe siècle, la grande abbaye possédait la seigneurie temporelle sur presque toute la vallée de Trets. Or cette seigneurie semblait imparfaite aux religieux quand ils voyaient les fonctions spirituelles exercées non par eux-mêmes, mais par l'archevêque.

Ils finirent par obtenir ce privilège, grâce à l'un des leurs qui monta sur le siège d'Aix. En 1048, Pierre Gaufridi consentit à ce que les églises du val de Trets devinssent exemptes de sa juridiction. Pons, son successeur, confirma cet abandon, auquel d'ailleurs il s'était associé comme coadjuteur. Le prévôt Foulque, du consentement des chanoines, abandonna la dîme sur les biens du chapitre : l'acte est de 1098, en présence de Raymond, évêque de Marseille.

Ces arrangements, furent sanctionnés par le pape Alexandre III. « Les archevêques, dit la bulle, ne pourront désormais ni ordonner des clercs, ni consacrer des églises et des autels, ni bénir des cloches, ni distribuer le saint chrême et

(1) De ce cas et d'autres semblables est venue la calomnie, adoptée par des historiens *savants*, d'après laquelle les prêtres auraient vendu à prix d'argent les places au ciel. Il s'agit simplement de concessions de terrains dans les cimetières, crime dont les communes se rendent journellement coupables, sans exciter l'indignation de personne. *Paradisus* au moyen-âge signifie cimetière. Les *rues Paradis* qu'on rencontre en diverses villes n'ont pas d'autre signification, elles conduisaient à un cimetière.

les saintes huiles, ni exercer aucune fonction épiscopale, mais la juridiction appartiendra à l'abbé de Saint-Victor qui invitera pour les fonctions d'ordre épiscopal tel prélat qu'il jugera bon. »

L'archevêque perdait ainsi le quart environ de son diocèse. Le val de Trets, devenu *acéphale*, ne relevait plus que de Rome. Aussi quand l'erreur albigeoise y eut pénétré, ce ne fut point à l'archevêque d'Aix que le concile d'Avignon commit le soin de l'extirper, mais à Hugues Raymond, évêque de Riez, 1209.

Cet amoindrissement ne fut pas accepté avec une égale résignation par tous nos prélats, bien que les abbés de Saint-Victor, se rendant compte de ce qu'il y avait d'excessif dans les privilèges obtenus, leur témoignassent en pratique beaucoup de déférence. Ils les invitaient régulièrement à remplir les fonctions épiscopales dans les églises de la vallée. Mais les archevêques, se souciant peu de paraître comme délégués où ils eussent dû exercer comme ordinaires, trouvaient toujours quelque prétexte de décliner les invitations. On s'adressait alors aux évêques voisins, lesquels, épousant les intérêts de leur collègue, s'associaient à sa protestation en imitant sa conduite. Plus d'ordinations, plus de confirmations, et surtout, au grand mécontentement du peuple fidèle, plus de ces dédicaces solennelles d'église qui attiraient dans le moindre village les pontifes d'une province, et les princes, escortés de la multitude des pèlerins qui venaient gagner l'indulgence attachée à cette auguste cérémonie.

Les moines éplorés écrivirent au pape, et le 16 juin 1218, Honorius III adressa aux archevêques d'Aix et d'Arles, et à leurs suffragants, la bulle *Sane dilecti filii*, pour leur recommander de conférer la confirmation et les saints ordres quand ils en seraient requis, et de ne plus le refuser.

L'archevêque Philippe I^er^ saisit le bon biais, en introduisant franchement une instance auprès du pape, à l'effet d'abroger les anciennes concessions et de se faire restituer la juridiction que ses prédécesseurs avaient possédée. Avant la décision pontificale, l'abbaye rendit à l'amiable une partie de ses conquêtes sous Guillaume de Vicedominis. De plus, par la médiation de Pierre de Barregia, prieur des frères prêcheurs de Marseille, l'abbé Etienne reconnut aux archevêques, à l'exclusion de tous autres prélats, l'exercice des fonctions épiscopales dans la vallée, la collation des ordres mais sur lettres dimissoires de l'abbé, la consécration des églises, des autels, des saintes huiles, la confirmation, etc.

Les archevêques reparurent donc de plein droit dans la vallée. Dans la clause exclusive de tous autres prélats, ils trouvèrent le moyen de recouvrer toute leur juridiction. Devenue le fait, elle ne tarda pas à redevenir le droit. Jacques de Cabriers obtint le triomphe définitif, grâce sans doute à son prédécesseur le cardinal Pierre des Prés, qui dut employer son influence auprès du pape en faveur de son ancien siège. Jean XXII nomma des commissaires dont la décision rétablit les archevêques dans leur juridiction primitive sur le val de Trets, 22 avril 1323. L'abbaye garda ses possessions temporelles, et reçut en dédommagement de ses concessions les prieurés de Saint-Jean de Siège et de Saint-Hippolyte, près Venelles.

Saint-Victor faillit perdre davantage. Olivier de Pennart obtint de Sixte IV une bulle qui unissait la cure de Trets au chapitre d'Aix, mais l'abbaye protesta si fort que le chapitre renonça à l'union, moyennant une rente de 80 florins. L'abbaye continua à nommer à la cure. Des contestations s'étant élevées entre l'abbé Julien de Médicis et son chapitre, il fut réglé le 17 juillet 1578 que cette nomination du curé de Trets appartiendrait à l'abbé, si la vacance se produisait durant le premier ou le troisième trimestre, et aux religieux si elle se produisait durant le deuxième ou le quatrième. Les revenus furent attribués moitié à la mense abbatiale, moitié à la mense capitulaire.

— Le couvent de Trets fut rebâti au $\text{xi}^{e}$ siècle par les vicomtes de Marseille (branche de la maison des Baux), seigneurs du pays.

L'église ét... dédiée à la Sainte Trinité.

Un gracieux symbolisme de la liturgie honore chaque église nouvelle comme une fiancée qui, au jour de sa dédicace, devient l'épouse du Christ et la mère du peuple fidèle. Aux siècles de foi, quand le plan d'une future église avait été tracé par l'architecte, l'évêque diocésain adressait une bulle à ses paroisses, quelquefois à celles du monde entier, annonçant les indulgences en faveur de tous ceux qui prêteraient leur concours à la sainte entreprise. Bientôt les ouvriers accouraient, et, soumis à la direction du frère *ouvrier*, réunissaient les matériaux, taillaient les pierres, élevaient les assises de l'édifice. Debout, vêtue de sa blanche robe de pierre relevée des dentelles de la sculpture, la jeune fiancée attendait le jour des noces.

Avant d'en fixer la date, l'évêque demandait, par une visite de son archidiacre, si la future épouse possédait une dot suffisante et convenable. Si l'enquête révélait que les revenus nécessaires à la décence du culte et à l'entretien des ministres sacrés n'existaient point encore, l'évêque, par une bulle nouvelle, invitait à les constituer. C'est ce qu'on appelait le *dotalitium* ou le *sponsalicium*.

Ainsi fut fait pour l'église de Trets : deux bulles de 1056 en témoignent. Dans la première, les archevêques d'Arles et d'Aix, l'évêque de Toulon et l'abbé de Saint-Victor concèdent des indulgences à ceux qui se rendront à cette église en pèlerins ou en travailleurs : « Si un homme ou une femme vient assister aux *vigiles* (matines) dans cette église, trois fois dans l'année, ou s'il y fait trois journées de travail, il gagnera l'indulgence. Mais si quelqu'un détourne ceux qui viendront offrir leurs services ou les moleste au retour, qu'il soit excommunié et maudit, au nom du Dieu tout-puissant, de tous les saints du Ciel, et des évêques sus-nommés, à moins qu'il n'arrive à résipiscence. » — La seconde bulle constate que la nouvelle église a reçu sa dot : « *Domus mea domus orationis vocabitur.* Plusieurs fidèles se souvenant de cette parole ont bâti une église au Seigneur dans le val nommé communément *Tritis*, avec l'intention de dédier cette église audit Seigneur en l'honneur de la Très-Sainte Trinité. Sur leur requête, le révérend seigneur Raïmbaud, archevêque d'Arles, a résolu d'en faire la dédicace. Selon les décrets des saints Pères, il les a prévenus de l'obligation de lui constituer préalablement une dot. C'est pourquoi le seigneur Foulque et le seigneur Guillaume (vicomtes de Marseille), voulant doter cette fiancée du Christ, lui donnent pour sa dot la terre *de Manso*. Ce *dotalitium* a été rédigé l'an de l'Incarnation de N. S. 1056, sur la réquisition du seigneur Foulque. » Ces pièces se trouvent aux archives départementales, *fonds Saint-Victor* ; elles ont été publiées, ainsi que la plupart de celles qui nous ont servi à rédiger cette notice, dans le *cartulaire* de l'abbaye.

— Longtemps prospère, le prieuré de Trets était déchu au XIVe siècle. Un abbé de Saint-Victor devenu pape le releva : « Nous avons appris, dit Urbain V dans une bulle de 1363, qu'au prieuré de Trets, de l'ordre de saint Benoît, au diocèse d'Aix, il n'y a d'ordinaire que deux moines et le prieur, tandis qu'on pourrait facilement en entretenir quatre de plus. Désirant relever le culte divin dans ce prieuré, de notre autorité apostolique, par la teneur des présentes, nous avons décrété et ordonnons que, outre le prieur et ses deux moines, il y aura désormais et perpétuellement quatre autres moines du même ordre qui recevront le même entretien que les premiers. »

Au couvent repeuplé s'adjoignit un collège qui distribua la science non seulement aux novices, mais encore à des étudiants de toute la vallée. Les professeurs étaient tous gradués de l'université d'Aix. Par acte notarié, maître Castelani, barbier de Trets, s'engagea à faire profiter le couvent « de ipsa arte barbitonsoria » et à raser autant que de besoin le révérend prieur Jourdan et tous maîtres, étudiants et serviteurs du couvent. Dans cette convention le prieur est dit « recteur des études de Trets au nom de sa sainteté le pape Benoît », ce qui en d'autres temps eût autorisé Mre Castelani à s'intituler barbier pontifical.

— Les vicomtes de Marseille étaient représentés à Trets par un intendant ou *vicaire*. Un de ces intendants, nommé Redemptus, s'était acquis une réputation d'injustice et de brutalité. Un jour qu'il attendait la visite de son maître, il vola à droite et à gauche tout ce qui fut à sa convenance pour le festin. Il saisit même la vache d'un paysan, fermier du monastère. Le pauvre homme au désespoir courut à Marseille porter plainte au saint abbé Ysarn. « Le lendemain Redemptus vint prier au tombeau des martyrs (crypte de Saint-Victor). Son oraison faite, il sortait quand Ysarn s'approcha de lui pour intercéder en faveur du paysan, et en même temps celui-ci se jeta aux pieds de son persécuteur. Redemptus poussé par le démon s'abandonna à la colère, et perdant le respect dû au saint, frappa du pied le paysan sous le menton et le renversa. Ysarn ne dit rien, mais, se couvrant de son capuce, il entra dans l'église pour prier. Cependant Redemptus monta à cheval et partit. Il n'était pas sorti de l'abbaye qu'il sentit au pied coupable une violente douleur. Aucun remède ne le soulagea et ses souffrances devinrent intolérables. Enfin le troisième jour, n'y tenant plus, il saisit une hache, et sur le refus de ses serviteurs, se coupa lui-même le pied [1]. »

— Grégoire XI s'arrêta à la Trinité dans le voyage qui ramenait la papauté à Rome. Il y arriva le vendredi des quatre-temps, 19 septembre 1376, étant parti d'Aix le matin. « A Trets, relate l'évêque de Sinigaglia, on nous prépare une hospitalité confortable et à midi un excellent repas : cette ville abonde en tout genre de victuailles. Autre avantage qui met le comble à notre bonheur, les habitants nous accueillent avec autant de bonne grâce que de respect. Saint évêque Maximin, chez toi se prend la dormition nocturne. » Cette exclamation signifie simplement qu'on alla coucher à Saint-Maximin.

— Le 8 août 1399, le cimetière de la Trinité fut réconcilié à la suite d'une rixe avec effusion de sang qui l'avait profané. Le prieur dut établir juridiquement son droit de faire la cérémonie lui-même, droit que ses moines lui contestaient.

Un des prieurs, Claude Spinanso, avait établi en 1600 un usage qui montre combien était doux et familier le régime monacal dans ses rapports avec le peuple. C'était le pillage d'un pré du couvent qui s'opérait à un signal donné le lundi de Pentecôte. On appelait cet exercice la *Ramade.*

— En 1739, quand l'abbaye de Saint-Victor fut sécularisée en chapitre noble par Clément XII, l'église de la Tri-

(1) *Vita sancti Ysarni, ab auctore coaetaneo*, cité dans les *Saints de l'Eglise de Marseille*, par M. de Rey.

nité devint la chapelle de la congrégation des filles. Cette congrégation porte depuis lors le nom de la Sainte-Trinité, vocable fort rare pour une association de jeunes filles. Le couvent, nommé clastre comme la cure, fut donné en logement aux trois vicaires.

— Saint Benoît Labre passa plusieurs fois par Trets. Dans un de ces voyages ses prières obtinrent à une jeune femme en danger de mort une heureuse délivrance; la mère et l'enfant furent sauvés.

— Trets a produit : Adam Decombis, prêtre de Saint-Sauveur, qui sauva la Ligue aixoise d'un grave danger. L'avocat général Reinaud, trahissant les ligueurs, devait ouvrir la ville au duc de la Valette, par le moyen d'un souterrain aboutissant à la maison du capiscol. Decombis feignit d'entrer dans le complot et le dénonça aux consuls. Reinaud fut décapité ; un greffier, son complice, fut pendu, etc. Decombis reçut du Parlement un don de 500 écus, et les consuls demandèrent au chapitre de lui réserver la première bénéficiature vacante, 1590. — J.-B. Cadry, neveu du second supérieur du séminaire, curé de Saint-Séverin, dont les sermons attiraient les beaux esprits de la capitale, mort théologal de Laon, 1756. — Jean-Joseph Audric, 1766-1855, ordonné à Carpentras sous la Terreur, fut trente ans curé de Saint-Barnabé, puis cinq ans curé des Aygalades où il mourut chanoine titulaire avec dispense de résidence. Il consacra sa vie à former des prêtres. Son presbytère ressemblait à un séminaire auquel il fournissait l'entretien, l'instruction et surtout l'exemple d'une éminente vertu. La vie de M. Audric a été publiée par M. de la Paquerie.

N'omettons pas le nom d'un grand sculpteur, l'élève et le rival de Puget, qui, du premier au dernier jour de sa glorieuse carrière, demeura artiste chrétien.

Christophe VEYRIER, né à Trets en 1637, après avoir étudié à Gênes et à Rome, s'établit à Aix. Son premier ouvrage, où il se montra excellent, fut à l'honneur de saint Jean, le patron de son pays. Saint-Jean-de-Malte possède quatre de ses chefs-d'œuvre. On lui doit aussi les bas-reliefs de l'autel de Saint-Sauveur, des autels de Toulon et de Trets. Il n'oublia point sa maison natale. Déjà célèbre, il déposa pieusement au-dessus de la porte la Vierge en bois, sculptée de ses mains, qu'on y voit encore. Veyrier mourut à Toulon, directeur des sculptures navales, en 1690.

Donnons aussi un souvenir à Joseph Meyran, du diocèse d'Embrun, agrégé dès sa jeunesse au diocèse d'Aix, vicaire à Pourrières au moment de la révolution. Il remplit à Trets et aux environs les fonctions de son ministère durant les mauvais jours, « en secret à cause de la persécution », disent les actes écrits de sa main en 1796. M. Meyran fut une des dernières victimes. Saisi un soir d'hiver dans les environs de Saint-Zacharie, où il visitait les malades, il fut conduit à Toulon, condamné comme émigré rentré, et passé par les armes, 30 janvier 1799.

—La paroisse de Trets en 1789 avait 3,000 habitants, un curé et trois vicaires. Le revenu curial était de 650 livres, plus la congrue. *Ville murée,* chef-lieu *d'archiprêtré,* duquel relevaient Peynier, Pourrières, Puyloubier, Seillons, Ollières, Brüe, Rousset, Fuveau, Gréasque, Négrel, la Bastidonne, Pourcieux, Saint-Maximin. — Actuellement 2,850 habitants, un curé de 2me classe et un vicaire. Son *doyenné* (archidiaconé d'Aix) comprend Beaurecueil, Négrel, Fuveau, Peynier, Puyloubier, Rousset, Saint-Antonin.

Eglise. — Consacrée sous le vocable de Sainte-Marie, en 1056, le même jour que l'église de la Trinité, par Raimbaud, archevêque d'Arles, assisté d'Austingue, archevêque d'Auch, et de Guillaume, évêque de Toulon, en présence de Pierre, abbé de Saint-Victor. Elle venait d'être agrandie, car elle était déjà très ancienne et desservie par un nombreux clergé. Cet édifice primitif paraît être la chapelle Notre-Dame de Nazareth, à laquelle sept chapellenies furent attachées jusqu'en 1790. Les bulles de Pascal II, 1114, et d'Innocent II, 1135, la mentionnent : « in castro de Tretis, ecclesia parochialis stae Mariae. »

Quand la vallée eut passé sous la juridiction de Saint-Victor, saint Pierre remplaça la sainte Vierge comme titulaire, pour mieux affirmer que l'église de Trets ne relevait plus du siège d'Aix mais du siège de Rome. La sainte Vierge redevint titulaire quand les archevêques eurent recouvré leurs droits.

L'église romane s'étant écroulée fut reconstruite, et, le 23 septembre 1325, consacrée par Jourdan, évêque d'Arménie, en vertu d'une commission du Rme Jacques, archevêque d'Aix. L'évêque Jourdan, qui paraît être l'ancien prieur de la Trinité, consacra l'autel de Notre-Dame « auquel il y a du lait de la sainte-Vierge », et l'autel de saint Marc où il plaça une côte du même saint, et « commanda ledit évesque de faire livres pour ladite église, un tabernacle et des cloches ; que le prieur en payât le tiers, et les gens de la ville les deux autres tiers. » (*Arch. comm.*, Inventaire de 1501).

— Sur le mur extérieur, fragment de *tombeau païen*, génies sur la frise.

*Clocher* ogival inachevé, 27 m. — 3 cloches. Celle de l'agonie porte « Sancte Joseph, in hora mortis nostrae protector potentissime, ora pro nobis. 1782. »

*Grande nef* romane. — Autel majeur avec rétable, * *Annonciation*, par Christ. Veyrier. L'archange Gabriel est debout devant la Vierge agenouillée sur un prie-Dieu ; dans une nuée le Père éternel domine la scène qu'encadrent d'élégantes draperies soutenues par des anges d'une grâce exquise. Sur les gradins, *la Cène*, *les Disciples d'Emmaüs*, du même. — Cette église possède encore en sculpture bois, les statues des quatre évangélistes, attribuées aussi à Veyrier, et surtout le buste de * *saint Libérat*, abbé et martyr de Carthage, ve s., qui est un chef-d'œuvre de premier ordre. — *Chaire* aux armes de Trets, avec stat. de St Jean et des quatre doct. de l'Egl. lat. — A dr., chap. des Gaufridi, sépult. de l'historien provençal J. de Haitze, † 1737. — A g., chap. des Foresta, barons de Trets. Epit. couverte par le dall.: « Ci gist et repose magnifique seigneur François de Foresta baron de Trets et de Rogiés, conceilher et maistre d'hostel ordinaire de la maison du Roy... 1636. »

*Nef de dr.* ogivale, réparée en grec. * *Mort de saint Joseph*, J.-B. Vanloo. — *Nef de g.*, romane. — Inscript. de l'ermitage Saint-Michel, au pied du mont Olympe : « † Haec aula constructa in honore s. archangeli Micahelis qui est in valle Tretensi in castro Arnulfo que Andreas servus Dei construxit cum vicinis suis. Dedicatio eiusdem aulae tertio idus februarii anno Incarnationis MLI. » — *Bénitier* XVI° s., avec l'antienne *Vidi aquam* autour de la cuvette.

COUVENTS. — Auj. *Sœurs de Saint-Thomas*, qui desservent l'hospice et une école de filles depuis 1860. — Autref. *Observantins*, fondés par la communauté au XVII° s., remplacés au XVIII° par des *Cordeliers*. — *Minimes* (auj. hospice), fondés au XVII° s. par les Foresta. Un saint religieux, le P. Jérôme François d'Estienne, d'Aix, y mourut en 1712. Sa vie fut publiée par le P. de Rians avec quelques-unes de ses lettres spirituelles.

CHAPELLES. — *En ville*, autref. *la Trinité*; et *Saint-André*, appart. à Saint-Victor, nommé dans les bulles de 1114, 1135, et dans un acte de Geoffroy Reforciat, vicomte de Marseille, 1213.

*Hors la ville*. — *Sainte-Cécile*, mentionnée dans les mêmes bulles ; donnée à Saint-Victor par Pons, évêque de Marseille, 1056. — *Saint-Michel*, 1051. — *Saint-Jean du Puy*, ermitage dédié au patron du pays, situé sur un des pics de la chaîne de l'Olympe, 658 m. d'altit., entre Trets et Saint-Zacharie, à peu près à égale distance de Sainte-Victoire et de la Sainte-Baume. Au vᵉ siècle, sous l'impulsion de Cassien qui gouverna jusqu'à 5,000 moines, cette vallée se couvrit de fondations, rappelant, par le nombre et la ferveur des religieux, les merveilles du désert égyptien. Les couvents de la Sainte-Baume et de Saint-Jean dataient de cette époque.

Cette *cella* saccagée par les Sarrasins, réoccupée par les cassianites, à eux reconnue par Grégoire VII, passa en 1295 aux Prêcheurs qui la transmirent à des ermites au milieu du xvᵉ siècle. Elle fut incorporée pour le temporel au séminaire d'Aix, par le cardinal Grimaldi, le 22 novembre 1660. « Nous unissons et incorporons l'hermitage Saint-Jean du Puy au séminaire de notre ville d'Aix, pour jouir des droits et appartenances dudit hermitage, moyennant quoi nous avons chargé et obligé le séminaire de toutes les obligations, fondations et services, notamment d'y tenir un hermite qui sera amovible à la volonté et disposition du séminaire. » Les ermites jouissaient des terres de l'ermitage, vastes mais de peu de rapport, et dont six grandes croix marquaient les limites : ils recevaient de la commune « douze panneaux de bled. » Au spirituel, Saint-Jean était une annexe du prieuré de N.-D. d'Orgnon, près Saint-Zacharie, à la nomination de l'évêque de Marseille. Dans la convention de 1165 entre cet évêque et son chapitre, l'église Saint-Jean *de Podio* avait été assignée aux prévôt et chanoines de la cathédrale.

Saint-Jean dépendait ainsi de trois juridictions ; celle de l'ordinaire, l'archevêque ; celle du seigneur temporel, nommant l'ermite, le séminaire ; celle du prieur primitif, nommant le prieur, l'évêque de Marseille.

La *chapelle*, délabrée, renferme des colonnes et une inscription du xe siècle au moins : *Hic sunt reliquiae sti Jhis Baptæ.* La relique était une phalange d'un doigt du saint précurseur, apportée par Cassien, d'après la tradition. Elle fut volée vers 1730. On y voit aussi le crâne de l'ermite Roumieux, assassiné pendant la révolution.

Sur le plateau, vieille tour féodale, ermitage, ruines de la maison de ville « à l'usage des consuls », restes d'une autre chapelle, *Sainte-Elisabeth*, élevée par les gens de Saint-Zacharie. On montait à l'ermitage la troisième fête de Pâques, et quand celle-ci ne fut plus chômée, le premier dimanche de mai. Le 24 juin se célèbre avec solennité. La veille, le curé en chape bénit le feu traditionnel. Le jour de Saint-Jean, on monte en longue procession à l'ermitage avec le corps de musique pour la grand'messe. Divers jeux marquaient autrefois le retour, entre autres la *bravade*, course animée à laquelle prenaient part les confrères de Saint-Eloi, montés sur des mulets et jouant des tymbales et du tambour.

— *Aux abords de la ville*, oratoire *Sainte-Madeleine* « où la sainte se reposait quand elle allait à Aix ou retournait à la Sainte-Baume » ; *croix* dite de *Bridaine*, en souvenir des prédications du grand missionnaire.

# FUVEAU

*Affuvellum*

---

« Ecclesia parochialis de Affuel cum ecclesia sanc[ti] Micahelis » se trouve dans la liste des possessions que l[e] chapitre d'Aix reconnaît à Saint-Victor, en 1098. Il y ava[it] donc à Fuveau, dès le XIe siècle, deux églises, toutes deu[x] dédiées à saint Michel, l'ancienne paroisse devenue la cha-pelle du cimetière, la nouvelle paroisse qui avait rempla[cé] la précédente l'an 1001. Les bulles de Pascal II, 1114, [et] d'Innocent II, 1135, confirment à l'abbaye « ecclesiam s[ancti] Micahelis de Fuel cum parochiali ecclesia. » Le bénéfi[ce] resta uni à la mense capitulaire, c'est-à-dire destiné à l'e[n]tretien de la communauté : la redevance en blé avait é[té] fixée à 80 setiers par le pape Benoît XII, en 1336.

Au XIII[e] siècle, certains quartiers de la paroisse de Fuve[au] n'étaient limitrophes du diocèse de Marseille qu'un an s[ur] deux. Voici à quelle occasion. La ligne de démarcation en-tre les diocèses d'Aix et de Marseille n'avait jamais été bi[en] fixée, et cette situation indécise amenait quelquefois des di[f]ficultés. Le pape Alexandre IV, dans le dessein d'établ[ir] définitivement ce tracé, nomma comme arbitres, charg[és] d'opérer sur le terrain, l'évêque de Carpentras, l'archidi[a]cre de Fréjus, et le sacriste d'Arles, Raymond de Barjol[s]

Ces arbitres entendirent sur place les observations des intéressés, et rédigèrent le règlement le 6 des calendes de novembre 1255. Deux exemplaires de ce règlement sur parchemin in-folio, celui de l'archevêché d'Aix et celui de l'évêché de Marseille, sont conservés aux archives départementales. Ce document des plus curieux pour l'ancienne topographie de la région, relate les noms vulgaires de tous les accidents de terrain, pics, vallons, ruisseaux, etc., par lesquels passe la ligne frontière. En un seul endroit du parcours les juges n'osèrent se prononcer, l'enquête n'ayant suscité que de nouvelles incertitudes sur le point litigieux : « Quant à l'église de Belcodène, comme les vraies limites n'ont pu être établies, elle appartiendra alternativement un an à chacun des diocèses. L'évêque de Marseille commencera à exercer les droits épiscopaux à partir de la Toussaint prochaine ; l'an d'après au même jour, ce sera l'archevêque d'Aix, et ainsi de suite. » Cette règle a été suivie jusqu'en 1790 pour l'exercice de la juridiction sur Belcodène, qui les années où il appartenait au diocèse d'Aix, était un *service* relevant de Gréasque, *succursale* de Fuveau.

— Alphonse d'Aragon mit le siège devant Marseille en 1423 et s'en empara. En prévision du danger que leurs reliques, trésor de la cité marseillaise, allaient courir, les moines de l'abbaye cachèrent le chef et d'autres ossements de saint Victor chez un seigneur de leurs amis, Gabriel de Sarda. Quelques gentilshommes, au nombre desquels Ricaut, seigneur de Fuveau, pénétrèrent le secret de la translation et résolurent d'enlever les reliques. Un soir, après s'être noirci le visage pour n'être point reconnus, ils envahirent la maison de Sarda, ouvrirent le coffre qui recélait les ossements du saint martyr, et les ayant introduits dans un sac d'avoine, prirent incontinent le chemin de Fuveau. Les moines, instruits de cet attentat, le dénoncèrent au grand sénéchal, qui condamna les ravisseurs à la restitution. Quelques mois encore, les reliques restèrent à Fuveau, dans la crainte d'un retour offensif des Aragonais, mais gardées dans la maison claustrale. Elles furent rapportées à Marseille au mois de janvier suivant.

— R. d'Afivel, 1164, favorisa l'abbaye de Silvacane de diverses donations ; — Hugo d'Affuvel était chanoine sacriste de l'église d'Aix en 1235. Mais l'enfant de Fuveau qui a fait le plus d'honneur à son pays est BERNARD Ier Guérin, archevêque d'Arles, de 1127 à 1138. Il s'honora par sa constante résistance aux prétentions des empereurs d'Allemagne dont les convoitises ambitieuses menaçaient la Provence.

— En 1791, le curé Coulon et son vicaire M. Mallet furent chassés pour refus de serment schismatique. L'intrus qui leur succéda reçut Benoît Roux dans sa tournée pastorale, chanta, en présence de la garde nationale, la grand'messe et le *Te Deum* du 14 juillet 1793, prescrit dans l'*Ordo* dudit évêque, mais dut donner sa démission l'année suivante. On lui avait enlevé les deux cloches de son église et celle des pénitents. Après son départ, on spolia la sacristie et les autels de leur argenterie qu'on envoya à Marseille, et on laïcisa le presbytère qui fut donné comme logement à l'instituteur et à l'institutrice « dont le pur civisme et les bonnes mœurs ont été constatés, » dit le procès-verbal du 14 pluviôse an III. Ces bons municipaux tâchèrent de tout perpétrer avec les formes légales. C'étaient des précurseurs inconscients. La sacristie fut réduite à une telle pauvreté que dix ans après la réouverture des églises, le curé usait encore à la messe d'un calice de fer blanc.

M. Flayol, né à Saint-Maximin en 1768, fut nommé curé de Fuveau, lors du rétablissement du culte. C'était un confesseur de la foi, qui avait refusé tout serment, subi la confiscation de ses biens, passé trois ans d'exil en Italie, après lesquels il était venu à Fuveau reprendre au péril de sa vie les fonctions de son ministère. M. Flayol est mort à Marseille, en 1839, vicaire général de Mgr de Mazenod.

— Cette paroisse a singulièrement progressé depuis cinquante ans, par suite du développement qu'y a pris l'exploitation des mines de lignite. Les noms de M. Armand, directeur, et de M. Biver, ingénieur de la compagnie, qui ont présidé à ce progrès matériel, et qui n'ont épargné aucun effort pour que le progrès moral marchât de pair, demeureront inséparables dans le souvenir du pays. Ils secondèrent admirablement le digne curé Joubert, † 1889, qui, dans ses trente-cinq ans d'administration, acheva de réparer les ruines du passé, obtint le rétablissement du vicariat, eut la part principale dans la fondation de l'école des frères, de l'école des sœurs, de la société de secours mutuels, de la caisse d'épargne, et surtout dans la construction de la nouvelle église.

— En 1790, Fuveau, peuplé de 900 habitants, était desservi par un curé, à la nomination du chapitre de Saint-Victor, prieur-décimateur, et par un vicaire. Le curé jouissait d'un revenu de 850 livres, la congrue comprise. L'*Œuvre de charité* était administrée par le curé et les consuls anciens et modernes, avec réunions à la maison curiale. La paroisse dépendait de l'archiprêtré de Trets. Aujourd'hui Fuveau appartient à l'archidiaconé d'Aix et au doyenné de Trets. Sa population est de 2,600 habitants. Il possède un curé-desservant et un vicaire. Il y a depuis 1840 des *Frères Maristes*, de Lyon, tenant une école de garçons, et des *Sœurs du saint Nom de Jésus*, de Marseille, tenant une école de filles.

Eglise. — L'église paroissiale qui avait succédé à la chapelle Saint-Michel, a été démolie en 1853 pour faire place à l'église actuelle. Elle avait dû être consacrée par l'archevêque Amalric à la même époque que la chapelle de Saint-Serf : la date, MI, était inscrite à la voûte. Au début, ce devait être la chapelle seigneuriale, car elle était située dans l'enceinte du castrum de Affuvello (*Pergam.* 1200). Des réparations considérables y avaient été faites en 1600.

C'est le 15 avril 1847 que la fabrique s'occupa pour la première fois d'agrandir l'église. Des terrains furent achetés ou donnés dans ce but. On se décida à une reconstruction totale. Un maçon intelligent traça le plan sur les indications du curé Joubert. Et celui-ci, négligeant de recourir aux subventions officielles, poursuivit patiemment son entreprise pendant un quart de siècle. — Pose de la première pierre, 4 septembre 1853 ; bénédiction, sous le vocable de Saint-Michel, 4 octobre 1854 ; consécration, 4 octobre 1875, par Mgr Forcade, entouré de tous les prêtres natifs de Fuveau ou qui y avaient exercé le saint ministère.

Edifice d'ordre corinthien avec dôme et transept ; 36 m. de long, 20 de large, 13 de haut.

*Autel majeur* avec ciborium, reproduisant l'ancien autel de Saint-Sauveur. Le tombeau et le tabernacle achetés à Aix après la révolution sortent, dit-on, de l'atelier de Puget. En arrière, riche monument du Sacré-Cœur, 1876. — *Chaire*, Goyers, à Louvain, don de la compagnie des mines, bénite par Mgr Chalandon, 21 octobre 1866, en même temps que la cloche Madeleine, 1,258 k., don de M. Verminck, armateur, et un riche calice offert par la famille Barthélemy. Trois cloches modernes au *clocher* en forme de tour.

CHAPELLES. — *Saint-Michel*, édifice du IXe siècle, avec porte cintrée, fenêtres en meurtrières et abside surbaissée. En perdant son titre paroissial au XIe siècle, il demeura prieuré relevant de Saint-Victor. Dans son testament de 1632, Jean Corriolis, prévôt de Saint-Sauveur, chancelier de l'Université, protonotaire apostolique, s'intitule « prior prioratus regularis sti Michaelis de Affuvello ex monasterio sti Victoris, dioecesis aquensis. » Les seigneurs du pays y étaient enterrés, et le cimetière paroissial y a été maintenu jusqu'en 1748. Le *Christ* de la mission de 1804 y a été déposé. On s'y rend en procession le jour de l'Ascension et le jour de Saint-Michel, patron du pays. En tête de celle-ci, jusqu'en 1792, se plaçaient les capitaines, abbats et enseignes élus la veille, et escortés chacun de quatre officiers. Pendant la messe quatre abbats se présentaient à l'offrande avec un long couteau à la pointe duquel était fixée une pomme garnie de pièces de monnaie. Ce couteau, après avoir passé de main en main, arrivait au curé. — *N.-D. de Pitié*, chap. des pénitents blancs de la Trinité, 1648. Sibylle du Puget donna le terrain. Façade, 1723. — *Saint-Roch*. Ex-voto consulaire : « Honorat Jourdan étant consul en l'année 1720, la peste étant dans la province, ce peuple ayant eu recours au glorieux saint Roch, ce lieu a été préservé de ce mal, et en mémoire cette chapelle a été édifiée des aumônes que ledit Jourdan a amassées des bonnes gens, et a fait faire ce tableau avec sa famille. » Le registre de paroisse relate qu'en 1722, le curé étant mort, le vicaire ne fut assisté d'aucun confrère aux funérailles, parce que toute communication était interdite avec les pays voisins encore infectés de la peste. Le soir de l'Assomption, veille de saint Roch, on y chante le *Salve Regina*, après quoi le curé en chape allume le feu de joie. — *Saint-Jean-Baptiste*. Un pèlerin salonais se rendant à la Sainte-Baume fut surpris en cet endroit par un orage. Il aperçut une lueur lointaine et s'y dirigea confiant, mais il fut cruellement détrompé en tombant dans une embuscade de brigands. En ce danger, le salonais invoque saint Jean, son patron. Il achevait à peine sa prière que le tonnerre éclata au milieu de la bande. Lorsqu'il revint de son éblouissement, le pèlerin s'aperçut que les brigands avaient disparu, abandonnant de riches dépouilles. Et oncques depuis on n'en entendit parler : un autre voyageur raconta les avoir vus disparaître dans les noirs abîmes, traînés par le diable. La légende ajoute que saint Jean annonça alors au pèlerin qu'il voulait être honoré en en ce lieu. En suite de quoi le salonais éleva la chapelle de ses deniers. La pierre sur laquelle saint Jean apparut est placée près de la porte. Les mères y portent leurs enfants le jour où elles leur mettent la première chaussure. C'est une garantie contre toute mauvaise chute. Cette chapelle a appartenu, dit-on, aux Templiers, puis aux Hospitaliers, ce que porte à croire son ancien nom de Saint-Jean-de-Mélissane. Un vaste cimetière s'étendait alentour. En 1790, c'était un prieuré à 90 livres de revenu, à la nomination de l'archevêque. On s'y rend en procession le dimanche après le 24 juin. — *Saint-Charles* de Château-l'Arc, anciennement Castelar, construit en 1680 par Charles de Boutassy, trésorier de France. Avant la révolution le service était fait par le clergé de Rousset. Pendant que les églises étaient fermées, on s'y réunissait autour des prêtres orthodoxes. En 1840, il redevint chapelle de secours, mais le service n'a pas duré. Castelar est un fief très ancien qui relevait de Saint-Victor par donation de Guillaume I<sup>er</sup>, vicomte de Marseille, 1004, et de ses fils Guillaume et Foulque, 1020.

— Avant la révolution GRÉASQUE, avec 200 habitants (auj. 830), était une *succursale* de Fuveau, c'est-à-dire possédait une église de secours avec résidence d'un desservant sous la haute direction du curé voisin. — BELCODÈNE, avec 80 habitants (auj. 185), était un *service*, c'est-à-dire possédait une église de secours (titul. SS. Jacques et Philippe) où le secondaire de Fuveau célébrait la messe les dimanches et fêtes.

---

# PUYLOUBIER

***Podium Luperium***

---

Le souvenir de deux saints, le martyr Serf et le gracieux seigneur Elzéar, est intimément uni à l'histoire religieuse de Puyloubier.

Une grotte solitaire, à mi-côte du versant méridional de Sainte-Victoire, abrita la vie pénitente de l'ermite saint Serf et fut témoin de son martyre, l'an 484.

Au XIV<sup>e</sup> siècle, sur la tour qui domine les ruines du château, flottait la bannière rouge des Sabran. Le plus illustre des seigneurs de Puyloubier est-il venu visiter son domaine ? Son long séjour à Aix rend le fait des plus probables. Dans son testament, fait à Toulon le 18 juillet 1317, saint Elzéar n'oublie pas ce pays : « .... *Item*, je lègue à l'église paroissiale de Puyloubier cent sous d'or (environ 2,400 fr.), à distribuer *ut supra* », ce qui veut dire que la somme sera distribuée aux pauvres dans l'église même, de la main et au choix de ses exécuteurs testamentaires. En outre, en réparation des injustices et des exactions que les habitants auraient pu subir de la part de ses agents, saint Elzéar lègue « à la communauté des hommes de Puyloubier, vingt-cinq livres reforciats (environ 1,000 fr.) ».

— « Castrum de Podio Luperio » date de l'époque des invasions sarrasines. On ignore quelle est la population chrétienne qui sous le règne de Boson Ier, au IXe siècle, abandonnant son premier centre d'habitation, vint chercher un refuge sur ces hauteurs couvertes de bois et hantées par les loups. Aussi avant qu'on remonte dans le passé, on y rencontre comme hauts seigneurs les vicomtes de Marseille. Ces seigneurs accordèrent d'immenses concessions à Saint-Victor, en particulier celle du quart du pays en 1020. D'autres concessions établirent la majeure partie du pays sous la mouvance de la célèbre abbaye.

Il ne faut pas oublier, en dehors des raisons d'ordre général que nous avons exposées ailleurs, que, s'ils n'avaient été donnés aux moines, les terrains de cette région sauvage seraient restés incultes longtemps encore : les cassianites pénétrèrent les premiers dans ces forêts et défrichèrent le sol avec une énergie persévérante : c'est à leurs travaux qu'est due la mise en valeur de ces côteaux chargés jusqu'en ces derniers temps de riches vignobles.

Il reste, du 18 juin 1176, une transaction entre le prieur de Puyloubier et le commandeur de Bayle, au sujet de la dîme que les Templiers devaient à Saint-Victor.

Quand la lutte entre les archevêques et les abbés au sujet de la juridiction sur le val de Trets eut pris fin, 1325, le prieuré-cure de Puyloubier fut laissé à Saint-Victor. Jusque-là les fonctions pastorales avaient été remplies par deux ou trois moines, détachés de la Trinité de Trets. Depuis, trois prêtres amovibles, le vicaire et deux secondaires, remplacèrent les moines à l'église et logèrent en leur clastre.

Le fermier des terres du prieuré versait à la mense capitulaire de Saint-Victor 2,050 livres en argent et 56 charges de blé. Il payait en outre 690 livres au vicaire et aux secondaires, 90 livres au prédicateur du carême, 30 livres pour les pauvres. Il supportait les frais de la visite de l'archevêque, fournissait le cierge pascal, et était tenu des réparations ordinaires à l'église.

—Un usage édifiant, qui remontait peut-être à saint Elzéar, était pratiqué le jeudi-saint. En ce jour où le Seigneur Jésus s'est donné pour la première fois à ses serviteurs, le seigneur local faisait don à chaque famille d'une écuelle de soupe et d'un pain : double écuelle et double pain aux prêtres et au prédicateur du carême, lesquels, ainsi que les familles aisées, distribuaient leur portion aux pauvres.

— Un vicomte de Marseille avait légué en 1215 un *ferrage* (champ à blé) pour le luminaire du Saint-Sacrement. — On se plaignait au XVI^e^ siècle de l'insuffisance de l'église, et voici en quelle langue les habitants exprimaient leurs doléances : « .... la Eglissa dudit lieu est petita et de tel sorto que quand ce vient les bones festos et dimanches ne pouvent demurer dedans. *Item* que le lieu ount demure *Corpus Christi* n'est pas honeste comme doybt estre ; que la Eglissa n'est pas provue des vestis honestos ni altros a suffisanso ne des livres ; qu'on ne m'est point de sermonayre aux festos soulenayres ne dimenches ni aux avens ni au charesme quant ce vient le temps. » Cette ancienne église datait de l'époque romane et avait été refaite au XIII$^{e}$ siècle. Dans la reconnaissance des possessions de Saint-Victor par le chapitre d'Aix, 1098, et la bulle de 1135, elle est inscrite « ecclesia parochialis de Podio Luperio. »

— En 1790, le curé, nommé par le chapitre de Saint-Victor, prieur-décimateur, devait être gradué ou avoir suivi trois ans les cours d'une université, Puyloubier étant inscrit parmi les villes murées, et percevait un revenu de 700 livres. Il avait un vicaire. Deux chapellenies sans résidence, celle de SS. Serf et Catherine, avec 100 livres de revenu ; celle de N.-D. de Nazareth, avec 60 livres. — La paroisse, peuplée de 700 habitants, relevait de l'archiprêtré de Trets. — Elle est confiée actuellement à un curé-desservant, possède 570 habitants, relève de l'archidiaconé d'Aix et du doyenné de Trets.

EGLISE. — L'ancienne a été abandonnée en 1868, et remplacée par une nouvelle au bas du pays. Celle-ci, Pougnet, architecte, a été bénite le 17 mai 1869 par M$^{gr}$ Chalandon, et consacrée le 22 juin 1874 par M$^{gr}$ Forcade. Elle est romane et dédiée, comme l'ancienne, à saint Pons, martyr, patron du pays. Le clocher n'étant pas achevé, les deux cloches sont encore à l'ancienne église. — Tabl. *Vierge priée par saint Pons et par saint Victor*, XVII$^{e}$ s. — Buste de *saint Serf*, restauré en 1863. La restauration eût été parfaite si l'on avait rétabli l'ancienne inscription gothique : « Hoc opus fieri fecit nobilis civitas aquensis, 1405 », ce qui s'est fait plus tard. — *Bénitier* roman, transformé en fonts baptismaux depuis 1602, rendu à sa première destination en 1885. — Bel *autel* marbre provenant du deuxième couvent des ursulines, et *chaire* livrés par la municipalité révolutionnaire d'Aix à qui on réclamait la Vierge en argent indûment confisquée.

CHAPELLES. — Dans la ville, il y avait *Notre-Dame*, chapelle des pénitents, à laquelle un *aubier* était attaché. C'était l'ancienne chapelle seigneuriale. L'hommage des habitants au seigneur Burgondion de Roquefeuil, 1271, fut rendu « in ecclesia beate Marie ». Dans son testament le fils de ce Burgondion demande à y être enterré, 1350. La belle Vierge en argent, volée en 1793, s'y trouvait.

— *Saint-Pons*, donné à Saint-Victor par le vicomte Foulque et son épouse Odile, 1056. « Cella sti Poncii de Podio Luperio », dit la bulle de 1079. — *Saint-Michel*. Ces trois chapelles sont détruites. — *Saint-Pancrace et Saint-Jean*, donné par Foulque et son épouse, 1056. Le reste de la famille s'associe à la donation qui s'étend à toutes les dépendances de la chapelle, dîmes, prémices, vignes, champs de blé, terres cultes et incultes. Foulque ajoute la moitié du mas Audimon, Rotbald la dîme de tous ses biens, Amalric un champ situé à la Croix, Fulco un champ nommé *Transitorium*. Afin sans doute de les rendre plus stables, les donations sont faites sous forme commutative, ainsi l'abbaye donne à l'un des contractants douze sous, à l'autre un bœuf, etc. L'acte, conservé au *Cartulaire*, finit ainsi : « Si quelqu'un veut mettre obstacle à cette donation, qu'il paye cent livres d'or, et qu'il soit damné avec le traître Judas dans l'enfer inférieur, à moins qu'il ne fournisse digne satisfaction. » Conclu en présence de Guillaume, évêque de Toulon, qui venait d'assister à la consécration des églises de Trets. — Saint Pancrace, martyr de 14 ans, est invoqué comme patron des enfants. Les bonnes femmes de Puyloubier ont enrichi son culte d'un peu de superstition. Sur une pierre devant la chapelle se trouve une cavité quelconque « empreinte laissée par saint Pancrace, quand il passa à Puyloubier ». Les mères y posent le pied des enfants. S'ils se maintiennent debout, c'est signe qu'ils marcheront bien, mais s'ils trébuchent, ils sont condamnés à boiter toute leur vie, à moins d'un miracle, lequel heureusement s'opère toujours.

*Saint-Serf.* — Saint Serf (*Servus* ou *Servulus*), natif de Lyon, se voua à la vie religieuse, à l'époque où sous l'impulsion de Cassien, les montagnes du val de Trets s'étaient peuplées de couvents et d'ermitages. Sa sainteté et sa pénitence rendirent promptement célèbre le lieu de sa retraite, son martyre l'illustra à jamais. Les soldats d'Euric, roi des wisigoths, ariens comme leur maître, vinrent surprendre le pieux solitaire, et après lui avoir coupé les oreilles, lui tranchèrent la tête. Serf expiait ainsi sa foi en la divinité de Jésus-Christ, et le crédit que sa vie donnait à la religion catholique. Les restes du martyr furent inhumés dans la grotte, témoin de son trépas glorieux. Son culte s'établit dans l'Eglise d'Aix. On l'invoqua pour la guérison des maux d'oreille [1], à cause de la mutilation qui avait précédé sa mort.

Une construction élevée en avant de la grotte convertit celle-ci en église qui fut consacrée le cinquième jour de l'an 1001. Une inscription, retrouvée par de Haitze, le relate : « A. K. † MI. D° V. Dedicacio templi istius. Amalricus episcôs. » C'est donc un édifice du fameux an mille.

« Cella sti Servi » se trouve dans la bulle de 1079, et « capella sti Servi » dans celle de 1175, comme dépendance de Saint-Victor.

Le prêtre Claude Carrat rétablit l'ermitage en 1637 : le seigneur de Puyloubier en nommait le gardien.

Cet ermitage, séparé de la chapelle, est bâti dans un repli de la montagne. Des rochers recouverts de lierre l'entourent. L'ensemble est pittoresque et gracieux. L'humble toiture de la *cella*, le petit clocher de la chapelle se laissent entrevoir à travers le feuillage des noyers, des cerisiers, des micocouliers dont la verdure contraste avec la teinte grisâtre des rochers qui occupent le fond du tableau. La chapelle est plus élevée que spacieuse. Un filet d'eau qui découle de la voûte est capté dans un petit réservoir.

Le tombeau du saint est placé derrière l'autel. Il fut ouvert en 1627 par l'archevêque Richelieu qui en tira quelques ossements pour l'église de la Charité-sur-Loire, dont il était prieur. En 1796 le prêtre Jourdan enferma les reli-

(1) D'où la locution qu'on essaie de faire entendre aux sourds : « Faù ana a San-Ser, te passaran la busco. »

ques dans une caisse et les porta à la paroisse. Cette caisse n'ayant pas été surveillée avec soin, Mgr Darcimoles n'osa pas reconnaître l'authenticité des ossements et les fit enterrer dans l'église paroissiale. Les seules reliques authentiques sont les trois fragments enfermés dans le buste en bois, lesquels ont été reconnus par Mgr de Cicé en 1804.

La ville d'Aix a toujours invoqué saint Serf comme un de ses protecteurs. Elle s'y consacra plusieurs fois, entre autres pendant la peste de 1581 : le jour de la fête, 24 mai, elle fournissait la majeure partie des pèlerins. Ce mouvement vers la grotte vénérée a repris depuis quelques années. Mistral a voulu composer le cantique du *roùmerage*. Ceux qui s'y rendront ne regretteront pas leur peine : les charmes du site égalent la sainteté du souvenir.

---

# PEYNIER

*Podium Nigrum*

« Le territoire de Peynier, couvert en partie d'épaisses forêts, fut défriché au commencement du xe siècle, et il s'y forma un village fortifié. Il échut aux vicomtes de Marseille qui le donnèrent à Saint-Victor. Les moines coupèrent les bois et avancèrent les défrichements. » Voici les concessions principales auxquelles la *Statistique des Bouches-du-Rhône* fait allusion.

En 1008, Pons Ier, évêque de Marseille, donna diverses

terres à Saint-Victor ; en 1014, Guillaume et Foulque cèdèrent à l'abbé Wifred leur portion de juridiction sur le tiers du « castrum de Podio nigro ». Bielis, leur sœur, abandonna aussi ses droits seigneuriaux et en outre toutes ses terres cultes et incultes tant à Peynier que dans la vallée de Trets.

« Ecclesia parochialis de Podio nigro » se trouve dans la liste des possessions reconnues par le chapitre d'Aix à Saint-Victor, en 1098, mais non dans la bulle de 1079, ce qui indique la date approximative à laquelle ce prieuré échut à l'abbaye.

Quand Saint-Victor perdit ses privilèges sur la vallée de Trets, il conserva le prieuré de Peynier au spirituel par la nomination du vicaire ; au temporel, par la perception de nombreux revenus. Le prieuré fournissait à la mense conventuelle 80 setiers de froment « qu'on mesurera à l'ancienne, ou s'il plaît au prieur, à la nouvelle mesure de Marseille. » (Bulle de Benoît XII, 1336.)

— La seigneurie de Peynier relevait en dernier lieu d'une branche de la famille Thomassin, à laquelle ont apparte[nu] François de Thomassin-Peynier, chanoine-sacriste de Senez, député à l'assemblée du clergé de France, XVIIIe siècle, et Jacques de Thomassin-Peynier, ancien chanoine de Saint-Victor, membre de l'académie de Marseille, † 1805.

— Avant l'institution des *congrues*, Saint-Victor, prieur-décimateur, servait au vicaire une assez forte indemnité « 12 charges de blé, 30 milleroles de bon vin pur rouge,

6 milleroles de *vinette* (trempe); 240 livres en argent, la dîme du chanvre. » — En 1790, le curé, nommé par le camérier de Saint-Victor, avait un secondaire. Il recevait 600 livres, la congrue comprise. La population s'élevait à 800 habitants, aujourd'hui 700. — L'*Œuvre de charité*, administrée par le curé, le viguier et les consuls, se réunissait à la maison curiale[1]. — La paroisse relevait de l'archiprêtré de Trets; aujourd'hui archidiaconé d'Aix, doyenné de Trets. — Ecole de garçons, dirigée par les Maristes, depuis 1874; école de filles, dirigée par les sœurs de Saint-Joseph, des Vans, depuis 1854; soutenues par la générosité de la famille Forbin d'Oppède.

Eglise, xiie siècle, avec collatéral d'une époque postérieure. Titul. saint Julien, martyr, 28 août. Il y avait autrefois quatre chapellenies sans résidence qui avaient pour patron, deux l'archevêque, une le curé et les consuls, une les confrères de N.-D. de Nazareth. — Pendant la révolution, le culte orthodoxe se poursuivit en secret dans la chapelle du château. — 2 anc. cloches: 1. *Sit nomen Domini beneditom.* M. George Emeric, P. Consuls, M. Pierre Fabre et Jean Beranguer. M. Antoine Tourquat le perrin. La mer-

(1) En divers pays de Provence, à Aix, entre autres, les enfants se transmettent cette cantilène:

Lou cura de Peynié
De veire tant de goï risié.
Lou paire es goy,
La maire es goyo,
L'enfant es goy,
La fiho es goyo.
Lou cura de Peynié
De veire tant de goï risié.

Ce n'est ni plus spirituel, ni plus sot que les refrains que Paris expédie chaque année à la province.

rine Madalene Martine. Joseph Achard m'a fait fondre. Jean Galop. fon. 1694. — 2. Du temps de messire Sextius de Tarente, camérier de Saint-Victor, prieur de Peynier, et de haut et puissant seigneur Louis de Thomassin, seigneur de Peynier, président à mortier du parlement d'Aix, j'ai été bénite par messire Esprit Félix, curé perpétuel dudit lieu, et *nommée Anne* par Me Jean Achard, *notaire* royal viguier, mon parrain, et par Marie Lidet, femme du premier consul, ma marraine, en présence des sieurs Mathieu Ravel et Claude Laget, consuls en 1742. H. Condamin et N. Desmonteaux m'ont fait. — 3e cloche, 1817.

Chapelles. — *Saint-Pierre*, dans le cimetière, dédiée au patron du pays. On croit que c'est l'église paroissiale nommée dans la liste de 1098. Millésime de 1111, auquel elle a dû être restaurée. C'est aussi l'époque à laquelle le siège de la paroisse a été transporté dans l'enceinte du *castrum*. Il y a un petit logement et un jardin qui ont été quelquefois occupés par des ermites. — On s'y rendait en procession le 1er août pour y chanter la messe. Les abbats jouaient de la pique en l'honneur du saint, au départ de la paroisse, et à l'entrée du cimetière. — *Saint-Victor*, dont parle la bulle de 1135. Il ne reste plus rien de cette chapelle.

# NÉGREL

*Niguerellum*

—

Voici la seconde paroisse *morte* que nous rencontrons dans notre pérégrination à travers le diocèse. Plus heureux pourtant que l'ancienne cathédrale de la Seds qui n'est jamais revenue à la vie paroissiale, Négrel a recouvré, après une interruption de quatre siècles, le titre qu'il avait perdu.

Négrel, appelé aussi Châteauneuf-le-Rouge, était paroisse dans le haut moyen-âge. La bulle de 1135 inscrit parmi les possessions de Saint-Victor « capellam sanctae Mariae de Castro Novo cum parochiali ecclesia ». Ce texte ne peut désigner que Châteauneuf-le-Rouge, *Castrum Novum Rubrum*, car ce castrum est placé dans la bulle entre Saint-Privat de Rousset et Saint-Pons de Puyloubier. D'ailleurs l'autre Châteauneuf, dit de Roux, *Castrum Novum de Rupho*, près Martigues, avec lequel on pourrait être tenté de le confondre, n'a jamais appartenu à Saint-Victor, c'était une possession de Saint-Trophime d'Arles.

Une charte de 1164 parle de dons en terres, bois, etc., faits à l'abbaye de Silvacane par Raymond de Castelnoù.

Cette paroisse fut détruite au XIV^e siècle avec le château relativement récent qui avait substitué son nom à celui plus ancien de Négrel. La destruction fut opérée, environ l'an 1358, par les bandes d'Arnaud de Servole, dit l'*Archipré-*

*tre*, lequel guerroyait contre la reine Jeanne, pour le compte des seigneurs de Duras et des Baux.

Dans un acte du 7 mai 1379, l'abbesse de Saint-Pons, près de Gémenos, rend hommage au comte de Provence pour la terre de Châteauneuf dont elle est dame. Elle déclare posséder la totalité du territoire, et ajoute que le château a été détruit « il y a plus de vingt ans, pendant les guerres des Gascons ».

« Ce pays, dit la *Statistique des Bouches-du-Rhône*, se couvrit de bois après les Romains. Les comtes de Provence l'inféodèrent à l'abbesse de Saint-Pons ; elle commença le défrichement qui depuis s'est tellement étendu qu'il n'y reste presque plus de bois. » Cette inféodation n'a pu être antérieure au XIII^e^ siècle, car l'abbaye de Saint-Pons n'a été fondée qu'en 1205. Il est à croire que l'abbaye de Saint-Victor, si puissante dans la vallée, contribua par ses concessions, au moins autant que les comtes de Provence, à favoriser l'établissement d'un monastère bénédictin comme elle.

— Châteauneuf s'appelait primitivement Négrel. Quand l'archevêque Vicedominis, nouvellement intronisé, prêta hommage à Charles d'Anjou, ce fut avec le consentement de BERTRAND DE NÉGREL, prévôt de son église, « volente Bertrando de Niguerello, prœposito eiusdem ecclesiae aquensis ». Bertrand prêta ensuite hommage pour les possessions du chapitre ; Tarascon, 5 octobre 1257.

La prévôté de Bertrand de Négrel a été ignorée de l'auteur de la *France pontificale*, et par conséquent de *Gallia christiana* qu'il a suivi. Nous sommes heureux d'intercaler le nom de cet enfant de Négrel à son rang parmi les prévôts de Saint-Sauveur. Ce sera le quatorzième connu.

— Le prieuré de Châteauneuf relevait de Saint-Victor. Il était uni à l'office d'Infirmier, lequel étant prieur-décimateur, nommait le curé. Celui-ci ne retirait que 20 livres en sus de sa congrue de 500. Il administrait le *bureau de charité* avec le juge et le greffier de la communauté : autorisation de prélever « de temps en temps » sur les fonds du bureau, 30 livres pour marier une pauvre fille. Les assemblées se tenaient au presbytère. — La paroisse, avec 200 habitants, dépendait de l'archiprêtré de Trets ; aujourd'hui 160 habitants, elle dépend de l'archidiaconé d'Aix et du doyenné de Trets. — Les *Sœurs de Saint-Joseph*, des Vans, y tiennent école depuis 1860.

Eglise, rebâtie en 1700, époque du rétablissement de la paroisse. — Titulaire, l'Assomption. Le patron du pays est saint Antoine, mais on s'est habitué à célébrer le 15 août comme fête patronale.

— Avant la révolution, un service dominical était organisé à *La Galinière*, sous la direction du curé de Rousset. La chapelle, aujourd'hui ruinée, était une dépendance d'une ferme des Templiers, rattachée à leur couvent de Bayles.

# ROUSSET

*Rossetum*

---

Il faut restituer à Rousset mieux qu'un prévôt de chapitre, car un évêque assez connu, digne de l'être plus encore, Pierre Marini, s'appelait Pierre de Rousset.

Petrus de Rosseto, dit Marini, augustin, confesseur du roi René, fut évêque de Glandèves, de 1447 à 1457. Il mourut à Aix le 20 janvier de cette année, et fut enterré dans l'église de son ordre. Son épitaphe, rapportée par de Haitze, le déclare « irréprochable de pensée, d'action, de langue et de doctrine ». Il fut, d'après Papon, fameux en son temps par sa science et son talent pour la chaire, et il laissa plusieurs manuscrits dont la plupart roulaient sur des sujets de piété. On imprimerait avec profit pour la connaissance des mœurs au xv<sup>e</sup> siècle [1], et pour avoir une idée

(1) Il n'y a rien de nouveau sous le soleil, pas même les agences matrimoniales. Marini, au cours d'un de ses sermons, loue la sagesse d'Abraham dans la recherche d'une épouse pour son fils Isaac, et, comparant cette conduite avec l'usage alors commun de recourir pour ces négociations à des intermédiaires intéressés, poursuit de cette façon : « Abraham se garda bien de confier une affaire de cette importance à un étranger, à un inconnu, à un homme de rien, *homini nichili*, comme on fait aujourd'hui. Comment se traitent les mariages ? Par l'intermédiaire de courtiers juifs, gens misérables et besogneux qui pour un florin vous débitent mille mensonges. En voici un exemple. Un manant voulait prendre femme. Il s'adressa à un de ces courtiers et lui demanda de vanter le plus qu'il pourrait ses qualités personnelles et sa fortune, lui recommandant de surenchérir à tout ce qu'il dirait. Ils se rendent donc chez la future, qui s'enquiert d'abord des biens que possède le prétendant. — J'ai une maison-

exacte de l'éloquence de la chaire à cette époque, puisque Marini fut un prédicateur de renom, les sermons latins dont la bibliothèque Méjanes possède le manuscrit original.

— « Cella sti Privati de Rosseto » est mentionnée dans la bulle de Grégoire VII, 1079 ; « ecclesia sanctae Mariae de Rosseto » dans la liste de 1098. Cette dernière église est l'ancienne paroisse.

Comme le reste de la vallée, Rousset appartenait à l'abbaye de Saint-Victor au spirituel par la possession du prieuré-cure, et au temporel par les nombreuses concessions foncières des vicomtes de Marseille et de divers particuliers. En 1266, l'abbaye obtint du pape Clément IV la faculté d'unir l'église de Rousset au prieuré de la Trinité de Trets nouvellement établi. Un des motifs de cette union fut de tenir plus en respect les habitants de la vallée, ceux de Rousset en particulier, qui se montraient récalcitrants au paiement de la dîme.

— Le curé de Rousset, nommé par le Pitancier de Saint-Victor, son prieur-décimateur, était assisté d'un secondaire. Son revenu s'élevait à 630 livres. Avec les consuls il admi-

nette, dit-il, un lopin de terre, et une petite vigne. — Alors le courtier : Une maisonnette ! un lopin ! une petite vigne ! vous êtes trop modeste, dites donc une grande maison, un domaine immense et des plus fertiles, un vignoble splendide. — C'est bien, reprit la fille. Maintenant dites-moi franchement la vérité, ne me trompez pas. Auriez-vous quelque infirmité corporelle ? — Non, ou du moins rien de sérieux, quelques boutons.... — Quelques boutons ! s'écria le juif, il n'exagère pas. Cela veut dire, mademoiselle, qu'il est teigneux et galeux des pieds à la tête. — Le manant fut éconduit. Furieux de sa mésaventure, il refusait paiement au courtier. Et celui-ci soutenait avoir gagné l'argent, car, suivant leur convention, il avait surenchéri à tout ce qu'il avait entendu. »

(*Sermons de Pierre Marini.*)

nistrait le bureau de charité. Ce bureau pratiquait un mode de secours à noter, l'avance des semences aux cultivateurs pauvres, qui rendaient à la récolte ce qu'on leur avait prêté. Douze charges de blé étaient affectées à ce fonds de secours. — La paroisse, 700 hab., relevait de l'archiprêtré de Trets. Auj. 750 hab., archidiaconé d'Aix, doyenné de Trets. — Les sœurs de Saint-Joseph des Vans y dirigent des écoles depuis 1861.

— L'*église romane* du cimetière est celle que mentionne l'acte de 1098 : c'est la paroisse primitive, dédiée à sainte Marie. Elle fut réparée en 1555 et abandonnée sur la fin du XVII^e siècle. L'*église Saint-Privat*, qui existe encore, mais dénaturée, distincte de la chapelle rurale du même nom, servit ensuite de paroisse jusqu'en 1863.

— ÉGLISE nouvelle, dédiée à l'Immaculée Conception, bénite le 16 août 1863 par M^gr Chalandon qui en avait posé la première pierre le 28 juillet 1861.

Il n'est que juste de rappeler l'exemple de religion que donna le peuple de Rousset, lorsqu'il fallut élever un temple à Dieu. Spectacle digne de la plus belle période du moyen-âge, avec ses seules ressources, un pays de 700 âmes bâtit une église monumentale dont plus d'une ville serait fière. Tous les hommes, l'intrépide curé en tête, payèrent bravement de leur personne : les femmes rivalisèrent d'entrain avec les hommes pour fournir aux maçons la chaux et le sable, pour préparer le mortier et le monter à pied d'œuvre : les enfants des écoles eux-mêmes employèrent leurs heures de liberté à dépaver une aire et à creuser deux grands bassins destinés à contenir l'eau nécessaire aux travaux. Il ne fallut, en un mot, recourir à des ouvriers que pour ce qui demandait une aptitude technique. Des charretiers ne recevant que la nourriture pour salaire partaient pour la gare d'Aix et ramenaient leurs véhicules chargés de pierres de taille : la file se composait un jour de soixante-une charrettes. On eût dit le convoi d'une armée. Quand le chargement était plus maniable, les hommes restant au chantier, les femmes conduisaient les charrettes ; un jour elles apportèrent d'Aix 6,000 tuiles et 5,000 carreaux.

On ne fournit pas seulement des bras, on ouvrit généreusement la bourse : ce petit pays donna vingt-trois mille francs. La prospérité matérielle, il est vrai, était alors à son comble. Epargné par l'oïdium, le territoire de Rousset produisait du vin qui se vendit jusqu'à 50 francs l'hectolitre. C'est pourquoi dans les fondations de l'église fut placée une urne contenant une bouteille de vin de Rousset, récolte de 1860.

Le baron de Coriolis et M. Bordes, ingénieur, avaient prêché d'exemple, l'un en donnant le terrain pour l'église, le presbytère et leurs dépendances, l'autre en se chargeant de la façade et du clocher, d'une notable partie de la charpente, de 200 mètres cubes de pierre blanche, etc.

— Cette église est dans le style du XIV^e siècle, sur les plans de M. Borde, trois nefs ; 29 m. de long. — *Façade* avec deux tours ; sous la rosace, *Vierge,* Hipp. Ferrat, placée le 15 févr. 1864, don de M^me Borde. — Dans une tour, 3 cloches ; la plus grande porte cette inscript. : « Saint-

Privat. *Fides*. Rousset, 16 août 1863. J'ai été baptisée et l'église a été bénite par Mgr Chalandon, archevêque d'Aix, accompagné de MM. Reynaud et Conil [1], vicaires généraux. Maurin, maire. Meissonnier, curé. Frères Sabatier, fondeurs à Aix. »

CHAPELLES RURALES. — *Saint-Pierre* de Favaric, placé à tort près de Calas par les éditeurs du Cartulaire de Saint-Victor, est situé à la limite sud-ouest de la paroisse. Le domaine se nomme encore Favary. Il est très ancien, car en 1200, la liste *Pergam*. le nomme « castrum *quondam* de Favaro ». « Cella sancti Petri de Favarico cum pertinentiis » fut donné à Saint-Victor le 27 avril 1050. Mentionnée dans les bulles de 1079 et 1135. Unie à la mense conventuelle. — Le procès-verbal de visite de 1654, au nom de l'archevêque, porte que « la chapelle a un logement au-dessus où les fermiers logent. Il y a service d'une Croix à l'autre (du 3 mai au 14 septembre). » Ce service a duré jusqu'à la révolution. Dans un champ voisin a été retrouvé l' * *autel primitif* de la chapelle, curieux morceau d'antiquité. Quoique moins remarquable et moins conservé que l'autel de Rognes, celui de Favaric mérite d'être compté parmi les plus intéressants vestiges de l'archéologie chrétienne. On peut le rapporter au VIIe siècle. Il reste peu de chose de la chapelle.

*Saint-Privat*, chapelle de l'époque romane, moins ancienne que la précédente.

(1) Inexactitude assez fréquente dans les inscriptions gravées à l'avance. M. Conil ne put se rendre à la fête.

## RÉGION DE L'ÉTOILE

# GARDANNE

*Gardana*

L'église Saint-Pierre « in comitatu aquensi, non longe a castro quod cognominatur Gardana, propre fontem Auream » (*font de l'Aure*, nommée depuis ruisseau Saint-Pierre), fut donnée à l'abbaye Saint-Victor en 1022.

A côté d'elle, les cassianites bâtirent un couvent dont parlent la bulle de 1079 « cellam sti Petri de Gardana », et celle de 1135 « ecclesiam sti Petri de Gardana ». Mention en est faite encore dans un acte de 1195, à propos d'une donation accordée par Roncelin, vicomte de Marseille, et dans un autre, de janvier 1218, dans lequel Mabile de Monteil, vicomtesse de Marseille, confirme au prieur B. de Cerveria et à ses successeurs une terre précédemment donnée par le seigneur Boniface et son épouse Claire. Dans une charte de 1180, souscrite par Henri, archevêque d'Aix, les moines de Gardanne sont décorés du titre de chanoines réguliers.

Ce monastère, plus tard simple prieuré, resta uni à la mense capitulaire de Saint-Victor : il lui payait annuellement 80 setiers de blé, d'après le règlement de Benoît XII, 1336.

La cession de l'église Saint-Pierre est la plus ancienne que le Cartulaire rapporte pour ce pays, mais en fait elle fut précédée et suivie de beaucoup d'autres, si bien que le territoire entier finit par relever de l'abbaye, et fut considéré comme partie intégrante du val de Trets. La preuve existe dans l'acte de reconnaissance souscrit par le chapitre Saint-Sauveur au sujet des possessions de Saint-Victor. Toutes les églises de Gardanne y sont énumérées : « ecclesia sante Marie parochialis, cum capellis sti Micahelis, sti Petri, sti Valentini, sti Baudilii. »

— Gardanne fut le séjour favori du bon roi René. Il y passa souvent, dans une modeste résidence, la belle saison pour s'y livrer aux charmes de l'étude et au plaisir de la chasse. Son ameublement n'était pas plus somptueux que celui de ses voisins qu'il aimait à visiter sans cérémonie. Dans cette tranquille retraite il se consolait de ses disgrâces et consolait les autres, en particulier sa fille Marguerite, dont le mari, Henri VI d'Angleterre, avait été détrôné et assassiné : « Ma fille, lui écrivait-il du château de Gardanne, que Dieu vous assiste dans vos conseils, car c'est rarement des hommes qu'il faut attendre secours dans les revers de fortune. Lorsque vous désirerez moins ressentir vos peines, songez aux miennes : elles sont grandes, ma fille ; Dieu les connaît. Et pourtant c'est moi qui vous console. »

— Ce pays a vu naître un chef d'escadre, Claude de Forbin, la terreur des anglais, des hollandais et des barbaresques. Ce capitaine intrépide à qui Colbert adressait cet éloge « M. de Forbin, il n'y a en France que M. de Turenne et vous à qui on ait donné carte blanche », était le plus modeste et le plus juste des hommes. Présenté un jour au roi pour le remercier d'une grâce qui lui avait été accordée, avant de prononcer son compliment, il se plaignit au monarque de l'oubli dans lequel on laissait Jean-Bart, son compagnon de luttes et de gloire, ajoutant avec une rondeur de marin que ce brave homme n'avait pas moins fait pour Sa Majesté que lui-même. Louis XIV, peu habitué à ce langage, en fut enchanté et manifesta son admiration à Louvois qui l'accompagnait.

— Gardanne, *ville murée*, peuplée de 2,300 hab., était administrée par un curé, à 750 livres de revenu, y compris la congrue, à la nomination du chapitre Saint-Victor, son prieur-décimateur, et par deux vicaires. Archiprêtré d'Aix. Le *bureau de charité* pour les malades et les indigents, était dirigé par le curé, les consuls et huit notables. — Auj. Gardanne, archidiaconé d'Aix, est cure de 2me classe avec vicaire, 2,700 hab. Son doyenné comprend Bouc, Cabriès, les Cadeneaux, Callas, Mimet, les Pennes, Septèmes, Simiane. — Les sœurs de Saint-Joseph, des Vans, y tiennent une école depuis 1848. Un nouveau bâtiment bien disposé vient d'être élevé aux frais et sur la propriété d'une généreuse chrétienne du pays.

Eglise. — Elle tient la place de l'édifice roman mentionné en 1098. C'était primitivement la chapelle du *cas-*

*trum* important, qui depuis le VIIIe siècle au plus tard, commandait les routes de Marseille à Aix et à Trets. Son titulaire est saint Pierre, quoique les documents précités lui attribuent celui de sainte Marie. Ce changement s'est sans doute produit à l'époque où le val de Trets passa sous la juridiction de Saint-Victor. Comme à Trets, sainte Marie, patronne du siège d'Aix, fut remplacée par saint Pierre, pour attester la dépendance immédiate du siège de Rome.

Cet édifice a reçu plusieurs adjonctions qui rendent méconnaissable le plan originel. Il a quatre nefs d'inégale longueur ; la principale date du XIIIe siècle. Récemment, la façade a été refaite, et l'ancienne porte libitine, dite *porte des morts*, qui donne sur le chemin nouveau du cimetière, a été rouverte. — *Autel majeur*, apporté de Saint-Victor, pendant la révolution. — *Chaire*, bon travail, XVIe s.; sur le devant, moine cassianite portant les instruments de la Passion. — Tabl. *Sainte martyre*, Villevieille, 1860.

En 1775, quand on bâtit la tour carrée qui sert de clocher, et les deux dernières nefs, une partie de la population demanda que l'église fût reconstruite dans la plaine.

Le développement qu'ont procuré à Gardanne l'exploitation des mines et l'établissement de trois voies ferrées, la situation si peu accessible de son église, l'état compromis d'une voûte qui menace ruine, rendent obligatoire la translation inutilement réclamée au siècle dernier. Grâce à l'initiative de son vaillant curé, cette population l'a compris, et s'est mise à l'œuvre pour élever à Dieu un temple digne de sa majesté. Un beau terrain a été donné. La future église de Gardanne sera édifiée au centre du pays, presque en face de la gare et près des écoles. Elle sera de style ogival, à trois nefs, aura 40 m. de long, 20 de large, 15 de haut; avec deux clochers à flèche sur la façade. C'est le plan réduit de Sainte-Clotilde, de Paris.

CHAPELLES. — *En ville.* — Chapelle des anc. pénitents de la Trinité, dédiée à *Saint-Valentin*, patron du pays, 1619; a remplacé la chap. romane du même nom, dont il est parlé dans l'acte de 1098, dans la bulle de 1135 « eccl. sti Valentini cum capella sua », et dans un testament du XIII^e siècle. En cet acte, not. George à Aix, Mathieuve de Berre, femme de Pierre Roland, règle qu'après sa mort on fera pour le soulagement de son âme un pèlerinage à Sainte-Marie de Sainte-Victoire, un à N.-D. des Anges de Mimet, un à Saint-Valentin au château de Gardanne. Cette liste indique quelles étaient à cette époque de foi les églises dont les *rouméráges* [1] étaient les plus fréquentés. Le bénitier a pour support un autel votif dédié à Bacchus, *Libero Patri — Sex. Jul. — Seiani lib. — Bacillus.* « A Bacchus Liber, Sex. Jul. Bacillus, affranchi de Séjan »; monument contemporain de N.-S. Jésus-Christ. — Ces pénitents montaient en procession à l'église le joudi-saint pour y chanter

(1) *Roumérage*, actuellement *roumavagi*, synonyme de pèlerinage en vieux provençal. *Roumieu*, sa racine, signifia d'abord pèlerin de Rome, puis pèlerin au sens général. Autour des églises de pèlerinage accoururent des marchands de victuailles et d'objets pieux. Insensiblement on arriva à la vente des boissons, aux jeux, aux bals qui dénaturent aujourd'hui ces fêtes patronales qui n'ont plus de *roumérage* ou de fête *votive* que le nom.

sur une vieille et dolente mélopée, le récit de la passion en provençal.

— *Saint-Sébastien*, chap. élevée par le roi René sur l'emplacement de la mairie actuelle ; mentionnée dans un acte de 1510 ; dame Benoîte d'Arcussia y fonda une messe quotidienne et perpétuelle, 1603 ; démolie en 1789. — *Chap. de l'anc. hôpital*, abandonnée ; c'était la maison de Bontemps qui devenu valet de chambre de Louis XIV, gagna la confiance du prince par sa franchise et son dévouement. Le grand roi écoutait volontiers ses recommandations, ce qui excitait la jalousie des courtisans. Une des clés des *Caractères* désigne Bontemps comme le Xantippe qu'a dépeint La Bruyère.

*Hors ville.* — *Saint-Michel* a laissé son nom à un quartier, et *Saint-Baudile* à un autre, voisin du territoire de Mimet. Ce prieuré fut donné à Saint-Victor par l'archevêque Pierre, en 1043.

---

# BOUC

*Buccum*

---

Ce village, assis sur un plateau qui domine la grande route, était considéré depuis son origine comme partie intégrante du territoire d'Aix. Les habitants de cette ville, évitant l'invasion sarrasine, l'avaient choisi comme lieu de refuge au VIIIe siècle et s'y étaient fortifiés. C'est pourquoi le *castrum de Bucco* se trouve quelquefois désigné sous le nom de *fortalitium aquense*.

A la guerre les gens de Bouc marchaient « sub banderia civitatis aquensis ». Le commandant de la forteresse était nommé par les aixois qui fournissaient encore à Bouc ses juges criminel et civil. Les comtes de Provence regardant ce lieu comme « territoire, dépendance et appartenance de la ville d'Aix » (Louis II, 1386), comme « ayant été constamment de la volonté, obéissance et faubourg d'Aix » (René, 1454), l'avaient associé à tous les privilèges de leur capitale. C'était aussi une récompense.

Dans sa guerre contre le comte de Forcalquier, Ildefons II fut fait prisonnier sous les murs de Gardanne. Poursuivant son succès, le comte de Forcalquier fit attaquer le château de Bouc par Raymond de Baux, son lieutenant. Mais une sortie des assiégés, appuyée par une diversion des aixois, répara le désastre de Gardanne. Raymond de Baux fut pris à son tour, ce qui amena la mise en liberté du souverain et la conclusion de la paix, 1205.

Les ligueurs, sous les ordres du baron de Vins, après une première attaque infructueuse, s'emparèrent du château, le 14 septembre 1589, et pendirent la garnison royaliste.

En temps ordinaire, le château de Bouc protégeait la route contre les malfaiteurs. Un de ses plus anciens commandants n'employa pas toujours ses hommes à cette bonne œuvre. L'auteur de la vie de saint Ysarn raconte que la dame de Trans, près Puyricard, riche et pieuse veuve, portait chaque année à Marseille la toile destinée aux vêtements du vénérable abbé. « Un jour qu'elle suivait le chemin public qui passe sous le château de Bouc, le seigneur du lieu, Reinoard, irrité contre nous parce que son père avait pris l'habit chez nous et nous avait donné quelques terres, vint au-devant d'elle à main armée et accompagné de soldats. Effrayée de cette rencontre, elle dit le but de son voyage, et invoqua le nom d'Ysarn. A ce nom Reinoard furieux lui enleva ce qu'elle portait et même ses chevaux. La dame de Trans continua sa route à pied et vint au monastère implorer la bénédiction de l'abbé. Elle y était encore quand les voleurs, cruellement tourmentés par les démons et se déchirant de leurs propres mains, rapportèrent eux-mêmes ce qu'ils avaient dérobé. Ysarn oubliant leurs torts se mit en prière et leur rendit la santé. »

— En 1293, Gui de Bouc était vicaire général et administrateur du diocèse de Riez. — Pierre Marini, évêque de Glandève, dont nous avons parlé, fut prieur de Bouc jusqu'à sa mort, 1467. — Le jésuite Séguiran, prédicateur célèbre, et Mgr de Séguiran, évêque de Nevers, appartenaient à la famille des seigneurs de Bouc.

— Transportons-nous à l'époque de la Terreur. N'étaient les noms des personnes et des localités, on dirait d'une relation arrivant de Corée ou des grands lacs d'Afrique.

L'abbé Reimonet, nommé vicaire général apostolique des diocèses de Marseille, d'Aix, de Fréjus et de Toulon, les parcourait incessamment à travers mille dangers. Parmi ces courses hardies, en voici une, celle commencée le 6 octobre 1794, qui eut pour théâtre diverses de nos paroisses, Bouc en particulier.

M. Reimonet se rendit d'abord à Notre-Dame dans une habitation peu éloignée du grand chemin. « Là soixante catholiques affamés du pain eucharistique l'attendaient : il les confesse et dit la messe. « Après le dîner, écrit-il lui-même, je me remis au travail jusqu'à 9 heures. Je soupai et repris mes fonctions auprès d'une bande très nombreuse composée de gens de Marignane venus à pied de trois lieues et qui passèrent la nuit en prières avec beaucoup de dames et de demoiselles nobles venues des environs par un très mauvais temps... » La messe commença à 4 heures..... exhortation avant sur le baptême à cause de plusieurs premières communions qui devaient avoir lieu, autre exhortation après et amende honorable au Sacré-Cœur de Jésus ; enfin, bénédiction du T.-S. Sacrement et dernière exhortation sur l'attachement à la foi et le renoncement pour Jésus-Christ. On chanta des cantiques sans aucune précaution. « J'avais la croix à la main, je fus obligé de cesser, interrompu par les sanglots... Nous avons établi dans cette campagne l'adoration perpétuelle, j'y ai placé la Réserve fort décemment. La prière publique s'y fait tous les dimanches et fêtes, les catholiques s'y sont fait agréger et s'y rendent de très loin. A mon retour, je vis arriver quatre dames de Marignane qui venaient faire leur heure d'adoration. »

Le 8, Reimonet alla le matin, à travers les montagues, administrer des malades et baptiser des enfants. « Il faisait bien froid, et le vent était si fort que je faillis être renversé plusieurs fois, mes vêtements étaient trempés de sueur ; j'en fus quitte pour un rhume que le travail et le mauvais temps guérirent. »

Il se dirige ensuite sur Aix, en passant par Simiane, avec deux guides. Ils avaient marché quatre heures par des chemins affreux quand ils arrivèrent près de Bouc. Reimonet avait d'abord refusé de s'arrêter à une maison de campagne située près de ce village, mais il céda ensuite, la Providence le permettant pour la consolation de plusieurs personnes de qualité qui désiraient le voir... On demande si c'est bien Xavier de Marseille (c'est ainsi qu'on désignait M. Reimonet).... « Je vois descendre quatre demoiselles plus recommandables encore par leurs malheurs et leurs vertus que par leur naissance, MM[lles] de Glandevès-Niozelles. Leur père guillotiné, leurs biens saisis et vendus, chassées de leur maison, leur mère morte depuis quelque temps, jeunes et sans ressources... » Reimonet les consola et les bénit avec le Saint-Sacrement qu'il portait sur lui : il les quitta vers midi, en leur promettant de revenir, car on l'attendait au Pont-de-l'Arc depuis 11 heures.

Arrivé à Aix, il se hâta, après un court repas, de visiter les fidèles. Il y demeura jusqu'au samedi, faisant tous les jours deux ou trois assemblées, ranimant les catholiques par ses exhortations et administrant les sacrements. Ce qui l'édifia surtout, ce fut de voir les familles nobles, persécutées d'une manière si horrible, manifester les plus beaux sentiments, répétant les paroles de Job : *Dieu a donné,*

*Dieu a ôté, que son saint nom soit béni !* et pardonnant sincèrement à leurs ennemis...

Il se remit en route avec un catéchiste, Paul d'Astros. Nos deux voyageurs arrivèrent à Simiane vers 9 heures. Ils comptaient ne trouver qu'une vingtaine de catholiques, il y en avait quatre-vingt-dix. Plusieurs s'étaient laissé entraîner à acheter des biens nationaux, mais pour prouver la sincérité de leur retour : « Nous avons acheté des biens d'Eglise, dirent-ils : nous étions convenus de les soigner et de les rendre à leurs maîtres. Mais en punition d'avoir acheté des biens volés, nous sommes décidés à perdre tout ce que nous avons donné en paiement..; nous le promettons à Jésus-Christ que nous recevrons dans la sainte communion, si vous nous en jugez dignes. » Après le souper, Reimonet les confessa jusqu'à 4 heures du matin, dit la messe, fit une vigoureuse exhortation, puis il prit congé d'eux d'assez bonne heure pour être rendu dès la pointe du jour à la campagne des Glandevès, à Bouc. C'était un dimanche... Une petite lampe avait été allumée en prévision de l'arrivée du missionnaire, une fenêtre entr'ouverte était le signal convenu de l'absence de tout danger. Un magnifique autel avait été dressé dans un salon. Des paysans vinrent prêter leur concours, et l'assemblée eut lieu au milieu de la nuit. A la suite d'une exhortation faite avec la croix à la main, une jeune fille demanda au prédicateur de lui laisser baiser le signe de la rédemption. « Je le fis en fondant en larmes, écrit M. Reimonet, et en admirant l'ardeur de ces chrétiens semblables à ceux de la primitive église. Le chant des cantiques, le recueillement et la ferveur de ces jeunes gens me firent oublier que j'étais en France.[1] »

C'est dans ce même temps que l'abbé Paul d'Astros, arrêté à Marseille et conduit à Aix par les gendarmes, donna cette preuve de sang-froid et d'audace. Ses geôliers jugèrent à propos de passer la nuit à Bouc. On enferme le captif dans une chambre solidement verrouillée. Paul d'Astros, au milieu de la nuit, ouvre la fenêtre et mesure du regard le grand espace qui le sépare du sol. Ayant cru apercevoir que ce sol est couvert d'un épais fumier, il s'élance, ne se fait aucun mal, et s'enfuit. Il arriva harassé de fatigue à la Blaquière, près Pourrières, propriété de sa famille, où il se cacha et se reposa jusqu'à une nouvelle entreprise suivie de nouveaux dangers. — M. d'Astros[2], une de nos gloires diocésaines, est mort en 1851 cardinal-archevêque de Toulouse.

— Cette paroisse, *ville murée*, 1,200 hab., archiprêtré d'Aix, possédait un curé, perpétuel depuis 1673, nommé par le chapitre de Saint-Victor, prieur-décimateur, et un

(1) Récit rédigé d'après l'*Histoire des prêtres du Sacré-Cœur*, et les *Mémoires* manuscrits de M. Reimonet.

(2) Paul-Thérèse d'Astros, né à Tourves, alors du diocèse d'Aix, 1772, reçut à Paris les ordres mineurs et le sous-diaconat ; assista M. Reimonet dans ses périlleuses missions ; fut ordonné diacre et prêtre à Marseille par l'évêque de Grasse, 1793. Il prit part aux négociations du Concordat, devint grand-vicaire de Mgr de Belloy qui l'avait confirmé à Marseille, composa le *Catéchisme de l'Empire* (moins le quatrième commandement), bénit les caveaux du Panthéon, expia par trois ans de captivité ses luttes pour la liberté de l'Eglise et son opposition à l'intrusion du cardinal Maury. Evêque de Bayonne, 1820, archevêque de Toulouse, 1830. Durant son ministère à Paris, il aida la princesse Louise de Condé, sa pénitente, à établir la congrégation de l'adoration perpétuelle du T.-S. Sacrement. — Cf. F. Guillibert, *Hilarie d'Astros*.

vicaire. Le curé percevait un revenu de 1,000 livres, mais il payait la congrue du vicaire (250 livres), le clerc et la matière, c'est-à-dire le pain et le vin pour la messe (20 livres). Ainsi faisaient les curés de Puyricard et de Vauvenargues, l'un avec 1,050 livres, l'autre avec 1,100. — Le bureau de charité était administré par le curé, le juge, les consuls et quelques notables : assemblées ordinaires à la cure, générales à la commune. — Actuellement 950 hab., archidiaconé d'Aix, doyenné de Gardanne, un curé-desservant. Bouc est appelé quelquefois Albertas, et Bouc-Albertas, du nom des anciens seigneurs. — Les sœurs de Saint-Joseph, des Vans, y tiennent des écoles depuis 1862.

Eglise, romane, dédiée à saint André, patron du pays. C'est celle mentionnée dans la liste de 1098 « ecclesiam parochialem de Bucco », et par la bulle de 1135 « ecclesia sti Andreae de Bucco ».

Chapelles rurales, romanes, dédiées toutes deux à la sainte Vierge. — La *Bonne-Mère* ou *N.-D. d'Espérance*, (en quelques actes anciens N.-D. de Nazareth), à 500 pas du pays et à l'extrémité du plateau. Pèlerinages, le dimanche après Pâques et l'Assomption. L'archevêque nommait le chapelain sur la présentation des consuls. — *N.-D. de Sousquière*, une des églises données par l'archevêque Pierre aux chanoines de Saint-Sauveur, 1082, « ecclesia stae Mariae de Sutzshira, » en d'autres chartes « de Sosqueriis ». Une concession postérieure la donna à Saint-Victor ; elle relevait de l'aumônier de l'abbaye.

# SIMIANE

*Caudus Longa*

---

Le territoire de Bouc, s'étendant jadis jusqu'à la crête des monts de l'Etoile, comprenait la paroisse de Simiane. Ces montagnes sont restées longtemps couvertes de bois, mais les bas-fonds et les côteaux plus accessibles avaient été conquis à la culture dès l'époque romaine.

Au temps des invasions, quand la population éparse sentit le besoin de s'abriter sous les châteaux-forts, elle fonda, au pied du pilon du Roi, les hameaux fortifiés de Venel, au nord, et celui de Roques, au couchant. Ce dernier fut abandonné de bonne heure à cause de sa position abrupte, et ses habitants se réunirent à ceux de Venel, où se maintint la paroisse commune.

Cette église de Venel, aujourd'hui ruinée, avait été donnée à l'abbaye de Montmajour, le 20 mars 973, par le seigneur Rambert et sa femme Wilitrude, ainsi que Saint-Pierre de Collongue, « ecclesias s. Mariae et s. Petri, in territorio castri de Bucco, in valle quae vocatur Venellis. »

En des actes postérieurs, sainte Marie est remplacée par sainte Marie-Madeleine, à moins que le nom de Marie sans plus ait été mis à l'origine pour celui de la sainte pénitente.

Cet ancien vocable peut être invoqué comme un argument

en faveur de la tradition qui attribue à sainte Madeleine un séjour à N.-D. des Anges. Plus probablement faut-il penser que le vocable de la chapelle a donné naissance à la légende. La liste de 1098 contient « ecclesia parochialis de Venel ». Le château et le hameau furent saccagés durant les guerres de religion. De l'église il ne restait en 1705 que quelques vestiges de fonts baptismaux, et les traces d'un ancien cimetière. C'est donc au XVIe siècle que les habitants désertèrent Venel, pour se fixer la plupart à Collongue, à l'entrée de la vallée. Mais la période orageuse passée, ils revinrent à leurs champs abandonnés et relevèrent leurs demeures. On installa le culte dans une très ancienne chapelle qui se trouve dans le vallon, non loin du vieux Venel. Cette chapelle, dédiée à saint Germain d'Auxerre, est mentionnée dans un acte de 1056, et dans la bulle de 1135 « ecclesia sti Germani de Venel ».

Le prieur qui s'était fixé à Collongue, et qui sans cesser de percevoir la dîme de Venel, jouissait des avantages d'un secondaire dans sa nouvelle résidence, se fit tirer l'oreille pour remonter à son prieuré. Il s'engagea pourtant, par une convention du 4 février 1677, à dire la messe à Saint-Germain « entre les deux croix », c'est-à-dire du 3 mai au 14 septembre. C'était insuffisant. On demanda bientôt à l'archevêque d'obliger le prieur à dire la messe les dimanches et fêtes toute l'année, à administrer les sacrements « aux habitants des bastides de l'ancien Venel », réservant les baptêmes, les mariages et les pâques à l'église de Simiane qui demeurait seule paroissiale, celle de Venel n'ayant que le titre d'annexe. La requête, datée du 17 mai 1705, était signée des maire et consuls de Simiane, et appuyée d'une consultation rédigée par l'avocat Décormis.

Primitivement les revenus du prieur de Saint-Germain se composaient de 15 charges de blé, 50 livres d'argent, plus le logement. « Le décimateur particulier de ce quartier, dit Achard, qui est aujourd'hui le secrétaire de l'archevêché d'Aix, y entretient un prêtre pour exercer les fonctions curiales. » A ce moment l'ancien prieuré de Sainte-Madeleine, « prieuré à simple tonsure par la désertion des habitants », possédait encore 260 livres de revenu, et 100 celui de Saint-Germain.

Saint-Germain existe encore, mais les réparations lui ont fait perdre son caractère architectural. On y monte pour la solennité de saint Germain (dimanche après le 31 juillet), qui depuis l'union des deux pays est devenu le patron de Simiane. La messe dite, on amène en procession au village la statue du saint, qui fut un grand chasseur avant sa conversion. C'est pourquoi les chasseurs du village, embusqués à tous les coins de rue, saluent par les détonations de fusils la statue à son passage.

— La paroisse de Collongue ne remonte pas à une moins haute antiquité que les églises de Sainte-Madeleine et de Saint-Germain. Après la mention de 973, on trouve dans la liste de 1098 « ecclesiam parochialem de Caudo Longa », dans la bulle de 1135 « ecclesiam parochialem sti Petri de Caudo Longa ». Nous ne savons comment Montmajour, qui la possédait d'abord, s'en était dessaisi. Toujours est-il qu'en 1032, Archimbert et sa femme Magemburge en firent cession à l'abbaye de Saint-Victor. C'était alors un prieuré dépendant de celui de Bouc : Collongue fut en effet longtemps succursale de la cure de Bouc. Son vicaire assista au synode de 1421. En 1600 seulement eut lieu l'érection en paroisse autonome.

On a vu comment l'abandon de l'ancien Venel augmenta l'importance de Collongue tant au temporel qu'au spirituel. Cette union des deux pays fit appeler la paroisse « Collongue et Venel », nom qui fut remplacé par celui de Simiane-les-Aix, en 1684, lorsque la famille de Clappiers-Collongue vendit le château au marquis de Simiane, futur mari de Pauline de Grignan, petite-fille de M^me de Sévigné [1]. Deux précieuses découvertes épistolaires ont rendu célèbre ce château, celle d'une liasse de lettres de M^me de Sévigné à M^me de Grignan, et celle d'une partie de la correspondance du roi René, composée de 290 pièces.

— Joseph Ignace de Foresta-Collongue fut évêque d'Apt, de 1695 à 1722. Il fonda le séminaire de cette ville, et mourut retiré à Marseille où il avait été vicaire général, 1736.

— Une loi de l'assemblée nationale prescrivit à tous les prêtres de prêter serment à la constitution civile du clergé. On discuta longtemps, le pape ne s'étant pas encore prononcé,

(1) Le nom de Collongue a été repris de 1790 à 1814. — Nous n'avons point fait usage pour rédiger cette notice de diverses chartes du XI^e siècle que les éditeurs du *Cartulaire de Saint-Victor* attribuent à Collongue près Bouc, mais que la lecture du texte montre se rapporter à un autre Collongue, près Tourves.

si ce serment était licite. On alléguait pour l'affirmative la sanction donnée à la loi par un prince religieux comme Louis XVI, sur l'avis des deux évêques de son conseil : d'autre part, les tendances schismatiques des promoteurs de la loi n'étaient pas assez déguisées pour échapper aux esprits clairvoyants. Plusieurs refusèrent absolument de prêter le serment : quelques-uns s'y soumirent sans restriction, ne voyant dans la loi que les avantages matériels promis au clergé du second ordre, généralement déshérité jusqu'alors. La plupart en le prêtant cherchèrent à calmer les inquiétudes de leur conscience par des réserves significatives. Ainsi, à Simiane, le curé Darbès et son vicaire Marrot, à l'issue de la messe, devant le peuple et le conseil de la commune assemblés à l'église, jurèrent fidélité à la nation, à la loi et au roi, « de maintenir de tout leur pouvoir en tout ce qui est de l'ordre politique la constitution décrétée par l'assemblée et sanctionnée par le roi », mais ils déclarèrent « excepter formellement les objets qui dépendent essentiellement de l'autorité spirituelle. » 30 janvier 1791. — Le 13 février, en la chapelle de Venel, le prieur Chaudoin prêta le même serment, sauf la clause restrictive « sans manquer à ce que je dois à mon Dieu et à ma religion ». — Le curé voisin de Mimet, M. Brachet, en avait fait autant, « sauf ce qui pourrait être contraire à ma conscience sacerdotale ».

— Simon Mihière, né à Simiane en 1822, partit en 1848 pour les missions de Chine. Il évangélisa le Kouy-Tchéou, où il mourut en 1872 de la mort des martyrs, s'il est vrai qu'avec son évêque Mgr Faurie, il ait été empoisonné par les mandarins, en haine de la foi qu'il prêchait.

— Simiane, paroisse de l'archiprêtré d'Aix, avec 800 hab., avait un curé, nommé par le chapitre de Saint-Victor, prieur-décimateur, et un vicaire. Le curé percevait 570 livres, y compris la congrue. Avec les consuls et deux notables, il administrait le *bureau de charité*. — Actuellement 870 hab., un curé-desservant. Archidiaconé d'Aix, doyenné de Gardanne.

Eglise, dédiée à saint Pierre, spacieuse et d'un bel aspect. Commencée en 1788, achevée en 1803. Elle a été bâtie sur l'emplacement d'une autre qui elle-même avait succédé à la petite chapelle Saint-Pierre. Restaurée en 1875.

La commune emprunta 34,200 livres pour la construction. Elle demanda aussi au chapitre noble de Saint-Victor, en sa qualité de prieur-décimateur, une subvention de 10,000 livres et une cloche neuve. Cette demande ne put aboutir. Quand elle fut présentée, le chapitre ne possédait plus rien depuis quelques jours, grâce aux décrets de l'assemblée nationale.

La commune dut tout payer, et même 18,000 livres en sus du devis primitif, dépense que l'architecte Vallier engagea, malgré l'intendant de Provence, en ouvrages non prévus. C'est, paraît-il, un vieux mal des architectes. — Cloche de 1654.

Chapelles. — Au-dessous de la tour à signaux pentagonale qui domine le village et la plaine, chapelle romane *Saint-Pierre,* d'où l'on descend à l'église par une pente rapide. C'est celle mentionnée dans l'acte de 973. Par sa position escarpée et ses dimensions réduites, elle donne une idée exacte des églises de *castrum.* Ce *castrum* a droit à une mention dans notre histoire. C'est contre ses murailles que l'artillerie fut employée pour la première fois : « Les Marseillais, dit Ruffi, employèrent au siège de Quolongue un instrument de guerre appelé bombarde qu'on chargeait avec de la poudre. » C'était en 1385. Cette guerre (celle de Marie de Blois contre les partisans de Charles de Duras), était à la fois politique et religieuse. Avec le château de Collongue, c'était la cause du pape de Rome qui succombait. Cette chapelle sert aux pénitents, et renferme une curieuse statue, marbre, de sainte Elisabeth.

Outre les églises *Sainte-Madeleine,* et *Saint-Germain,* dont nous avons parlé, il y avait *Saint-Jean de Siège,* auj. bergerie. En 1030 « ecclesia sti Johannis in valle Venellis ad castrum Boccum » est donnée à Saint-Victor. « Ecclesia sti Johannis de Segia » est confirmée à Saint-Victor dans la bulle de 1135. Cette chapelle était unie à la mense conventuelle de l'abbaye. Son prieur assista au synode de 1421. L'*Etat du diocèse* de 1728 dit à son sujet : « Elle s'appelait « chapelle de Marseille », à cause d'un prieuré régulier (de Saint-Victor) qui y était attaché : elle est abandonnée depuis longtemps. »

# MIMET

*Mimetum*

---

Qui n'a ouï parler de Mimet, le poste le plus élevé du diocèse, pittoresque village juché sur un contre-fort de la chaîne de l'Etoile, et dominé au couchant par le pilon du Roi [1], magnifique piédestal naturel qui attend ce semble un monument grandiose comme couronnement ? Qui ne connaît surtout la procession qui a porté à l'extrémité des terres le renom de Mimet ?

C'était le dernier jour des Rogations.

Au moment du départ, l'assistance bien comptée se composait du sacristain et du clerc. Tout autre eût renoncé à la cérémonie, mais le curé de Mimet ne se démonta point pour si peu. Au coup de l'heure il entonna les litanies, mit la croix aux mains du sacristain et le fit partir. Un quart d'heure après il expédia le clerc, et, après même intervalle, s'avança lui-même en chape, tout fier de fermer un défilé de demi-heure. D'aucuns racontent qu'il avait transmis ses ordres en cette phrase épique : « La croix partira la première, le reste suivra en foule et sans désordre ».

(1) Le vrai nom serait Pilon du *Roure*, nom du chêne en provençal. C'est ainsi que la tradition et la langue populaire le désignent ; « Nous l'appelons N.-D. du *Pilier du Chaine*, écrivait Pitton, *Annales*, p. 137.

On verra plus loin que cette anecdote contient un peu d'histoire.

— Le passé religieux de Mimet ne manque pas d'intérêt. En 1026, Minard et sa mère Dagoare donnèrent à Saint-Victor deux maisons « in villa quae dicitur Mimeto ». A cette époque le mot *villa* désignait d'ordinaire un lieu plus important que le *castrum*, mais non fortifié. D'où l'on peut conclure, 1° que le *castrum*, rendu moins nécessaire qu'ailleurs par la solide position du lieu, a été construit seulement au XIe siècle ; 2° que le pays et la paroisse sont anciens et remontent au moins au VIIIe siècle. Le « castrum de Mimeto » est compris dans la liste *Pergamenorum* : il fut enlevé aux protestants par les catholiques en 1589.

Les archives départementales (*archev. d'Aix*) relatent un legs fait à l'église de Mimet en 1323, et le nom du premier curé connu, Bertrand Bannoli, en 1424.

Cette paroisse comptait jadis parmi les plus riches. Quand le chapitre, ruiné par l'achèvement de Saint-Sauveur, se vit à bout de ressources, il demanda au curé de Mimet d'unir sa paroisse à la mense capitulaire. Celui-ci abandonna par contrat aux chanoines les « terres, vignes, bois, métairies, etc. » composant le domaine du prieuré-cure : en retour, le chapitre s'obligea à reconstruire l'église et à l'entretenir convenablement, 13 octobre 1510. La première stalle vacante fut réservée au curé Matheron, dont l'humeur conciliante avait si bien servi les desseins capitulaires.

L'église rebâtie changea son titulaire N.-D. de la Nativité en celui de la Transfiguration, et porta désormais à son frontispice l'écusson du chapitre.

Mre Duranti, successeur de Matheron, fut installé par un dignitaire du chapitre. Le procès-verbal témoigne qu'en 1511 le cérémonial des installations curiales ne différait guère de celui d'aujourd'hui. Il y est dit que Duranti fut conduit au tabernacle qu'il ouvrit et ferma, à la cloche qu'il tinta, au confessionnal où il s'assit, à la chaire où il prêcha.

En 1689, sous Mre Molina, l'union fut résiliée, mais le chapitre garda la nomination du curé.

— Le curé Morénas intenta un curieux procès à ses ouailles. L'aride terroir de Mimet produit peu de jardinage. Pour s'épargner souci et dépense, Morénas eut l'idée de contraindre judiciairement ses paroissiens à lui payer la dîme des légumes, celle des oignons surtout. Il gagna en première instance. Grand émoi à Mimet. Décidée à sauver ses oignons, la communauté fait appel au parlement, et confie leur sort à un jeune et déjà célèbre avocat. Portalis, c'était lui, qui ignorait à quelles affaires plus importantes il devait un jour attacher son nom, plaida contre Morénas. Il prouva que le curé n'avait jamais eu droit qu'à la dîme des grains et des raisins ; que si quelquefois on lui avait porté des salades et des oignons, ç'avait été non acquit d'une dette mais pure gracieuseté. Il s'indigna véhémentement contre l'argument de prescription qui témoignait d'une singulière reconnaissance de la part de celui qui l'invoquait. La cour réforma le premier jugement. Après quoi, les dons gracieux ayant cessé sur toute la ligne, M$^{re}$ Moréuas dut acheter son jardinage au marché de Gardanne.

Morale : « On perd tout en voulant trop gagner. »

— Le prieur-curé de Mimet, nommé par le chapitre, avait un vicaire, qui fut souvent remplacé au XVIII$^{e}$ siècle par un observantin venant chaque samedi. Le curé était seul décimateur dans la paroisse, ce qui confirme la haute antiquité de celle-ci. Ses revenus dépassaient mille livres. Avec les consuls il dirigeait le *bureau de charité* dont les réunions se tenaient au presbytère. — En 1790, archiprêtré d'Aix, 450 hab.; en 1890, 550 hab., archidiaconé d'Aix, doyenné de Gardanne.

— Au sujet de l'unique chapellenie de l'église, N.-D. des Cyprès, l'*Etat* de 1783 porte : « Il n'y a point de titulaire depuis longtemps, les biens de ce bénéfice ayant été saisis par le seigneur, faute de payement du droit d'indemnité. »

CHAPELLES. — *Saint-Sébastien*, à 500 pas de la paroisse, anc. chap. romane, « où l'on dit quelquefois la messe dans l'année ». (*Etat* de 1728).

*Notre-Dame des Anges.* — Sur le versant méridional de la chaîne de l'Etoile, dans une solitude absolue, se trouve un ancien monastère, fondé au XIII$^{e}$ siècle. Ce ne fut d'abord qu'un ermitage où un frère Jean, natif d'Aix, se fixa vers l'an 1220.

« Lou fraïre Juan venguet au terradour del castel de Mimet, de la diocezo d'Ais, en un luoc que se nominavo la Val de Canalz, per ver onte pouguessa far penitencia ad la honor et al servici de Diou et de la humil Verge Marie. Et atrobet des homes de Mimet, et les va saludar, et lour demandet se sabion negum luoc propico onto pouguessa far penitencia. Et alors ly respounderon que oc, en una baulma que si apelo Vidalo, laqual es on fourt desert, en que a grand quantitat de serpens. »[1]

Frère Jean convertit la baume Vidale en chapelle. Sur le conseil du franciscain Robert, et par suite d'une révélation faite à celui-ci, il lui donna le titre de la célèbre église d'Assise, N.-D. des Anges, Nostra-Dama des Angels.

F. Jean y servit Dieu et sa sainte Mère pendant sept ans. Puis, obsédé par le démon, il se découragea, laissa son ermitage et revint à Aix où il se maria. Mais à peine eût-il contracté son alliance que le désir de la solitude le reprit si fort qu'il tomba dans une tristesse dont rien ne pouvait le tirer. Le bon Dieu en eut pitié. « Au bout de quelque temps, sa femme fust à la fin de ses jours, et luy, ajoute philosophiquement le chroniqueur, au commencement de son repos. »

Comme un ami lui proposait un second mariage, Jean le pria de le suivre jusqu'à la rive de l'Arc. « Là, quittant ses habits et jetant un sac sur l'autre bord, il entra dans l'eau, et après s'estre bien lavé, il alla se revêtir du sac. Après quoi, il lui dit qu'il avait laissé dans l'eau le reste de ses affections pour la terre, et qu'il allait reprendre sa bienheureuse solitude. »

(1) Archives départ., *Chronique* du XIVe siècle en provençal mêlé de catalan, provenant du couvent de N.-D. des Anges.

Jean revint donc à la grotte, et cette fois pour toujours. Il y vécut en de très dures mortifications, au pain et à l'eau, avec abstinence de tout aliment du jeudi soir au samedi à midi. A l'exemple de certains anachorètes de la Thébaïde, il marchait sur les genoux et les mains, « ansin couma si foussa una bestia », et c'est en rampant de cette sorte qu'il se rendait aux portes d'Aix et de Marseille pour demander l'aumône.

Un autre aixois, fr. Antoine, se joignit à lui ; mais les deux ermites habitaient des grottes séparées : ils ne se rencontraient qu'à la *baume Vidale* qui leur servait d'oratoire.

Peyresc raconte qu'une année, aux premières vêpres de l'Assomption, frère Antoine ayant attendu longtemps son compagnon, dut commencer l'office tout seul. Il achevait à peine la première antienne que des voix mélodieuses d'anges invisibles poursuivirent les versets en alternant avec lui jusqu'à la fin. Frère Jean venait de mourir, et les chœurs célestes associaient son triomphe à celui de la Dame des anges, 1250. La mémoire du saint ermite demeura en vénération. « Au bourg de Gardanne, dit un manuscrit de l'Oratoire, on fait commémoraison de lui à la messe, ainsi que d'un saint, à tel jour qu'il décéda. »

Les fidèles s'acheminèrent nombreux vers la grotte. La visite de la chapelle de N.-D. des Anges est un des trois pèlerinages que Mathieuve de Berre demande dans son testament pour le repos de son âme. Ce testament remonte au siècle même qui vit commencer cette dévotion.

Les papes d'Avignon regardèrent ce sanctuaire comme

une des gloires de leur obédience. Clément VII (Robert de Genève), accorda, le 1er septembre 1392, une indulgence à tous les fidèles qui le visiteraient dévotement; Benoît XIII (Pierre de Lune) s'y rendit le 11 avril 1398. Il célébra la messe dans la grotte, et à son départ laissa en hommage le calice et la patène de vermeil, du poids de deux marcs et demi, dont il s'était servi.

Les villes d'Aix et de Marseille rivalisèrent de zèle et de piété envers N.-D. des Anges. Un prieur gardait la chapelle : et nous le croyons désigné sous le nom du prieur « Stæ Mariæ de Rots », qui fut présent au synode de 1421.

A la mort de frère Jean et de frère Antoine, les aixois réclamèrent leurs restes pour les inhumer dans l'église royale de Saint-Jean. Ils bâtirent à la sortie de leur ville une chapelle à N.-D. des Anges [1], tandis qu'à Saint-Sauveur une grande confrérie s'établissait sous ce vocable.

Cette confrérie se rendait à la grotte le jour de l'Annonciation. Le concours des aixois à cette procession atteignit de telles proportions qu'en 1629 on décida que la procession qui se faisait en ville le 25 mars serait renvoyée au dimanche « d'autant qu'il y a quantité de messieurs les chanoines, bénéficiers et serviteurs qui vont ce même jour, partie à N.-D. des Anges, et les autres à N.-D. de l'église de Sauvecaune. »

(1) Cette chapelle, démolie en 1750, était située un peu au levant de l'église des oblats. Edifiée par les soins de Raymond d'Agoult, sénéchal de Provence, bénite par l'archevêque Giraud de Pousilhac en 1377, elle fut détruite à l'approche de Charles-Quint en 1536. Par fondation de M. de Jarente, archevêque d'Embrun, le clergé de la Madeleine y disait la messe de l'aurore, pour les voyageurs, trois fois par semaine. On y chantait tous les samedis un *Salve regina* solennel enrichi d'indulgences.

On y montait encore en procession aux années de sécheresse, ce qu'on fit entre autres en septembre 1632 et en mai 1635. La confrérie construisit sur un terrain donné par le seigneur de Mimet une hôtellerie à l'usage exclusif des aixois.

Ce sont certainement ces processions à N.-D. des Anges qui ont rendu célèbre à Aix la procession de Mimet, car, lorsqu'on avait dépassé le village, il n'était plus possible de marcher deux de front par suite de l'exiguïté des sentiers.

Les marseillais, de leur côté, consacrèrent de fortes aumônes soit à embellir la grotte, soit à entretenir les ermites « en mémoire de quoi les armoiries de cette ville demeurent affichées de toute antiquité à l'entrée de la maison. »

Du XIIIe siècle au XVIIe, N.-D. des Anges ne fut desservie que par des ermites. L'un d'eux, le frère Maurel, revenant de Rome, en 1603, amena des camaldules du Mont-Couronné, près Pérouse. Le savant Peyresc favorisa beaucoup cette fondation, et l'acte en fut dressé dans son hôtel. La grotte et ses alentours furent cédés aux religieux par le sieur Chaussegros, seigneur de Mimet, sous la condition qu'on lui fournirait chaque année un livre d'heures et un chapelet. En qualité de protecteurs des ermites, les consuls de Marseille autorisèrent cet établissement par acte du 8 juillet 1604 [1]. L'isolement complet prescrit aux camaldules

(1) Dans cet acte le P. Elie, supérieur des camaldules, reconnaissait des choses extraordinaires « qu'il recevait cette maison des mains des consuls de la ville de Marseille, et que cette maison avait été bâtie des libéralités et bienfaits des citoyens, manants et habitants de ladite ville... ». Les consuls promettaient d'agréger et d'accepter au nombre des familles religieu-

par leur règle les rendait peu propres à desservir un sanctuaire fréquenté. Ils plantèrent des croix à quelque distance du monastère pour en interdire l'approche aux femmes sous peine d'excommunication. C'était supprimer le pèlerinage. D'où conflit avec la paroisse de Mimet qui se termina par le départ des religieux, après trois ans de séjour. Des ermites de Saint-François dont plusieurs étaient prêtres, leur succédèrent. Cette fois encore, débuts pleins de promesse, puis découragement et dispersion.

Le dernier de ces ermites avait obtenu son admission dans l'abbaye de Saint-Antoine, près Vienne. Il se rendit à Aix pour prendre congé d'un ami, le P. Jaubert, de l'Oratoire. Celui-ci, en bon aixois qu'il était, déplorait l'abandon de N.-D. des Anges. Il persuada à l'ermite de céder ses droits sur la grotte aux messieurs de l'Oratoire qui l'incorporeraient dans leur congrégation lui et ses deux frères servants : conclu par acte du 5 octobre 1640. Le chapitre se réserva, comme dans les précédentes concessions, le droit d'officier le jour de l'Annonciation « et autres fêtes de coutume ».

La période la plus brillante de l'histoire de N.-D. des Anges s'ouvrit avec l'arrivée des oratoriens. Ils élargirent

ses de Marseille le P. Elie et les siens avec tous les privilèges, prérogatives et prééminences personnelles accordées aux autres ordres... « Et faute par le P. Elie d'observer ce que dessus, permis aux sieurs consuls de reprendre le gouvernement de ladite église et maison, et de la mettre en son premier état. » Ces aveux inexacts avaient été imposés au P. Elie, comme prix des faveurs accordées à son ordre par les marseillais qui voulaient ravir à la confrérie aixoise de N.-D. des Anges l'administration de la grotte. Ces tentatives, un des mille épisodes de la rivalité entre les deux villes, n'aboutirent jamais.

les chemins du côté de Mimet et du côté d'Allauch; et obtinrent à cet effet une subvention de l'assemblée générale des communautés de Provence : pour indiquer aux pèlerins la direction à travers la forêt touffue, ils plantèrent de hautes croix sur les rochers saillants, et posèrent sur les divers sentiers des oratoires dont quelques-uns se voient encore à demi ruinés [1]. En même temps ils se mirent à bâtir le couvent. Une maison séparée fut réservée aux dames désireuses d'y faire des retraites. C'est la seule partie qui soit restée debout. L'aspect du désert changea bientôt, il perdit de son horreur pour se transformer en asile tranquille de prière et d'étude.

De grands et saints personnages venaient s'y recueillir : des évêques et des prêtres, le cardinal Grimaldi, l'archevêque de Cosnac; MM. de la Pallu et de Piquet, vicaires apostoliques, l'un au Tonkin, l'autre en Perse; le canoniste Cabassut, le novice *Massillon* ; — des magistrats, les présidents Lebret, Duchaîne et d'Agut, le procureur général de la Garde, le jurisconsulte Decormis; — des officiers, le lieutenant général de Grignan, le colonel de Courville, qui devait périr à la bataille d'Almanza. Plus d'un visiteur, séduit par les attraits de cette solitude, ne put s'en séparer, ainsi le peintre Aubert, élève de Daret; Esprit Gassendi,

(1) Celui de saint Joseph, celui de sainte Anne, etc. — Au pied du Pilon, à un quart de lieue de la grotte, était une chapelle dont on reconnaît l'emplacement. « Elle est d'une fabrique très ancienne, dit Pitton, et l'on peut y remarquer les vestiges d'un plus grand bâtiment, même des réservoirs pour les eaux pluviales. Je n'ai pu savoir par qui elle a été habitée. » Ces ruines ont pu appartenir à quelque couvent cassianite, analogue à Saint-Jean de Trets.

neveu du philosophe, etc. Des protestants en revenaient convertis, comme M. de la Guerre, capitaine du port de Marseille ; de Lavergne, plus tard prêtre et missionnaire fameux.

C'est sous l'administration du P. Marrot que cette prospérité parvint à son apogée.

Le P. Marrot, fils d'un avocat au parlement d'Aix, avait fait ses études à N.-D. des Anges sous le P. Jaubert. Il y revint à l'âge de 35 ans en qualité de supérieur. Sa vertu et son expérience étaient déjà appréciées, et l'on venait de loin se mettre sous sa direction.

Une de ses prédications produisit une conversion restée célèbre. Au moment où il stigmatisait la vie mondaine menée par trop de gens riches et même d'ecclésiastiques, l'abbé d'Oppède, chanoine de Saint-Sauveur, entra dans la chapelle. Cette morale l'atteignait à plusieurs titres. Il en fut touché, et quittant la compagnie brillante avec laquelle il était venu, il alla se jeter aux pieds du P. Marrot, et conçut dès lors le dessein qu'il réalisa plus tard de s'ensevelir à Septfonds sous le froc des trappistes.

Le P. Marrot fit bâtir en 1663, sur la pointe du roc qui domine la grotte, un oratoire dédié à la Transfiguration. L'étroit sentier qui y conduit surplombe un abîme dont la profondeur donne le vertige. Il est ardu comme un chemin de *Paradis*, c'est en effet le nom qu'on donna à cet édicule aérien.

Malheureusement le P. Marrot, qui s'était montré trop complaisant à l'égard des jansénistes, lorsqu'il était grand vicaire d'Agde, n'interdit point à leurs erreurs l'entrée de N.-D. des Anges, et par cette négligence coupable prépara la ruine d'une maison florissante. Il avait écrit dans le règlement : « On prie les membres de la congrégation de prendre pour modèles les solitaires de Port-Royal. » Prière trop écoutée ! On imita de Port-Royal non seulement la froide piété et le rigorisme outré, mais encore l'indocilité qui devint révolte schismatique lorsque le Pape eut donné sa décision souveraine dans la bulle *Unigenitus*. A N.-D. des Anges échut le triste honneur de rester le dernier et le plus opiniâtre boulevard de l'hérésie dans le midi de la France. La révolte de ces solitaires contre le Saint-Siège et l'autorité diocésaine affligea longtemps les catholiques. Il y avait bien eu déjà avec celle-ci quelques différends soutenus avec aigreur. Ainsi, une année, le chapitre ayant délégué le curé de Mimet pour officier à sa place le 25 mars, les oratoriens qui voyaient arriver d'habitude un dignitaire de plus haut rang pour présider la fête avaient refusé de l'admettre. Ce refus n'eut pas la chance d'être approuvé du parlement qui, par arrêt du 20 mars 1974, maintint le curé dans son droit.

Le P. Marrot mourut en renouvelant, dit-on, son appel au futur concile.

Par une juste punition la décadence suivit promptement la révolte. Les pèlerinages se ralentirent, les dons devinrent plus rares, tandis que le nombre des solitaires diminuait. Les pouvoirs spirituels furent enlevés aux confesseurs par M. de Vintimille et Mgr de Brancas, et plusieurs fois l'autorité civile manifesta l'intention de fermer une maison qui n'était plus qu'un foyer d'intrigues, où les discussions subtiles tenaient lieu d'étude et de prière.

Ces rigueurs et ces menaces ne firent qu'exalter les solitaires. Ils accueillirent à bras ouverts les sectaires les plus compromis, exilés de Paris par le chancelier Maupeou. Un de ces exilés n'eut point de repos qu'on n'eût supprimé la récitation du chapelet le samedi, seul jour où il se disait régulièrement. Cet acte d'impiété filiale donne la mesure de la chute de ces pauvres gens. Quand la révolution infligea à N.-D. des Anges la ruine matérielle, il y avait longtemps que la ruine morale était consommée. Au plus fort de cette crise, un humble pèlerin arriva de Gardanne, c'était Benoît-Joseph Labre. Rien n'indique que son passage ait ému ces orgueilleux.

En 1792, les vases sacrés furent emportés, les volumes d'une riche bibliothèque [1] lacérés ou dispersés, les sépultures violées [2].

La grotte fut rendue au culte en 1822. 6,000 pèlerins accoururent à la première fête qui s'y célébra. En 1845, un prêtre de Marseille, secondé par un négociant qui s'était retiré en ce désert, établit à N.-D. des Anges un pension-

(1) On lisait au-dessus de la porte cette sentence de saint Ambroise, moine : « Je ne suis pas venu dans la solitude pour que vous me donniez la science, mais pour que vous me conduisiez à la vie éternelle : si je ne puis obtenir l'une et l'autre, ôtez-moi la science, et donnez-moi la vertu. »

(2) Les caveaux de la grotte renfermaient les restes des Chaussegros, seigneurs de Mimet, des religieux, et aussi ceux des anciens ermites, ce qu'attestèrent les monnaies du XIVe s. qu'on y trouva.

nat qui réunit jusqu'à cent élèves. C'est alors que la statue de la Vierge, vénérée autrefois dans la grotte, et déposée depuis à l'église de Mimet, reprit son ancienne place. L'église reçut en échange une statue de marbre et garda la grille qui sert d'appui de communion.

Aujourd'hui, l'ermitage de N.-D. des Anges n'est visité de loin en loin que par quelques pèlerins en dehors des élèves du Bon-Pasteur de Marseille qui y montent fréquemment, ou par quelques touristes amis de la belle nature, car si le temps a ruiné l'œuvre de l'homme, il n'a pu heureusement détruire l'œuvre de Dieu.

— La Grotte, 525 m. d'alt., forme une église de 60 m. de long, ornée de stalactites singulières ; elle est terminée par une double cavité, dont l'une forme le sanctuaire et communique par un arceau naturel avec l'autre, l'ancienne *Baùmo Vidalo*, transformée aussi en chapelle, à laquelle l'ouverture du clocher sert de dôme.

Avant le désastreux hiver de 1709, la forêt n'avait de rivale que celle de la Sainte-Baume. Bien que les vides n'aient pas été comblés, elle fournit encore plus d'un bel ombrage.

Au-delà des vallons aux sinuosités rapides, la plus riante perspective se déploie. C'est la métropole commerciale de la Méditerranée que domine, émergeant sur la brume, l'image étincelante de la Madone qui garde et qui bénit. Cinquante villages frais et animés se pressent autour de la grande ville comme des enfants heureux de vivre autour d'une mère opulente.

On voit le bruit à N.-D. des Anges, on ne l'y entend pas. L'égoïsme antique qui jugeait un bonheur ineffable de contempler, tranquille sur la terre ferme, la fureur des flots et le désespoir des naufragés, eût trouvé cette perspective à souhait. Le chrétien conçoit d'autres désirs. Il voudrait voir se rouvrir tous ces vieux sanctuaires comme des ports de refuge où viendraient s'abriter contre la violence des tempêtes tant d'âmes toujours inquiètes et toujours ballottées. Saluons le jour où la grotte de N.-D. des Anges entendra de nouveau les hymnes en l'honneur de la Mère de Dieu, et pourra donner une suite à ses pieux souvenirs.

---

# CABRIÈS

*Caprarium*

---

Fondée vraisemblablement à la même époque que Boue, cette paroisse fournit aux habitants de l'ancien *Calcaria* le refuge cherché pour se mettre à l'abri des invasions sarrasines. Elle est comprise dans la liste des possessions de Saint-Victor, en 1098, « ecclesiam parochialem de Caprario » ; mentionnée dans une bulle d'Innocent III, 1204, « ecclesia de Cabrer ».

Le « castrum de Cabreria » est mentionné dans la liste Pergam., 1200. Il fut pris par les catholiques sur les protestants en 1589.

— Une transaction du 23 juin 1498, entre le chapitre Saint-Sauveur, prieur-primitif, et le prieur de Cabriès, au sujet de la dîme et de la division du territoire, oblige le prieur, en retour de diverses concessions, à payer au chanoine-sacristain six charges de blé et deux d'avoine chaque année.

Cette paroisse fut unie au séminaire d'Aix le 22 août 1664. Mais, pour entrer en possession, les directeurs furent forcés de plaider contre Mre Pierre Balthazard, prêtre du diocèse de Sens, qui s'était emparé du bénéfice en vertu de l'indult d'un maître des requêtes, et prétendait s'y maintenir. Me de Hamel, avocat au conseil du roi, prononça en faveur du séminaire un plaidoyer curieux et instructif rapporté dans les *Mémoires du clergé*, en suite duquel un arrêt du conseil, du 31 décembre 1666, débouta l'indultaire et adjugea au séminaire la jouissance du prieuré, perception de la dîme, désignation du curé, etc.

— Chaque année, du 10 au 15 octobre, se célèbre à Cabriès un service funèbre pour M. Gaspard Amiel de Maurellet de la Roquette, dernier seigneur et insigne bienfaiteur du pays. Ce service, fondé par le testament de M. de la Roquette, est à la charge du bureau de bienfaisance, son légataire principal. M. de la Roquette, une des premières et des plus innocentes victimes de la révolution, fut enlevé des prisons d'Aix par une horde de brigands et pendu sur le cours en même temps que l'avocat Pascalis, le 14 décembre 1790. Ces malheureux, rapporte Roux-Alphéran, demandèrent avant de mourir qu'on leur amenât un confesseur, mais les assassins leur répondirent que c'était là « une vieille coutume abolie par la révolution. »

Le dernier curé de Cabriès, M. Jean-Antoine Tourniaire, en fonctions depuis trente ans, fut un des prêtres qui subirent persécution pour la foi. Emprisonné aux casernes d'Aix, transféré au fort Saint-Jean à Marseille, il fut sauvé de la mort par la chute de Robespierre.

— En 1790, la paroisse de Cabriès, de l'archidiaconé d'Aix, 800 hab., avait un curé, nommé par le séminaire d'Aix, son prieur-décimateur, et un vicaire. Ce dernier fut quelquefois remplacé par un capucin qui venait tous les samedis. Le curé recevait 630 livres, y compris la congrue. — L'*œuvre de charité* était administrée par le curé, le viguier, les consuls et quelques notables. Elle disposait de plus de 500 livres par an, et d'un fonds de 20 charges de blé qu'on distribuait à ceux qui en avaient besoin pour ensemencer leurs terres, et qu'ils rendaient en nature et sans intérêt après la récolte. — Auj. Cabriès, 630 hab. (Calas séparé), archidiaconé d'Aix, doyenné de Gardanne, est confié à un curé-desservant.

Eglise romane, du XI<sup>e</sup> siècle au moins, titul. Saint-Raphaël ; le patron du pays est la sainte Vierge en sa Nativité. — Belle relique de la vraie croix, obtenue à Rome en 1734 par le P. Chérubin. — * *Triptyque du* XVI<sup>e</sup> *siècle*, prov. de la chap. Saint-Raphaël. C'est une *Pietà* au panneau central. La Vierge assise tient sur ses genoux le corps de Jésus descendu de la croix ; elle lui baise la main gauche. A dr., *Ste Catherine*, le livre et l'épée à la main, la roue aux pieds. A g., *St Antoine* portant le livre, le bâton et la clochette, comme patron des ermites, à ses pieds le porc traditionnel et des flammes qui rappellent la protection du saint contre le mal des ardents (l'onction avec la graisse de porc était le spécifique recommandé contre la terrible maladie). Dans la voussure, l'*Annonciation*. Texte provençal et latin : « Nostra Dama Dama de Pietat — S. Anthonius — S. Katerina ». — Cette peinture, qui ne manque pas de mérite, peut être attribuée, croyons-nous, à Etienne Peson ou à Jean de Troyes qui, séparément ou en collaboration, peignirent de nombreux triptyques dans les diocèses d'Aix et de Marseille, en la première moitié du XVIe siècle.

CHAPELLES. — *Saint-Michel*, XVIIe s., chap. des pénitents. * Bénitier renaissance à anse double, 1604. L'autel porte sur une plaque latérale : D. O. M. *Sumpt. et munif. DD. Joan. Mounier sacerd. aqu. ac s. Metr. eccl. benef. dec. anno MDCCXXXIX.* — La chap. *Saint-Roch* a été démolie pour bâtir l'hôtel-de-ville.

Hors le pays, *Saint-Raphaël*, au milieu de l'ancien cimetière. C'est peut-être l'église primitive, plusieurs fois restaurée. — *Saint-Martin*, chap. détruite, mais dont un oratoire marque la place, sur le chemin de Calas.

# CALAS (1866)

*Calcaria*

---

Une des plus jeunes paroisses du diocèse, démembrée de celle de Cabriès, érigée par décret du 21 mars 1866, suivi trois mois après d'une ordonnance archiépiscopale conforme.

Une généreuse chrétienne, Mlle de Garavaque, fille du général de ce nom, édifia de ses deniers l'église et l'école, aménagea un presbytère, et pourvut en partie au temporel du curé. M. Désiré Michel a largement contribué aussi à plusieurs de ces œuvres. En ces conditions l'établissement de la nouvelle paroisse ne souffrit aucune difficulté de la part des autorités ecclésiastique et civile.

Cette création fut à vrai dire une résurrection ; la paroisse de Calas comprend en effet dans son territoire deux antiques chapelles dont l'une au moins a possédé un titre paroissial. — Calas, 260 hab., archidiaconé d'Aix, doyenné de Gardanne, est confié à un curé-desservant. Les sœurs de Saint-Joseph de l'Apparition y tiennent une école depuis 1870.

Eglise de style grec, bâtie de 1866 à 1869, sous l'administration de M. Guitton, curé-fondateur ; Huot, archit. Bénite le 31 octobre 1869 par le vicaire général Fontaine.

Titul. l'Assomption, patron du pays ; trois nefs, 25 m. de long, 16 m. de large. Autel majeur, réduction, à quelques détails près, de l'ancien autel de Saint-Sauveur. Les tours, dont l'une sert au clocher, ont 20 m. d'élévation. Cette église est une des plus gracieuses et des plus belles du diocèse : elle ne serait pas déplacée dans une ville importante.

Sur la place, devant l'église, statue de * *Mgr Imbert*, par Hipp. Ferrat.

Laurent-Joseph-Marius Imbert, fils de Louis-Noël Imbert, ménager à la ferme de Bricard, paroisse de Marignane, et de Françoise Floppin, originaire de la bastide dite Labori, paroisse de Cabriès (auj. Calas), naquit audit Bricard le 23 mars 1796. Il fut baptisé le 4 avril par M. Nay, futur curé de Marignane, et selon toute apparence dans un moulin d'huile où le vénérable missionnaire exerçait ordinairement son ministère. Il fut ensuite conduit à Labori où il passa son enfance et sa jeunesse. Ses dispositions pour la piété et l'étude décidèrent le curé de Cabriès à l'initier aux éléments du latin, puis à le confier aux PP. de la Retraite qui l'admirent gratuitement à cause de sa pauvreté. Tonsuré à Saint-Sauveur, en 1811, par Mgr Jauffret, évêque de Metz, archevêque d'Aix nommé et non préconisé ; minoré à la Madeleine, en 1814, par Mgr Miollis, évêque de Digne ; il fut ordonné sous-diacre, diacre et prêtre à Paris, en 1819. Il était entré en 1818 au séminaire des missions étrangères. Le 20 mars 1820 il s'embarqua à Marseille pour le Bengale, puis passa deux ans au Tonkin, pénétra dans le Su-Tchuen, au Thibet, et enfin en 1836 en Corée, où il arriva venant d'être sacré évêque de Capse par l'évêque de Pékin. Le 10 août 1839, au jour même de sa fête, au plus fort d'une sanglante persécution, le bon pasteur fit dessein de donner sa vie pour ses brebis. Dans l'espoir que la mort du chef de la religion nouvelle calmerait la haine des mandarins, il se livra à ses ennemis [1]. Condamné à mort avec ses deux prêtres, MM. Maubant et Chastan, il fut exécuté avec eux le 21 septembre, près de Han-Yang, capitale de la Corée. La tête de Mgr Imbert ne tomba qu'au septième ou hui-

(1) Lire dans la *Notice* par M. l'abbé Ollivier le récit de ce sacrifice qui rappelle en plus d'un détail le martyre de saint Laurent et de saint Sixte.

tième coup de sabre. Les chrétiens recueillirent les restes des martyrs et les déposèrent en lieu sûr. En 1857, le pape Pie IX permit d'introduire la cause de béatification, mais le procès canonique a été forcément interrompu depuis que la Corée s'est fermée aux européens. Des traités lèveront tôt ou tard cet obstacle, on peut espérer que notre diocèse comptera bientôt un de ses enfants inscrit sur les diptyques où brillent les noms de Mitre et de Genès.

L'artiste a représenté le saint martyr les yeux levés au ciel, les mains jointes et les bras attachés au poteau du supplice. A ses pieds sont déposées la mitre et la crosse, attributs de la dignité épiscopale. Par devant, une palme et un glaive entrelacés. Sur la face postérieure, inscription :

*Ad perennem memoriam Laurentii Marii* IMBERT, *capsensis episcopi, qui hujus regionis olim incola et hodie decus, in Corea gloriose pro Christo, XI° calendas octobris MDCCCXXXIX, capite plexus est. Hanc lapideam effigiem, sumptibus fidelium comparatam, auspice Ill. et RR. Augustino Forcade, aquensi archiepiscopo, grati concives, XIV kal. maii a. D. MDCCCLXXXI pp.*

« A la perpétuelle mémoire de Laurent-Marius IMBERT, évêque de Capse, aujourd'hui l'honneur de ce pays qu'il habita autrefois, glorieusement décapité pour le Christ en Corée, le 21 septembre 1839. Cette statue de pierre, acquise par les dons des fidèles, lui a été élevée par ses concitoyens reconnaissants, avec l'approbation (et la présence) de l'Ill. et Rév. Augustin Forcade, archevêque d'Aix, le 18 avril 1881. »

CHAPELLES. — *Saint-Pierre* au Pin. Cette chapelle, soigneusement restaurée par M. Désiré Michel, propriétaire du château voisin, paraît un temple antique qui aurait été dédié à Saturne, d'après une inscription trouvée à côté. C'était le temple de *Calcaria* que les meilleurs géographes placent en ce quartier. Les habitants de cette *mutatio* le convertirent en église chrétienne, et le dédièrent à saint Pierre après leur conversion. On peut croire qu'il leur servit de paroisse jusqu'à ce que la population, ne se sentant plus en sûreté dans ce pays de plaine, montât à Trébillanne et à Cabriès à l'époque des invasions. Saint-Pierre est marqué très anciennement parmi les possessions de Montmajour « ecclesia sti Petri de Pino cum pertinentiis suis ». C'était là le prieuré du Pin dont parlent de nombreuses chartes : au lieu dit aujourd'hui le Pin il n'y a aucune trace d'église. Sa dotation, plus élevée que celle de la plupart des cures, s'élevait encore à 900 livres au siècle dernier. L'archevêque était patron et collateur du prieuré. Il y avait un service dominical qui fut repris après la révolution et qui a duré jusqu'à l'érection de la paroisse de Calas. L'affluence nombreuse qui s'y produisait chaque dimanche donna la première idée de la fondation de cette nouvelle paroisse. Cette chapelle « est ornée de deux colonnes antiques en marbre gris soutenant les deux côtés de l'abside et d'une colonne en granit, (toutes trois avec leurs chapiteaux corinthiens), sur laquelle retombent deux arceaux géminés, séparant la chapelle en deux parties, le *pronaos* et la *cella* ». [1]

(1) I. Gilles, *Les voies romaines et massiliennes.* Cet auteur a prouvé à l'évidence l'identification de Calcaria avec Calas (Saint-Pierre).

— * *Epitaphe du* VIe *siècle*, trouvée en 1770 par l'abbé de Porrier, prieur du lieu. Elle se rapporte à une femme âgée de 30 ans. C'est probablement le mari qui parle. Inscription gravée sur pierre dure, encastrée dans le mur intérieur. Une fracture a fait disparaître les premiers vers, qu'on retrouvera peut-être un jour, et avec eux les initiales du nom de la défunte, exprimé par un acrostiche dont il ne reste que la dernière lettre E. C'est un procédé qu'on retrouve dans la célèbre inscription du chanoine sous le cloître Saint-Sauveur, et dans beaucoup de monuments épigraphiques de la décadence.

ill.... amisisse..... mus
Et cupit dignis diu servire cineribus.
Nomen dulce lector si forte defunctae requires
A capite per litteras deorsum elegendo cognoscis.
Terdenos vitae aeu nam duxerat annos
Cum pia jubente Deo anima migravit ad astra
Die V kal novemb Messala v. c. consule.

« ... l'avoir perdue. Il désire veiller jusqu'à la fin sur ses cendres vénérées. Lecteur, si tu veux savoir le doux nom de la défunte lis, en allant de haut en bas, la première lettre de chaque vers. Elle avait accompli sa trentième année quand par la volonté de Dieu son âme pieuse nous quitta hélas !, pour monter aux cieux, le 5 des calendes de novembre, sous le consulat de Messala, personnage clarissime. » (28 octobre 506).

Quoi qu'on ait dit, cette épitaphe est certainement chrétienne.

*Notre-Dame de Trébillanne.* — Cette chapelle paraît remonter au IVe ou au Ve siècle. Son antiquité est prouvée par la présence du petit appareil avec lequel est construit le sanctuaire, qui est la *cella* primitive. Avant le dernier carrelage du sol, on voyait les traces de fonts baptismaux. En 1082 « ecclesia de Tribulana » était donnée au chapitre par l'archevêque Pierre II. On la trouva mentionnée en des actes de 1281, 1326, 1582, et dans les diverses listes des possessions du chapitre. Le prieur de « Tribullana » assista au synode de 1421. — Le lieu même de Trébillanne avait été légué par le comte Raymond Bérenger à l'hôpital Saint-Jean d'Aix, en 1244. — Comme dépendance de la paroisse de Cabriès, il payait la dîme au séminaire. Une difficulté à ce sujet entre cet établissement et le chapitre fut terminée par une transaction portant que la dîme des nadons serait partagée entre eux. — Notre-Dame servit de paroisse à une partie des anciens habitants de Calcaria. Lorsque cette paroisse eut cessé d'exister, au XVe siècle probablement, un prêtre délégué par le chapitre y vint tous les samedis, remplissant les diverses fonctions d'un curé, baptêmes, confessions, catéchismes, etc. Comme la paroisse des Milles n'existait point encore, la juridiction de ce prêtre s'étendait sur Riquetti, la Mérindole, la Bastide-Neuve, etc. Les archives paroissiales conservent une de ces lettres de pouvoirs. Au XVIIe siècle, le chapitre, quoique prieur-décimateur du quartier, voulut en confier le service, ainsi que l'administration des sacrements, au curé de Cabriès, mais une sentence de l'official déclara que c'était au chapitre d'y pourvoir à ses frais, comme précédemment. Le chapitre offrit plus tard une indemnité de 72 livres au curé de Cabriès « pour l'administration des sacrements »; la question de principe n'étant plus en jeu, le curé accepta.

Depuis la révolution, la messe était célébrée à Notre-Dame pour l'Assomption seulement : les habitants se rendaient à Cabriès ou à Saint-Pierre le dimanche. Quand la paroisse de Calas eut été érigée régulièrement, Notre-Dame servit d'église paroissiale pendant la construction de l'église.

C'est aujourd'hui le centre du culte à N.-D. de la Salette.

On voit encore le blason du chapitre sur la porte.

VALLÉE INFÉRIEURE DE L'ARC

# VENTABREN

*Ventabrunum*

Les populations fixées originairement dans la vallée de l'Arc ou sur les bords de l'étang de Berre ne durent pas hésiter, quand la marche des invasions les y contraignit, à choisir l'escarpement de Ventabren pour se mettre en sûreté, tant il est abrupt et défendable.

On attribue la construction définitive du *castrum* aux premiers princes de la maison des Baux. Il est nommé dans le testament de Raymond de Baux en 1170, puis dans la liste *Pergamenorum*. Confisqué par la reine Jeanne sur le duc d'Andrie révolté, François de Baux, il passa aux d'Agoult, aux Quiqueran, aux Gaillard, aux Montmeyan. Les ligueurs, commandés par Hubert de Vins, l'emportèrent, et massacrèrent la garnison royaliste, 22 août 1589 [1].

La *chapelle*, aujourd'hui envahie par les ronces dans l'édifice démantelé, servit primitivement d'église paroissiale. Elle fut dédiée à la sainte Croix, puis à saint Denis à

(1) Voir le livre intéressant de M. Félix Vérany, *Roquefavour et Ventabren*, dans lequel nous avons largement puisé.

cause d'une belle relique de ce saint que la reine Jeanne y déposa. On s'y est rendu en procession le 3 mai, jusqu'à la fin du siècle dernier pour le vœu de la peste. Plusieurs membres de la famille Quiqueran y furent inhumés ainsi que le sieur Alexandre Roussel d'Origny, natif du diocèse de Lisieux, « personne qualifiée qui mourut en ce lieu, 21 septembre 1699, après y avoir vécu dans une solitude édifiant le peuple par ses vertus. » Cette épitaphe indique que la chapelle était encore en état à la fin du XVII$^{e}$ siècle.

C'est à cette époque que l'église actuelle fut construite. Nommée d'abord N.-D. de Beauvezet, à cause du point de vue dont on y jouissait, elle joignit saint Denis à son vocable, quand la chapelle seigneuriale eut été laissée. On lit sur la façade : « Deiparae Dionisioque sacrum. 1692 ». Les fonts portent la date de 1691 qu'on peut regarder comme celle du transfert de la paroisse.

— Le *prieuré* de Ventabren, dont les revenus s'élevaient à 2,600 livres, comptait parmi les meilleurs bénéfices de Montmajour. Après N.-D. du Bousquet, à Pourrières, relevant de Saint-Victor, c'était le plus riche bénéfice régulier du diocèse. Le prieur était cosoigneur du pays et nommait le curé.

Des difficultés de préséance entre le prieur et le curé furent réglées par une convention de 1713 : « Il est permis au prieur de mettre une chaise de distinction même au-dessus de celle de l'officiant, et d'officier les quatre principales fêtes et celle du patron, le vicaire devant faire diacre, sans porter l'étole ; que dans toutes les cérémonies le prieur aura le pas sur le vicaire et que ce dernier ne pourra prendre que la qualité de vicaire perpétuel... » Quelques années après, les marguilliers étant requis de rendre leurs comptes dans la maison prieurale, il est dit que le vicaire y assistera « si bon lui semble ». En 1719 se dessine une velléité de résistance de la part du vicaire Braquety. Il adressa à l'archevêque une requête dans laquelle il exposait que le prieur, ne représentant qu'un moine, ne pouvait s'ingérer dans les fonctions curiales, « les moynes en effet étaient obligés anciennement, lorsqu'ils étaient chargés des cures, de les faire régir par un prêtre séculier. »

Des noms connus sont inscrits sur la liste des prieurs de Ventabren, ceux de Saint-Jean, de l'Hospital, de Blacas, etc. Le prieur Raimond Ricard fut un des conseillers-clercs nommés à l'institution du parlement, 1501. — *Michel Borilly*, « prieur et protonotaire du Saint-Siège apostolique », légua à la paroisse divers biens parmi lesquels la maison prieurale qu'il avait rebâtie, 1,800 livres aux pauvres malades, 3,060 livres, « voulant et entendant que cette somme soit employée annuellement à marier cinq pauvres filles, nées et baptisées dans ledit lieu, à l'honneur des cinq plaies de Notre Sauveur, donnant à chacune 30 livres en augment de ses droits, et le lendemain de chaque mariage desdites filles, le vicaire sera tenu de dire une grand'messe en l'honneur de la sainte Vierge,... au cas qu'il n'y eut pas dans l'an pour marier les cinq filles, ladite pension sera employée à mettre cinq enfants en métier leur donnant 10 écus à chacun, et s'il n'y avait pas pour mettre lesdits enfants en métier, ladite somme sera employée à des aumônes et habiller des pauvres enfants ou filles, soit à les secourir en leurs pressantes nécessités.... »

— Présent au synode de 1421, le vicaire de « Ventabrens ». — 1790, archiprêtré d'Aix, 1000 hab., curé, vicaire. Le curé était nommé par le prieur qui était un moine de Montmajour choisi par son abbé. Il avait 1020 livres de revenu, mais payait le vicaire, le clerc, le pain et le vin du sacrifice : il lui restait net 720 livres. *Bureau de charité* administré par le curé et cinq amovibles, réunions à la cure. — 1890, archidiaconé d'Aix, doyenné de Berre, 630 hab., un curé-desservant. *Sœurs de l'Enfant-Jésus*, du Puy, tenant école depuis 1881.

Eglise. — La nef principale est l'ancienne chapelle N.-D. de Beauvezet, du milieu du XVIIe s. Façade, 1692 : nef latérale, 1772 ; clocher, 1778. 2 cloches, l'une, qui est celle de l'anc. campanile de N.-D., XVIIIe s.; l'autre, de 1539, appartenait à l'église de Velaux, fut cédée par cette commune à celle de Ventabren, 1791. — Tablx. *Vierge et saint Denis*, beau cadre ; *Vierge, saint Pierre, saint Jean-Baptiste, ex-voto* de la famille de Venel qui est peinte agenouillée. *Crucifix* de la paroisse primitive. * *Buste de saint Denis*, renfermant la mâchoire inférieure de l'illustre martyr de Paris, relique donnée par la reine Jeanne. Des chiens géminés supportent la vieille image désignée sous le nom de *San Danis dei chins*, parce qu'à Ventabren le saint est invoqué contre la rage.

Chapelles rurales. — *Saint-Remy et Sainte-Catherine,* ruinée ; donnée à Montmajour par Jean XXII, 1326.

*Saint-Honorat de Roquefavour.* — L'aqueduc magnifique jeté sur la vallée de l'Arc par le génie de Montricher a fait connaître le nom de Roquefavour dans le monde entier [1]. Ce quartier solitaire possédait déjà ce qui donne du charme à un paysage, un fleuve aux gracieux méandres serpentant au pied de collines boisées, des sites variés encadrant un vieux moûtier qui remonte peut-être aux origines de la vie religieuse sur le sol provençal.

Après avoir admiré les arcades en triple étage, marchez au couchant, pénétrez à droite dans un vallon pierreux, étroit, qui s'élargit à mesure qu'on avance, et qui forme à son extrémité une sorte de cirque naturel. C'est une reproduction réduite de la grande Chartreuse.

Ainsi qu'à la Chartreuse, une chapelle annonçait l'entrée du Désert. Cette chapelle, *Saint-George,* mentionnée dans un acte de 1511, a été démolie en 1830.

Au fond du vallon, une porte marquée d'une croix donne accès sur un charmant jardin. Le clos, il est vrai, ne jouit du soleil que six heures par jour, dans la meilleure saison, à cause des rochers qui surplombent, mais en revanche il est admirablement abrité contre le vent du nord. Une eau abondante qui sourd en un dernier retrait s'y répand par vingt canaux. C'est une solitude à souhait.

(1) Ce pont supporte le canal qui conduit à Marseille les eaux de la Durance. Construit du 19 septembre 1842 au 30 juin 1847. Long de 375 m., haut de 82 m.

La cella Saint-Honorat appartint d'abord à l'Eglise d'Aix. Elle fut donnée à l'abbaye de Lérins par l'archevêque Robert en 878 ; et en 963, passa de cette abbaye, ruinée par les sarrasins, à celle de Montmajour : un diplôme de l'empereur Conrad et une bulle de Léon VIII le constatent. Le préambule d'un *Privilege* d'Othon IV, en 1210, s'exprime ainsi : « Nous vous confirmons à vous Guillaume (abbé de Montmajour) et à vos moines, tout ce que le très pieux roi Conrad vous a confirmé, à savoir ce que le Seigneur Apostolique Léon et l'empereur auguste Othon et l'impératrice Adalasie (sainte Adélaïde) vous ont accordé, et aussi tout ce dont le comte d'Arles Boson devait hommage, à savoir,..... dans le comté d'Aix, la cella *Rocca frondosa.* »

L'archevêque conserva des droits sur Roquefavour. Ainsi, en 1072, Rostaing de Fos dressa l'inventaire de la cella, en exécution d'un décret du concile d'Avignon. Quand les moines abandonnèrent la cella (XIII$^{e}$ ou XIV$^{e}$ s.), l'archevêque en nomma le prieur alternativement avec l'abbé de Montmajour. Ce prieuré et celui de Ventabren furent souvent possédés par un même titulaire. Le premier ayant fondé le second, ce cumul s'explique facilement.

Les revenus s'élevaient à 600 livres. En 1624, le chapitre arrenta la dîme, se chargeant de donner chaque année, le jour de la Madeleine, sept charges de blé « au prieur de Saint-Honoré de Roquefavour, Saint-Pons et dépendances », et de pourvoir au service divin consistant simplement en une messe basse chaque année le jour et fête de saint Honorat.

Un des prieurs, Victor Peyronetti, docteur ès droits, devint vicaire général en 1550, et chancelier de l'université en 1564.

Un curieux procès s'éleva en 1770, à la mort du prieur de Blacas. Trois candidats se présentèrent chacun avec un titre de nomination, M<sup>re</sup> Savournin pourvu par l'archevêque, M<sup>re</sup> de Chassaigne (puis M<sup>re</sup> Deshoulières, substitué) par l'abbé de Montmajour, M<sup>re</sup> Jaubert par la cour de Rome. Ce fut l'impétrant en cour de Rome que le parlement déclara valablement pourvu, décision aussi extraordinaire que le procès lui-même.

Parmi les bienfaiteurs du prieuré, signalons le protonotaire Borilly sus-nommé, lequel dans son testament légua, outre les ornements et vases sacrés nécessaires au culte, « mille livres pour une messe pour le repos de son âme et des prieurs ses devanciers à célébrer tous les dimanches et fêtes, du 1<sup>er</sup> mai au 29 septembre. »

Le prieuré Saint-Honorat fut confisqué comme bien national [1], et adjugé 1750 fr. à M. d'Ailhaud, prêtre.

En 1819, l'ermitage fut relevé par M. Porre, négociant d'Aix, qui vint y terminer une vie orageuse dans les pratiques d'une rigoureuse pénitence.

(1) L'inventaire conservé à la mairie de Ventabren mentionne : « un *te Exitur* avec ses deux cartons ; une petite lampe en louton à la romaine avec son verre au-dedans pendante devânt lhautel par une corde venant du plafond ; un vieu genouilloir. »

M. Porre avait échappé par miracle à une inhumation précipitée, mais l'impression produite fut si forte qu'il quitta le monde pour n'y plus revenir. La propriété de l'ermitage Saint-Honorat « avec son enclos, sa chapelle, et les eaux qui s'y trouvent », lui fut cédée pour 99 ans. Il y vécut six années. M. Porre passait presque tout son temps à la chapelle. On le trouva un jour à genoux devant l'autel, immobile et rigide : il était mort en priant. On l'inhuma dans la chapelle, avec cette épitaphe : « Ici repose Jean-Joseph Porre, natif de Tran, négociant à Aix, résolut de finir ses jours dans la solitude, il choisi l'hermitage Saint-Honorat en 1819, mort le 30 mai 1825, âgé de 74 ans. De profondis. »

Les fantaisies d'orthographe de cette inscription s'expliquent par ce fait qu'elle est l'œuvre de l'ermite espagnol qui succéda à M. Porre.

Quel touriste n'a gardé souvenir de ce prêtre si affable, d'une conversation si intéressante ? — *Jacques Martin* était né en 1790 à Pedrosillo (Vieille-Castille). Son père se laissa fusiller par les français plutôt que de leur livrer les approvisionnements dont il avait la garde. Le fils de ce patriote était entré chez les carmes. Sous le nom de P. Thomas d'Aquin, il professa brillamment au couvent de Durvelle. Chassé d'Espagne par les décrets de 1824, il se rendit à Rome, puis, avec l'agrément de ses supérieurs et de l'autorité diocésaine, s'établit à Saint-Honorat. Quinze évêques, des princes, Jérôme Napoléon, Murat, don Carlos, etc., le visitèrent. En 1857, arriva à Roquefavour le P. de

Cuers, ancien capitaine de vaisseau. Né en Espagne, comme le P. Jacques, il se lia avec l'ermite exilé dont il appréciait les vertus. Les deux solitaires se visitaient régulièrement comme Paul et Antoine au désert, et s'édifiaient sur les choses de Dieu.

Le P. Jacques mourut pieusement en son ermitage, après 40 ans de séjour, le 18 janvier 1868. Ses restes y reposent.

Quoiqu'il n'y ait plus à Saint-Honorat de prêtre à résidence, le service dominical a continué.

— Dans la chapelle, romane, tablx. *Sainte-Madeleine, Annonciation.* — Inscript. païenne, *Agathopus v. s. l. m.* — Epit. XIII^e s. *Anno Incarn. MCCXIX obiit.... vidit quomodo videtis et multa alia bona, cujus anima ejus requiescat in pace. Quod es fui, quod sum eris. Memento quod es cinis de putredine. Quid prodest gloria carnis. Memento quod morieris.*

— Dans le jardin, deux grottes converties en oratoires, dédiés l'un à la sainte Vierge, l'autre à *Sainte-Madeleine.* En celui-ci qui pourrait être un ermitage primitif, ayant précédé le prieuré bénédictin, on a trouvé des monnaies du X^e siècle. *Sainte-Madeleine,* stat. marbre, par Truphême.

# COUDOUX (1746)

Cette section de la commune de Ventabren est constituée par les hameaux du grand et du petit Coudoux entre lesquels s'élève l'église dédiée à saint Michel, archange. Son érection en succursale date de 1746 ; en paroisse, de 1804. L'église fut bénite le 13 novembre 1746, par M. de Galinet, vicaire général de Mgr de Brancas. Une chapelle, dédiée à la Vierge, a été ajoutée en 1839. Le cimetière date de 1770. Jusqu'alors, les corps avaient été montés à Ventabren par un rude sentier qui s'appelle encore *chemin des morts*.

Ce sont là toutes les annales de cette jeune paroisse, à moins qu'on n'y veuille comprendre l' « histoire du banc ». A la vérité c'était le banc du seigneur ou plutôt, circonstance envenimante, de la dame du lieu.

Il prit donc fantaisie à Mme d'Albertas de placer un siège à son usage *dans le sanctuaire* de la nouvelle église. La prétention n'était guère tolérable, et Mre Rippert, curé de Ventabren, crut de son devoir d'adresser à la noble dame des observations dans une lettre qu'on peut citer comme un modèle de courtoisie et d'habileté : « J'ay appris que vous étiez dans le désir de placer un banc dans le sanctuaire de l'église succursale de Coudoux..... J'ose vous représenter là dessus que votre droit est de faire placer votre banc dans le lieu le plus distingué et le plus honorable de la nef, mais non pas dans le sanctuaire.... Aussi l'attachement que j'ay pour tout ce qui vous regarde me fait prendre la liberté, madame, de vous conseiller de ne point placer de votre autorité ce banc dans le sanctuaire de peur de vous exposer au danger de l'en ôter ainsi qu'il arriva autrefois icy à un seigneur de Ventabren qui prétendait avoir ce droit, et qui fut déposé par un arrêt du parlement d'Aix.

« Au reste, madame, je suis persuadé que l'esprit de religion dont vous êtes animée, vous portera à vous désister volontairement de votre prétention, si votre piété vous inspire à l'examiner auprès du Seigneur par de ferventes prières faites à cet effet, et que, par un effet de sa grâce, vous redouterez le sanctuaire du Seigneur, et vous ferez réflexion qu'il ne convient pas aux personnes du sexe de se tenir si près de l'autel... C'est en qualité de pasteur de la paroisse dont la succursale de Coudoux fait partie que j'ay cru devoir prendre la liberté de vous faire là-dessus mes représentations, dans la confiance où je suis que vous ne désapprouverez pas ma démarche. Aussi c'est de vos bontés que viennent les sentiments pleins de respect que j'ay et que je conserverez toujours pour vous, etc. »

M^me^ d'Albertas ne s'entêta point, et le bon curé put écrire sur le double qu'il avait gardé : « Cette lettre fit un effet merveilleux. »

— 1790, archiprêtré d'Aix, 350 hab. — 1890, archidiaconé d'Aix, doyenné de Berre, 380 hab. — Les sœurs de l'*Enfant-Jésus* y tiennent une école depuis 1875.

# LA FARE

*Fara*

---

« En Provence, quand le mois de mars arrive, l'amandier se change en une corbeille de fleurs odorantes, et chaque terrain planté d'amandiers prend l'aspect d'un jardin. Il ne faut pour cela ni ruisseaux ni sol gras et fécond, les vallons pierreux et les collines suffisent pour ces charmantes merveilles... C'est aux environs d'Aix, dans la vallée de l'Arc, que cette floraison forme le plus vaste, le plus frais et le plus ravissant tableau. Si vous vous placez sur les hauteurs qui dominent le village de La Fare, vous avez devant vous un spectacle dont la magnificence printanière éblouit. Toutefois, choisissez un autre point pour embrasser la rivière de l'Arc dans toute son étendue ; montez sur les collines au pied desquelles est bâti le village de Coudoux. De là vous voyez se déployer un panorama qui pour être beau n'a pas besoin de la blanche parure du mois de mars. A l'orient se dresse au loin Sainte-Victoire qui se mêle au souvenir du triomphe de Marius, et dont le pic hardi et les lignes recourbées auraient souri au génie de Salvator Rosa ; puis les sommets bleuâtres de Cabriès ; plus près Ventabren, semblable à un large nid d'aigle, et qui, mieux qu'Ilion, mérite d'être surnommé le lieu battu par les vents ; au-dessous Saint-Eutrope couronné de noirs sapins et dont la formo pyramidale rappelle le Thabor ; plus bas la villa du Moulin-du-Pont, entourée de pins et de peupliers, au bord de la petite rivière qui s'enfuit en murmurant. De ce côté, la chaîne qui borde la vallée est cultivée en gradins d'amphithéâtre comme les flancs du Liban et les montagnes de la Judée. »

Cette description eût pu être omise sans doute, mais elle nous a paru si gracieuse et si exacte que nous n'avons point voulu en priver nos lecteurs. Elle leur aura donné une idée du talent d'un ancien petit clerc de l'église de La Fare qui devint un écrivain distingué, François POUJOULAT, né en 1808, mort à Ecouen en 1880. Ce publiciste éminent a produit la *Correspondance d'Orient*, 7 vol., en collaboration avec Michaud, les *Lettres sur Bossuet*, son chef-d'œuvre, la *Vie du cardinal Maury*, etc. Son dernier écrit, *les Folies de ce temps en matière de religion*, est une œuvre dans laquelle la dialectique serrée s'allie à une généreuse éloquence.

— S'il faut s'en rapporter à ce qui a été écrit jusqu'à ce jour, La Fare ne serait pas antérieur au XIIIe siècle, mais il est certainement plus ancien, car le testament de Raymond de Baux, en 1170, le nomme. Le pays était peu important, car une autre charte indique qu'en cas d'alerte, tous les habitants pourraient tenir dans la grande citerne du château. Ce *castrum* est inscrit dans la liste *Pergam*.. L'église primitive se trouvait dans son enceinte. Celle qui la remplaça, *Sainte-Rosalie*, fut démolie en 1737. L'église actuelle, dédiée à la Transfiguration, fut bénite le 15 mai 1740 par le curé Benoît. Nef de droite, prise sur l'ancien cimetière, 1834.

— Nonobstant le *veto* apposé par Louis XVI au décret d'exil contre les prêtres insermentés, la commune de Marseille fréta le vaisseau *Sainte-Elisabeth* pour déporter les prêtres fidèles sur la plage niçoise, 24 juillet 1792. Parmi ces proscrits se trouvait M. Mallet, curé de La Fare, ainsi qu'un autre prêtre, M. Audric, qui devait un jour rétablir le culte dans ce pays. Les passeports les désignaient, M. Mallet comme peintre, M. Audric comme cuisinier, etc. Tandis que le pasteur obéissait à sa conscience jusqu'à l'exil, un autre prêtre, enfant du pays, la suivait jusqu'à la mort. Antoine EMERIC, né en 1758, quitta son vicariat de Saint-Sauveur en 1791 pour refus de serment. Il se réfugia à Rome, où il reçut asile dans un couvent d'ermites de Saint-Augustin. Comptant trop sur l'accalmie qui suivit le 9 thermidor, il revint en France, essaya de reprendre son ministère dans la ville d'Aix, mais, se sachant reconnu, il gagna son village natal. Deux ans il continua son ministère à La Fare et dans les pays voisins. Il fut arrêté à la fin de 1797, enfermé aux casernes d'Aix où il se fortifia par la lecture des admirables traités de saint Cyprien sur le martyre. Transféré à Marseille au fort Saint-Jean, il fut condamné à mort par la commission militaire, sur son refus de dire le mensonge qui l'eût sauvé. Avant de marcher au supplice, il put communier, grâce au dévouement de quelques jeunes filles [1] qui apportaient régulièrement les saintes espèces dans les cachots au péril de leur vie. C'était en février 1798.

— Pendant l'épidémie de variole de 1869, le curé Castelas, natif de Berre, fut appelé auprès d'un malade abandonné de tous. Il lui prodigua jusqu'à la fin, avec les secours de son ministère, les soins les plus dévoués, le mit ensuite au suaire et l'ensevelit de ses propres mains. Ce grand acte de charité coûta la vie au bon curé qui mourut quelques jours après de la terrible maladie. M. Castelas n'avait que 43 ans.

— 1790, archiprêtré d'Aix, 1000 hab., curé et vicaire. Le curé était nommé par le séminaire d'Aix, prieur-décimateur : il avait 584 livres de revenu, la congrue comprise. — 1890, archidiaconé d'Aix, doyenné de Berre, 1,200 hab., un curé-desservant. Les *sœurs du Saint-Sacrement*, de Romans, y tiennent une école depuis 1876.

— Chapelle *N.-D. de la Salette*, sur un côteau voisin, élevée en 1854.

(1) Mesdemoiselles Mélanie Gouverne, Lazarine Dudemaine, Camille de Glandevès, etc.

# LANÇON

*Alansonum*

Comme pour maint autre pays, la bulle de 1082 est ici notre plus ancien titre. Elle reconnaît aux chanoines de Saint-Sauveur « ecclesiam parochialem de Alanzo. » En vertu de cette concession, deux chanoines nommaient à la cure alternativement et percevaient la dîme. Aux archives communales se lit une transaction au sujet de cette dîme. D'accord entre Guillaume de Baux, seigneur de Berre et de Lançon, et les procureurs de la communauté élus par les nobles et les manants dudit Lançon, d'une part ; et les chanoines Aimeri de Claremont et Bertrand de Langres, prieurs-prébendés de Sainte-Marie de Lançon, d'autre part ; la dîme des blés, grains et légumes fut fixée au 16e, celle des raisins, des agneaux et des veaux au 20e, cette dernière pouvant être remplacée par le paiement de deux deniers pour les agneaux et d'un denier pour les veaux ; à Istres, 9 juin 1320. Cet exemple et beaucoup d'autres montrent que la dîme était presque toujours très inférieure au dixième.

Les Juifs payaient à l'archevêque trois livres de poivre par an : ils s'y refusèrent en 1450, et y furent contraints par les voies de droit.

Le « castrum Alansoni » *Pergam.*, appartenait aux princes des Baux. Hugues de Baux, fils de Bertrand et frère de Guillaume le martyr, fut un des seigneurs qui se portèrent caution pour Raymond VI de Toulouse après sa soumission au concile de Saint-Gilles. Le 2 août 1209, Hugues et son neveu s'engagèrent avec serment à livrer à Milon, légat d'Innocent III, ou à son mandataire, dès qu'ils en seraient requis, le château de Lançon, déclarant qu'ils le tenaient de l'Eglise romaine dès ce jour et qu'ils le lui gardaient à leurs dépens. Ce château fut démoli à la fin du XVIe siècle. — Le curé de Lançon assista au synode de 1421. Etait natif de Lançon, M. Angelier, vicaire à Lambesc, exécuté révolutionnairement à Marseille en 1793.

— 1790. Archiprêtré de Lambesc, 1700 hab. *Ville murée*, un curé, deux vicaires, plus un chapelain à résidence (chapell. de la Trinité, conférée par les consuls, 350 livres). Le curé, nommé par un chanoine de Saint-Sauveur, était co-prieur décimateur, ce qui assigne une haute antiquité à la paroisse. Ses revenus s'élevaient à 1,500 livres. — Autre chapellenie, *Sainte-Catherine*, au patronat de la famille Discalti, non à résidence, quoique dotée de 550 livres par an. — Le curé était premier administrateur-né de l'*hôpital* et de l'*œuvre de charité*. — 1890, archidiaconé d'Arles, doyenné de Salon, 1150 hab., un curé-desservant. Les *sœurs du Saint Nom de Jésus* y tiennent école depuis 1834.

EGLISE, dédiée à saint Cyr et sainte Julitte, comme l'anc. paroisse, auj. chap. du cimetière. Jusqu'au dernier siècle, les curés ont pris possession successivement dans les deux églises. Le *titulaire* met sur la voie pour remonter à l'origine de la paroisse avec quelque probabilité. C'est au v<sup>e</sup> siècle que saint Amateur apporta les reliques de saint Cyr à Marseille. Déposées à Saint-Victor elles y furent entourées d'un culte tel que le nom du jeune saint finit par être donné à l'abbaye. Par celle-ci le culte se répandit dans la Provence entière où il se maintint florissant durant la première moitié du moyen-âge. A cette époque se rapporterait l'érection de l'église de Lançon et d'autres dont nous parlerons. — Restaurée en 1780. * *Vierge portant l'enfant Jésus*, statue marbre, grandeur nature, xv<sup>e</sup> s.

CHAPELLES. — *N.-D. du Puy*, *Saint-Cyr* et *Saint-Blaise*, au cimetière, anc. paroisse de l'époque romane, restaurée en 1869.

*N.-D. de Calissane*, ancien prieuré. Donné aux Hospitaliers de Saint-Gilles par Hugues de Baux en 1206. On y a longtemps gardé une tunique de la sainte Vierge qui fut ensuite transportée à Berre. Une nouvelle chapelle a été édifiée, à laquelle est attaché un prêtre à résidence.

# SAINT-SYMPHORIEN

*Sanctus Symphorianus*

---

La dévotion au saint martyr d'Autun, fort ancienne en Provence, y avait pour centre deux lieux de pèlerinage, l'un au diocèse d'Aix, l'autre à celui d'Arles. On fréquente toujours celui-ci : le premier s'est transformé en culte purement local. L'histoire de ce pèlerinage disparu se confond avec celle de l'ancienne succursale, aujourd'hui paroisse, de Saint-Symphorien, en la commune de Lançon.

Un concile des provinces de Lyon et de Sens, l'an 956, s'occupa de « la terre de Saint-Symphorien en Provence » dépendant de l'abbaye de Saint-Symphorien d'Autun. Elle avait été usurpée par le seigneur Isnard. Sur la plainte de l'abbaye, les prélats écrivirent à Manassès, archevêque d'Arles : « Comme vous êtes dans ce pays, et qu'un frère doit aider son frère, nous vous prions de faire à ces usurpateurs trois monitions pour les engager à restituer cette terre, ou, s'ils veulent la garder, à l'obtenir par voies légales de ses propriétaires. Sinon, comme le seigneur Pape l'a mandé, qu'ils soient excommuniés.... » Ce document ne paraît point se rapporter à Saint-Symphorien du Vernègue, qui relevait directement de l'archevêque d'Arles, mais à celui de Lançon, au diocèse d'Aix. On dit en effet à l'archevêque d'Arles que cette terre se trouve, non dans son diocèse, mais dans la même région ; on s'adresse à lui non comme ordinaire, mais comme primat, témoin la suscription de la lettre : « Au grand des grands, au premier des premiers, au seigneur Manassès, archevêque métropolitain d'Arles. » La lettre est adressée aussi aux autres évêques de Provence, ce qui se comprendrait peu, si l'usurpateur avait été sujet immédiat du primat. Isnard restitua la terre, contraint sans doute par les censures, car il ne s'exécuta que seize ans après.

Il est certain que les Lançonnais ont honoré saint Symphorien de temps immémorial. Ils élevèrent la chapelle du hameau de Pommiers. Leurs consuls, dès avant 1614, en nommaient l'ermite, qui était prêtre presque toujours. A celui-ci les chanoines prébendés de Lançon donnaient 100 livres pour l'entretien du culte. Les propriétaires voisins élevèrent le clocher en 1672, remirent l'ermitage en état, disposèrent un appartement « exprès pour les habitans qui vont faire une neufvaine à l'occasion de quelque chute fascheuse ». La chapelle fut rebâtie en 1728, mais moins vaste que l'ancienne, de quoi on se plaignit bientôt : « Avant 800 personnes pouvoient entendre la messe sans rester deors comme on voit aujourd'huy ».

Les propriétaires de Pommiers engagèrent, en 1742, une instance en curie archiépiscopale pour obtenir l'érection de leur chapelle en succursale. Les actes multiples de cette procédure sont conservés à l'archevêché. C'est le seul dossier de ce genre qui ait été sauvé au siècle dernier, et encore le doit-on à une restitution gracieuse. Il montrerait, s'il était publié, une application concrète des règles de l'ancien Droit, et fournirait une comparaison intéressante avec les actes de la double instance ecclésiastique et civile qu'il faudrait suivre aujourd'hui, mais nous ne pouvons que le résumer très brièvement.

1742, 15 juin, élection notariée des procureurs des habitants. — 25 juin, présentation à l'archevêque de la requête « pour qu'il soit établi un prestre qui réside à ladite chapelle pour y dire la messe les dimanches et festes, administrer les sacrements de nécessité aux habitants desdits châteaux et bastides et leur départir les autres secours spirituels. » Raisons canoniques alléguées, 1° la distance de Lançon, une lieue, 2° la difficulté d'accès. Pour se rendre à la première messe, il faut plus d'une heure, dans l'obscurité en hiver ; on ne peut en revenir assez tôt pour permettre d'arriver à l'autre messe à ceux qui sont restés « pour avoir soin des bergeries et des petits enfants ». On expose les habitants à trépasser sans sacrements, « le cas étant arrivé en dernier lieu à Mad. de Siguiez, le prestre qu'on avait envoyé prendre n'estant pas arrivé à temps ». Les enfants n'ont pas le moyen de s'instruire dans leur créance et les préceptes de la religion ; 3° le nombre des habitants, 140, et plus de 200 aux moissons et aux olivades ; 4° contribution du quartier ; à lui seul il paie le tiers de la dîme. On ne réclame que le nécessaire, consentant à laisser à Lançon les baptêmes, les mariages, la communion pascale. — *Soit montré* au promoteur signé de l'archevêque. — 2 juillet, signification par huissier aux parties intéressées les chanoines prébendés de Lançon, le curé et les consuls dudit lieu. — Nouvelle requête des syndics et conclusions du promoteur. — 13 août, ordonnance archiépiscopale réclamant un recensement de la population. — 14 août, signification de la requête et de l'ordonnance aux curé et consuls. — Silence des prébendés, renvoi à plus tard des consuls, acquiescement du curé. — 17 août, envoi du recensement à l'archevêque qui commet M. de Lambert, puis M. Duranti à l'enquête *de commodo et incommodo*. Assignations pour l'ouverture de l'enquête. — 8 octobre, opposition des prébendés. — Réponse des syndics qui assignent l'économe du chapitre et le curé de Lançon en garantie financière du jugement à intervenir.

*1743*, 3 janvier, consentement de l'économe et du curé. — 6 mars, des prébendés. — 12, sentence de l'official conforme aux conclusions des syndics, qui sont pourtant condamnés aux dépens. — Requête à l'archevêque pour obtenir l'enquête définitive. — 4 avril, ordonnance de l'archevêque pour y procéder : la délimitation des deux paroisses sera établie sur le terrain par le géomètre Daret. Service dominical autorisé *provisoirement*. — 19 juillet, enhardis par cette concession, les syndics demandent dispense de l'enquête. « Il sera poursuivi ainsi qu'il appartient », répond l'archevêque. — 2 août, les syndics demandent l'enquête de suite. — 18 août, enquête ; pas d'opposition. — 21 novembre, requête pour l'érection canonique de la paroisse. *Soit montré* au promoteur. — 2 décembre, ordonnance de Mgr de Brancas qui établit une succursale à Saint-

Symphorien, et autorise le culte dans la chapelle existante, en attendant une église nouvelle. — 3 décembre, les syndics demandent que la paroisse soit établie définitivement à la chapelle, sans construction nouvelle. — 23 décembre, ordonnance allouant 250 livres par an au succursaliste Ollivier.

*1744*, 13 mars. Convention entre les prébendés et le curé de Lançon qui contribuera au tiers des dépenses, honoraires du desservant, vases sacrés, ornements, entretien, construction de la nouvelle chapelle. — 28 juin, autorisation de ne pas construire d'église nouvelle. — La plupart de ces pièces signifiées à plusieurs copies, registrées à l'archevêché, contrôlées à Salon.

La chapelle avec un prêtre à demeure reçut de nombreuses visites. « On y vient même du Comté Venaissin », écrivait Achard en 1787. En 1794, elle fut vendue comme bien national. Le desservant Marroc avait refusé le serment et émigré en Italie. — M$^{me}$ de Siguier, née de Guilhem-Clermont-Lodève, racheta la chapelle, la maison et le jardin en 1825; légua le tout à la commune, 9 juillet 1827, à condition qu'un prêtre y serait établi à résidence : elle constitua aussi une rente pour le desservant.

Le service dominical reprit en 1836. La paroisse fut rétablie en 1842, par décret du 9 septembre, et ordonnance de l'archevêque du 26 septembre. — 1790, archipr. de Lambesc, 250 hab.; — 1890, archidiaconé d'Arles, doyenné de Salon, 350 hab.

— ÉGLISE. Ce n'est pas la chapelle romane primitive, dont quelques restes se voient dans une remise proche la cure, et qu'on croit avoir remplacé un temple païen. L'église actuelle, agrandie lors de l'érection en succursale, garde les restes de M$^{me}$ de Siguier, morte à Arles en 1828, fondatrice de la nouvelle paroisse. Dans le mur du clocher, une inscription rappelle les bienfaits de la famille de Garam.

CHAPELLES. — *Notre-Dame*, à 1,500 m. du pays, anc. chap. rom. ruinée. — On croit qu'il a existé aussi une chapelle à *Saint-Savournin* de Cibour.

VALLÉE SUPÉRIEURE DE LA DURANCE

# JOUQUES

*Jocae*

C'est sur la hauteur qui domine le village, et non sur les bords frais et pittoresques du ruisseau de Traconade que se trouvent les restes de l'ancien pays de Jouques.

Sur ce côteau dit le Piedmont s'élevaient le *château* du seigneur, l'*église* Notre-Dame et la *résidence* des archevêques.

*N.-D. de la Roque*, « Sta Maria de Jocis », était confirmée en 1135 à Saint-Victor par Innocent II. Pons Vital y fondait une chapellenie en 1239, lui léguant une terre au pont de Fabre. Le clocher date de 1390. Cette église servit de paroisse au *castrum*. Une ordonnance de 1422, annexée au procès-verbal de visite, porte qu' « on tiendra aux fonts de Notre-Dame un vase pour garder l'eau baptismale, on y mettra une écuelle en terre à la place de celle en bois ; on pratiquera à gauche de l'autel une armoire pour enfermer *Corpus Christi* », prescriptions qui indiquent une église paroissiale.

*Notre-Dame* fut abandonnée au milieu du XV^e^ siècle

pour *Saint-Pierre*, l'église du cimetière. Mais en souvenir de son ancien titre paroissial, le curé prit désormais possession dans les deux églises successivement.

L'ancienne « domus episcopalis », nommée encore l'*évêché*, présente un vaste corps de logis dont les murs réguliers forment rempart du côté du midi, et qui dans sa partie nord offre une longue suite de portails, quelques-uns armoriés. Des jardins et des cours alternant séparent les ailes diverses. Les salles sont vastes avec de grandes cheminées et des lambris de mélèze. Toutes les époques du style ogival et de celui de la renaissance y sont représentées par quelque sculpture. La *chapelle*, dédiée à saint Antoine, avait une tour-clocher, maintenant affectée à l'horloge.

Dans ce local dégradé, devenu le refuge des pauvres, on ne reconnaît plus l'agréable résidence où nos prélats venaient goûter le repos et la fraîcheur aux mois d'été. M. de Bretel en avait fait son séjour favori. Il augmenta la bâtisse et dessina lui-même un parterre arrosé d'eaux vives. En 1639, il y reçut le légat du pape Frédéric Sforza. Il lui offrit des fêtes princières et des divertissements nouveaux, entre autres le combat d'un chien et d'un cygne dans le grand bassin.

Ce palais avait le défaut d'être trop loin d'Aix : et c'est pour avoir sa résidence des champs plus à portée que le cardinal Grimaldi édifia le château de Puyricard.

— La seigneurie temporelle de Jouques s'était constituée lentement en faveur de nos archevêques. Elle est constatée au début du XIIIe siècle dans une protestation des habitants, identique à celle formulée par les gens de Vauvenargues et du Tholonet. En 1219, Bernard Cornuti acquit la part de Gaufridi de Trets, des vicomtes de Marseille, pour 16,500 sous coronats : l'acte fut passé dans le cloître de Saint-Sauveur « ante cameram veterem in qua solitus erat morari præpositus aquensis ». En 1236, Raimond Audiberti acheta les biens et droits de Bertrand de Barras 10,600 sols, ceux de sa sœur Gaufride 5,000 sols, conclu « apud Jocas ante ecclesiam b. Petri » ; ceux de Bertrand du Puy et de sa femme Béatrix ; en 1262, ceux de Rostang d'Avignon, d'Hugues et de Guillaume Isnard. L'archevêque rendait hommage au comte pour toutes ces possessions.

Par échange avec Charles II, à qui il céda Meyrargues et le Sambuc, l'archevêque devint, en 1291, seigneur unique et suzerain. Un bayle logé au château administrait et jugeait en son nom. Mgr de Boisgelin vendit en 1780 cette seigneurie au président d'Arbaud, moyennant 200,000 livres et réserve du titre honorifique.

— Les *curés* de Jouques et de Peyrolles étaient inamovibles depuis 1445, par conséquent deux siècles et demi avant les autres curés du diocèse. La raison était que ces curés relevaient directement de l'archevêque, tandis que les autres dépendaient du chapitre, qui se montra toujours défavorable à l'inamovibilité de ses vicaires et ne l'accorda que contraint et forcé.

Le curé de Jouques assista au synode de 1421. Il s'appelait Jean Robini. Il avait passé une convention dans laquelle lui, Robin, et ses secondaires s'obligent au service de la paroisse, à manger et à vivre ensemble à frais communs, à partager par portions égales les revenus de la vicairie, prélèvement fait chaque année de 6 florins pour le vicaire. Il est dit encore, et ce trait souligne bien qu'on est au XV^e^ siècle : « On ne partagera pas ce que chacun pourra gagner au négoce. »

Parmi les vicaires perpétuels de Jouques on doit mentionner — *Jean de Leone*, conseiller et aumônier du roi, chanoine de Saint-Sauveur, le restaurateur du baptistère. — Remplacé en 1571 par son neveu *Bernard Agard*, chanoine de Cavaillon, qui ne put s'acquitter de ses fonctions de chanoine et de curé. En 1582, l'archevêque Canigiani l'obligea à laisser le chœur de sa cathédrale et à résider à Jouques. Cette ordonnance archiépiscopale nous révèle que le service divin dans les paroisses un peu importantes était établi sur un pied de cathédrale : « Le vicaire, les deux secondaires et le clerc diront, les fêtes solennelles, matines, prime, tierce, sexte, none, vêpres, complies et *Salve.* » — *Gaspard Rousset*, curé cinquante ans, fonda un office d'aubier, et légua 20,000 livres pour les pauvres. — *Victor Philip*, curé de 1740 à 1766, le modèle des pasteurs, bon et ferme, pieux et savant. Doué d'un talent oratoire égal à son zèle, il prêcha de nombreuses missions qui opérèrent un bien immense. M^gr^ de Brancas le nomma archiprêtre de Rians, quoique résidant à Jouques. La croix de fer qui s'élève à l'entrée du village rappelle la mission de 1766 dont les fruits merveilleux persistaient encore à la fin du siècle, mais cette victoire fut acquise chèrement, trois des prédicateurs moururent de fatigue durant la mission. M. Philip fut du nombre. Emule du génie et des vertus de Bridaine, il périt comme lui les armes à la main.

— Jean-Joseph Thus, de Jouques, se retira dans son pays en 1791, et s'y acquitta de ses fonctions sacerdotales. Comme tous les honnêtes gens, il s'associa à la réaction contre le régime conventionnel. Quand le soulèvement des sections eut été réduit, M. Thus fut traduit devant le tribunal criminel de Marseille comme « témoin calomniateur devant un juge de paix illégalement en place, ayant exercé et continué les fonctions municipales au temps de la contre-révolution », et condamné à mort le 16 mars 1794 ; guillotiné le lendemain sur la Cannebière.

En cette année le curé schismatique fut chassé, l'église pillée, le clocher dégarni de ses cloches. Quelques prêtres, MM. Giraud, Ducros, etc., administrèrent les sacrements en secret. Le dernier fut M. Roux, ex-émigré en Italie, qui rétablit le culte en 1800, et devint ensuite curé du pays.

— 1790, *ville murée*, 2,000 hab., archiprêtré de Rians, un curé, deux secondaires, chapelain des SS. Bacche et Jean résidant. Le curé, non congruiste, recevait 1,500 livres : il était nommé par l'archevêque, prieur-décimateur. L'*œuvre de charité*, richement dotée, comptait le curé parmi ses membres de droit. — 1890, 1540 hab., archidiaconé d'Aix, doyenné de Peyrolles. Un curé-desservant. Les *sœurs de Saint-Thomas* tiennent une école et un asile depuis 1857.

Église, tit. saint Pierre. Donnée à l'abbaye de Montmajour la veille de la Pentecôte 1069, par Pons et ses fils, en présence de l'archevêque Rostang. Claustre longtemps appelée « couvent Saint-Pierre ». Agrandie de *deux absides* opposées, l'une en 1571 pour l'autel majeur, l'autre en 1860 pour les fonts baptismaux [1]. — *Entrée* au bas du collatéral de droite comme en beaucoup d'édifices romans. — *Autel* marbre, 1878 ; a remplacé un autel en bois, 1660, avec rétable et colonnes, incendié par accident. — Chaire, 1749, élevée du produit d'une amende. — Sur le pilastre en face, inscription très mutilée qui indiquait probablement la date de la consécration de l'eglise. — Deux ou trois bons tableaux. — Reliques de saint Bacche, patron du pays, envoyées de Rome, 1644.

L'usage de faire baiser l'instrument de paix s'est maintenu à Jouques, pour les fidèles, jusqu'à la peste de 1720, où il fut supprimé par crainte de la contagion ; pour les seigneurs et le clergé, jusqu'à la révolution.

Chapelles. — *En ville.* — *La Trinité,* prieuré à patronat laïque ; *Saint-Jean,* pour les pénitents ; *Saint-Martin,* appart. à Montmajour.

*Hors ville.* — *N.-D. de Pitié,* au hameau de Bedde, bâtie en 1168, relev. de l'archev. — *N.-D. de Gerles,* prieuré à 90 livres de revenu, conféré par l'archev. —

(1) Cette disposition à double abside se rencontre rarement en France. Le type le plus remarquable qu'en possède notre région est l'église de La Garde, près Grignan.

*Saint-Jean de Villevieille*, ment. en 1110, rebâtie en 1700, relev. des Hospitaliers ; *N.-D. de Villevieille*, unie au séminaire en 1743. C'étaient deux églises d'une très ancienne agglomération. — *Saint-Julien*, confirmé à Montmajour par la bulle de 1204. — *Saint-Bacche*, anc. résidence d'ermite, et service dominical.

*N.-D. de Consolation.* — Chapelle avec ermitage, dominant la route de Sisteron. A quelques pas une source murmure doucement dans un creux de rocher tapissé de mousse et de lierre.

Une pieuse légende nous dira sa fondation.

Une jeune orpheline, nommée Marie, menait paître les moutons sur cette éminence. Pieuse et pure, elle passait son temps à prier. Or deux jours de suite elle vit ses moutons se ranger en cercle et demeurer immobiles. Le troisième jour, un agneau entra dans le cercle, gratta la terre et se mit à bêler longuement. La pastourelle intriguée, poussée aussi par une inspiration céleste, se met à creuser. Sa houlette atteint une dalle pesante sous laquelle repose une gracieuse statue de la sainte Vierge. Porter la statue dans sa cabane de feuillage, lui élever un autel, fut son premier souci. Chaque jour elle déposait à ses pieds un bouquet fraîchement cueilli, mais nulle fleur n'exhalait un parfum aussi doux que l'âme de la virginale enfant. Elle qui avait jusque-là pleuré ses parents cessa d'être triste : elle nomma la statue *N.-D. de Consolation*. Un soir des lueurs éclairèrent ce plateau : les gens de Jouques les aperçurent, sans savoir que penser. Et le lendemain un pèlerin leur raconta que, frappé du spectacle, il était monté à la cabane de la bergère, l'avait vue agenouillée, les yeux brillants et doux fixés sur la Madone en un dernier regard d'amour. Commencée sur la terre, l'extase de Marie s'était achevée au paradis. Les anges avaient reçu son âme, et les clartés aperçues la veille avaient sans doute marqué le passage de leurs théories lumineuses.

Les gens de Jouques adoptèrent la pauvre et sainte demeure et en firent une chapelle. Ils ne touchèrent point aux dernières fleurs déposées par l'orpheline. Ces fleurs restèrent fraîches plusieurs siècles comme pour indiquer la perpétuelle jeunesse accordée à la pure enfant. Elles se flétrirent au jour seulement où les bandes hérétiques franchirent le seuil de la chapelle.

En 1788 on écrivait : « Il y a vingt-six messes fondées et une grande dévotion. On s'y rend en foule de Jouques et des paroisses voisines le 8 septembre, et de nombreux ex-voto témoignent des grâces obtenues. » Jusqu'à la révolution une confrérie spéciale veilla à l'entretien de cette chapelle.

*Sainte-Consorce*, sur la montagne de ce nom (Concors), à 760 m. d'alt. Les pénitents y vont entendre la messe le lundi de Pentecôte. — Un auteur contemporain a raconté la vie de la sainte : « Je rapporterai, dit-il, la vie de la bienheureuse Consorce telle que je l'ai entendu raconter par les saints frères Uranius, prêtre, et Celse, sous-diacre, qui lui étaient attachés pendant qu'elle vivait, et par le prêtre Aurélien qui jusqu'au moment où cette vie a été écrite, a servi Dieu auprès de son tombeau. « Ces noms de prêtres et de clercs du $\text{VI}^{e}$ siècle sont les premiers connus du clergé d'Aix. Consorce et Tulle naquirent du sénateur Eucher et de son épouse Galla. Eucher se retira dans son domaine sur les bords de la Durance. Les uns disent qu'il se retira sur la rive droite, près Beaumont, les autres lui donnent pour asile une grotte située sur la rive gauche, et nommée la *baume lyonnaise*. Ces traditions peuvent être fondées l'une et l'autre. Les domaines des riches de cette époque embrassaient souvent d'immenses étendues, d'où leur nom de *latifundia*, et Eucher a pu se fixer dans la grotte où les ambassadeurs de l'Eglise de Lyon le trouvèrent, après avoir habité quelque temps une grotte sur l'autre rive. Après l'intronisation de son père, et la mort de sa mère qui jusqu'au bout lui donna les plus saints exemples de mortification et de charité, Consorce se consacra au service de Dieu et des malheureux. Elle affranchit ses esclaves, éleva une église à saint Etienne, et à côté un hospice pour les pauvres. Ces souvenirs se rapporteraient au domaine de Villemur dont le nom rappelle un établissement romain important. Elle aurait aussi vécu quelque temps en solitude sur le plateau où s'élève sa chapelle.

Le Christ lui apparut en songe pour lui annoncer sa mort prochaine. « En s'éveillant, elle rendit grâces à Dieu. Trois jours après elle prépara un festin pour les prêtres et les pauvres. « Sachez, mes pères et mes frères, que dans cinq jours, selon ce que m'a annoncé le Seigneur, mon âme abandonnera mon corps. Priez pour moi, afin que je ne rencontre pas la puissance des ténèbres, mais sois reçue par les anges et introduite dans le séjour des saints... » Après cela, saisie par la fièvre, elle s'en alla aux cieux, le jour que lui avait prédit le Seigneur. »

Ses restes furent plus tard transportés à l'abbaye de Cluny qui en livra des parcelles à diverses églises. Cette réception était célébrée à Cluny le 3 des ides de mars, et inscrite à ce jour dans le *Martyrologe gallican*. La cathédrale du Puy possède des reliques de sainte Consorce et de sainte Tulle qu'elle reçut autrefois de l'Eglise de Lyon. Dans l'ancien martyrologe de Cluny, la mort de sainte Consorce était marquée « in territorio aquensi » et fixée au 10 des calendes de juillet, comme dans le martyrologe romain.

Les habitants de Jouques vénèrent dévotement sainte Consorce, et l'invoquent surtout contre le fléau de la sécheresse. Dans une peste du xv$^{e}$ siècle, la ville d'Aix se consacra à la sainte, et quand la contagion eut cessé, offrit à sa chapelle une belle statue qui existe encore, conservée dans le riche cabinet de M. Arbaud. La statue est en bois de noyer et représente sainte Consorce, vêtue d'une tunique verte et d'un manteau rouge, avec un *chapelet* à la ceinture, tenant de la main droite un cierge allumé, en qualité de vierge sage, et de la gauche la palme du triomphe. Au dessous, les armes d'Aix, et ces mots : *Sta Consorcia virgo, 1466*. Sur un des côtés : *Hanc ymaginem fecit Jhs Arnulphy civitatis aquensis*. Ce morceau curieux, profané peut-être à l'époque des guerres de religion, a été retrouvé enfoui profondément dans un chemin. A défaut d'une église, il ne pouvait tomber en meilleures mains.

---

# SAINT-PAUL

*Sanctus Paulus*

---

Au-dessus du village de Saint-Paul se trouve l'éminence de *San-Peyre,* ainsi nommée d'une très ancienne église dédiée à saint Pierre. A cette église était joint un hospice pour les pèlerins : de nombreux tombeaux sont disséminés autour de ces ruines. C'est le roi René qui donna des terres sur les bords de la Durance aux habitants de San-Peyre. Ceux-ci transportèrent leurs pénates vers un hameau, moins ancien que le leur, lequel était groupé proche une chapelle dédiée à saint Paul. Ce hameau, connu depuis sous le nom de Saint-Paul-les-Durance, porte aussi en quelques actes des derniers siècles le nom de *Saint-Paul le fougassier* — S. Paulus fogasserius — à cause des deux besans qui accostent le saint dans les armes du pays et que les paysans, peu instruits dans la connaissance des pièces héraldiques, prenaient pour des *fougasses.*

La paroisse de Saint-Paul, qui paraît avoir succédé à celle de Saint-Pierre au XIV^e^ ou XV^e^ siècle, avait pour seigneur spirituel et temporel l'abbaye Saint-André [1]. Nous n'avons pu trouver de titre antérieur à 1119 justifiant ce domaine, mais celui-ci devait être beaucoup plus ancien, puisque Chantelou, le savant historien de l'abbaye, n'a pu lui-même en découvrir l'origine. Il date probablement du xe ou du xie siècle, époque où les comtes de Provence accordèrent aux bénédictins des dons nombreux dans la partie de leurs états qui longeait la Durance : ainsi, don de Pertuis à Montmajour par Guillaume Ier, 979 ; de Saint-Donat, sous Sisteron, à Saint-André par Guillaume II et la comtesse Gerberge, avec approbation de l'archevêque Amalric, 1018 ; etc.

En 1346, le prieuré de Saint-Paul fut détaché de l'abbaye Saint-André et uni à la Pitancerie du prieuré de N.-D. de Montaut, par bulle de Clément VI, donnée à Avignon, le 3 des ides de janvier. D'après le tableau dressé en 1442 par Pons de Sadon, prévôt de l'église d'Avignon, commissaire apostolique du pape Eugène IV, ledit prieuré devait payer à Saint-André, en souvenir de son ancienne autorité, la somme annuelle de 20 sous d'argent.

Un des prieurs de Saint-Paul, Aymeric Cassani, assista le 21 septembre 1341, à la réception d'une bulle obtenue du

(1) *Saint-André*, abbaye bénédictine située en face d'Avignon, sur la rive droite du Rhône, fut fondée au vie siècle, à côté du tombeau vénéré de sainte Casarie. Rétablie avec magnificence après sa destruction par les sarrasins. Visitée par Urbain II et par Gélase II qui vint y chercher un refuge contre les persécutions d'Henri V. Philippe le Bel, avec le consentement de l'abbé Bertrand de Laudun, édifia la lourde forteresse qui enserre l'abbaye. Ce travail considérable donna naissance à *Ville Neuve*. C'est dans une des dépendances du couvent que se retira Génébrard, après la chute de la Ligue.

pape Benoît XI par la reine Sanche en faveur des clarisses d'Aix : il en signa le procès-verbal en compagnie du prévôt de Saint-Sauveur, du vicaire de la Madeleine, etc.

— Parmi les victimes immolées par le fanatisme des protestants languedociens au XVI$^e$ siècle, il s'en trouva deux à qui le diocèse avait donné le jour. Jean *Quatrebras*, aixois de naissance, était prieur des augustins de Nîmes, au moment du fameux massacre de *la Michelade*, 1567. Les huguenots lui coupèrent la langue, en haine de ses prédications, puis les doigts qui avaient touché à la messe le corps de Jésus-Christ. Non contents de ces cruautés, ils l'écorchèrent tout vif et lui tranchèrent ensuite la tête ; après quoi ils jetèrent son cadavre dans le puits de l'évêché. De nombreux prêtres et religieux subirent les mêmes atrocités. C'était cinq ans avant la Saint-Barthélemy. — L'autre de nos martyrs était natif de Saint-Paul, et s'appelait Pierre MENC. Il avait eu pour père un soldat de l'armée du connétable de Bourbon qui s'était arrêté en ce village et s'y était marié. Après une enfance pieuse, Pierre Menc entra chez les observantins d'Aix, y fit profession et gagna la réputation d'un excellent prédicateur. Désigné comme *socius* du provincial Rinustorti, il l'accompagna dans sa visite de 1574. Tandis qu'ils allaient d'Arles à Aigues-Mortes, les protestants de Vauvert se saisirent d'eux, lièrent le provincial à un arbre et, sous ses yeux, percèrent Pierre Menc à coups de dague. Le martyr expira en prononçant le nom de Jésus. Son corps demeura trois jours sans sépulture, après quoi les observantins d'Arles le recueillirent pour l'enterrer dans leur église.

— 1790, archiprêtré de Rians, 850 hab. Les bénédictins de Villeneuve-les-Avignon étaient prieurs-décimateurs et nommaient à la cure. Au XVIII° siècle, le droit de nomination était exercé par le sacristain de l'abbaye. Le curé percevait 630 livres, y compris la congrue. Il avait un vicaire, plus un chapelain à résidence, celui de Saint-Louis, nommé par le seigneur local, et jouissant d'un revenu de 300 livres. L'*œuvre de charité*, outre ses revenus pour les pauvres, jouissait d'un fonds de 36 charges de blé pour l'ensemencement gratuit des terres. Elle était administrée par le curé et dix amovibles. — 1890, archidiaconé d'Aix, doyenné de Peyrolles, 300 hab.; un curé-desservant.

**Eglise**, dédiée à saint Pierre et à saint Paul, unissant ainsi le titulaire de l'église abandonnée et celui de l'église qui l'a remplacée, qui avait pour vocable la Conversion de saint Paul. Monument de l'époque romane transformé et agrandi en 1704. * *Rétable* bois, 1709, par un sculpteur de Pertuis, sur le modèle de l'anc. autel de Jouques. — Cette église est bâtie sur un banc de tuf affouillé par la Durance. Le travail des eaux a creusé diverses grottes communiquant entre elles et formant comme des catacombes curieuses. Un curé de Saint-Paul pénétra dans ces excavations il y a quelque vingt ans et forma le dessein de les convertir en crypte. Il se pourrait que ces grottes eussent été connues autrefois, car Chantelou mentionne parmi les dépendances de Saint-André, et dans cette même région, une église qu'il dit « fundata super mirabiles cryptas. »

Chapelles rurales. — Outre les ruines de *Saint-Pierre*, il y a au quartier des Monges, des restes d'une église et d'un couvent qui auraient appartenu aux Templiers. C'est peut-être l'église *Sainte-Marguerite* désignée par Chantelou comme annexe de Saint-Paul et unie aussi à la sacristie de Saint-André. La vieille et curieuse chapelle *Sainte-Madeleine*, sur la Durance, était une annexe de Saint-Paul, mais elle ne lui appartient plus. — Trois églises, dont une munie de fortifications au xv<sup>e</sup> siècle, sont comprises dans l'enceinte du *castrum* de Cadarache, ouvrage imposant qui commande le confluent de la Durance et du Verdon. La principale, *Saint-Michel*, « eccl. sti Micahelis de Cadarocha », relevait aussi de Saint-André. Elle est inscrite dans les possessions reconnues à l'abbaye par les bulles de Gélase II en 1119, d'Innocent II, etc. Le précenteur en était titulaire : il payait chaque année, en vertu du décret de 1442, 10 sous et 2 livres de cire à l'église abbatiale. — Claude de Tende, gouverneur de Provence, mourut au château de Cadarache, le 23 avril 1566, laissant la mémoire d'un catholique de parade et d'un huguenot honteux. Son fils qui lui succéda dans le gouvernement, était un bon catholique. Il le montra en refusant d'exécuter la Saint-Barthélemy.

# MEYRARGUES

***Meyranicae***

—

Parmi les églises confirmées au chapitre d'Aix par l'archevêque Pierre, en 1082, se trouve « ecclesia parochialis de Meyranicis », que mentionne aussi une bulle d'Anastase IV, en 1153.

Cette église paroissiale primitive pourrait bien être la chapelle dédiée à *Notre-Dame* qui se trouve au-dessus du bourg, et dans laquelle fut tranchée une importante question de succession historique.

Guillaume le Jeune, comte souverain de Forcalquier, avait donné sa fille unique en mariage à Reinier de Sabran. De cette union naquirent deux filles et un fils. Le comte de Provence Ildefons Ier manœuvra si bien que Guillaume, de l'aveu de ses barons réunis en cour plénière, déshérita son petit-fils et la seconde de ses petites-filles, et maria l'aînée, Garsende, à l'héritier de la couronne provençale, le futur Ildefons II, avec l'expectative du comté de Forcalquier pour dot, 1196. Guillaume le Jeune regretta ses concessions, et voulut annuler la cession de son état à celui de Provence. Il forma une ligue dans laquelle s'empressèrent d'entrer les princes des Baux et le comte de Toulouse. Fort de ces appuis, il maria la cadette de ses petites-filles, Béatrix, au futur dauphin du Viennois, André de Bourgogne, lui donnant pour dot tout le pays entre la ville de Sisteron et le diocèse d'Embrun.

A la mort de Guillaume surgit donc un grave différend. D'un côté, Garsende, devenue comtesse de Provence, réclama ses droits, c'est-à-dire la possession de tout le comté de Forcalquier ; de l'autre, les habitants de Forcalquier, excités par Adalaïs, sœur du comte défunt, prétendirent conserver leur autonomie. Profitant de l'absence d'Ildefons, ils déchirèrent les couleurs de Garsende, appelèrent Adalaïs qui fit une entrée triomphale dans la petite capitale, s'installa au palais et se proclama comtesse de Forcalquier.

La mort d'Ildefons II, la minorité et la captivité de son fils et successeur Raymond Bérenger IV, furent cause que cette usurpation se prolongea plusieurs années. Mais quand le comte Raymond eut repris sa liberté, il s'empressa de revendiquer l'héritage de sa mère. Les hostilités allaient s'ouvrir quand Raymond Bérenger et Adalaïs de Sabran s'en remirent à l'arbitrage de Bernard, archevêque d'Aix ; de Raymond de Baux, seigneur de Meyrargues, et de quelques autres personnages. Le tribunal s'assembla au *castrum* de Meyrargues, et le 20 juin 1220 prononça sa décision « in ecclesia sancte Marie ». Elle adjugeait à Garsende, comtesse douairière de Provence, les villes de Sisteron et de Forcalquier avec le territoire intermédiaire, et à Guillaume de Sabran le restant du pays, de Forcalquier à la Durance, avec le titre de comte de Forcalquier. Cette transaction était avantageuse surtout à la Provence, dont l'unité se trouvait très avancée. En effet, le comté de Forcalquier, à peu près enclavé dans un état considérable, privé déjà de ses bourgs principaux, Manosque et Pertuis, qui relevaient l'un des Hospitaliers, l'autre de Montmajour, diminué désormais de ses deux villes, ne tarda pas à être absorbé complètement.

— En recevant l'archevêque d'Aix, Raymond de Baux accueillait son suzerain. Entre plusieurs actes d'hommage de cette famille aux archevêques, il en existe un de Raymond, fils de Bertrand, qui promet « reconnaissance, honneur et fidélité » à l'archevêque Grimier pour les châteaux de Meyrargues, Puyricard, le Sambuc et la barque de la Durance (au Puy).

— En 1282, les habitants refusèrent, on ne sait pourquoi, de payer la dîme au chapitre d'Aix et à leur vicaire. Ceux-ci portèrent plainte à la chambre apostolique qui commit au règlement de cette affaire le prévôt de la collégiale de l'Isle. Par monitoire du 25 avril 1283, ledit prévôt chargea le vicaire de prévenir son peuple qu'il eût à reprendre les paiements d'usage, sous peine d'excommunication. Le vicaire devait ensuite se transporter personnellement au domicile de Madame Alix, mère du seigneur Raymond, et chez divers chevaliers, pour leur rappeler qu'eux aussi étaient tenus à la dîme pour leurs moulins et leurs fours. Au cas où l'excommunication dût être prononcée, il avait ordre d'en déclarer exempt le seul Raymond de Baux.

Quand Rostang de Noves succéda à l'archevêque Grimier, les rapports se tendirent tellement entre le suzerain et son vassal que Raymond refusa net l'hommage au nouvel archevêque, lequel prononça la déchéance du révolté, autorisant Hugues, son frère, à s'emparer du château de Meyrargues. Ce château fut perdu définitivement pour le vassal félon et sortit même de sa maison, par la vente qu'en fit Hugues au roi Charles II, en 1291. L'archevêque céda au roi ses droits de suzerain, en échange de divers cens sur Jouques et Venelles et de la haute seigneurie de Janson. Avec le prévôt du chapitre, il écrivit au pape Nicolas IV, lui exposant que « de toute antiquité » Meyrargues appartenait à l'Eglise d'Aix ; qu'il était tenu en fief par la maison des Baux « qui ne paie aucun cens et n'est soumise qu'à l'hommage à chaque avènement d'archevêque » ; que Hugues de Baux cède le château au roi ; que l'Eglise d'Aix renonce volontiers à une suzeraineté toujours troublée « par la turbulence et le mauvais vouloir de cette famille » ; que d'ailleurs le roi, par l'offre de plusieurs fiefs et d'une rente de 60 livres, rend l'échange avantageux. Sur cet exposé, le pape approuva, 1294. Fidèle aux traditions de turbulence de sa famille, Hugues se révolta contre son nouveau suzerain qui, moins endurant, le défit en bataille rangée, confisqua tous ses biens et le contraignit à finir ses jours en exil. Devenu possession de la couronne, l hâteau de Meyrargues reçut en 1308 des prisonniers de marque. Le 24 janvier au soir, vingt-sept Templiers provençaux, y compris le commandeur de Blacas, y furent enfermés.

Mécontent de quelques injustices du roi, ou prétendues telles, Raymond de Turenne se déclara *ribaud*, c'est-à-dire en révolte ouverte, 1384. Sa mère, Eléonor de Comminges, s'enferma dans le château de Meyrargues que la reine Jeanne lui avait donné. Au milieu d'alternatives diverses, elle ne cessa d'animer la défense de la place. Malgré les bombardes et les trébuchets le siège dura près de dix ans. Eléonor était belle-sœur du pape Grégoire XI. Amenée prisonnière au palais d'Aix, elle promit de céder le château au gendre de son fils, le maréchal de Boucicaut, ce qui fut exécuté quelques années plus tard.

— Nomination du curé de Meyrargues, 1328 ; aux arch. départ.; rapportée par M. Albanès, *Jean Artaudi*. « In nomine Domini. Amen. L'an de l'Incarnation 1328, le 18e de juin, vêpres dites dans l'église Saint-Sauveur d'Aix, à Aix, noble Jacques Artoudi, seigneur de Venelles, procureur spécial de vénérable et discrète personne Mre Artoudi de Dorchis, chanoine de ladite église, et prébendé le plus ancien de l'église de Meyrargues... Vu que, d'après relation faite, la vicairie de l'église du castrum de Meyrargues, est vacante en droit et en fait par la mort de l'ancien vicaire Mre Guillaume Gautier, le corps dudit sieur Guillaume ayant été présenté à la sépulture ecclésiastique. Attendu qu'on ne doit promouvoir aux bénéfices que ceux sur les mœurs, la science et le jugement desquels bon témoignage est rendu ; vu le témoignage laudatif reçu touchant la foi, l'intelligence, la condition légale, les mœurs, l'honorabilité et le jugement de Pierre Arquier, diacre d'Aix ; le susdit procureur,.... de son propre mouvement, et selon les usages antiques de cette église d'Aix, a bien voulu conférer audit diacre Pierre, présent et acceptant, la sus-mentionnée vicairie..., avec tous ses droits et appartenances. — Et ledit Jacques en a pourvu le susdit Pierre par l'imposition de la barrette et l'appréhension des mains, en présence de moi notaire et des témoins soussignés. — Fait à Aix, en la maison du seigneur Guillaume Stephani, évêque de Gap, en présence et avec la signature de Hugues Stephani, damoiseau, de Lambesc, et de Pierre Alfant, damoiseau, familier du seigneur de Venelles, témoins mandés et requis, et de moi Guillaume Eyguesier, d'Aix, notaire public. »

Muni de ces lettres de provision, le diacre Arquier n'eut plus qu'à se présenter à l'ordination de la prêtrise « ad titulum ecclesiae parochialis de Meyranicis », et à prendre possession de sa vicairie par acte authentique et notarié.

— Le vicaire de « Mayranis » assista au synode de 1421.

— Consignons à l'honneur des habitants de Meyrargues qu'aucun excès ne s'y produisit durant la révolution, et même que plusieurs prêtres persécutés y trouvèrent un sûr asile.

— 1790, archiprêtré d'Aix, 1000 hab. Curé nommé par le plus ancien des deux chanoines, prieurs décimateurs de la paroisse, un secondaire, plus un chapelain à résidence au château. Le curé recevait 600 livres, y compris la congrue. *Œuvre de charité*, avec le seigneur, le curé, le juge et le chapelain pour recteurs-nés ; assemblées au château ou au presbytère. — 1890, archidiaconé d'Aix, doyenné de Peyrolles, 900 hab.; un curé-desservant.

Eglise *Saint-André*, bâtie en 1737, joignant l'emplacement de l'ancienne ; rest. en 1822. — Tabl. *Vierge et Ste Catherine de Sienne*, Mazocchi, 1868, don de l'empereur. — A dr. du sanctuaire, chap. Notre-Dame, occupant une partie de l'anc. église : caveau des seigneurs, violé en 1794.

CHAPELLES. — *Saint-Christophe*, au château ; dans une admirable position. La chapellenie fut fondée par Bertrand de Baux, † 1266. Ce chapelain est inscrit au synode de 1421. Autel avec beau rétable et tableau de sainte Catherine. — Anc. chap. des pénitents. — *La Mère de Dieu*, ou Notre-Dame, sur le versant méridional du château, anc. chap. romane dont il a été parlé. On s'y rend en procession le 15 août. Bertrand de Baux lui légua 20 sous tournois ainsi qu'à *Saint-Jean*, chap. détruite, dont les travaux de la voie ferrée mirent à découvert le cimetière. — *Saint-Claude*, ruinée, sur le pic de ce nom, avec un panorama splendide.

---

# PEYROLLES

*Petrolae*

---

A en juger par les débris trouvés autour de la chapelle *Notre-Dame d'Astor*, les habitants de la rive gauche de la Durance s'étaient fixés sur ce point, à l'époque des premières invasions barbares, au v<sup>e</sup> siècle. Ces débris consistent en fondations de maisons, en tombeaux formés de grosses briques, en morceaux de sculpture, en particulier un buste décapité avec l'inscription M. AVREL.

Les terrains d'alluvion qui forment la principale richesse de Peyrolles, et sur lesquels est bâti le nouveau village, ont été conquis sur la Durance à une époque relativement récente. Petrolae, en basse latinité, désigne les cailloux roulés de Durance.

C'est autour du *castrum de Petrolis* que le village s'établit. A la fin du XIIe siècle, ce château n'offrait déjà plus que ruines, comme le déclare la liste *Pergam.*, « castrum quondam de Peirolas ». Il occupait le roc sur lequel s'élève la chapelle du Saint-Sépulcre et commandait le cours de la rivière.

Nos archevêques ont possédé quatre siècles la seigneurie de Peyrolles. Pons Ier, des vicomtes de Marseille, hérita d'une portion de ce domaine en indivis avec sa sœur Balde. Celle-ci transmit sa part au monastère de Paracol, près Correns, qu'elle fonda et où elle prit le voile, mais Pons donna la sienne à son église. Gui de Fos acheta le castrum à Hugues de Cavaillon pour 36,500 sols coronats, et le légua aussi à son église. En 1257, Vicedominis prêtait hommage au comte de Provence pour les châteaux du Puy et de Peyrolles.

L'archevêque avait toute justice, le pilori, les fourches, etc. Par un acte de 1265, les juges royaux reconnurent cette haute juridiction, dont n'étaient exceptés que les crimes commis sur les grands chemins.

En vertu d'un échange, cette seigneurie passa à la couronne en 1475, sous le roi René. C'est pourquoi, à la réunion de la Provence à la France, Peyrolles prit pour blason les armes de France, comme faisant partie du domaine royal.

— Raymond de Peyrolles était prévôt du chapitre de Marseille, en 1480. « Raymundus, Dei gracia, præpositus Massiliae » scellait ses actes d'un sceau portant d'un côté la Vierge assise en reine, « Sigillum beatae Mariae virginis »; de l'autre, la croix patriarcale, avec l'exergue « S. Raimundi præpositi Massiliae. »

— Un de nos plus remarquables prélats, Antoine Imberti, a d'abord été curé de Peyrolles. C'est à ce titre qu'il fut promu au sacerdoce en 1516. Il devint ensuite curé de Brignoles, puis coadjuteur d'Antoine Fiholi, et mourut en 1550. Sous son administration les revenus du prieuré de Peyrolles furent arrentés 112 écus d'or « au soleil et de bon poids ». Antoine Imberti se fit remarquer au concile de Trente comme docteur d'une parfaite orthodoxie. C'est lui qui demanda qu'on imposât silence à quiconque parlerait contre l'Immaculée Conception.

Un de ses successeurs, le sieur Sauton, n'eut point la foi aussi pure. Mgr de Brancas ayant constaté dans sa visite pastorale les sentiments jansénistes de ce curé, obtint un ordre d'exil contre lui.

— 1790, archiprêtré d'Aix, 800 hab. Curé nommé directement par l'archevêque, prieur décimateur; non congruiste. Il percevait 1,260 livres, mais payait 250 livres au vicaire, 80 au prédicateur du carême, 20 au clerc, 10 pour la matière; il lui restait 900 livres; un secondaire. — 1890, archidiaconé d'Aix, cure de 2me classe, 1030 hab. Son doyenné comprend Jouques, Meyrargues, Saint-Canadet, Sainte-Réparade, Saint-Paul. Les *sœurs de la Présentation*, du Bourg-Saint-Andéol, y tiennent école depuis 1847.

Eglise Saint-Pierre; le patron du pays est Notre-Dame en sa Nativité. Enserrée dans le pays et d'une insuffisance notoire, sa reconstruction s'impose. L'ancienne était romane. Le plan de celle-ci, XVIIe s., fut fourni par l'évêque d'Aulone, auxiliaire du card. Grimaldi. — Tabl. *Saint Antoine*. — Statue vénérée, *N.-D. de Grâce*.

Chapelles. — *Saint-Sépulcre*, gracieux édicule bâti sur le tertre qui portait l'ancien château. Qu'il ait été réparé par le roi René, les comptes de ce prince le donnent à entendre, mais qu'il ait été bâti par lui, comme on le prétend généralement, nul titre ne le prouve, et d'autre part le style du monument oblige à lui assigner une date bien antérieure. Edifice roman en croix grecque, formée de quatre absides se soudant l'une à l'autre, comme à Sainte-Croix de Montmajour. Au chevet, campanile quadrangulaire. — Tabl. * *Ensevelissement du Christ*, sur bois, XVe s., attr. au roi René par une tradition qu'il est aussi difficile de justifier que de combattre. Aux angles inférieurs, René et Jeanne de Laval agenouillés en face l'un de l'autre et vêtus de deuil. Ces portraits les représentent dans la force de l'âge, plus jeunes par conséquent qu'au triptyque de Saint-Sauveur. La peinture a été certainement faite avant l'acquisition de Peyrolles par le roi René.

*N.-D. d'Astor*, chap. du XVIe s., qui en a remplacé une plus ancienne. C'est la paroisse primitive, d'après une tradition plausible. En exécution d'une bulle de Pie II, elle fut unie à la mense archiépiscopale en 1463. — Pélerinage le 8 septembre.

---

# LE PUY-SAINTE-RÉPARADE

*Podium Sanctae Reparatae*

Les édifices religieux de la communauté du Puy sont énumérés dans la célèbre bulle de 1082, « ecclesiam parochialem Sti Mauritii de Podio Stae Reparatae, et ecclesiam Sti Andreae quae juxta idem castrum occidentem versus sita est, ecclesiam Sti Cannati de Felinas.... ecclesiam Stae Reparatae nullo modo prætermittimus sed simili modo eam canonicis confirmamus. »

Sainte Réparate, patronne de la communauté, est une vierge de Césarée, qui subit le martyre sous Dèce. Une portion de ses reliques fut apportée à Nice, et c'est de cette ville que son culte passa dans le reste de la Provence. Le Puy en possédait quelques parcelles. L'élévation qu'on en fit en 1634 fut marquée par la délivrance instantanée d'une possédée, Esprite Fouque.

Au XI$^{e}$ siècle, l'acte plus haut cité le prouve, le Puy-Sainte-Réparade n'était plus dans la plaine. Nous disons n'était plus, car les ruines considérables qui ont été remarquées au pied de la Trévaresse, établissent la présence d'une population nombreuse sur ce point à l'époque romaine. C'est donc là qu'on pourrait retrouver les vestiges de la paroisse primitive.

Lors des invasions, cette population gravit les hauteurs voisines, et c'est ainsi que s'établirent « castrum de Podio Stae Reparatae » et « castrum Sti Canadeti », *Pergam*.

Le château du Puy-Sainte-Réparade appartenait aux archevêques de temps immémorial. On trouve leur seigneurie reconnue dans une charte de 1151. Un acte de 1240 fut conclu « apud Podium S. R. in cambra D. archiepiscopi » (Vicedominis).

Il fut confisqué par la couronne au XIV$^{e}$ siècle, voici à quelle occasion. La mort de l'archevêque Géraud de Pousilhac coïncida avec le début du grand schisme d'Occident et la guerre au sujet de la succession de la reine Jeanne, qui mit aux prises la maison de Duras et la maison d'Anjou. Les intérêts politiques des compétiteurs décidèrent de l'obédience à laquelle ils se ralliaient, et la question dynastique se mêla tellement à la question religieuse que partisan d'Urbain VI et des Duras, partisan de Clément VII et de la famille d'Anjou, devinrent une seule et même appellation. En ce conflit, Urbain VI prenant les devants sur Clément VII, nomma au siège d'Aix Jean d'Agoult, partisan et ami personnel de Charles de Duras. Quand la maison d'Anjou eut triomphé et imposé l'obédience du pape d'Avignon aux provençaux, Jean d'Agoult fut persécuté sans merci. Dans l'amnistie générale accordée par Marie de Blois aux partisans de l'*Union d'Aix*, une seule exception était inscrite, l'archevêque. C'est alors que le château du Puy fut mis sous séquestre. Plus heureux pourtant que ne devait l'être, en des circonstances identiques, un de ses successeurs, le grand Génébrard, l'archevêque garda son siège, malgré l'hostilité de son souverain et les anathèmes de Clément VII, qui pourtant n'osa point le remplacer.

La cour ne se pressa point de rendre le chateau aux successeurs de Jean d'Agoult. Thomas de Puppio, qui avait eu la bonne fortune d'être nommé par Pierre de Lune, et reconnu par Boniface IX, en reprit possession en 1420, après 38 ans de séquestre. Cette restitution vint à propos, car Thomas qui ne pouvait rembourser à Pons de Rousset diverses sommes qu'il lui avait empruntées, s'empressa de lui transmettre en garantie les revenus du château du Puy pour un an.

— Au Puy la dîme n'était pas le dixième, mais le douzième sur les grains et les agneaux, et le trentième seulement sur les raisins. Les archevêques possédaient encore cinq parts sur six du bac sur la Durance, situé en aval du pont actuel de Pertuis. Vicedominis vendit ce bac à Alix, veuve de

Bertrand de Baux, seigneur de Meyrargues, et tutrice de son fils Raymond, pour un cens annuel de 35 livres, sauf les cas d'interruption ou de suppression par force majeure. Dans l'acte signé au château de Meyrargues, le 19 décembre 1267, l'archevêque promet qu'il n'y aura jamais d'autre barque sur la Durance, dans le territoire du Puy. Dès ce jour, Alix peut percevoir péage sur toutes gens, bêtes et marchandises, exception étant stipulée en faveur de l'archevêque, de ses vassaux et familiers. « Et attendu que Raymond de Baux est mineur, à 25 ans il pourra rompre la convention si elle ne lui plaît pas. »

— La résidence saine et tranquille du Puy agréait à nos prélats qui l'habitaient souvent. Une note curieuse, gardée aux archives départementales, fournit la dépense détaillée d'un de ces séjours. Il s'agit de Philippe Herbert, nouvel archevêque, qui arriva au Puy, en belle cavalcade, le samedi 22 juillet 1486. Il y avait douze chevaux pour les personnes, et pour les bagages deux mulets et un *sommier* (âne). On observa naturellement l'abstinence le premier soir, car voici la dépense : œufs, 4 gros ; huile, 2 gros ; chandelles, 3 gros ; oignons, 2 patacs ; salignons (sel en pain), 4 patacs. Si la chère fut maigre, on put du moins l'arroser convenablement, avec un baril de vin blanc acheté 5 gros, 5 patacs. Le lendemain dimanche, revanche solennelle des austérités de la veille. Oyez plutôt : 13 livres de bœuf, 4 gros 7 patacs ; 22 livres de mouton, 8 gros, 2 patacs ; 16 livres de lard, 1 florin 8 gros ; puis 2 poulets avec la mention *nihil*, 2 lapins *nihil*, 2 perdrix *nihil*, gracieusetés sans doute des habitants ou du curé à leur père et seigneur. Dans le compte des jours suivants on trouve jusqu'à un cochon *nihil*. A citer le charmant euphémisme du trésorier pour exprimer qu'on vint raser Monseigneur : « A maître Jehan Pourchier, barbier, qui est venu visiter Monseigneur, un écu d'or. »

On a vu dans la bulle de 1082 les églises du Puy données ou confirmées aux chanoines par Pierre II. Celles du Puy Sainte-Réparade et de Saint-Pierre de Féline furent rendues en 1268 à l'archevêque par le chapitre qui de ce jour ne fut plus tenu à payer le repas donné à l'occasion de chaque office pontifical. Pierre Auvergne, curé du Puy, signa l'acte de rétrocession.

— Le curé du Puy assista au synode de 1421.

Simon *Bartel*, natif de Riez, docteur en théologie de l'université d'Aix, secrétaire de son évêque, devint curé de Valensole, du Puy-Sainte-Réparade, et enfin de Mézel où il mourut en 1649. C'est pendant son administration du Puy (novembre 1627 - février 1639) qu'il composa et édita son *Histoire de l'Eglise de Riez* [1]. « Ce livre précieux pour notre histoire, dit l'abbé Féraud, est précédé d'un long prolégomène sur l'antiquité et les monuments de Riez ; d'un tableau historique sur toutes les paroisses de ce diocèse... Il est écrit d'un style pur et élégant. »

(1) *Historia et chronologica praesulum Sanctae Regiensis* (sic, il eût fallu *Regensis*) *Ecclesiae*. Aquis-Sextiis, apud Stephanum David, 1636 ; petit in-4° de 575 p., dédié à Mgr Doni d'Attichy, évêque de Riez. — Avec approbation de Mre Joseph Gauthier, docteur en théologie, prieur de la Valette, vicaire général et official de l'archevêché d'Aix.

— M. Auban, curé du Puy au début du XVIII$^{e}$ siècle, a laissé le souvenir d'une extrême charité. S'étant retiré à Aix, il y fonda avec l'assesseur Séguiran, l'œuvre de la Providence pour les jeunes orphelines, et fit bâtir en 1712 le local et la chapelle de la rue des Champs.

— Ce n'est certainement ni du pieux et érudit Bartel, ni du charitable M. Auban qu'il s'agit dans le trait suivant raconté par un contemporain. Benoîte Rencurel, la sainte bergère du Laus, retournant de Marseille et d'Aix, arriva dans un village près la Durance. « Le curé instruit que Benoîte est dans sa paroisse, accourt pour l'en faire sortir au plus vite. Il la traite de visionnaire, de sorcière et ne lui épargne aucune injure. Benoîte l'écoute patiemment et lui demande s'il a tout dit. — Non, sorcière, s'écrie-t-il impatienté, j'aurais bien d'autres choses, mais que veux-tu dire, parle... — Je veux dire, monsieur, puisque vous me le permettez, que je ne suis, Dieu merci, ni sorcière ni fille de joie, et que je n'ai pas mérité toutes ces injures. Je suis véritablement une grande pécheresse, mais, grâce à Dieu. je n'ai pas commis les crimes dont vous m'accusez. Et puisque vous m'avez permis de parler, je vous avertis que je vois l'enfer ouvert pour vous engloutir, et bientôt, si vous ne faites pénitence. — Puis le tirant à part, elle lui dévoila toute sa vie, les péchés de sa jeunesse, etc. Le curé rougit, sachant qu'elle disait vrai jusqu'aux moindres circonstances. Alors les rôles changent, il ne peut retenir ses larmes, se jette aux pieds de Benoîte, lui demande pardon et la conjure de prier pour lui. » — « Deux ans après, je vis au Laus quatre hommes de Pertuis. Je leur demandai s'ils savaient en quel lieu entre Pertuis et Aix un curé avait injurié Benoîte. C'est au Puis, me dirent-ils, nous savons l'histoire. Ce curé a tout réparé, il vit comme un saint, et il est le modèle de toute la contrée. »

— 1790, archiprêtré d'Aix, 950 hab., un curé et un vicaire. Le curé, nommé directement par l'archevêque, prieur décimateur, recevait 580 livres, y compris la congrue. Le *bureau de charité*, fondé en 1709 par M. Auban, était administré par le curé, les consuls et douze amovibles, avec assemblées à la cure : il secourait aussi les pauvres de Saint-Canadet. — 1890, archid. d'Aix, doy. de Peyrolles, 1,100 hab., un curé-desservant. Les *sœurs de Saint-Thomas* y tiennent école depuis 1888.

Eglise l'Assomption, dédiée anc. à saint Maurice. Nef latérale, 1860. — * *Autel* triple, autref. aux augustins d'Aix. Rétable avec tableau de l'*Assomption* soutenu par les anges ; œuvre remarquable par l'ordonnance et la conservation, attrib. à Puget. — *Chaire*, dorée aussi, même époque et même provenance.

Chapelles. — Après le Concordat, le hameau des Théries fut réuni à la paroisse Saint-Canadet. Sainte-Réparade reçut en échange Saint-Estève-Janson, commune de 115 habitants, qui était autrefois un *service* confié au secondaire de La Roque.

*Saint-Estève.* — La bulle de 1082 confirme au chapitre « ecclesiam protomartyris Stephani de Tensa ». Au siècle suivant, nous la trouvons parmi les dépendances de Saint-Victor. En 1159, l'abbé Guillaume de Pierre la cède à Guislibert, premier abbé de Silvacane, sous réserve d'un léger cens et d'être hébergé à Silvacane quand il se trouverait dans ces parages; en 1243 l'archevêque Audiberti la confirme à l'abbé Guillaume. Un village s'établit autour de la chapelle au XVIe siècle, en suite des avantages que les Forbin, nouveaux seigneurs de Janson, accordèrent aux colons. Le château de *Janson*, qui a donné son nom à une branche des Forbin, était situé sur un monticule commandant le cours de la Durance. C'est le mariage de Jean de Forbin avec Antoinette de la Terre, dame de Janson, 1504, qui a créé cette branche dont plusieurs membres ont marqué dans l'histoire de l'Eglise : le *cardinal de Janson* (Toussaint de Forbin), évêque de Digne, de Marseille, de Beauvais, mort grand-aumônier de France, habile diplomate, † 1713. — *Jacques de Forbin-Janson*, archevêque d'Arles, admirable d'énergie contre les jansénistes et de dévouement pour les pestiférés, † 1741. — *Ch. Aug. de Forbin-Janson*, évêque de Nancy, fondateur de l'œuvre de la Sainte-Enfance, † 1844. — *Fr. Arsène de Janson*, comte de Rosemberg, mort en odeur de sainteté à la trappe de Bonsolas en Toscane, 1710.

La haute seigneurie de Janson fut cédée par Charles II à l'archevêque en 1291. Ce petit pays fut infesté des erreurs vaudoises. Il revint au catholicisme à la fin du XVIIe siècle. — *Saint-André*, au lieu dit l'église vieille, près le Puy; dont parle la bulle de 1082. — *Sainte-Réparade*, auprès de l'ancien château des archevêques; mentionnée dans la bulle de 1082; restaurée en 1677. On y monte en procession le jour de l'Ascension et le 8 octobre, fête de la sainte. Sur la statue vénérée, couronne d'argent ancienne. — * *Inscription du* XI<sup>e</sup> *siècle* qu'on n'a jamais interprétée d'une manière satisfaisante, parce qu'on a voulu l'expliquer trop en détail. En voici d'abord la lecture: « ..or : Petrus : et Nitor : et ..or. : | ..t : missis : spês : pena : severis : | .ati : gessit : licet : in vetera es : | ..s minatur : matris : amore : »

Il faut observer que l'inscription est mutilée et notablement incomplète, ensuite qu'elle paraît révéler un graveur peu au courant de la syntaxe latine, cas très fréquent dans l'épigraphie de basse époque, ainsi « licet in vetera es » pourrait bien être mis pour « licet in veteri sis ».

Ceci posé, sans vouloir donner un mot à mot absolu, et tenant compte de ce que l'inscription est encastrée dans la muraille extérieure, par conséquent sur le cimetière, ne peut-on pas estimer qu'il s'agit d'un monument funéraire élevé par des enfants à leur mère; qu'on indique une fondation pieuse, des messes, *missis*; que les mots *pœna, severis, minatur*, se rapportent à des anathèmes contre les violateurs de la sépulture ou de la fondation; toutes particularités qu'on retrouve souvent dans les épitaphes de ce temps?

# LE PUY-SAINT-CANADET

*Podium Sancti Cannati*

—

Ce quartier qui a toujours été uni au Puy-Sainte-Réparade, sous le rapport communal, en a été distrait au point de vue religieux il y a deux siècles.

En vertu de la donation d'Ildefons II, en 1199, il faisait partie du domaine de l'Eglise d'Aix, mais le château appartenait depuis longtemps aux archevêques. En 1158, Pons de Lubières et le chapitre y souscrivirent un privilège en faveur de Silvacane. On voit encore quelques ruines de ce château au quartier de Félines : c'était une baronnie.

Le village établi d'abord au couchant et comme à l'abri du château de Félines, se reforma en son emplacement actuel après les guerres de la Ligue et la démolition du château, 1612. « Il prit le nom de Saint-Pierre-Canadet, dit la *Stat. des B.-du-Rh., San Peyre encadenat,* c'est-à-dire aux liens. » Les documents démentent cette assertion.

C'est l'église de Félines même, l'ancien village, qui était dédiée à saint Pierre : elle fut rendue à l'archevêque par les chanoines en 1268. Mais une autre chapelle, bâtie au pied et au levant du Puy de Félines, existait dès le xi^e siècle. Elle était dédiée à *Saint-Cannat,* « eccl. sti Cannati de Felinas », dit la bulle de 1082. Quand même cette bulle n'indiquerait pas le point précis, il ne pourrait s'agir du village de Saint-Cannat qui a toujours appartenu aux évêques de Marseille.

Et c'est sans doute pour se distinguer de ce village beaucoup plus important que le nouveau hameau prit le nom de Saint-Canadet qui signifie « petit Saint-Cannat ».

La chapelle du Puy-Saint-Canadet, plusieurs fois agrandie, fut érigée en succursale de la paroisse Sainte-Réparade vers la fin du XVIIe siècle sous M. de Cosnac. Elle formait la plus petite prébende du chapitre : c'est pourquoi elle était réservée au chanoine dernier installé.

— Rien autre à dire sur cette jeune paroisse, si l'*Etat du diocèse en 1728* ne nous facilitait une courte digression. « Il n'y a pas d'école à Saint-Canadet, mais le curé la fait par charité. » Ce n'était pas là un cas isolé ; en beaucoup de petits pays, les curés donnaient l'instruction gratuitement ou pour une modique rétribution de quelques sous par mois. M. Taine, l'abbé Allain, M. Babeau l'ont constaté : avant la révolution, l'instruction primaire était bien plus répandue qu'on ne le croit ; chaque village un peu aisé avait au moins un maître, et dans ceux qui étaient trop pauvres, presque toujours le curé élevait les enfants « par charité ». Ainsi pour ne citer que quelques exemples pris dans le voisinage d'Aix, il y avait, d'après l'*Etat* précité « aux Milles, un maître d'école et une maîtresse ; à Eguilles, un maître et une maîtresse ; à Cabriès, un maître ; à Simiane, un maître ; à Bouc, un maître, contre lequel le curé Cornille porte des plaintes très graves, entre autres de ne pas même remplir le devoir pascal ; à Beaurecueil, comme à Saint-Canadet, « le sieur curé apprend à lire aux enfants. » — Quand l'instituteur manquait, le curé ne cessait d'en réclamer un ; ainsi le curé de Meyreuil croit « qu'il serait très nécessaire d'établir un maître »; celui de Rognes (en 1686), écrit à l'archevêque : « Le maistre d'école que nous avons présentement se retire, et on doit tenir conseil pour faire choix d'un autre. Il y a une maîtraisse, c'est une fille âgée de 22 ans. Elle sera continuée par ce qu'elle est vertueuse : elle est séparée de l'école de garçons. » — Il suffit d'ailleurs de parcourir les anciens registres paroissiaux, en particulier les actes de mariage, pour être convaincu par les nombreuses signatures qui les terminent que la grande majorité des habitants savait lire et écrire en la plupart des paroisses. — C'est aux destructions révolutionnaires et aux guerres de l'Empire qu'il faut restituer la responsabilité de l'état inférieur dans lequel s'est trouvée l'instruction primaire pendant la première moitié de ce siècle, état qu'ont fait disparaître la loi Guizot et la multiplication des congrégations enseignantes.

— 1790, archip. d'Aix, 300 hab.; un curé succursaliste, nommé par un chanoine de Saint-Sauveur, prieur-décimateur ; avec un revenu de 520 livres, y compris la congrue. — 1890, archid. d'Aix, doy. de Peyrolles, 320 hab., un curé-desservant.

Eglise, à qui on donne saint Pierre ès-liens pour titulaire, quoique historiquement ce soit saint Cannat ; de même qu'on donne saint Pierre pour patron au pays, quoique canoniquement ce soit sainte Réparade, patronne de la communauté et de la paroisse-mère.

CHAPELLES. — *Saint-Pierre* de Félines, « presque abandonnée », dit l'*Etat* de 1728. — *Sainte-Anne*, mentionnée dans l'*Etat* de 1783. — *Saint-Gilles*.

# LA ROQUE

*Rocca*

Ce n'est pas de la déclivité en pente douce sur laquelle il est bâti que la Roque a pris son nom. L'escarpement qui portait l'ancien *castrum de Rocca* s'élève au midi, au lieu dit le *castellas*.

Une sorte d'autel marqué de la croix a été retiré de ces ruines. L'église dont il provient aurait été, d'après Pitton, *Ann. de la sainte Eglise d'Aix*, érigée en paroisse par le chapitre vers l'an 1115. Elle s'appelait Saint-Denis : le quartier porte encore ce nom. On y trouve les restes d'un cimetière.

Quand le chapitre autorisa les moines de Morimond à s'établir à Silvacane, il les obligea à héberger les chanoines prébendés de la Roque, lorsqu'ils iraient officier dans l'église de leur bénéfice. Il finit par confier la paroisse aux religieux, en 1165, stipulant une redevance de deux pourceaux, quatre muids d'orge, trente pains de froment, et cinq sols raymondins, le 6 août ; un pourceau, deux livres de cire et cinq sous, le jour de Noël. Dans une transaction de 1298, les chanoines transfèrent de nouveau à l'abbaye le domaine utile de l'église de la Roque, moyennant le paiement exact de la pension convenue. En cette année, l'archevêque reconnut le domaine direct du chapitre sur cette église.

Les moines y entretenaient un prêtre à demeure. Dans un acte de 1193 est mentionnée la présence de Guillaume de Clarmon, « presbyter ecclesiae de la Roca », du clerc Jean Fabre, et de l'enfant de chœur Foulque Rostaing, tout le personnel paroissial de l'époque. Les archives départementales conservent un acte de nomination du curé faite par l'abbé, en 1362.

Mais en 1430, les chanoines chargèrent leur collègue Raymond de Verdun de reprendre possession de l'église et prieuré, parce que les moines ne remplissaient point les obligations stipulées. L'abbaye déclinait alors, et si rapidement que trente ans après elle n'existait plus.

Sa belle église devint le siège de la paroisse, et le curé de la Roque prit son logement dans les bâtiments claustraux. Il se rapprochait ainsi de ses ouailles, car le *castrum*, éloigné des routes, s'était dépeuplé, tandis que de nombreuses maisons s'étaient bâties près de l'abbaye en sa période prospère. Par un retour de fortune naturel, ce hameau ne cessa de décroître après la suppression de l'abbaye. Ce qui restait fut détruit par les troupes du parlement, et quand ses habitants revinrent de leur migration sur la rive droite, ils allèrent se fixer au nouveau village de La Roque.

Cette fondation datait de 1514. En cette année, les seigneurs Jean de Forbin, fils de Palamède, et Antoinette de la Terre, son épouse, désireux de mettre leur vaste propriété en valeur, avaient donné à de nouveaux habitants moyen de rétablir La Roque, non à son ancienne place, mais sur le coteau qui s'étend du pied du castellas à la rive de la Durance. Soixante-dix chefs de famille, presque tous originaires des vallées piémontaises, et domiciliés à Cabrières depuis peu, attirés par les avantages qu'on leur offrait, accoururent. Malheureusement presque tous ces colons étaient vaudois [1].

Quand, après de multiples délais et de longues hésitations, l'exécution du terrible arrêt prononcé par le parlement contre Cabrières et Mérindol eut été décidée, les vaudois de La Roque, de Silvacane et de Janson passèrent la Durance pour se joindre à leurs coreligionnaires, après avoir démonté le bac pour empêcher la poursuite. Les

(1) Pierre Valdo, riche marchand de Lyon, institua cette secte au XII$^{e}$ siècle. L'erreur passa ensuite en Dauphiné, en Piémont et dans la haute Provence où elle s'est maintenue. Quand les vaudois connurent la révolte de Luther et de Zwingle, ils s'affilièrent au protestantisme allemand. L'historien de Soliers, dont on ne peut suspecter l'impartialité, puisqu'il était lui-même protestant, donne sur les pratiques secrètes de ces sectaires des détails qui expliquent la rigueur du parlement à leur égard.

troupes du parlement se divisèrent en deux corps : l'un, avec le baron de la Garde, mit à feu et à sang les villages de la rive droite; l'autre, avec le président Forbin d'Oppède, opéra sur la rive gauche. Il trouva les trois villages déserts et les livra aux flammes. Cette répression impitoyable dura huit jours.

A la suite de l'horreur qu'elle excita, on ferma les yeux sur le retour des anciens habitants de La Roque qui réoccupèrent leurs foyers.

La plupart — environ 500 — abjurèrent l'hérésie, le *21 octobre 1685*. Nous soulignons la date pour indiquer la liberté de ce grand acte qui fut préparé et décidé plusieurs mois avant la révocation de l'édit de Nantes, et accompli la veille du jour où Louis XIV signait cette révocation. C'est ce qui explique que ces conversions ne se soient point démenties, comme, en d'autres pays, celles qui suivirent la révocation. L'honneur principal de cette œuvre revient au seigneur local, Melchior de Forbin qui, voulant réparer la faute de son aïeul, ramena peu à peu, par ses pieuses et charitables exhortations, ses vassaux à la religion de leurs ancêtres. Le grand vicaire Duchaine reçut l'abjuration collective dans l'église de Silvacane. L'acte en fut prononcé au nom de tous par un des notables, déclarant qu'ils renonçaient « à la religion prétendue réformée et à toute autre secte ou hérésie. » Après quoi le grand vicaire, qui avait ouvert la cérémonie par un discours et le *Veni Creator*, prononça l'absolution de l'excommunication dans laquelle ils avaient vécu jusqu'à ce jour, célébra la messe, et fit dresser procès-verbal que signèrent les convertis. Il resta une centaine d'hérétiques seulement. Cet heureux évènement se produisit sous Jean Cadet, qui avait été nommé vicaire perpétuel en 1680 par le cardinal Grimaldi, sur le refus du chapitre qui voulait continuer les vicariats amovibles.

L'église de Silvacane resta siège de la paroisse jusqu'au milieu du XVIIIe siècle.

— On lit dans le procès-verbal de visite de 1655 : « Le vicaire de Silvacane sera tenu de faire la doctrine tous les dimanches avant l'heure des vêpres pour l'instruction du peuple et particulièrement des enfants. Il recevra chaque an un quintal d'huile pour la lampe jour et nuit devant le Saint-Sacrement ; fera faire une cloche du poids de 6 quintaux 1/2. » Les consuls s'étaient plaints, en effet, de ce qu'on n'entendait pas la sonnerie de La Roque.

— M. Bazin était curé et M. Richier, vicaire, au moment de la révolution. Tous deux refusèrent le serment et durent s'exiler. M. Bazin mourut en Italie. Quant à M. Richier, il revint bientôt pour exercer son ministère en secret, avec un autre prêtre courageux, M. Roux.

— Les patriotes du lieu, installés dans le château, dont le propriétaire venait d'être guillotiné à Lyon, résolurent d'anéantir la religion. Ils crurent y avoir réussi au moins pour La Roque, quand ils eurent interdit le baptême des enfants nouveaux-nés. Comme, malgré cette défense, l'accoucheuse avait baptisé plusieurs enfants, ils lui défendirent de continuer son état. Réclamation générale des femmes du pays qui firent tant et si bien que la citoyenne accoucheuse fut autorisée à leur prêter de nouveau assistance, mais sous la surveillance obligatoire d'une protestante d'un civisme éprouvé. Entendant toutes les mères demander avec instance qu'on baptisât leur enfant, la protestante eut le bon sens de fermer les yeux et de laisser faire.

— 1790, La Roque, archipr. d'Aix, 900 hab. dont plus de 100 protestants, avait un curé, nommé par le chapitre, prieur-décimateur, et un secondaire. Le curé percevait 1040 livres, mais il avait à payer le vicaire, le clerc et la matière ; restait net 730 livres. Il faisait partie du bureau de charité. Un chapelain au château. — 1890, archid. d'Aix, doy. de Lambesc, 1510 hab. dont 120 protestants ; un curé-desservant. *Sœurs de la Présentation*, tenant école depuis 1848.

Eglise, bâtie en 1742, tit. l'Annonciation. Depuis soixante ans les archevêques réclamaient cette construction. Des difficultés sur la part contributive réclamée au chapitre l'avaient retardée. Celui-ci alléguait avec raison que le pays était autrefois inhabité, et que si les époux de Forbin y avaient attiré des étrangers, ç'avait été dans leur intérêt privé, pour augmenter la valeur de leur domaine ; que c'était donc à eux d'assurer les secours religieux à leurs tenanciers. Dès le principe, le chapitre, pour prévenir ces réclamations, avait déclaré dans sa convention avec M. de Forbin, que « en quelque lieu que les seigneurs et les nouveaux habitants bâtissent les maisons d'habitation, l'église de Sauvecanne demeurerait toujours leur église matrice et parochiale, et qu'on ne pourrait jamais forcer le chapitre à construire ailleurs une autre église sous quelque prétexte que ce soit, comme de trop grande distance, etc. » Sur la menace de Mgr de Brancas qui déclarait vouloir interdire Silvacane et transporter la paroisse à Valbonette, la commune décida de se mettre à l'œuvre. On réunit par une grande nef interposée la chapelle *N.-D. du Rosaire* qui remontait à 1521, et la chapelle seigneuriale, dédiée au *Saint-Esprit*, et bâtie vers 1615. Ces deux collatéraux ont été unifiés avec la nef principale il y a un demi siècle, lorsqu'on éleva le clocher. — Tablx. * *Mort de la sainte Vierge;* * *Crucifiement*, d'après Phil. de Champaigne, par M. de Forbin. * *Vierge* marbre (N.-D. de Grâce), anc. à Silvacane.

CHAPELLES. — *Saint-Joseph*, des pénitents, 1660. — *Saint-Louis*, patron du pays, au château, 1744. — *Saint-Roch*, 1722. — *Saint-Victor*, de Gontard, détruite, existait en 1144. — *Saint-Denis* était encore debout en 1598.

*Notre-Dame de Silvacane, anc. abbaye.* — « L'abbaye de Silvacane fut bâtie en un lieu érémitique, isolé de toute habitation fixe, selon la coutume de l'ordre cistercien, le long d'un chemin public abrupt et couvert de bois, fréquenté par de nombreux voyageurs, et infesté des attaques des brigands. Ce fut pour procurer sécurité aux voyageurs, et exercer une charitable hospitalité envers les passants qui arrivaient fatigués de cette route longue et solitaire que ce monastère fut fondé dans le principe. »[1]

C'est en ces termes qu'un abbé de Silvacane exposait l'origine de son monastère au roi Robert, en 1324.

Des ermites se fixèrent au XIe siècle sur les bords de la Durance, à l'endroit où aboutit la route d'Aix à Cadenet. Etaient-ils affiliés à ceux que le clerc André avait établis sur le sommet du Gouiron ou bien à l'ordre des Pontifes qui commençait alors à se répandre dans le midi ? En l'absence de témoignage documentaire on ne peut rien affirmer. Mais la similitude des services ferait pencher pour la dernière hypothèse. Comme les Pontifes, les ermites de Silvacane protégeaient les voyageurs contre les bandits ; ils assuraient le service régulier de la barque sur la Durance. Il ne faut point oublier pourtant que ce bac fut transmis à Silvacane non par les Pontifes, mais par Saint-Victor.

Ces ermites possédaient nécessairement un lieu de prière. « Un examen minutieux des constructions de l'abbaye permet en effet de reconnaître des matériaux ayant appartenu à une chapelle qui a dû précéder l'époque de la fondation : ces appareils isolés portant les tailles et les marques des ouvriers carlovingiens, et qu'on retrouve dans le mur à droite du réfectoire et dans certaines parties du cloître, sont évidemment des matériaux anciens utilisés. » (Revoil).

La « terre des hermitans » devint au XIIe siècle un mo-

(1) Silvacane est désigné dans la liste *Pergam.* 1200, sous le nom de *Monasterium de Salvataria* ; — dans la bulle d'Alexandre IV, 1175 : « In Rocca, eccl. stae Mariae, et abbatiam quae sita est in territorio ej. castri. »

nastère cistercien. Pour le soulagement de son âme et de celles de ses parents, Raymond de Baux [1] fit donation du iou de Silvacane à l'abbé de Morimond, le célèbre Othon de Frisingue, et à ses moines, afin d'y bâtir une maison, suivant les statuts de leur ordre.

D'après une tradition, rapportée par Pitton et d'autres auteurs, saint Bernard se serait arrêté à Silvacane, l'année même de la fondation. Au mois d'août 1147, en effet, le saint abbé revenant de son voyage de Toulouse rejoignait le cours du Rhône pour remonter à Clairvaux. On peut présumer avec quelque vraisemblance que se trouvant si rapproché de l'établissement nouveau, il aura voulu se rendre compte des conditions dans lesquelles on le fondait et en bénir les premiers religieux. Raymond de Baux n'eut pas le temps de terminer la fondation. Vaincu dans sa lutte contre le comte de Provence, Raymond Bérenger, il mourut prisonnier à Barcelone. Mais son fils Bertrand Ier acheva le bâtiment claustral et commença la construction d'une belle église qui fut dédiée à la sainte Vierge comme toutes les églises cisterciennes.

De son vivant, les moines l'admirent en participation de prières par le diplôme suivant : « *Pro remedio animæ Bertrandi de Baucio et merito.* Ledit Bertrand s'est déclaré notre fondateur, il a commencé notre église, et s'emploie activement à l'achever. Il a pris l'habit de notre reli-

(1) Celui qui par son mariage avec Tiburge, fille de Raimbaud III, prince d'Orange, fit entrer cette principauté dans la famille des Baux.

gion[1], et choisi le lieu de sa sépulture dans notre église qu'il construit encore par la grâce de Dieu. Nous le faisons participant à perpétuité de tous nos biens spirituels, lui, sa noble et chère épouse Tiburge, et ses enfants. »

Après sa mort, 1181, leur reconnaissance se manifesta sous une forme touchante. Bertrand de Baux venait d'être inhumé dans l'église de Silvacane. Tandis qu'on travaillait à son monument funéraire ; l'abbé rédigea ce qu'on appelait alors un *Rouleau des morts* (rotulus mortuorum)[2], pour lui procurer des prières. Deux moines furent chargés de présenter ce rouleau successivement aux cathédrales, abbayes et prieurés, amis de Silvacane et en communication de suffrages avec lui.

Après avoir justifié la sainte et salutaire coutume de prier pour les morts, le texte du *rotulus* énumère les bienfaits dont Bertrand a comblé la maison de Silvacane. « Il a commencé la construction de notre église et laissé des revenus pour son achèvement, *mortuus perficere non desinit*, etc. »

L'abbaye s'inscrit la première : « Nous accordons à Bertrand de Baux participation à toutes les bonnes œuvres qui se font et se feront dans notre église jusqu'à la fin des siècles, à savoir messes, oraisons, vigiles, psaumes, travaux,

(1) Un des plus anciens exemples des tiers-ordres, antérieur de 50 ans à celui de Saint-François.

(2) Les *rouleaux de morts* n'existent plus qu'en très petit nombre. Celui-ci est formé de trois feuilles de parchemin, longues au total de 10 mètres 35 c. sur 21 centimètres de large. Ce document, la pièce la plus précieuse peut-être de nos archives départementales, avait passé des archives de Silvacane dans celles de Saint-Sauveur, où il est resté jusqu'à la révolution.

aumônes, jeûnes, abstinences et autres. De plus nous lui donnons part à l'absolution quotidienne dans le couvent (absoute sous le cloître). Il a été réglé qu'une messe serait dite pour lui et nos autres frères défunts chaque jour jusqu'à la fin du monde. »

Dans la péroraison, une poésie à rimes multiples prend la place de la prose, et c'est en cinq hexamètres que l'abbé adresse au prince défunt son dernier adieu :

Vivat in æternum Bertrannus in æde polorum
Quo sibi conjuncto lætetur et ordo bonorum.
Christus ei requies fiat mercesque laborum
Spirituumque choris societur et angelicorum
Ipsius flamen. Dic lector qui legis amen ! [1]

Au retour de leur pieuse pérégrination, les messagers de Silvacane rapportèrent 229 engagements d'évêques, abbés ou prévôts, contractés avec une générosité fort inégale. Tandis que les uns promettaient dix *Pater noster*, ou simplement « des prières » non spécifiées, d'autres accordaient de nombreuses messes. Ainsi l'archevêque de Vienne à qui le *rouleau* fut présenté en plein synode, avait enjoint à chacun de ses prêtres de célébrer trois messes avec l'office. « Il y avait bien trois cents prêtres à ce synode » remarque le moine transcripteur. L'archevêque d'Aix, Henri, promit

(1) Puisse Bertrand vivre à jamais dans le palais des cieux, uni dans la joie avec la hiérarchie des saints. Puisse-t-il trouver dans le Christ son repos et la récompense de ses travaux. Puisse son âme être associée aux chœurs des esprits angéliques. Lecteur qui lisez dites avec moi, Ainsi soit-il !

60 messes, et son chapitre 50, en ces termes : « Titre de cette même Eglise d'Aix, Nous accordons au seigneur Bertrand de Baux — dont l'âme et celles de tous les fidèles défunts reposent en paix ! — participation à nos bonnes œuvres, et en outre 50 messes pour le repos de son âme. Les autres (non prêtres) réciteront les sept psaumes. » — On y trouve aussi le prieuré de Saint-Paul, près Saint-Remy : « Du consentement unanime de nos frères assemblés en chapitre, en tant que nous pouvons gagner des mérites devant le Seigneur et que nous pouvons les communiquer, nous accordons au seigneur Bertrand de Baux participation à toutes les bonnes œuvres, à savoir psaumes, oraisons et autres qui se font et se feront dans notre église jusqu'à la fin du monde. Nous rappelons que chaque jour dans toutes nos églises, mémoire spéciale est faite à la messe de lui et de tous ses parents vivants ou morts ; afin que, par l'intercession de la toujours bienheureuse et glorieuse vierge Marie, des saints apôtres Pierre et Paul, de saint André et de tous les saints, le Seigneur clément et miséricordieux aux vivants remette tous leurs péchés, répande en eux sa grâce et les conduise à la vie éternelle; aux morts accorde la vie éternelle par sa très pieuse miséricorde et l'intercession de tous les saints. Fiat. Amen. Ce qui veut dire que toutes ces demandes pieusement présentées soient exaucées, véritablement et profitent au salut des vivants et au repos des morts. Amen. Amen. Fiat. Fiat. La susdite église célèbre chaque année l'anniversaire du seigneur Bertrand le six des nones de mai avec les vêpres et les matines de neuf leçons. »

Les princes de Baux protégèrent avec persévérance leur abbaye. Le souvenir de l'illustre Bertrand qui avait fait entrer la couronne d'Orange dans leur maison, le leur commandait comme une tradition de piété filiale. Ainsi Raymond de Baux II, seigneur de Berre, renonce en sa faveur à un revenu de deniers raymondins, avril 1203, etc. Hugues de Baux, vicomte de Marseille, et Barrale son épouse, accordent libre passage et pacage aux bestiaux de l'abbaye dans tous leurs domaines, — acte du 27 nov. 1220. Ils prennent ses biens sous leur protection, et prescrivent à leur fa[illegible]le de les défendre « comme la prunelle de l'œil ».

Silvacane devint le temple funéraire, comme le Saint-Denis de la maison des Baux. Parmi les princes qui voulurent y être ensevelis, on remarque encore Bertrand de Baux, seigneur de Meyrargues, qui par testament fait à Puyricard, août 1266, lui légua 100 marcs d'argent ; 10 livres du revenu étaient affectées à la célébration de deux anniversaires pour les âmes du testateur et de ses parents ; et le surplus « in pitanciam conventus fratrum dicti monasterii », le revenu au-delà des dix livres, à la *fabrique* du monastère ou de l'église [1].

(1) Autres legs pieux de ce testament : 50 sous tournois à Saint-Sauveur d'Aix pour fondation de son anniversaire, à la fabrique de l'église des FF. mineurs d'Aix, 20 livres ; item des frères de la pénitence (sachets) d'Aix, 11 l., — item de Sainte-Marie de Meyrargues, 20 sous, — it. de Saint-Jean de Meyrargues, 20 sous. — Même somme aux églises Sainte-Madeleine de Puyricard, Sainte-Marie de Lignane, Saint-Mitre, Saint-Jacques, Saint-Pierre, Saint-Thomas, Saint-Vincent, à Saint-Julien d'Eguilles. — Il fonde 4 chapellenies à la collation de l'archev. d'Aix, dans sa chapelle de Meyrargues, dans l'église du Sambuc, dans la chap. Guillaume (?), et la chap. de Puyricard.

Plus encore que les dispositions précédentes la suite du testament décou-

Antoine de Baux, le fameux chanoine, en y faisant élection de sépulture, lui lègue mille florins d'or, 1274.

Les comtes de Provence ne témoignèrent pas une moindre bienveillance à Silvacane, quoique naturellement ils eussent pu éprouver peu de sympathie pour une création des princes des Baux, leurs ennemis constants. Dès l'origine, Raymond Béronger II prend l'abbaye sous sa protection. Dans un diplôme donné à Lambesc en 1150, il prend sous sa défense et sauvegarde tout ce qu'elle possède. Ses animaux auront libre pacage dans le territoire de Rognes. « Je leur fais ce don pour qu'ils puissent vaquer à la prière en toute liberté et tranquillité. Si quelqu'un par fraude ou par violence les troublait dans leurs possessions, mes baillis et mes fidèles travailleraient à leur obtenir justice, comme s'il s'agissait de mes propres biens ». Ildefons Ier, 1166, confirmant les privilèges accordés par son prédécessenr, autorise les religieux à avoir en route cinq bêtes, mulets ou ânes, chargés de sel exempt d'impôt [1]. Ildefons II concède la franchise de péage au port de Tarascon, bagages compris,

vre le fond profondément chrétien de l'âme de ces grands seigneurs féodaux qui pouvaient quelquefois se laisser emporter par leurs passions, mais qui revenus à eux ne rougissaient pas d'avouer leurs fautes avec le même entrain qu'ils les avaient commises : J'ordonne qu'on répare et restitue tous les dommages que j'ai fait subir aux gens de Gregel, dans une incursion que je fis et fis faire contre eux, et aussi des dommages causés aux gens de Bouil pour une autre incursion que j'avais commandée ; je veux qu'on rende à la maison de Calissane (hospitaliers) 2 bœufs que j'ai retenus injustement, 5 sous à un homme de Ventabren pour les dégâts causés à un filet qu'il m'avait loué ; qu'on restitue au terroir de Puyricard la propriété qui revient aux héritiers de la femme de Gantolmi ; 2 filets à un homme de Barbentane et à un de..... (j'ai oublié le nom), il faudra les rechercher. »

(1) Ce privilège fut contresigné par les archev. d'Aix, d'Arles et de Tarragone. A chaque changement de règne les religieux s'empressaient de le faire confirmer. En 1324, le roi Robert changea les cinq charges en 20 muids.

et il étend le libre pacage au terrain de Mallemort. Raymond Bérenger V, renouvelant ces privilèges, 1232, termine par cette adjuration quasi pontificale : « Si quelqu'un s'avise d'y contrevenir, qu'il sache qu'il encourra la colère du Dieu tout-puissant et notre indignation. »

Les papes favorisèrent Silvacane dès les premiers jours. Alexandre III, par une bulle du 2 juillet 1162 donnée à Montpellier, mit sous la protection du siège de Pierre tous ses biens présents et à venir, en particulier Gontard et Gouïron, les exempta de toutes dîmes, menaçant tout insulteur d'excommunication. « Si donc quelque personne ecclésiastique ou séculière, connaissant notre décret, s'insurgeait contre lui, si, après deux ou trois monitions, elle ne réparait sa faute par une satisfaction convenable, qu'elle soit déchue de sa puissance et de sa dignité, qu'elle se connaisse sous le coup du jugement de Dieu, qu'elle soit privée du corps et du sang sacré de Jésus-Christ, et qu'elle soit au dernier jugement frappée par la vengeance céleste. Mais qu'à tous ceux qui respecteront les droits (de l'abbaye) soit la paix de N. S. J.-C., qu'ils recueillent le fruit de leur bonne action et qu'ils trouvent un jour auprès du juste juge les récompenses de l'éternelle paix. Amen. Amen. » [1]

Gouiron et Gontard, mentionnés dans cette bulle, avaient

(1) Cette bulle conservée aux arch. B. d. R. est d'un prix inestimable, elle porte en effet la *signature de quatre papes*. Après celle d'Alexandre III, se lit le contreseing de quinze cardinaux qui l'accompagnaient, dont trois devinrent papes : Ubald, év. d'Ostie (Lucien III), Allard card. de Saint-Laurent *in Lucina* (Grégoire VIII), Hyacinthe card. de Sainte-Marie *in Cosmedin* (Célestin III).

été cédés à Silvacane par sentiment de confraternité monastique, à l'époque de la fondation. Les bénédictins de Saint-André de Villeneuve, sous l'abbé Pons, en 1155, avaient donné Gouiron et Valbonette, moyennant une redevance annuelle de 30 sous melgoriens; et ceux de Saint-Victor, sous l'abbé Gui, en 1159, « l'église Saint-Victor du Gontart[1], ses possessions tant en deçà qu'au-delà de la Durance, et le port sur la Durance », avec défense, de démolir jamais l'église, d'engager ou d'aliéner les immeubles; « Et s'il arrivait, Dieu préserve, que votre abbaye cessât d'être abbaye, l'honneur de Gontart reviendrait avec ses améliorations à notre monastère. »

Les moines de Silvacane s'étaient engagés en retour à passer gratuitement ceux de Saint-Victor, à les héberger et à fournir un cheval à l'abbé. Une controverse s'éleva en 1194 sur l'étendue de ces engagements. L'abbé de Saint-Victor alléguait que ceux de Silvacane ayant cédé la barque au roi, la clause de non-aliénation avait été violée; qu'ils n'entretenaient plus le rocher à poste fixe; qu'enfin ils ne lui fournissaient pas la monture convenue, alors que son droit serait d'exiger et la bête et un *socius* pour l'accompagner même à Rome, s'il voulait aller voir le pape. L'archevêque d'Aix, Gui de Fos, pris pour arbitre, alloua à l'abbé de Saint-Victor 30 sous melgoriens pour l'engagement du bac, 200 sous pour le défaut de rocher, et à la place du socius et du cheval, un marc et demi d'argent.

(2) Saint-Victor de Gontard, mentionné dans la bulle d'Innocent, 1135, se trouvait près du bassin de Saint-Christophe.

En 1243, Guittus, abbé de Silvacane, fut autorisé par l'abbaye de Villeneuve à traiter avec l'archevêque d'Aix qui réclamait le quart de la dîme et le tiers des droits de mortalage dans les églises Saint-Jean de Valbonette, Sainte-Marie de Goiron, Saint-Michel, Saint-Victor de Gontard, Saint-Etienne de Tertre. Le 4 des calendes de mai, il fut adjugé à l'archevêque pour les églises de Valbonette et de Goiron, six saumades de froment, pour Gontard et Tortre le quart de la dîme. L'acte fut souscrit par l'abbé Gui, par Gui de Soliers, prévôt d'Aix, par Jean de Jouques, moine de Marseille au nom de l'abbaye Saint-Victor.

Voici la liste des abbés de Silvacane [1]. Guislibert, Guislibertus, abbé fondateur [2]. — Vivien, Hugues, Raymond, Albéric, Félix, Barthélemy, Pons, Michel, Guillaume Ier, Guillaume II ; Bernard, qui assista à la translation des reliques de sainte Madeleine, à Saint-Maximin, 1281 : Gautier, Pierre Rostang, Grimier, Guillaume III, Bermond, Raymond de Jonquières, présent le 7 mai 1318, à la condamnation des hérétiques Fraticelles dans le cimetière des Accoules à Marseille ; Guillaume IV, Pierre II, Armand, Pierre III, Jean, Bernard II, Antoine de Boniface, Jean II d'Archimbaud, Jean III du Bouchage.

Silvacane servit de refuge au troubadour Perdigon, en

(1) Telle que l'a établie M. l'abbé Albanès dans sa brève mais solide étude sur l'*Abbaye de Silvacane*.

(2) Le sceau de Guislibert, abbé fondateur est conservé aux arch. B. d. R.: « † Sigill : abbis : Silvacane ». Dans le champ main droite manipulée tenant la crosse.

butte à l'animosité des autres troubadours. Quand la guerre des Albigeois éclata, les poètes provençaux se déclarèrent tous pour le comte de Toulouse qui luttant contre Simon de Montfort, l'homme du nord, était regardé comme le champion de l'indépendance méridionale. Ils fermaient les yeux sur le caractère religieux de la croisade. Ils n'en voyaient que le côté politique. Un seul prit parti pour les croisés, et même combattit dans leurs rangs à la bataille de Muret, ce fut Perdigon. Après la guerre, honni et tenu à l'écart comme traître à la cause nationale, il alla ensevelir sa vie dans un monastère, 1213.

Un autre troubadour du nom de Guilhem fut connu sous le nom de « mounge de Sauvecano. ». La reine Béatrix lui obtint un canonicat à Saint-Sauveur. La prébende qui lui fut assignée était prise sur les revenus de Silvacane, d'où son surnom.

— Malgré les bulles et diplômes de protection, l'abbaye eut plus d'une fois à souffrir de ses voisins et de ses rivaux.

Légères contestations d'abord. Ainsi le seigneur de la Roque se plaignit de n'avoir point été prévenu de certaines acquisitions et obligea de signer une promesse « d'agir autrement à l'avenir ». Un accord avec ce seigneur, à la suite d'un autre différend, donne la liste du personnel en 1193. « Albricus, abbé ; Bertrand, prieur, Raimond, cellerier, Hugues de Vaquières, Pierre de la Roque, R. de Grambois, W. de Valbonette, V. de Vienne, V. Succenteur, B. du Puy, B. de Roveret, moines ; Arnulf, frère convers ».

Nombre de fidèles voulaient être enterrés à N.-D. de Silvacane, même d'au-delà de la Durance, de Cadenet principalement. Les prieurs de plusieurs églises, de Cadenet, du Vernègue, etc., protestèrent. Bertrand, prieur de Cadenet, réclamait formellement la part canonique pour les funérailles de ses paroissiens. Deux arbitres, Guillaume d'Esparron, archidiacre d'Aix, et Bernard de Vitrolles, réglèrent que le prieur de Cadenet n'insisterait pas sur le passé, mais que pour celui de ses paroissiens qui avait été récemment inhumé à Silvacane on lui paierait la portion canonique, sur la terre que le défunt avait laissée, quand on la vendrait, et la dîme en attendant la vente, plus « unam bonam vaccam cum suo vitulo ». Sentence rendue dans le cloître de Saint-Sauveur, en présence de Guillaume de Beaucaire, abbé de Frigolet, du chanoine Rostaing, des prêtres Lataud et Roux, le 8 des kal., de nov. 1236.

A la fin du XIIe siècle Silvacane avait atteint l'apogée de sa prospérité. De nombreuses familles avaient formé un hameau sous la protection de ses murailles. En ces jours aussi l'abbé Norbert, avec l'aide de Bertrand de Simiane, avait envoyé douze de ses religieux sous la conduite d'un abbé nommé Ogier, fonder l'abbaye de Valsainte, au diocèse d'Apt.

La décadence survint pourtant, et très prompte. Les attaques partirent, il est vrai, d'où on ne devait point les attendre. A l'instigation des moines de Montmajour, un complot fut formé pour remplacer les moines blancs par les moines noirs, les cisterciens par les bénédictins. Silvacane fut nuitamment envahi par des étrangers soudoyés : les portes des cellules furent forcées et les religieux faits prisonniers et séquestrés pendant que leurs adversaires s'installaient à leur place. Ceci se passait en 1289. L'abbé Gautier dénonça l'attentat au sénéchal de Provence, dans une plainte contresignée par les abbés de Citeaux, de Morimond, de Clairvaux, de Sénanque, d'Aiguebelle, de Boulbone, de Franquevaux, de Florège, de Valsainte. Le sénéchal, par une ordonnance rendue à Salon en présence des archevêques d'Arles et d'Aix, et de l'évêque de Toulon, somma les gens de Montmajour de déguerpir au plus vite. Les bénédictins obéirent, mais sans trop se presser. L'évacuation réglée dans ses détails par une convention entre l'abbé de Montmajour et celui de Citeaux ne fut terminée que deux ans après.

En 1357, ce fut le tour du seigneur de Rognes, Pierre d'Allamanon. Il attaqua l'abbaye à main armée, fit voler les portes en éclats, et mit tout au pillage. Plainte fut portée au pape Innocent VI qui força le coupable à réparer.

Spectacle qui dédommage du précédent, quelques années plus tard, un autre seigneur de Rognes ayant violenté des marchands de Salon, se jetait humblement aux pieds de l'abbé de Silvacane chargé de le relever de l'excommunication.

Le XV$^{e}$ siècle vit Silvacane subir une lente agonie. Les moines réduits à un petit nombre et presque toujours absents, le service divin interrompu, les biens dissipés, tel est le triste spectacle qu'il présente. Aussi quand l'abbaye fut taxée à 63 florins, pour sa part contributive à cette époque, aux 10,000 que le pape demandait aux archevêques d'Aix, d'Arles et d'Embrun, 1407, il fallut vendre la belle croix processionnelle de vermeil, ornée de pierres précieuses et garnie de reliques.

L'abbé Antoine Boniface voulant remédier à cette situation obtint l'union de Valsainte à Silvacane, en 1425. La perte imminente semblait conjurée, quand un nouvel abbé, Jean du Bouchage, se prêta avec une facilité inexplicable à la suppression de l'abbaye. Elle fut unie au chapitre Saint-Sauveur, qui voulait augmenter ses revenus. Jean du Bouchage, moyennant une pension considérable, démissionna au profit des chanoines. Le pape Eugène IV reçut l'exposé des prévôt et chapitre de Saint-Sauveur, portant que « les facultés du monastère de Silvacane qui primitivement suffisaient à l'entretien de douze moines et davantage, avaient diminué par suite des guerres, mortalités, stérilités et autres calamités, à tel point qu'elles suffisaient à peine à l'entretien de deux ou trois moines ; que les bâtiments se trouvaient dans un tel état de ruine qu'il n'était plus possible de les restaurer [1] ; et d'autre part que les fruits, revenus et biens de l'église métropolitaine « où se trouvent, outre les bénéficiers, 20 chanoines », avaient subi une telle diminution par suite des mêmes malheurs publics qu'elle ne pou-

(1) Assertion qui serait exagérée même aujourd'hui. Le désastre rapporté par quelques auteurs d'un débordement de la Durance qui aurait renversé les bâtiments claustraux n'est pas plus exact.

vait plus subvenir à ses dépenses et à l'entretien du personnel ».

Le pape chargea Pierre Veillon, prévôt de Marseille, d'informer sur l'exactitude de l'exposé, avec pouvoir d'unir l'abbaye au chapitre d'Aix. On avait probablement oublié de dire au pape que Veillon, étant lui-même chanoine d'Aix et par conséquent partie dans l'affaire, ne possédait pas toute l'impartialité désirable pour examiner le susdit exposé. Comme il fallait s'y attendre, le 28 avril 1444, l'union fut prononcée. Elle fut attaquée par l'ordre de Citeaux qui en obtint la révocation de Nicolas V, 25 janvier 1449. Sur la demande de l'ordre, l'évêque de Marseille de Brancas fut nommé abbé commendataire. Nouvel appel à Rome, du chapitre cette fois, en suite duquel l'examen de la bulle fut confié à un auditeur du Sacré-Palais. Un procès s'annonçait long et chanceux. C'est pourquoi les chanoines s'avisèrent de désintéresser l'évêque de Marseille, en lui accordant la dignité de prévôt de l'église métropolitaine. Celui-ci fit remettre sa démission entre les mains de Calixte III par son procureur Jean Restezin, chanoine de Riez. La démission acceptée, le pape incorpora définitivement Silvacane à la manse capitulaire d'Aix, 19 mai 1455. Après un long intervalle, le procureur du roi s'avisa de réclamer contre cette bulle comme abusive, mais il fut débouté par le Conseil d'Etat.

Le résultat financier de cette série d'instances prouva une fois de plus que rien ne ruine comme la procédure, même couronnée du succès. Une délibération du chapitre porte :

« On vendra toutes nos maisons à cause des dépenses faites dans l'affaire de Silvacane. »

L'abbaye possédait nombre de terres et de maisons [1], mais faute de bonne administration, le dénûment l'affligeait. — L'inventaire de 1455 le révèle. La custode pour corpus Christi est de laiton. Après quelques objets curieux comme « une petite image de Notre-Dame et Jésus en pierre d'albâtre, divers livres tant notés que non notés au nombre de 82, on trouve, citons le texte latin que tout le monde comprendra, « unam parvam campanetam, unam ayssatam et unum ayssadonum, unam seram, unam dolodoyram, unum enoupendium sive *cumascle*, unam sartaginem magnam, unam iterum parvam, duos bassinos panci valoris ; in despensâ, unam tinam calcatoriam, unam mastram ; in camerâ abbatia, unum culcitrum plumæ, unum coyssinum ; in cameris fratrum, duo auricularia plumæ, tres copertas parvas. »

Les pièces et écritures de l'abbaye furent mises en 62 sacs et aux archives capitulaires. C'est de là qu'elles ont passé aux archives départementales.

Une sentence arbitrale rendue aux premiers temps de la possession reconnaît au chapitre, sur la concession du roi Robert « juridiction autour de l'église de Sauvecane et ses bâtiments, à la distance de 40 pas, avec pouvoir de punir et

(1) Ces possessions étaient situées à La Roque, Gontard, Saint-Estève, le Puy, Lambesc, Puyricard, Rognes, Saint-Cannat, Valbonette, Aurons, Vernègue, Mallemort, Berre, Istres, les Baux, — Apt, Cucuron, le Puget, Lauris, Mérindol, Pierrevert, Villelaure, Pertuis.

administrer justice moyenne et basse à ses serviteurs, familiers et délinquants. Plus le chapitre peut faire paître deux trenténiers par pâtre ; plus il a le droit de prendre du bois pour bâtir, et celui de pêche et de chasse. »

Silvacane servit d'église à la paroisse de La Roque, de 1460 environ à 1742. De cette année à la révolution, il redevint ce qu'il avait été primitivement, une résidence d'ermite.

Les habitants du hameau avaient passé des premiers à la prétendue réforme. « En 1539, Jean Serre, dit Bernard, prisonnier en la cour d'église d'Apt, déclare avoir prêché plusieurs fois à Sauvecane où habitaient bien des luthériens et où il s'en rendait de Mérindol. » [1]

Le jour de l'Annonciation, titulaire de l'église, on y célébrait solennellement les offices, plusieurs chanoines et une partie du bas-chœur s'y rendaient ainsi que beaucoup de pèlerins aixois. Une année, et c'est là un échantillon de leurs bravades blasphématoires, une centaine de religionnaires se réunirent en armes à Silvacane ; et lorsque le prêtre élevait l'hostie, ils la visaient avec leurs arquebuses en criant par façon de moquerie : *Au blanc, au blanc !*

Ils participèrent au soulèvement des vaudois et subirent la même répression. Devenus habitants du nouveau La Roque, ils se convertirent pour la plupart au XVII^e siècle.

— N'étant plus gardée que par un pauvre curé, la vieille abbaye était exposée à toutes les insultes.

(1) Aubéry, histoire de l'exécution de Cabrières, etc. Information prise par le parlement.

Après leur défaite à Mallemort, le 11 novembre 1589, les troupes royalistes se débandèrent. Une compagnie de gascons, n'ayant pu atteindre le bac de Gontard, se jeta sur le soir dans Silvacane. Le seigneur de Moyrargues les investit et les fit presque tous prisonniers. Ce seigneur avait la plaisanterie lugubre ; « il leur dit qu'en tout autre tems on les eût brûlés, mais que la proximité de la rivière le conviait à leur faire une autre chère, et que seulement ils seraient noïez. Cela dit, il les fit attacher deux par deux et jeter dans la Durance. »

Ceux qui s'échappèrent ne furent pas sauvés pour cela. Les paysans les traquèrent sans miséricorde. Ils soumettaient leurs prisonniers à une épreuve renouvelée des Israélites contre les fuyards éphraïmites, et les obligeaient à prononcer le mot *cabro*. Ceux qui disaient *cavro* étaient reconnus pour gascons et occis incontinent.

L'année suivante Silvacane subit un siège en règle. « Une trentaine d'aventuriers ennemis de la Ligue, s'étaient cantonnés dans l'église, et faisaient des courses jusqu'aux portes d'Aix. D'Ampus entreprit de les forcer, il battit l'église avec trois canons pendant 48 heures et la rendit inhabitable. Ces malheureux demandèrent une capitulation, on la leur refusa, et ils durent se rendre à discrétion. Plusieurs qu'on reconnut atteints de la peste furent enfermés dans une hôtellerie, où on les fit périr, et les autres furent précipités dans la Durance. » 25 avril 1590.

Durant la guerre du semestre, les troupes royales, sous les ordres du gouverneur comte d'Alais, saccagèrent Silvacane, et emportèrent tout ce qui fut à leur convenance. On lit encore sur une muraille du cloître la date de cette incursion, *30 juillet 1649*, écrite au pinceau par un contemporain.

Entre temps l'abbaye servait de refuge à la maîtrise métropolitaine qui y prit ses quartiers durant les pestes de 1506, 1581, 1629. En 1792, elle fut vendue et convertie en bâtiment de ferme, pénible spectacle qu'elle présente encore.

**Église** (*mon. hist.*), chap. de secours reconnue par décret de 1863, tit. l'Annonciation ou N.-D. de Grâce. Bâtie de 1147 à 1220. — Extérieur d'une austérité cistercienne, 3 portes avec armes de la maison des Baux et du chapitre ; 3 fenêtres cintrées et une rosace : au-dessus 3 disques posés en triangle, image symbolique de la Trinité. — 40 m. de long, 28 de large, 15 de haut. 3 nefs coupées par un transept qui est terminé par quatre chapelles en abside, 2 à dr., 2 à g. — Grande nef à mur plein portant sur 4 arcades. Bas côtés avec voûte à berceau tronquée contrebuttant la grande voûte ; celui de droite domine d'un mètre la nef principale. Ce qui frappe dans cet ensemble, c'est l'unité de conception et la simplicité imposante.

Dans l'abside principale qui est carrée * *armarium* du xv<sup>e</sup> s. avec dais mutilé, divers écussons, des restes de peinture où l'on voit la sainte Vierge entourée de moines à genoux. Le chapiteau qui supportait le tabernacle eucharistique est encastré dans la fontaine au dehors. L'armarium primitif très simple se trouve dans le mur du côté de l'épitre ; une autre armoire gardait les saintes huiles. — A chaque autel, même à ceux des chapelles, petites piscines en pierre qui pourraient fournir des modèles aux architectes. — Buste mutilé de Bertrand de Baux, dit-on.— *Clocher* carré, dont la calotte pyramidale n'existe plus.

* *Cloître* remarquable par son aspect de force et de durée, XII$^e$ s., 22 arcades, 88 m. de pourtour. — * *Salle capitulaire*, XIII$^e$ s.; tombées d'ogive supportées par 2 beaux piliers, l'un tordu, l'autre cannelé. — *Réfectoire* et *cuisine*, XIV$^e$ s., belles rosace et fenêtre.

---

# CHARLEVAL

*Caroli vallis*

---

A l'extrémité nord de la paroisse de Lambesc, sur un plateau distant de plus d'une lieue de cette ville, se rencontrent les ruines du château de Valbonette. Ce château appartient à la commune et à la paroisse de Lambesc, bien que son voisinage de Charleval eût dû le faire considérer comme une dépendance de ce dernier pays. Les souvenirs surtout eussent milité en faveur de cette union, car le castrum de Valle bonita (*Pergam*., 1200), fournit son premier chapitre et non le moins important à l'histoire de Charleval.

Dans l'acte de 1048 où sont inscrites les donations faites

au clerc André par divers bienfaiteurs, se trouve le nom de l'église de Valbonette qui était déjà paroissiale : « Donamus ecclesiam Sti Johannis cum parochia quæ est in Valle bonita. »

La bulle d'Innocent II, 1143, marque cette église comme possession de l'abbaye de Saint-André. Douze ans après, elle fut cédée, avec celle de Goiron, par l'abbé Pons, au monastère de Silvacane, nouvellement établi. L'archevêque d'Aix, à la suite d'un différend sur la dîme et les droits de mortalage, reconnaît dans une transaction de 1243 que ces églises relèvent réellement de Silvacane. Les chartes de l'époque montrent que de nombreuses terres leur appartenaient.

Valbonette cessa d'être paroisse au xv$^{e}$ siècle, et, selon toute vraisemblance, à la suppression de l'abbaye de Silvacane : le dernier titre qui la mentionne est la liste du synode de 1421, auquel le curé assista.

L'évêque de Marseille était seigneur temporel de Valbonette. C'est le 30 août 1257, dans la ville de Saint-Remy, que l'évêque Benoît d'Alignan ayant abandonné à la couronne, qui possédait déjà la ville inférieure de Marseille, sa juridiction temporelle et tous ses droits réels sur la ville supérieure ou épiscopale, reçut en échange, de Charles d'Anjou et de la comtesse Béatrix, une pension annuelle de 500 livres et juridiction complète sur neuf châteaux, *Valbonette*, Mallemort, Alleins, Châteauvieux, etc., avec des compléments de juridiction sur sept autres, parmi lesquels Saint-Cannat. Vicedominis, archevêque élu d'Aix, Guillaume de Sulli, évêque de Fréjus, Barral, seigneur des Baux, contresignèrent cet acte. L'évêque Benoît prêta incontinent hommage à ses souverains. L'archevêque d'Arles, métropolitain de Marseille, approuva l'échange « vu qu'il était favorable à cette église ».

C'est à Valbonette que le même évêque vit paraître les gens de Saint-Cannat, après leur révolte de 1278, et les admit à résipiscence.

En 1477, le roi René reprit possession des territoires cédés par la comtesse Béatrix, et abandonna en échange aux évêques de Marseille la seigneurie d'Aubagne et lieux circonvoisins, avec une pension de 30 florins. René disposa de Valbonette en faveur de sa « très-chère et très-aimée fille » Yolande, épouse de Ferry de Vaudemont. Le domaine fut acheté ensuite par la famille de Cadenet. Erigé en 1598 en arrière fief en sa faveur par Charles de Lorraine, prince de Lambesc, sous le nom de Charlevau (val de Charles), il a été possédé par elle jusqu'en 1848 [1]. Une profonde forêt propre aux grandes chasses l'entourait. D'intelligents seigneurs avaient conquis à l'agriculture une partie de ces côteaux boisés en fondant le village de Janson en 1507 et de La Roque en 1513, pour des familles de cultivateurs.

Il était réservé à un de leurs émules de les dépasser. Dès 1736, Marie-César de Cadenet, héritier des seigneurs de ce nom, eut la pensée de fonder un certain nombre de fermes

(1) Une fille du fondateur de Charleval s'étant mariée avec le baron de Jessé, de Béziers, leur petit-fils a été appelé en 1824 à continuer en Provence la famille des Cadenet, marquis de Charleval.

dont les tenanciers, avec son aide, défricheraient peu à peu la forêt de Charleval ; mais son frère, Joseph François, vicaire général d'Aix et futur évêque d'Agde, le poussa à faire une fondation plus complète, en établissant dans ce site charmant un village composé de cultivateurs honnêtes et chrétiens. César de Cadenet appela 64 familles de cultivateurs habitant La Roque, Mallemort, Lambesc, Rognes, et leur donna à bail emphytéotique son domaine de Charleval. Il fit tracer au cordeau un village, appuyé au midi aux dernières ondulations des collines boisées de Valbonette et borné au nord par le canal de Craponne. Les rues aboutissaient toutes à une place centrale, sur laquelle étaient marqués les plans de l'église et de la maison commune.

Le 21 novembre 1741, après réception notariée de l'acte d'habitation dans la salle du château, « une croix fut plantée solennellement là même où devait s'élever l'autel de la future église : le même prêtre qui présida à cette cérémonie bénit l'emplacement destiné aux maisons du village et le territoire qui allait être distribué aux colons.... Le soir venu un grand festin est offert à toutes les personnes qui se trouvent ce jour-là à Charleval. La table, somptueusement servie, est dressée dans la cour sous une vaste tente ; le fondateur vient s'y asseoir et assigne les places d'honneur aux colons, et chaque colon doit avoir à sa droite sa femme et ses enfants. »

Une tradition, mentionnée par M. de Jessé dans sa pieuse étude sur *César de Cadenet*, rapporte que le fondateur de Charleval « ne manquait pas de dire souvent, en présence des maçons à l'œuvre le 1er verset du psaume CXXVI : « Si le Seigneur ne construit pas lui-même la maison, c'est en vain que travaillent ceux qui la bâtissent », accompagnant le texte de toutes les explications capables de le faire mieux apprécier par ceux qui l'écoutaient. Chaque maison revint au fondateur, en sus du prix des matériaux, 661 livres 15 sous. Nous renvoyons volontiers à l'intéressante brochure de M. de Jessé, où l'on trouvera sur le vif les laborieux incidents de la fondation, le défaut de sympathie entre les nouveaux habitants, les soucis et les déboires du charitable fondateur et de sa famille. Il supporta ces peines et ces ingratitudes avec une ferme résignation. César de Cadenet n'était pas un philosophe humanitaire, c'était un chrétien pratiquant. « On voit dans son livre de raison qu'il allait à la messe chaque matin. »

Les deux frères avaient, dans une pensée vraiment délicate, décidé que le rendez-vous de chasse primitif serait conservé comme maison d'habitation, et que le château serait bâti le dernier. Le nouveau village s'appela quelque temps dans les actes officiels, Valbonette-lez-Charleval, deux noms gracieux dont le dernier seul a demeuré.

Si Valbonette relevait jadis de Rognes, le nouveau Charleval s'élevait sur des terres de la paroisse de La Roque. C'est pourquoi Charleval fut érigé en succursale de cette paroisse, mais après de nombreuses difficultés. Les premiers temps, la messe fut dite le dimanche dans une chapelle provisoire, dans le voisinage du château. En 1743, l'archevêque d'Aix accorda la garde de la sainte Réserve dans cette chapelle ; les offices solennels dimanches et fêtes, sauf Pâques, Pentecôte, Toussaint, Noël ; et un cimetière. La nouvelle église fut achevée en 1745, aux frais du seigneur et des colons. Enfin l'érection en succursale de La Roque fut prononcée, malgré l'opposition du curé de la paroisse et celle du chapitre Saint-Sauveur ; l'ordonnance est du 9 avril 1750. La nouvelle église fut bénite à la fin de la même année, ainsi que la cloche qui avait été fondue sur la place. Les plans du château ayant été fournis par l'abbé André, chanoine de la collégiale de Saint-Remy, il est à croire que ceux de l'église ont eu le même auteur.

M. de Cadenet mourut en 1763. Devenu presque aveugle, il recourait en ses dernières années au desservant Bosse pour écrire sa correspondance : l'instituteur de son côté lui lisait les livres nouveaux.

Pendant la révolution un chartreux de Bonpas, dom Dorre, originaire de la Franche-Comté et ancien dragon, se réfugia dans ce village. Il y arriva le 21 janvier 1793. Chaque nuit il allait de maison en maison, à Charleval et dans les pays voisins, administrer les sacrements et fortifier de ses exhortations les chrétiens fidèles. Il savait qu'il exposait continuellement sa vie, c'est pourquoi il récitait tous les jours les prières des agonisants. Quand les églises se rouvrirent, le P. Dorre fut nommé curé de la paroisse. Il mena la vie de chartreux jusqu'à sa mort, 13 mars 1828. La reconnaissance des paroissiens a ménagé à ses restes une place d'honneur dans la chapelle du nouveau cimetière, 1880.

— 1790, succursale de La Roque, archipr. de Lambesc,

200 hab.; — 1890, archid. de Tarascon, doy. de Lambesc, 950 hab. Les sœurs de la Présentation tiennent école depuis 1848.

Eglise. Dédiée à saint Césaire, patron de M. César de Charleval, fondateur du pays. Il est question de la reconstruire.

Dans la paroisse, chât. de Bonneval qui rappelle le souvenir d'un confesseur de la foi, Mgr de Ruffo-Bonneval, Aix 1747, — Viterbe 1837, dernier évêque de Senez. — *Sainte-Croix*, anc. chapelle du château de Morel, où il fut un moment question d'établir la paroisse en 1750.

---

# MALLEMORT

*Malamors*

---

La bulle de 1082 confirme au prévôt Benoît et aux chanoines de Saint-Sauveur « ecclesias de castro Malaemortis, stae Mariae scilicet et sti Michaelis ».

Pierre Gaufridi autorisa en 1099, l'abbaye de Saint-Victor à fonder une maison à Mallemort. Un nommé Reymond Iones avait fait bâtir pour elle une église (Sainte-Marie) dans le quartier qu'on désignait alors sous le nom de « Podium sanguinolentum », en mémoire sans doute d'une action guerrière ou des meurtres commis par les brigands qui longtemps infestèrent les environs du bois des Taillades. Le chapitre avait joint à ce don celui de l'église Saint-Michel, et l'archevêque accorda à ces églises le privilège d'être exemptes des excommunications et interdits locaux.

Quelques ruines de l'église Sainte-Marie se voyaient encore au XVII$^e$ siècle, au témoignage de Pitton. Elles étaient sur l'éminence où se trouve le cimetière

Ces deux églises furent cédées à l'abbaye de Montmajour vers les premières années du XIII$^e$ siècle, probablement à la suite d'un de ces échanges fréquents entre membres de familles religieuses à origine commune.

L'église Saint-Michel de Mallemort devint donc un prieuré bénédictin à la nomination de l'abbé de Montmajour. Ce prieur percevait la dîme ainsi qu'un revenu considérable qui s'élevait encore à 2,500 livres au siècle dernier, et présentait à la cure. Dom Crozat fut le dernier titulaire. Le nom d'un de ses plus anciens prédécesseurs, le prieur Jacques d'Eyguières, a été conservé dans un acte de 1286.

L'histoire de Mallemort acquiert de l'intérêt au moment où le pays passe sous la seigneurie temporelle des évêques de Marseille. Cette acquisition fut une de celles faites par Benoît d'Alignan, le 27 août 1257, en échange de l'abandon de sa juridiction sur le quartier de Marseille dit ville supérieure ou épiscopale. Durant la révolte des habitants de Saint-Cannat contre l'évêque Raymond de Nîmes, les habitants de Mallemort restèrent fidèles à leur seigneur et *marquis,* malgré les menées des révoltés. Pour récompenser cette loyale conduite, les évêques établirent à Mallemort un tribunal, chargé de juger les affaires de leurs diverses seigneuries, et accordèrent aux habitants plusieurs privilèges. En 1345, l'évêque Robert de Mandagot se rendit à Mallemort avec Thésio, son vicaire général. Il tint le 15 avril une audience solennelle dans laquelle fut publiée la reconnaissance souscrite à l'évêque Durand par Bérenger d'Aubagne et son épouse, des biens qu'ils possédaient à Mallemort. C'est à la demande du même prélat que la reine Jeanne accorda en 1347 une foire annuelle et un marché hebdomadaire. Le sénéchal de Provence, à qui la désignation des jours avait été laissée, fixa la foire aux trois derniers jours d'août et le marché au lundi de chaque semaine. Le 15 mars 1362, une femme ayant trouvé un trésor composé d'argent monnayé et de joyaux, dans la rivière de Durance, l'official adjugea au seigneur évêque une part dans la trouvaille, comme s'étant produite dans l'étendue du territoire appartenant audit seigneur.

Il paraît par les anciens actes que Mallemort avait une réelle importance, et qu'il s'y faisait un grand trafic. « Castrum aptum tam loci habilitate quam incolarum multitudine ad habendum forum et nundinas », dit le rescrit de la reine Jeanne. Les seigneurs évêques, pour encourager le commerce, avaient accordé aux juifs divers avantages ; ceux-ci s'y étaient fixés en nombre, et avaient construit une synagogue. Les choses se soutinrent en cet état jusqu'au percement de la route des Taillades.

L'évêque de Marseille percevait un droit sur le bac de la Durance. Mais l'archevêque jouissait de la gratuité du péage tant pour lui que pour ses marchandises, ce qui déplaisait fort au nocher, fermier du bac. Celui-ci suscitait mille obstacles au transport de la dîme des paroisses du diocèse d'Aix situées au-delà de la Durance. En 1487 l'archevêque dut porter plainte contre le maussade nocher. Le sénéchal, après enquête, donna ordre que les officiers de l'archevêque ne fussent plus molestés.

Les évêques de Marseille ont conservé leur marquisat de Mallemort jusqu'à la révolution. On voit encore, au sommet du bourg, les murailles ruinées du château, dans lequel ils entretenaient un gouverneur, un geôlier, des sergents et quelques soldats.

— Le nom funèbre de Mallemort n'a pas d'origine établie ; il a été justifié après coup par le massacre des troupes royalistes le 11 novembre 1589.

Fossuze, envoyé par Montmorency au secours des royalistes de Provence, avec 1,500 hommes et 200 chevaux, se laissa enfermer entre la Durance et le canal de Craponne, malgré une résistance désespérée dans laquelle d'Ampus, le chef des ligueurs, reçut trois blessures. Les royalistes furent dispersés, massacrés ou précipités dans la Durance. Ceux qui tombèrent aux mains de l'ennemi furent enfermés dans l'église de Mallemort, et la nuit venue, égorgés sans pitié. On a lu la triste fin du détachement qui s'était réfugié à Silvacane. Il n'y eut de sauvés parmi les fuyards que ceux qui, guidés par les seigneurs de Peyrolles et de Janson, opérèrent leur retraite par le défilé de Rognes. Cette journée coûta aux royalistes plus de mille blessés ou tués.

— A Mallemort commence le canal d'irrigation, dérivé

de la Durance, connu sous le nom de canal de Boisgelin. L'archevêque d'Aix, président des Etats de Provence, s'était fort intéressé à cette utile entreprise, et c'est pour lui en témoigner leur gratitude que les Etats décidèrent dans la séance du 13 novembre 1772 que le canal porterait son nom.

— Le 23 décembre 1879 mourut dans cette paroisse le chanoine Jacques-Claude *Aubert*, poète provençal, dit le *capelan di felibre*. M. Aubert naquit à Arles, paroisse Saint-Césaire, le 8 septembre 1808, devint professeur au petit séminaire, vicaire à Salon, curé à Eguilles, à Boulbon, puis, en 1855, à Mallemort qu'il ne quitta plus.

Il était connu de son vivant comme esprit fin et satirique, d'une étonnante facilité ; mais la publication posthume de ses œuvres a révélé l'exquise sensibilité de son âme. C'est, en effet, le sentiment élégiaque qui lui a dicté ses meilleures pièces. On peut le comparer à Reboul et à Paul Reynier pour le choix des sujets et la délicatesse de l'exécution. *Ma dindouleto, la Mounjo, lou darrié Poutoun, la Premiero Coumunion de Margarido, uno Arlatenco*, méritent d'être classés parmi les chefs-d'œuvre de l'anthologie provençale. Après les avoir lus, on trouvera plus humble que fondée la plainte du poète arlésien.

E tu, bel Arle, mounte soun
E ti felibre, e ti cansoun !

— 1790, archipr. de Lambesc, ville murée, 1,500 hab.; curé nommé par le prieur-décimateur, (un moine de Montmajour), avec 840 livres de revenu ; 2 vicaires. L'*œuvre de charité* était administrée par le curé et les ex-consuls. — 1890, archid. de Tarascon, doy. d'Eyguières, 2,150 hab.; un curé-desservant et un vicaire. *Sœurs de la Présentation* tenant école depuis 1842.

Eglise Saint-Michel, rebâtie 1750-1754, rest. 1806. — *Vierge*, copie de la statue de Chastel ; * *St Antoine*, tabl. de C. Roqueplan, né à Mallemort, 1803.

Chapelles. — *Saint-Jean*, ép. ogiv.; anc. aux chevaliers de Saint-Jean de Jérusalem, qui avaient remplacé les Fr. Pontifes. C'est de là que saint Jean est devenu le patron du pays. Le tribunal de l'évêque siégeait dans le couvent. — *N.-D. du Plan* ou de Vergon, chap. romane ; ment. dans un acte de 1231. Elle dépendait de l'abbaye de Montmajour, ainsi qu'une autre, *N.-D. de Boccarossâ*, dont il ne reste plus trace. — *Orat. Saint-Pierre*, ép. renaiss.

---

# ALLEINS

*Alignum*

---

Le plus ancien document de géographie ecclésiastique et provençale que nous possédions est certainement la *Polyptique* de Waldade, évêque de Marseille.

Cette liste précieuse, qui date du IXe siècle, nous a conservé le nom d'Alleins sous sa forme grecque Ελενιστς. Coïncidence à noter, c'est à Alleins, dans la chapelle Saint-Pierre, qu'a été trouvée une épitaphe chrétienne en langue grecque rapportant des noms gaulois : ΚΟΣΓΕΝΗΣ ΟΛΙΓΑΝΟΣ ΚΑΡΕΙ ΑΤΑΝΙΟΣ — Olitanus fils de Kosgenès repose immortel.

Il ne faut pas s'étonner de la présence d'inscriptions grecques dans cette région qui fut peuplée par des colonies marseillaises. Le grec s'est conservé d'ailleurs en Provence comme langue écrite jusqu'au IVe siècle, et comme langue parlée jusqu'au VIIe.

Alleins doit donc être compté parmi les paroisses de la première époque.

L'église de ce bourg était un prieuré relevant, si haut que l'on peut remonter, de l'abbaye de Montmajour. L'abbé désignait le prieur parmi ses religieux ; celui-ci jouissait de la dîme qui s'élevait à 900 livres au XVIIIe siècle, et présentait le curé à l'agrément de l'archevêque. Le dernier prieur a été Dom Antoine de Revilliasc. Un de ses prédécesseurs, Pierre de la Tour, fut constitué son procureur le 1er septembre 1260, par Guillaume de Rognes, abbé élu de Montmajour. [1]

D'autre part, la paroisse d'Alleins a fourni à l'ordre bé-

(1) Un autre, Louis Aube de Roquemartine, moine de Montmajour, professeur en l'université d'Avignon, fut élu abbé de Villeneuve. Il regrettait beaucoup d'être obligé d'abandonner son prieuré d'Alleins. C'est pourquoi Léon X, après avoir approuvé l'élection, inséra une dispense pour autoriser le nouvel abbé à garder son prieuré. Il le posséda, en effet, jusqu'à sa mort, 1539.

nédictin un de ses sujets les plus distingués, Guillaume d'Alleins, *de Aligno,* abbé de Saint-Victor de Marseille, de 1210 à 1215.

Ce ne fut pas le seul rapport entre cette paroisse et l'Eglise de Marseille Il a été dit comment l'évêque Benoît d'Alignan céda, le 6 des calendes de septembre 1257, la haute seigneurie sur la ville épiscopale à Charles d'Anjou, qui lui donna en échange « omne jus et dominium et seigneuriam in castro de Malamorte, de Valle bonita et *Aligno* et territorio eorumdem. » Alleins entra ainsi dans le domaine des évêques de Marseille. Il y demeura jusqu'en 1473. Le 20 février de cette année, l'évêque Allardeau, ancien secrétaire du roi René et ancien chanoine de Saint-Sauveur, fit échange avec ce prince des lieux de Saint-Cannat, Alleins et Valbonette, pour la baronnie d'Aubagne et lieux circonvoisins.

— L'ancienne église d'Alleins était dédiée à saint Pons. C'est dans son enceinte que fut prêchée une mission dont les fruits merveilleux sont consignés dans la lettre suivante d'un contemporain :

« Appelé à une mission qui fut donnée à Alleins par M. Philip, jadis curé de cette paroisse, alors curé de Jouques, et qui avait demandé à Mgr de Brancas la permission d'aller faire une mission dans sa précédente église, le P. Donadieu (le futur martyr) se rendit à l'invitation de M. Philip. Je me souviens très-bien, quoique fort jeune alors, de ce que j'entendais dire de merveilleux sur le compte du missionnaire d'Alleins. Les fidèles des paroisses voisines, attirés par la renommée, se réunissaient en foule pour venir profiter des exercices du soir; les chemins étaient remplis de chrétiens empressés qui quittaient leur demeure quelque temps avant le coucher du soleil, pour se rendre aux instructions. Je vis le P. Donadieu qui était encore bien jeune et qu'on désignait sous le titre de curé du Val. Il était chargé du chant et devait donner seulement deux ou trois sermons dans le cours de la mission, parce que le nombre des anciens missionnaires suffisait à remplir l'objet de la prédication; mais Dieu ne voulait pas que cette lumière fût cachée sous le boisseau. Un des missionnaires fut malade et hors d'état de donner les sermons qui lui étaient échus. M. Philip proposa alors à M. Donadieu de le remplacer et il y consentit, monta en chaire et prêcha avec tant de véhémence et de zèle que tous ses confrères avouèrent qu'il était leur maître en ce genre. Le peuple entra dès lors en un si grand enthousiasme à son sujet, qu'il suffisait que le P. Donadieu proposât quelque cérémonie religieuse, quelque exercice de piété, pour que tous ses coopérateurs fussent de son avis. Il n'y eut aucun genre de pécheur dans la contrée qui ne se fît un devoir de profiter des grâces que le Seigneur attache à une mission. Cet apôtre allait les chercher dans leurs maisons, les amenait à sa chambre et ne les quittait plus qu'ils n'eussent déposé leur fardeau. M. Philip émerveillé de pareils succès, et s'apercevant que le peuple courait et s'empressait auprès du curé de Val, se reposa entièrement sur lui des sermons qui le concernaient personnellement, et se borna, comme chef de la mission, à de simples avis ; il l'obligea même à prêcher le sermon relatif à l'inauguration de la croix. Le jeune missionnaire ne s'attendait pas à cette honorable commission ; mais il la remplit d'une manière digne d'un prédicateur blanchi dans ce ministère. J'étais à ce sermon, et quoique je n'eusse que dix ans, l'impression qui m'en est restée est presque aussi vive qu'elle le fut alors. Les gémissements, les pleurs, les sanglots de ce peuple contrit retentissent encore à mes oreilles. »

Cette église fut interdite en 1777 par Mgr de Boisgelin comme menaçant ruine. Il fut décidé qu'on la remplacerait par une autre. On allait commencer les travaux quand la révolution éclata, et depuis ils n'ont pas été entrepris. Aujourd'hui quand on monte visiter les ruines du château seigneurial, on traverse avant d'y arriver un grand espace vide, présentant une surface inégale jonchée de pierres et de matériaux épars. Là s'élevait l'ancienne paroisse.

Il faut consigner à l'honneur de ce pays qu'il ne s'y produisit aucun excès sous la révolution.

— Pierre Mie naquit à Alleins en 1768. Ordonné prêtre en secret par Mgr de Prunières pendant la Terreur, il exerça son ministère à la Fare dont il devint ensuite curé. Après avoir rempli les fonctions de curé à Puyloubier et d'aumônier à l'hôpital d'Aix, il entra dans la société naissante des Oblats dont il fut un des missionnaires les plus infatigables. Il mourut à Marseille en 1841. Mgr Jeancard a écrit sa vie.

— 1790, archip. de Lambesc, *ville murée*, 1,300 hab.; curé nommé par le prieur-décimateur (un moine de Montmajour), avec 600 livres de revenu ; 2 vicaires, dont un seul à résidence, l'autre, mixte, demeurait à Mallemort et venait le dimanche dire une messe. Le curé était administrateur de l'*hôpital.* — 1890, archid. de Tarascon, doy. d'Eyguières, un curé-desservant. Les *sœurs de Saint-Thomas* y tiennent école depuis 1858.

Eglise Saint-Pons actuelle, fut à l'origine une petite chapelle connue sous le vocable de N.-D. de l'Annonciade. Le culte y fut provisoirement transporté à la démolition de la vieille église. Cette chapelle tombant de vétusté avait été reconstruite en 1716, puis agrandie en 1743, grâce au don d'un terrain accordé par Philippe de Reynaud, seigneur d'Alleins. On ajouta le sanctuaire en 1811 ; autres agrandissements en 1814, en 1819, en 1856 ; construction du clocher, 1835 ; en 1857, régularisation et raccord général de l'édifice en style roman. Comme on pense, il ne reste à peu près rien de la chapelle primitive, grâce à ces multiples adjonctions. Avec ses trois nefs, son transept et son abside, l'église d'Alleins est d'un provisoire supportable.

Chapelles. — *Saint-Pierre,* au cimetière, XIe s., avec abside plus ancienne, qu'on croit avoir appartenu à un temple païen : on a découvert dissimulées dans le mur des urnes pour l'acoustique. Rest. en 1884. — *Saint-Jean, Saint-George, Saint-Cens* (Cyr), chap. ruinées de l'ép. rom.

# VALLÉE DE LA TOULOUBRE

## ROGNES

*Rognac*

Nulle de nos paroisses rurales n'a présenté jusqu'ici, pour attester l'antiquité de son origine, des monuments chrétiens aussi authentiques que ceux offerts par la paroisse de Rognes.

Il en est un exceptionnellement précieux, l'* *autel primitif*, de beau marbre, qui fut longtemps encastré dans le maître-autel de l'église paroissiale, et qui depuis quelque cinquante ans a été transporté au vieux cimetière, où il sert de piédestal à la croix centrale. De forme cubique, il est taillé aux quatre faces, deux desquelles portent une croix latine, et les deux autres le chrisme gemmé, accosté de l'α et ω, et entouré du nimbe fleuri. Cet autel remonte au IVe ou au Ve siècle, et encore peut-on penser qu'en ce cas, comme en plusieurs analogues, c'est un cippe païen des siècles précédents que les premiers chrétiens ont adapté à l'usage eucharistique [1].

(1) M. C. Rohault de Fleury, l'éminent archéologue chrétien, à qui nous avions fait passer le dessin de ce monument, en lui demandant son av

Cet autel provient du pagus romain dont on retrouve les ruines au nord du territoire, et qui fut abandonné par ses habitants à l'époque des invasions sarrasines. Sur le plateau du Foussa fut élevé le *castrum de Rognis* dans lequel se trouvait la chapelle N.-D. de Beauvezer qui n'a presque point laissé de vestiges, mais dont la vieille Madone est parvenue jusqu'à nous et se garde pieusement en la chapelle de l'hôpital.

Dans les ruines du pagus se retrouvera peut-être un jour le pourtour du baptistère qui a dû exister dans une paroisse si antique. « On fait une neufvaine de processions après la quinzaine de Pasque », dit l'*Etat* de la paroisse en 1686. Cette neuvaine de processions, dont il reste un usage légitime à la Métropole, datait des siècles où le baptême n'était conféré régulièrement qu'aux seuls adultes et à des époques fixes, c'est-à-dire du VIIIe siècle au plus tard.

L'existence de Rognes au VIIIe siècle est constatée dans un épisode de la vie de saint Mauront, abbé de Saint-Victor.

sur l'interprétation que nous en donnions, voulut bien nous répondre : « Comme vous le dites très justement, c'est un cippe antique du IIIe ou IVe siècle qui a été christianisé au Ve ou VIe.... Les cippes se prêtaient aisément à devenir des autels. On grattait comme on l'a fait ici l'inscription funéraire, et comme à Ispagnac où le D. M. apparaît encore à travers les branches du chrisme ; ailleurs, comme à Saint-Zacharie, près Trets, on s'emparait des trois côtés libres du monument pour y sculpter les emblèmes chrétiens, et on le réléguait contre un mur pour cacher l'inscription profane. Tout servait dans cette transformation jusqu'au trou supérieur, le *foculus* du sacrifice, où on insérait les reliques dans une *capsella* et qu'on renfermait par une large table pour l'accomplissement des saints mystères. Sur votre marbre je ne doute pas que ce foculus, devenu le sépulcre des reliques, n'ait été employé à planter la croix. Je vous ai parlé du Ve ou VIe siècle pour l'époque de cette transformation, en effet c'est dans la seconde partie du Ve siècle que les croix gemmées devinrent communes : j'ai relevé sur un cippe de Rome transformé en autel cette manière d'ornement que M. de Rossi date ainsi. C'est donc pour votre ouvrage une insigne découverte qui reporte de la façon la plus certaine la fondation de l'Eglise de Rognes au Ve siècle. »

Des gouverneurs rapaces avaient usurpé un domaine que l'abbaye possédait à Rognes. Saint Mauront étant allé réclamer à Héristal auprès de Charlemagne, l'empereur commit à l'examen de l'affaire les *missi dominici* Vernarius et Arimodus qui devaient bientôt se rendre en Provence. Ces magistrats tinrent séance à Digne le 23 février 780, avec l'assistance des juges locaux et de divers notables du pays. Le saint abbé exposa les usurpations commises au détriment de son abbaye, entre autres « dans la villa de Rognes au territoire d'Aix ». Le texte qui relate cette histoire ne nous est point parvenu dans son intégrité, mais le début de l'acte fait comprendre que justice fut rendue aux moines.

— Vers le XIIe siècle, les hauteurs du Foussa se dépeuplèrent au profit d'un quartier d'accès moins ardu qui est devenu le nouveau village. Une église, dédiée à saint Martin, bâtie en 1342, remplaça comme paroisse la chapelle Notre-Dame. Elle fut enfermée dans l'enceinte au XVIe siècle. En 1557, son état de délabrement amena les consuls à se plaindre à l'archevêque et au parlement : avant arrêt, les chanoines-prieurs accordèrent 240 écus d'or pour la réparer. Elle eut beaucoup à souffrir des guerres de la Ligue et dut être remplacée par une autre, bâtie de 1607 à 1640.

— Un oratorien, M. de Michelis, originaire de Rognes, légua en 1670 la somme de 450 livres, pour les intérêts être accordés à une pauvre fille du pays « au choix que lui et les siens feront dans la suite, et dans le cas où sa famille viendrait à s'éteindre, les consuls et le curé nommeront la personne qu'ils jugeront à propos ». — A rapprocher de ce testament la fondation du seigneur Vincent d'Agoult, qui depuis le XV^e siècle permettait de distribuer deux brebis aux pauvres, le jour de sainte Barbe, avec pain et vin en proportion [1].

— Un curieux *Etat* de la paroisse de Rognes, dressé le 24 septembre 1686, retrouvé par hasard aux archives de l'église majeure de Martigues, et rendu à la paroisse qu'il concerne, permet de reconstituer la physionomie de Rognes ecclésiastique au XVII^e siècle. Ces articles, demandant réponse à 436 questions, furent adressés à tous les vicaires perpétuels et secondaires du diocèse par « M^gr l'Evesque de Lavaur (Charles de la Berchère) nommé archevesque d'Aix, et vicaire général du chapitre métropolitain. » Voici les principales réponses : « L'église n'est pas consacrée, on fait la dédicace de l'église métropolitaine. — Il y a un tabernacle de bois doré garni d'estoffe de soye, couvert d'un pavillon et fermant à clef ; un soleil beau et à l'antique. — Il y a un ermitage (Saint-Marcellin) habité par fr. Noël Pravet, homme de bonnes mœurs vivant exemplairement. — Le vicaire s'appelle Pierre Cadet. Il est du lieu, aagé de 43 ans. Il a 3 secondaires d'une vie irréprochable : le 1^er, M^re Pierre Reynaud, de Lambesc, 58 ans, a faict son séminaire à Marseille chez MM^rs de S. Lazare ; a servi les paroisses de Martigues et de Lambesc ; le 2^me, M^re Nicolas Pascal, d'Istres, 35 ans, a estudié à Aix et faict son séminaire dans la mes-

(1) Ces détails et plusieurs autres nous ont été fournis par la monographie parfaite de fonds et de forme que Mlle Marie Tay a consacrée à son pays.

me ville, a servi plusieurs paroisses du diocèse ; le 3$^{me}$, M$^{re}$ Nicolas Maurin, de Pertuis, aagé d'environ 50 ans, a fait son séminaire à Aix et servi plusieurs paroisses. Le vicaire vit en communauté avec ses secondaires et tient un clerc qui demeure avec eux. Les autres ecclésiastiques qui ne sont pas du service de la paroisse assistent quelquefois aux offices en surplis et portent l'habit long. — Le revenu du vicaire consiste dans la 5$^{me}$ partie des grains du disme ; il paye 47 livres de décimes, ce qui est trop fort. La rétribution des secondaires consiste en 36 écus outre la nourriture. — Il y a 4 ou 5 ans que nous avons l'honneur d'avoir pour prieur M$^{r}$ le chanoine Bernard qui, par un effet de son zèle ordinaire, a si bien pourvu pendant ce temps aux besoins de notre sacristie qui estait dans un pauvre état que présentement elle ne manque presque de rien. — Ceux qui n'ont pas fait la communion pascale sont sollicités de temps en temps ; quelques-uns profitent de nos avis. — Nous avons établi la société des Dames de charité il y a 6 ans. Hôpital aux revenus fort modiques. La confrérie de la Miséricorde a aussi soin des pauvres. — Un maître et une maîtresse d'école. Un médecin, des chirurgiens, des apothicaires, lesquels nous advertissent des malades ; une sage-femme instruite de la manière de baptiser au cas de nécessité. — Il n'y a point, grâces à Dieu, de pécheurs publics : quant aux femmes qu'on soupçonne de mauvaise vie, on les advertit de se corriger et de ne pas donner de mauvais exemples. — Nous n'avons pas pu empêcher les danses après vespres dimanches et festes. »

Un clergé aussi nombreux que le porte cet *Etat* permettait de donner au culte toute sa solennité. « On célèbre à Rognes les offices avec beaucoup de majesté », écrivait Achard. Qu'on en juge par cet extrait du programme des offices : « Grand'messe tous les jours, 2$^{me}$ grand'messe le jeudi en l'honneur du Saint-Sacrement, le vendredi en l'honneur de la Passion. *Salve* tous les soirs, etc. »

— M. Jean-Melchior Alphéran, d'Aix, curé de 1719 à 1729, fut longtemps cité comme le modèle des pasteurs. Après avoir été prieur de Saint-Jean-de-Malte, il revêtit le froc des trappistes à Septfonds, où il mourut abbé en 1757, vénéré comme un saint. Avant de quitter le monde, il voulut revoir une dernière fois son église de Rognes à laquelle il laissa en souvenir une lampe d'argent avec l'exergue : « Ad dirigendos pedes nostros in viam pacis. » M. Alphéran avait fortifié dans leur héroïque vocation deux jeunes filles de Rognes, DELPHINE et MARIE DE RIBBE, qui surmontant les délicatesses de la nature plus peut-être que la crainte de la mort, quittèrent secrètement la maison paternelle et vinrent à l'hôpital d'Aix, en 1720, se consacrer au service des pestiférés. Elles périrent toutes deux de la contagion, en des dispositions et avec un enthousiasme qu'on ne trouve que chez les saints. M. Charles de Ribbe a consacré à ces virginales martyres de la charité une notice émouvante que nous voudrions voir aux mains de toutes les jeunes filles. Puisse se réaliser le vœu exprimé dans une de leurs lettres : « Si Dieu me fait la grâce de m'écouter, vous serez tous des saints, non seulement dans la maison, mais dans tout le village. »

— Rognes s'honore encore d'avoir produit Guillaume *de Ronnis*, abbé de Montmajour en 1259 ; — Antoine Pagi, cordelier du couvent d'Aix, prédicateur et docteur, connu surtout par sa *Critique* des Annales de Baronius. Il mourut le 5 juin 1699. Ses funérailles furent honorées de la présence du chapitre métropolitain qui voulut par cet hommage exceptionnel marquer en quelle estime il tenait ce prince de la science ecclésiastique.

— Une paroisse qui a produit de tels enfants ne pouvait que demeurer attachée à la religion et à ses prêtres. Quelques exemples entre beaucoup. Le 1er mai 1676, les paroissiens, voulant gagner le jubilé, partirent en procession pour Aix, ne laissant que sept hommes pour garder le village, ils firent les stations dans les églises marquées et revinrent chez eux le lendemain. — M. Perrinet, qui avait été curé pendant trente ans, étant mort à Pélissanne, les consuls de Rognes, sur le refus du clergé de ce pays de laisser prendre le corps déjà inhumé dans le caveau, adressèrent à l'archevêque et au parlement une requête qui fut bien accueillie. On put donc ramener les restes du pasteur regretté, lui faire des obsèques solennelles et le déposer dans le sanctuaire de l'église. Un autre curé, M. Requier, étant mort à Luynes en 1793, pareil hommage de piété filiale lui fut rendu. Ce curé avait prêté par surprise le serment à la constitution civile, mais s'était bientôt rétracté. L'intrus qui prit sa place fut un jour contraint de danser en chape autour de l'arbre de la liberté. Cette bassesse ne l'empêcha point d'être chassé à son tour. En ces mauvais jours, l'abbé

Cadet, dernier chapelain de N.-D. de Beauvezer, et le minime Arquier disaient la messe en secret. Deux cloches sur quatre furent envoyées à la Monnaie, parmi lesquelles la *Marlussière*, ainsi nommée parce que, sonnant les vêpres du carême à 11 heures, elle servait de signal au repas des paysans, repas composé de morue le plus souvent.

On observait en effet exactement l'abstinence à Rognes. Ainsi, en 1692, sur l'annonce du passage, un vendredi, de 800 hommes du Royal-Irlandais, des charrettes partirent pour Marseille et Martigues et rapportèrent en abondance « maquereaux, sardines, soles, merlans et autres. » Cette réception coûta beaucoup aux habitants qui furent dédommagés par la joie et les remercîments des soldats peu habitués à si bonne chère, surtout le vendredi.

— Inscrit d'abord comme chef-lieu de canton, Rognes en fut rayé, parce que la fidélité de ses habitants à la religion le signala comme « un réceptacle de fanatiques ». Il perdit même son titre de commune, et fut réduit quelque temps à dépendre de celle du Puy.

— 1790, archipr. de Lambesc, 1900 hab., curé nommé par deux chanoines de Saint-Sauveur, prieurs-décimateurs; 1200 livres de revenu ; 3 secondaires, 2 chapelains à résidence dont l'un disait la messe de l'aube. Les prieurs donnaient 90 livres pour le culte, plus 30 écus au prédicateur du carême. — 1890, 1300 hab., un curé-desservant et un vicaire. Les *Frères des Ecoles chrétiennes* y sont établis depuis 1845 ; et les *Sœurs de la Présentation*, depuis 1851, aux écoles et à l'hospice ; archid. de Tarascon, doy. de Lambesc.

ÉGLISE, l'Assomption, 1640. — Inscript. commémorative de la construction. Collection complète *d'autels en bois* avec rétables qui donnent à cette église un aspect monumental : elle n'a pas, dit-on, sa pareille en France. Les plus remarq. sont ceux de saint Denis (XVe s.), saint Nicolas (XVIe s.), SS. Roch, Clair et Georges (1674) ; autres autels tous du XVIIe s., ainsi que la * *chaire*, achetée en 1697 aux prêcheurs d'Aix. — * Maître-autel, 1635, au pied duquel Marie de Ribbe, assistant à la messe, eut une vision racontée par son historien. — *Clocher* terminé en 1871 ; 3 cl. *Notre-Dame*, refondue en 1754 ; *Denise*, 1727 ; *Adélaïde*, 1828. — A la *sacristie*, * croix en filigrane d'argent, don du curé Alphéran. Elle ne possède plus la monstrance donnée par la communauté en 1242, lors de l'institution de la fête du Saint-Sacrement : elle fut vendue en 1829 à un prix dérisoire par un curé qui n'en comprit pas la valeur.

CHAPELLES. — *Notre-Dame*, à l'hôpital, 1695. * Statue de N.-D. de Beauvezer, dont les consuls devenaient prieurs à la sortie de charge ; le chapelain, nommé par le curé et les recteurs de l'hôpital, devait être natif de Rognes, ou, à défaut, de Lambesc, du Puy, de Pélissanne, de Saint-Cannat. — *Saint-Denis*, patron du pays. 2 chap., l'une de 1557, pénitents ; l'autre, 1720, élevée pour la préservation de la peste. — *Saint-Marcellin*, 1136. Le 20 avril, procession, messe, absoute à l'anc. cimetière. — *Saint-Etienne de Conil*, qui relevait de Silvacane, desservi par un prêtre et un frère. Au XVe s. le chapitre en chargea un des deux secondaires qu'il venait d'adjoindre au curé. — *Saint-Etienne du Temple*, au pied du Foussa, anc. prieuré de Montmajour, possédé par les Templiers : les derniers vestiges ont disparu en 1875. — *Saint-Paul* (au grand Saint-Paul) dont parle la bulle de 1082. — *Saint-Pierre*, dont le chapelain assista au synode de 1421. — *Saint-Julien*. Ce nom rappelle une insigne bienfaitrice du pays, Mlle de Saint-Julien, qui l'a édifié jusqu'en ces dernières années par de rares vertus. — Il y avait aussi dans la direction du Puy une chapelle, *N.-D. de Ribière*, à laquelle on se rendait de fort loin en pèlerinage aux XIIIe et XIVe siècle, le 8 septembre : actuellement elle n'existe plus.

---

# LAMBESC

*Lambiscum*

Lambesc qui doit son origine à un *emporium* marseillais avait pour seigneur au VIIIe siècle le jeune ELDRAD qui employait sa grande fortune à nourrir les pauvres, à héberger les pèlerins, à bâtir des églises. D'après la tradition, il fonda la chapelle *Saint-Pierre*, à demi-lieue de la ville, y joignant un hospice desservi par des prêtres. Il embrassa ensuite la pauvreté parfaite, parcourut la France, l'Espagne, l'Italie, et se fixa enfin au monastère bénédictin de la Novalaise, au pied du mont Cenis. Trente années il édifia ses frères par son humilité, sa régularité, sa douceur, et mourut dans la charge abbatiale le 13 mars 875, âgé de 94 ans. De nombreux miracles le glorifièrent avant et après sa mort.

La ville de Lambesc avait longtemps négligé de rendre un culte à son illustre enfant. Cet oubli fut réparé en 1743 par le curé Aubert qui introduisit l'office du saint dans son église, et obtint pour elle de la princesse de Carignan une belle relique. Divers prodiges, entre autres la guérison subite d'un paralytique, signalèrent le retour des ossements de Saint Eldrad dans sa patrie. Une confrérie, instituée à cette occasion, en consigna le récit en ses registres. Depuis 1883 le diocèse entier célèbre la fête de Saint Eldrad, le 13 mars, jour auquel il est inscrit au martyrologe.

Un autre seigneur, *Bertrand de Lambesc*, occupa le siège de Vaison au XIIe siècle. Un aïeul de cet évêque avait donné en 1061 à l'abbaye Saint-Victor une église dédiée à la Trinité.

— L'église de Lambesc est marquée parmi les possessions du chapitre dans la bulle de 1082. C'était une des plus importantes de l'ancien diocèse.

Une double désignation, faite par Mgr de Brancas, et M. de Gras, chanoine de Saint-Sauveur, amena un long procès en 1755. M. de Gras n'ayant point fait sa présentation à temps, l'archevêque avait nommé Mre Pierre Teston. Alors le chanoine désigna Mre Nicolas Perrin, qui démissionna sur la nouvelle que le candidat de l'archevêque avait pris possession. Antoine Court qui lui fut substitué se vit refuser l'institution canonique par Mgr de Brancas. Un arrêt du parlement de Grenoble déclara qu'il n'y avait pas abus dans la conduite de l'archevêque, que Mre Teston était valablement installé, et condamna M. de Gras aux frais de l'instance.

— La ville de Lambesc, où aboutissaient de nombreuses routes, et qui abondait en ressources de tout genre, fut choisie en 1646 par l'assemblée des communautés de Provence comme lieu ordinaire de ses séances. Ce choix transforma Lambesc en faubourg de la capitale, en une sorte de Versailles aixois. Chaque année la plupart des évêques et l'élite du clergé de Provence s'y donnaient rendez-vous, avec les représentants des deux autres états. De cette époque datent les beaux hôtels qu'on rencontre dans les principales rues. Nos archevêques, présidents des Etats, logaient dans l'hôtel des Cadenet. C'est dans celui de Saint-Chamas que M. de Forbin-Janson signa sa lettre de prise de possession du siège de Marseille.

La présence des Etats procura à l'église de Lambesc d'imposantes cérémonies. Ainsi, le premier président Forbin d'Oppède étant mort en 1671 pendant la tenue de l'assemblée, ses funérailles furent célébrées en présence des députés en corps et d'une députation du parlement venue d'Aix. L'évêque de Marseille, son parent, officia, et le jésuite Averdi prononça l'oraison funèbre ; — le 10 décembre 1711, la maîtrise métropolitaine vint chanter le *Requiem* au service du Dauphin ; — le 10 novembre 1782, service pour le prince de Marsan, gouverneur de Provence. Son éloge fut prononcé par M. de Pazery-Thorame, grand-vicaire d'Arles.

En 1755 l'assemblée ne se tint point à Lambesc. On faisait expier à la petite ville l'honneur qu'elle avait de fournir l'hospitalité à Mgr de Brancas durant son exil. Le gouvernement n'osa mettre deux ans de suite le président des Etats dans l'impossibilité de remplir son office. Aux Etats de 1756, tenus à Lambesc, l'archevêque fit l'ouverture par une brève allocution où il sut se tirer avec finesse et non sans quelque malice d'une position délicate. [1]

— François Pagi, neveu du célèbre critique, cordelier comme lui, naquit à Lambesc en 1654 et mourut à Orange en 1721. Il coopéra aux œuvres de son oncle et composa lui-même un grand ouvrage le « Breviarium historico-chronologicum pontificum romanorum gesta, etc., complectens. » Anvers, 4 vol. in-4°. L'abbé Darras qui s'en est servi pour élucider diverses questions sur l'Eglise d'Orient, le déclare une œuvre maîtresse.

— A la révolution, un des vicaires, M. Toche, natif de Lambesc, n'ayant consenti à prêter le serment qu'avec des restrictions, fut déporté. Il vint après la tourmente reprendre simplement sa stalle vicariale. — Marcellin Angelier, autre vicaire, natif de Lançon, accepta de présider les sections de Lambesc, lors du soulèvement général contre la Convention. Après la défaite des honnêtes gens, il fut condamné à mort par le tribunal criminel de Marseille, et exécuté le 9 novembre 1793, sur la Cannebière. Il était âgé de 55 ans, et périt avec deux autres prêtres du diocèse, MM. Pidoux et Franchicour.

1) Elle est rapportée dans la *France Pontificale*, I, 225.

— Etait aussi natif de Lambesc, M. Marius Armieu, 1795-1863, qui, à la séparation des diocèses, entra dans le clergé de Fréjus. Il organisa la chancellerie du nouvel évêché, en devint le premier titulaire, et mourut doyen du chapitre après avoir rempli les fonctions de vicaire général.

— 1790, 4.000 hab., chef-lieu d'un archiprêtré comprenant Rognes, la Roque, Charleval, Mallemort, Alleins, Aurons, la Barben, Pélissanne, Lançon, Istres, Confoux. Cette circonscription représentait, un peu élargi, le val de Lambesc dont il est souvent question dans les actes du moyen-âge. *Ville murée.* Curé nommé par le chanoine-sacristain de Saint-Sauveur, prieur-décimateur ; 4 vicaires. Il avait 1000 livres de revenu ; était administrateur de l'*Œuvre de charité.* Les revenus des diverses chapellenies, avec une subvention du prieur, auraient suffi à doter 4 ou 5 canonicats. Une petite collégiale avait été demandée par les habitants, mais le cardinal Grimaldi s'opposa toujours à la requête. — 1890, 2750 hab., archid. de Tarascon ; cure de 2me cl. dont le doyenné comprend Charleval, la Roque, Rognes, Saint-Cannat; 2 vicaires. Les *Fr. Maristes* y tiennent école depuis 1859. Il y a encore des *Sœurs de Saint-Thomas* et des *Sœurs de la Retraite.*

Eglise, N.-D. du Rosaire et Saint-Michel [1], bel édifice de l'archit. Vallon. 1re pierre en 1700 par le curé Blain, terminé en 1741, consacré par Mgr Bernet en 1838. *Dôme*

(1) L'ancienne datait de l'époque ogivale. On en voit des restes en diverses chapelles.

majestueux avec verrières représ. les Sacrements et l'Assomption. Sculptures de la façade par un généreux artiste du pays, M. Liotard. — Tablx. * *Mort de saint Joseph*, Daret ; * *Vision de saint Jean de Matha*, P. Mignard ; *N.-D. du Rosaire*, Levieux. A l'entrée du chœur, sép. des princes de Lorraine et de la fam. de Cadenet. — *Orgues* du fr. Isnard, 1788. — A la sacristie, ostensoir et ciboire remarquables.

CHAPELLES. En ville. — Chap. de la *Congrégation*, 1640, anc. aux pénit. gris. — Chap. des *pénitents blancs*, 1632, dénaturée, conserve un beau plafond à fresque. — Chap. de l'*Ange gardien*, auj. magasin, où se disait la messe de l'aube fondée par l'abbé Prouvenc. — *Saint-Michel*, dans le cimetière, rebâtie en 1625 à la place d'une autre qu'on croit avoir été l'ancienne paroisse. — Eglise des *Trinitaires*, fondés en 1513, démolie ; y était enseveli le célèbre médecin Antoine Constantin, † 1616, docteur de la faculté d'Aix, le premier auteur d'une *Pharmacopée* provençale, qui voulut finir ses jours en soignant les pauvres à l'hôpital de Lambesc.

*Saint-Jacques*, 1860, chap. romane, à l'hôpital. Mgr de Boisgelin établit à Lambesc une maison d'éducation pour les jeunes personnes, 1787, et la confia aux sœurs de Saint-Thomas de Villeneuve, de Lamballe [1]. Parmi les fondatrices

(1) Le premier aumônier désigné par l'archevêque fut M. Ricaud, vicaire à Saint-Martin de Marseille, qui composa pour le pensionnat de Lambesc un cours d'homélies remarquable dont plusieurs éditions ont été publiées.

de la maison se trouvèrent M^me^ Sébire, future supérieure générale à Paris, et M^me^ de Pinczon du Sol (Pauline Louise). Celle-ci se rendit en Italie, lors de la dispersion des ordres religieux, et créa à son retour à Aix le premier noviciat des nouvelles sœurs hospitalières de Notre-Dame de Grâce, appelées communément sœurs de Saint-Thomas, parce que M^me^ de Pinczon était demeurée professe de cette congrégation, et en avait donné les règles et le costume, avec de très légères modifications, à ses religieuses. En 1817 les sœurs reprirent possession de leur ancien couvent de Lambesc, qui était auparavant une maison d'Ursulines, 1636-1786, bâtie autour d'une chapelle, dédiée à sainte Thérèse au XVI^e^ siècle par un prêtre de Lambesc, M^re^ Arquier. M^me^ de Pinczon y transporta le noviciat, et y mourut de la mort des saints le 22 septembre 1820. Le noviciat fut ramené à Aix peu d'années après. Les sœurs desservent act. l'hospice, une école et un asile. — Dans le couvent des Ursulines dont il vient d'être parlé, se sont établies en 1822 les *sœurs de la Retraite* qui ont un pensionnat et une école d'externes. Dans leur chapelle, * *Christ en croix*, Finsonius.

Hors ville. — *Saint-Roch*, 1643, bâti par les prieurs du *Corpus Domini*. — Diverses chapelles délabrées ou détruites : *Sainte-Marie* de Suès, dans le domaine qu'habita la belle châtelaine Antoinette de Lambesc, chantée par le troubadour Pierre de Saint-Remy ; confirmée au chapitre

M. Ricaud s'exila en Italie, revint de Rome en pleine Terreur, pour évangéliser la ville de Marseille, où il mourut en 1830 curé de Saint-Vincent de Paul.

dans la bulle de 1082, service dominical, transféré au château de Bonrecueil au dernier siècle ; le chapelain assista au synode de 1421. — *Sainte-Catherine* de Suès. — *N.-D. de Consolation* ; — *Saint-Victor*, — *Saint-Suffren*, tous deux conférés par l'archevêque ; *Saint-Protais*, uni à Montmajour ; *Saint-Pierre al culhidor*, qui avait remplacé la chapelle attribuée à saint Eldrad. Son chapelain fut présent au synode de 1421.

*Saint-Michel de Goiron*, au mont Trésor, 328 m. d'alt., anc. chap. rom. en face de celle de *Sainte-Anne*. Donnée au clerc André, possédée ensuite par Saint-André et par Silvacane ; desservie par cette abbaye jusqu'à sa suppression. L'archevêque Raymond de Noves l'ayant conférée à un séculier, l'abbé de Silvacane protesta et obtint la révocation de cette collation illégale, 1306.

*Sainte-Anne de Goiron*, sur un sommet des Taillades, à 465 m. Le site est sauvage et pittoresque « estant cette chapelle sur le mittan du chemin de la Roque et Lambesc, dans le terroir dudit la Roque, sur le hault d'un rocher, laquelle est bâtie en croix comme l'église de Sauvacano ». (Procès-verbal de visite de 1655). — Avant d'y arriver, on rencontre la *Baume* habitée par les premiers ermites. La chapelle bâtie au midi, sous le dernier escarpement, entre des rochers couverts de pins, porte un campanile triangulaire : au devant, traces d'un porche détruit. Sur le pilier central, inscript. XI^e^ s. « XIII^e^ Kalendas Decembris dedicacio Ecclesie sancte Marie », qui établit que le titulaire primitif est la sainte Vierge, et non sainte Anne, dont le culte ne s'est répandu en France qu'au XIVᵉ siècle. Deux chapelles ogivales, plus récentes, forment transept. * Statue de la *Vierge*, XIIIᵉ s., portant l'enfant Jésus qui tient un volumen avec le texte « Ego sum lux mundi ». Crucifix curieux. — Vers l'an 1040 un pieux personnage nommé André se retira sur ce plateau, qui lui fut donné par un acte du 29 mai 1048, dont l'original se trouve aux archives départementales : « ..... Au nom du seigneur Dieu, moi Teutbert, mon frère Eldebert, ma femme Aramberte, mes fils Guillaume, Amalric et Eldebert, mon petit-fils Rodulphe, donnons et abandonnons au seigneur Dieu et aux églises Sainte-Marie et Saint-Michel, sises au mont Goiron, la montagne elle-même avec ses terres cultes et incultes, la paroisse de Valbonette, etc. » Il est dit ensuite que la donation est faite à tous les clercs qui servent ou serviront Dieu en cet endroit, à la demande du clerc André qui a édifié ce lieu de prière. Suivent les imprécations ordinaires : « Si l'un de nous ou tout autre s'oppose à cette donation, nous déclarons protester d'avance contre l'exécution de cet injuste dessein. S'il passe outre, puisse-t-il, convaincu de son crime, être saisi par un jugement rigoureux et enserré dans les liens de la loi ; qu'il soit chassé de l'église, séquestré du commerce des chrétiens et maudit, banni de toute terre habitable ; qu'il soit anathème, maran-atha, damné dans l'enfer, maudit de tous les saints, maintenant et toujours, et dans les siècles des siècles. Amen, amen, amen. Fiat, fiat, fiat. »

Le clerc André et ses compagnons appartenaient-ils à l'abbaye de Saint-André, ou lui transmirent-ils plus tard leur fondation ? Toujours est-il qu'en 1143, Innocent II reconnaît à cette abbaye, régie par l'abbé Gérald, « ecclesias montis Goironi ». Un autre abbé, Pons, voulant favoriser la fondation de Silvacane, les céda en 1155 à Guislibert, premier abbé, moyennant une rente de 30 sous melgoriens neufs, à laquelle l'abbé Léonce renonça en 1255. — En 1243 l'archevêque Audiberti avait réclamé à Silvacane le quart de la dîme et le tiers des droits funéraires dans les églises de Goiron, de Valbonette, de Gontard et de Tresle (Janson). Une sentence arbitrale lui accorda pour Goiron et Valbonette, 6 saumates de blé, autant d'orge ; pour Gontard et Tresle, le quart de la dîme ; souscrite le 4 des calendes de mai par Gui de Soliers, prévôt d'Aix, et par le moine Jean de Jouques, syndic de l'abbé et des moines de Saint-Victor.

Sainte-Marie fut desservie par Silvacane, dont elle était dite « la filleule », jusqu'à la suppression de l'abbaye. Au xve siècle, on s'y rendait en pèlerinage pour honorer la bienheureuse mère de la sainte Vierge. On y monta souvent pour obtenir la cessation de la sécheresse. Cette dévotion n'a pas diminué de nos jours : témoin la grande procession faite en 1885 par les paroisses voisines, — dont les limites se croisent dans la chapelle. Cette supplication solennelle fut exaucée avec une promptitude qui tint du prodige.

# LA BARBEN

*Berbentum*

---

Entre Lambesc et Pélissanne, sur un large rocher, se dressent des constructions altières, flanquées de tours, et précédées d'un beau parc moderne qui n'a pu leur enlever tout aspect féodal. C'est le vieux *castrum de Berbento*, qui, des Pontevès et de la couronne provençale, a passé depuis quatre siècles aux Forbin.

En ce château, l'an 1142, Pierre Pontevès fit don à l'archevêque d'Arles Raymond et à son Eglise, des château, ville et territoire de Salon, en échange du Vernègues et d'Avallon. Adalasie de Baux, son épouse, ses trois fils Pons, Pierre et Raimond, souscrivirent à la donation.

Un seigneur de la même famille, Pons de Lambesc, se laissa séduire sinon par les doctrines du moins par les procédés des albigeois. Il arrêta quelques moines d'Adane sur la route et les dévalisa. Pons fut excommunié pour ce crime, et son église de La Barben interdite. Il s'entêta d'abord, s'empara des dîmes de l'Eglise d'Aix et des moulins qu'elle possédait sur la Touloubre, mais finit par revenir à résipiscence. Le 3 février 1210, en présence de l'évêque de Riez, légat du pape, et de l'archevêque d'Aix, il rendit les moulins, et renonça à la redevance annuelle de 4 salmées de blé à laquelle le monastère d'Adane était tenu envers lui. Après quoi il fut relevé de l'excommunication.

— L'humble paroisse qui avoisine le château est reconnue comme possession de Saint-Victor dans la liste de 1098, « ecclesiam parochialem de Berbento » ; confirmée à l'abbaye par Innocent II en 1135, « ecclesiam parochialem de la Berbent. » La bulle de 1082 avait abandonné au chapitre d'Aix les trois quarts de la dîme du « castrum de Berbent. » Notons en passant que la dîme des vignes se payait au 27e.

— 1790, archipr. de Lambesc, 350 hab. Curé nommé par le chapitre d'Aix, prieur-décimateur ; 537 livres de revenu, y compris la congrue. Le curé administrait les sacrements à la communauté de Suès, distincte alors, et relevant auj. de Lambesc. — 1890, archid. d'Arles, doy. de Salon, 320 hab.

Eglise, bâtie sur l'emplacement d'un temple païen ; ruinée par les sarrasins, sans doute une de celles citées dans la donation de l'évêque Honorat, au xe siècle : « ecclesiam Sti Victoris de Dans, *cum aliis ecclesiis disruptis.* » Rebâtie en 1069 ; consacrée sous le vocable de Saint Jean, par Rodulphe, évêque de Cavaillon ; nouvelle dédicace le 8 des calendes de décembre 1484, où Saint-Sauveur fut choisi comme titulaire. Dévastée sous la Fronde, réparée plusieurs fois, entre autres en 1868, elle a perdu son caractère. — Tabl. *Saint Jérôme.*

Chapelles. — *Sainte Roseline,* chapelle ogivale du château, dans laquelle saint Vincent de Paul a dit la messe,

Tabl. *Nativité de la Vierge*, Daret. — *Saint-Victor de Dane* (*Dana* ou *Adana*), au quartier dit le *Monastié*, anc. prieuré donné à l'abbaye de Saint-Victor par Honorat, évêque de Marseille, 965-977. C'était sans doute une dépendance du domaine épiscopal de Saint-Cannat. Mentionnée dans les bulles de 1079 et de 1135. Très fréquentée à cause d'une source thermale qui guérissait les écrouelles et les maux de gorge. Contestée à l'abbaye par l'archevêque Amalric, ainsi que le cimetière de N. D. de la Seds, elle lui fut bientôt rendue. Les revenus du prieuré, comprenant aussi le quart de la dîme de la Barben, s'élevaient à 1500 livres en 1789.

---

# PÉLISSANNE

*Peliciana*

---

Pélissanne a été fondé vers le IXe siècle par les survivants de l'ancien *Pisavis* (auj. Saint-Jean de Bernasse). La population nouvelle s'établit partie sur la rive gauche de la Touloubre, à Cabardel, partie sur la rive droite, où se trouve le village actuel.

— « Ecclesia sti Laurentii de Peliciana » est nommée dans la bulle d'Innocent III, en 1204, confirmant les possessions de Montmajour. C'était un des 84 bénéfices que cette abbaye possédait dans le diocèse d'Aix.

Les anciens seigneurs de Peliciana, Amelin et Huro, constituèrent ce domaine à l'abbaye par diverses donations, dont la plus ancienne remonte à 1002. La validité des actes fut contestée tardivement par le seigneur de Lambesc.

Voici une pièce curieuse entre toutes. Ce sont les notes prises à l'audience par un scribe, ami des moines, spécimen du reportage judiciaire au XII<sup>e</sup> siècle :

« Sachent tous mortels présents et à venir qu'un différend durait depuis longues années entre le monastère de Montmajour et Pierre de Lambesc. L'affaire a été appelée et mise en discussion en l'église Saint-Sauveur, de la cité d'Aix : présidait le duc de Provence, Raymond Bérenger, comte de Barcelone, prince d'Aragon, souverain de Tortose et Lérida, assisté des illustrissimes juges Bernard, abbé de de Saint-Félix de Girone, Arnaud de Lercius, Guillaume Nulibet de Saint-Gilles, cour aussi savante qu'illustre. Pierre de Lambesc a comparu avec Hugues de Baux et Gui de Fos, suivi de nombreux personnages de distinction, parmi lesquels les défenseurs et conseils que la cour lui avait assignés, Artaud de Châteauneuf et Guillaume de Paracol. Montmajour exposa d'abord brièvement ses justes griefs. Pierre répondit longuement par toutes les raisons bonnes ou mauvaises, qui lui passèrent par la tête, se jetant en des digressions embrouillées, débitées avec une volubilité diffuse qui fatigua les juges. Quand il eut fini, ces sages magistrats firent prêter serment aux témoins cités par Montmajour, puis entendirent leurs dépositions. C'étaient Pons de Malemort, Algodius cellérier, le moine Pierre de Gallon, le prêtre Albert, le laïque Durand. Après quoi, la cour prononça « qu'en raison et en justice les trois parts de Pélissanne relevaient du monastère, l'une lui appartenant en propre, les deux autres appartenant à ses commensaux qui sont Alfan, vicomte de Mesoargues, et les Sala. Dans la part du monastère sont les biens de Guill. Rostaing et de ses frères, de Guill. Durand, de son frère et de son neveu, de Guill. Mercurin, de Jean Gombert, de Reymond Gontaut, Rostaing Regort, Pons Gerard, Pierre de Gardane. Arrêt rendu l'an de l'Incarnation 1150, le lundi XI des calendes de juin, 22e de la lune, indiction XIII, sous le règne de l'empereur Conrad, Pons étant abbé. Signé : le comte Raymond ; Guillaume, capiscol de Gérone ; Bernard, abbé de Saint-Félix. » Dans la longue liste des témoins se trouvent Jauffret de Marseille, Alfan de Mésoargues, Guillaume de Boulbon, Rostaing de Tarascon, Pierre de Cabanes, Guillaume d'Alleins, Guillaume et Raymond de la Roque, Raymond de Fuveau, Bertrand de Lambesc, Rostaing du Vernègue ; Imbert, Théobert, Raymond et Isnard, de Rognes, etc.

— L'abbé de Montmajour possédait la haute justice sur Pélissanne, et les consuls exerçaient la moyenne et la basse. Ceux-ci avaient obtenu la préséance sur les officiers de l'abbé, ils se la firent confirmer par arrêt du parlement, en 1727. Enhardis par ce succès, les consuls émirent la prétention d'être encensés à l'église. Sur le refus du curé, ils se pourvurent au conseil du roi qui, moins prodigue d'encens que d'eau bénite, les débouta en 1740.

—L'anti-pape Clément s'étant adjugé les biens de Montmajour, en disposa pour obtenir la paix. D'après la décision des arbitres choisis par le roi Charles VI, Clément VII paya 30,000 écus au vicomte de Turenne, et pour garantie de 20,000 autres, lui remit Pélissanne et quelques autres villages. Pélissanne échut ensuite au maréchal de Boucicaut, gendre du vicomte, qui saisit d'abord les biens de l'abbaye, mais les rendit, dès qu'on lui eut montré l'injustice de ses prétentions.

Le 15 juillet 1454, le cardinal de Foix, abbé de Montmajour, échangea la seigneurie de Graveson pour la moitié do Pélissanne, Montpahon, etc., appartenant au roi René. Ce qui prouve l'importance de Pélissanne, c'est que l'abbé paya en sus 2,300 florins à René, et s'engagea à faire célébrer chaque jour et à perpétuité un service funèbre à ses intentions.

L'abbaye vendit ses droits aux habitants, en 1563, moyennant 4010 écus d'or, mais elle les racheta quatre ans après. A sa suppression, en 1787, le bénéfice de Pélissanne fut uni à l'évêché de Glandèves.

—L'archevêque d'Arles, Jean VIII Ferrier, avait nommé viguier de Salon, son neveu Francin, fort méchant homme, s'il faut en croire les chroniques du temps, lequel eut l'audace de mettre la main sur « noble et vénérable François de Guiramand, vicaire de Pélissanne, prêtre étranger à la juridiction de l'archevêque d'Arles » et de l'incarcérer au château de Salon. « Il l'a gardé cinq jours en prison, et l'aurait retenu plus longtemps si celui-ci n'eût donné caution de se présenter à première réquisition, et de payer tous les frais. » Mre Guiramand sortit victorieux de ces épreuves, devint ensuite précenteur du chapitre de Digne, et évêque de ce siège. Il l'occupa vingt-trois ans, assista au concile de Latran, et mourut en 1536.

— Pélissanne a eu l'avantage de posséder comme curés des prêtres d'une vertu éminente : les noms de M. Audric, de M. Nay, de M. Rouchon expliquent que cette paroisse soit demeurée une des meilleures du diocèse.

— 1790, 2400 hab., *ville murée*, archipr. de Lambesc. Curé nommé par l'abbé de Montmajour, prieur-décimateur : il avait 950 livres, y compris la congrue ; 2 secondaires, et un aubier, avec 418 livres, nommé par la famille d'Aubergue. Le curé et les prêtres de la paroisse comptaient parmi les administrateurs de l'hôpital, et de la Maison de charité « pour 12 vieillards de l'un et l'autre sexe hors d'état de travailler. » — 1890, 1600 hab., archid. d'Arles, doy. de Salon ; un curé-desservant et un vicaire. *Sœurs de la Présentation* tenant école depuis 1852.

Eglise.— C'est la troisième bâtie sur cet emplacement : la 1re fut consacrée, en 1069, par Rodulphe, évêque de Cavaillon ; la 2me datait de 1621. Elle s'écroula en 1806 et fut remplacée par l'actuelle, élevée de 1824 à 1828 sur les plans de M. Boisson. 1re pierre, 25 août 1824, par le curé Blanc ; consacrée le 12 septembre 1830 par Mgr de Richéry, assisté de Mgr de Posada.— *Clocher*, 1623, curieux mélange du style ogival et de celui de la renaissance. Il y avait 4 cloches fondues en 1779 : 3 se trouvent au clocher de l'Ile-Martigues. Elles ont été remplacées par de nouvelles sous le curé Cornillon, † 1889, qui a décoré son église avec un goût parfait.— *Intérieur* grec-dorique à colonnes ; long. 42 m., larg. 23 m., haut. 17 m. * *Triptyque* sur bois, xv$^e$ s., Mère de Dieu, S$^t$ Maurice, S$^t$ Roch.

Sous le clocher, chapelles des pénitents blancs et gris, fondés les uns en 1548, les autres en 1755.

— *Saint-Laurent de Cabardel*, anc. prieuré, réédifié en 1684 ; uni au séminaire d'Aix en 1743. Procession le lundi de Pâques pour le vœu de la peste de 1720. — La haute seigneurie de Cabardel, ancien *castrum*, appartint d'abord à l'Eglise d'Arles qui l'aliéna en 1535 pour payer la rançon de François I$^{er}$.

---

# AURONS

*Auros*

« Une partie des fondations du château d'Aurons paraît de construction romaine, et ce qui le confirme, c'est qu'on a trouvé dans la cour des tombeaux avec des médailles impériales. » On n'est point obligé de reconnaître en ces ruines l'*Aeria* de Strabon, mais on doit admettre que le village est fort ancien. La paroisse est certainement antérieure au IX$^e$ siècle.

« Ecclesia de Auros » est accordée au chapitre d'Aix en 1082. — Ildefons Ier transmit, au mois de mars 1167, les châteaux d'Aurons et de Grans à Raymond de Bollène, archevêque d'Arles, qui lui céda en échange le quart des châteaux d'Albaron et de Fos. La terre d'Aurons fut vendue par l'Eglise d'Arles pour payer la rançon de François Ier.

— Le commandant militaire de Salon, Nicolas de Saint-Roman, prit part à la révolte du consul de Marseille Casaulx et du viguier Louis d'Aix contre l'autorité d'Henri IV. Il envoya au château d'Aurons, où il présumait que s'était réfugié Jacques de Cordes, consul et chef royaliste de Salon, une compagnie d'arquebusiers, avec ordre de l'amener mort ou vif. Jacques de Cordes s'était mis en sûreté à Aix. Les soldats se vengèrent de leur déconvenue, en tuant son père et quatre de ses serviteurs. Ils pillèrent l'église et emmenèrent prisonnier le curé Claude. Saint-Roman lui fit comprendre qu'avec une bonne rançon, tout pourrait s'arranger, mais Mre Claude, l'eût-il voulu, n'aurait pu thésauriser à Aurons, connu dans le diocèse comme le plus pauvre de tous les bénéfices. Saint-Roman dépité « le manda à Marseille aux officiers qui estaient durant la tirannie de Casaulx et à quelques advocats qu'il avoyt appostés, lesquels sans information ny procédure firent une sentence portant condempnation aux gallères contre le curé d'Aurons. » Confondu avec les forçats, le malheureux prêtre semblait oublié de tous. Par bonheur, un ami intime des duumvirs le reconnut. C'était le poète salonais Pierre-Paul, fermier de la gabelle. Rentré chez lui, il rima de suite une supplique :

Lou capelan, mossus, do la raubo burello
Que Mounsur Sanct Rouman desten dins la presoun,
A l'houro de dinar, contro touto resoun,
Badailho de maù fam, a fauto de fuvello,
Puys de l'autre cousta, lou grand frech lou bourollo,
Et voudriet tout brenous estre dedins Aurouns,
Cantar coumo fasiet ou dire lou sermoun
Au devot paysan que l'implye l'escarcello.
Per counclusien vous fach aquest humblo preguiero
De lo voler sortir d'aquelo reinardiero
Afin que vague prest davans lou sanct autat
Rendre gracis a Dieù d'uno talo sortido
Et mays lou pregara tout lou temps de sa vido
Que pusquas gouvernar cent ans en sanitat.

Les duumvirs, estimant avant Boileau qu'

Un sonnet sans défaut vaut seul un long poème,

délivrèrent le curé Claude. Le poète chanta l'action de grâces, mais du même ton insouciant que la complainte :

Tony, Paù m'a dounat entendre
Qu'aqueù plasen cura d'Aurouns
Ero sorty de sa presoun,
Et qu'a soun luech s'anavo rendre.
S'acò's veraï, non est mestier
De ly dounar ni bas ni sello,
Espaso, petard ni carnier.
Soulamen faù a Dieù pregar
Que plus eissy eù noun revengue
Et qu'à sa curo ben sy tengue
Per poù d'en galero tournar,

— 1790, 250 hab., archipr. de Lambesc ; le curé, nommé par le chapitre, prieur-décimateur, avait 530 livres, la congrue comprise : il était un des recteurs de l'œuvre de charité. — 1890, 190 hab., archid. d'Arles, doy. de Salon. Les Sœurs de la Présentation y tiennent école depuis plus de trente ans.

EGLISE Saint-Pierre : c'est celle dont parle la bulle de 1082. Il ne reste plus qu'une cloche assez ancienne, dont l'inscription parle des seigneurs de Cordoue ; l'autre fut prise par les administrateurs du district de Salon pendant la Terreur. C'est pourtant une des rares églises où le culte catholique n'a jamais été interrompu durant la révolution. Aux plus mauvais jours, le curé Chave demeurait secrétaire de la commune, et tenait exactement ses registres de baptêmes, mariages et sépultures.

CHAPELLES. — *Saint-Pierre de Canons, de Canonicis*, anc. ermitage relevant du chapitre Saint-Sauveur, qui autorisa les Observantins à s'y établir, en 1516, sous réserve d'un cens de quelques florins d'or. Ces religieux ajoutèrent à la chapelle un bras transversal qu'on reconnaît à sa belle fenêtre ogivale. Ils édifièrent aussi au XVII^e^ siècle le vaste couvent dont on admire encore l'agréable exposition, les jardins et les eaux. Ils furent quelquefois chargés de desservir les paroisses d'Aurons et du Vernègues ; ils élevaient des jeunes gens, hébergeaient des malades, des retraitants, les pélerins qui se rendaient à Sainte-Croix ou à Saint-Symphorien. Souvent ils demandèrent de se transporter à Salon, mais les archevêques d'Arles le leur refusèrent toujours. Pendant un siècle, ils dirigèrent une maison de force pour les prisonniers de Marseille et d'Aix, et c'est parce que le gardien du couvent était en même temps directeur de la prison que sa désignation était réservée au roi ; ce privilège fut rendu aux religieux en 1784. Il y avait 3 pères, quelques domestiques et 40 prisonniers, en 1777. Parmi les *suspects* qui y furent enfermés pendant la révolution se trouva le père de M. Thiers.

En ce siècle, plusieurs essais de restauration monastique y ont été projetés, par le P. Lacordaire qui le visita en 1849, par les chartreux en 1851. Enfin Mlle de Cordoue, religieuse du Saint-Sacrement à Marseille en ayant fait don par acte public du 30 mai 1876 à l'archevêque d'Aix, les Bénédictins de la Pierre-qui-Vire y furent établis par Mgr Forcade. Le 30 octobre 1880, ces religieux en furent expulsés par le lieutenant de gendarmerie de Salon. Ils y retournèrent presque aussitôt, l'église du prieuré demeurant fermée. En 1888, des circonstances étrangères au diocèse, qui les avait accueillis avec grande sympathie, portèrent leurs supérieurs à faire prononcer par le Saint-Siège la suppression du prieuré qui avait été canoniquement érigé sur leur demande.

*Saint-Martin de Sonaillet*, autref. prieuré à la nomination de l'archevêque. La chapelle, fort ancienne, sert de grenier à foin : on voit à côté les restes d'un cimetière. Les revenus du prieur étaient de 270 livres.

---

## ENCLAVE DANS LE DIOCÈSE D'ARLES

# ISTRES

*Morianum* ou *Istrium*

Les habitants d'Istres furent d'abord divisés en plusieurs hameaux. Sous la menace des invasions, ils se fortifièrent sur l'éminence au pied de laquelle la ville actuelle est bâtie. Ce *castrum* dont il est déjà parlé dans une charte de 963, occupait l'emplacement de l'église et du presbytère, à côté desquels les ruines de plusieurs tours s'élèvent encore ; par des agrandissements successifs, sa chapelle est devenue l'église paroissiale. Comme toute la région de l'Etang et de la Crau, Istres dépendait de l'Eglise d'Arles. Son patron et le titulaire de sa plus vieille église était saint Etienne, titulaire de la cathédrale d'Arles.

Au XIe siècle cette paroisse passa sous la juridiction de l'archevêque d'Aix. « Soit connu que Raimbaud, archevêque de l'Eglise d'Arles, légat du siège apostolique, a concédé, du consentement de ses chanoines, l'église de Morian, *ecclesiam de Moriano*, à Pierre, archevêque d'Aix. Ledit Pierre dans le concile public tenu à Arles, en présence des archevêques d'Arles, d'Embrun et de Narbonne, et de leurs suffragants, s'était plaint qu'il ne pouvait venir en un jour de sa ville archiépiscopale à Arles, à cause de l'aspérité du chemin de la Crau, *propter asperitatem viae lapidosi agri* ; sous cette condition que si un jour l'archevêque d'Aix ne venait plus aux conciles d'Arles, l'église d'Arles recouvrerait l'église de Morian avec toutes ses appartenances, savoir l'église de Vulturne, celles de Sainte-Marie de Morian, de Saint-Jean du Val, de Saint-Sulpice, de Saint-Martin. Le révérend archevêque d'Arles a cependant gardé dans ce territoire deux églises voisines, Saint-Véran et Saint-Pierre de Ugino (de la Valduc) voulant qu'elles demeurent inaliénables et pour attester que les églises susdites dépendaient de l'Eglise d'Arles. »

Quand l'archevêque d'Aix cessa de se rendre aux conciles d'Arles, il ne restitua point la paroisse d'Istres qui demeura enclave du diocèse d'Aix dans celui d'Arles, comme Saint-Cannat l'était de Marseille dans celui d'Aix, et Maillane d'Arles dans celui d'Avignon.

L'archevêque Pierre Ier transmit cette paroisse à son chapitre, comme le prouve la bulle de 1082 : « ecclesiam parochialem de castro Istrensi, et ecclesiam sancti Sulpicii... et ecclesiam sanctæ Mariae de Lairac... cum omnibus appendiciis ». Les redevances, qui formaient les prébendes de deux chanoines, avaient été réglées par une transaction du 2 avril 1285, entre le chapitre et la communauté, stipulant au nom de celle-ci le damoiseau Hugues Dedon, « syndicus universitatis castri de Istrio ».

— Les juifs d'Istres fournissaient chaque année trois livres de poivre à l'archevêque.

— Le clergé d'Istres était agrégé en une sorte de collégiale. En plus des trois prêtres de la paroisse, plusieurs chapelains résidants prenaient place au chœur. Ces chapellenies, d'abord au nombre de six, furent réduites à trois par sentence de l'official, du 22 juillet 1742 : leur traitement fut établi à 500 livres. L'une, sous le titre des *Douze articles de Foi*, était attachée à l'église paroissiale ; les deux autres, Saint-Etienne et Sainte-Madeleine, à deux chapelles rurales ; toutes trois à la nomination des consuls. Ces bénéfices étaient réservés, par la volonté des fondateurs, à des prêtres natifs d'Istres, et à leur défaut, des paroisses les plus voisines, Saint-Mitre et Saint-Chamas.

— L'abbaye de Montmajour jouissait de biens considérables dans la paroisse, en vertu d'une donation faite à la chapelle Saint-Pierre de la Mer par le comte Bertrand en 963. On trouve au bas de la charte la signature de Guillaume Dedons et de son fils. Un de leurs descendants, Dedons d'Istres, conduisit à la croisade de 1096 trois cents chevaliers qui se rangèrent sous la croix de l'archevêque d'Arles.

— Entre ceux de ses enfants dont la paroisse d'Istres peut s'enorgueillir il faut citer le P. *Charles de Régis*, jésuite, † 1777, auteur de pièces dramatiques qui se sont longtemps maintenues au répertoire des collèges : *le Testament de l'Avare, les Fêtes Marseillaises*, etc. ; et surtout *J.-B. de Régis*, mort en Chine en 1737. Ce jésuite, savant géographe, avait acquis l'amitié de l'empereur

Rhang-Hi. Sur la demande de ce prince, il commença en 1701 un immense travail, la carte générale de l'empire chinois. Les observations qu'il recueillit dans ses voyages ont été utilisées par le P. Dulhade pour sa *Description de la Chine.* En outre, le P. de Régis traduisit en latin *Y-King*, le plus obscur des livres sacrés du Céleste-Empire. Quand l'empereur Young-Tching proscrivit le christianisme, le P. de Régis fut excepté du bannissement, mais dût cesser ses doctes travaux. Il ne put que hâter par ses prières le moment où la liberté serait rendue à la prédication évangélique. La Bibliothèque nationale possède parmi ses manuscrits la traduction du *Y-King*. Ajoutons que la famille à laquelle appartenaient les PP. de Régis est la même qui a fourni saint François Régis à l'Eglise.

— *Christine* (Antoine-Etienne), né à Istres en 1748, mort à Aix en 1842, ancien doctrinaire. Lors du soulèvement contre la Convention, il devint président des sections de Marseille, ce qui le désigna aux vengeances des terroristes. Aussi à l'arrivée du général Cartaux, fut-il obligé de se réfugier à Toulon et de s'embarquer sur la frégate la *Poulette* pour Port-Mahon où il resta jusqu'au Concordat. Mgr de Cicé le chargea de créer la paroisse de Saint-Jean-de-Malte.

— Honoré de Tuffet, natif d'Aix, 1756, était officier au corps royal du génie quand la révolution le contraignit à émigrer et à joindre l'armée des princes. Durant l'exil il reçut les ordres jusqu'à la prêtrise inclusivement. Quand l'exercice de la religion redevint libre en France, M. de Tuffet fut mis à la tête de la paroisse d'Istres, qu'il dirigea plusieurs années, et où son zèle actif releva bien des ruines. Il se retira ensuite à Belley, où Louis XVIII alla le prendre en 1814 pour lui confier l'aumônerie de ses grenadiers à cheval. En 1822, M. de Tuffet se démit de son aumônerie pour se livrer avec plus de liberté à la prédication. Il se retira à Valence, puis à Besançon, et fut nommé chanoine honoraire de chacun de ces diocèses. Enfin, en 1828, il voulut revoir l'antique abbaye Saint-Maurice où il s'était consacré à Dieu. Il y résida jusqu'à sa mort, 1841. Par ordre du roi de Sardaigne, il y fut inhumé dans le caveau des gouverneurs.

— Mgr Léon Sibour, né le 8 février 1807, professeur à la faculté de théologie, député de l'Ardèche en 1848, fut choisi comme auxiliaire par son ami Mgr Sibour, archevêque de Paris, et sacré évêque de Tripoli *in partibus*. La mort tragique de l'archevêque détermina chez son auxiliaire une commotion soudaine qui paralysa les membres, tout en laissant l'intelligence intacte. Mgr Sibour languit une vingtaine d'années dans cet état affligeant qu'il supporta avec une admirable patience, et mourut près d'Antibes, le 18 novembre 1864. Ce prélat résidait habituellement à Aix. Son corps y fut rapporté, et déposé à Saint-Sauveur, au caveau des archevêques.

— 1790, 2800 hab., *ville murée*, archipr. de Lambesc ; curé avec 1200 livres de revenu, nommé par le plus ancien des 2 chanoines de Saint-Sauveur, prieurs-prébendés d'Istres ; 2 secondaires ; 3 chapelains à résidence. — 1890, 3500 hab., archid. d'Arles ; un curé 2me classe et un vicaire.

Son doyenné s'étend sur les paroisses d'Entressen, de Fos, de Saint-Chamas, de Saint-Mitre. Les *Sœurs de Saint-Thomas* y desservent hospice, école et asile depuis 1832.

— L'église paroissiale, qui a pour titulaire N.-D. de Beauvezer ou de Beauvoir, à cause du splendide panorama qui s'étend à ses pieds, est d'un accès difficile. Il faut monter, monter encore et quand on n'en peut plus, il reste encore quelques douzaines de degrés à gravir. Aussi l'a-t-on spirituellement déclarée « plus à la portée des anges que des hommes ». Cette église a été rebâtie en 1711 ; l'ancienne s'était écroulée subitement un dimanche à l'issue de l'office divin, peu d'instants après que les fidèles en furent sortis. Le clocher, s'étant écroulé à son tour, a été relevé en 1834.

Istres possédait autrefois une maison de Cordeliers fondés en 1576, et une de Carmes déchaussés depuis 1652, des chapelles de pénitents blancs et gris, avec service dominical.

Chapelles.— Dans la campagne, à demi-lieue, sur une colline entourée par les eaux de deux étangs, chapelle *Saint-Etienne*. On la considère comme la paroisse primitive, et elle est restée en grande vénération. On y va en procession le 1er dim[illegible]he de l'Avent, en suite du vœu de la peste. Avant la Révolution, un ermite y résidait, entretenu par la communauté.

Actuellement, *chapellenie de Rassuen*, usine importante de produits chimiques, avec un prêtre à résidence depuis 1885. — Chapelles ruinées : *Saint-Véran*, *Saint-Michel* *Saint-Jean*, *Saint-Martin*, *Saint-Pierre de la Valdue*

*Saint-Pierre de la mer*. Cette dernière chapelle est souterraine. On y a célébré la messe jusqu'à la fin du dernier siècle.

---

# ENTRESSEN

*Transinum*

Le quartier d'Entressen, véritable oasis dans le désert de la Crau, a toujours été compris dans le territoire d'Istres. L'union a cessé au point de vue religieux seulement depuis le 2 mars 1838, date de la création de la nouvelle paroisse. Jusqu'à cette époque, avant comme après la révolution, le service dominical avait été rempli par un vicaire d'Istres, dans la chapelle du château.

Ce château ne remonte pas au-delà du XIVe siècle. L'acte de bornage du terroir d'Istres en 1321 ne parle en effet que d'un mas en cet endroit, « prope mansum de Transino », tandis que le dénombrement de 1379 comprend « quamdam turrim seu bastidam vocatam de Tressens bene fortificatam muris et vallatis. »

Un des coussous d'Entressen, dit *coussou baussenc*, avait été donné en 1218 à l'abbaye de Silvacane par Hugues de Baux, vicomte de Marseille, et Barrale son épouse.

— L'*Eglise* nouvelle, dédiée à l'Immaculée-Conception, a été construite sur un terrain offert par Mlle Cournand, et on majeure partie avec les subsides généreux de feu M. l'abbé Cournand, son frère. La première pierre fut posée le 6 décembre 1836, et l'édifice bénit le 28 août 1837, par M. Coustet, curé d'Istres.

— 250 hab., archid. d'Arles, doy. (et commune) d'Istres. Les *Sœurs de Saint-Joseph*, des Vans, y tiennent école depuis 1875.

— Près du lac que chante *Mireille*, « lou grand clar d'Entressen », et dans le château fort du XIVe s., propriété de la famille de Galiffet, se trouve une chapelle à laquelle se rattache un patriotique souvenir. C'est dans son enceinte que venait faire ses oraisons la très pieuse et très sage reine Yolande, fille de Jean Ier roi d'Aragon, épouse du comte Louis II de Provence, mère du comte Louis III et du bon roi René, belle-mère de très haut et très victorieux prince Charles VII de France.

De récents travaux ont mis en lumière la figure de cette noble femme que Dieu associa à Jeanne d'Arc pour sauver la nation française. Sa beauté était son moindre mérite : ce qui restera sa gloire, c'est la salutaire influence qu'elle exerça sur les affaires les plus considérables de son temps. Fille fidèle de l'Eglise romaine elle encouragea la bonne volonté de son mari, exerça les fonctions de régente pendant qu'il se battait en faveur du Saint-Siège, et remettait le pape Alexandre V en possession de Rome, 1410. Elle maria sa fille Marie au roi Charles VII. Et celui-ci appelait Yolande sa *bonne mère*, comme pour la distinguer de celle qui le fut si peu à son égard, la fameuse Isabeau. Lorsque Jeanne d'Arc parut pour la première fois devant le roi, Yolande s'élevant avec courage contre le doute général, proclama sa foi en la véracité et en la vertu de la bergère inspirée. C'est elle encore qui réunit le convoi de vivres que Jeanne d'Arc introduisit dans Orléans. « Disposée à tout risquer pour sortir de l'abîme, elle était l'âme du parti national en France », écrit M. Vallon.

Yolande s'était mariée dans l'église Saint-Trophime : elle avait assisté avec Louis Ier au grand jubilé de Sainte-Croix de Montmajour. Quand elle quittait l'Anjou et revenait en sa chère Provence, elle aimait, racontent nos historiens, à se retirer en la tour solitaire d'Entressen, pour s'y reposer des soucis de la royauté.

C'est probablement du fait de ces séjours que s'est formée la légende de la reine Jeanne, — pour les provençaux, c'est toujours la reine Jeanne — laquelle aurait été gardée prisonnière en ce château, pendant que se préparait son jugement en cour pontificale d'Avignon.

Yolande d'Aragon mourut à Saumur en 1442, après avoir vu s'accomplir la délivrance nationale.

Heureux sommes-nous de clore la première partie de nos études diocésaines sur un hommage à cette reine qui se montra constamment grande française, parce qu'elle était grande chrétienne.

# TABLE

# NOTES ET CORRECTIONS

**Saint-Sauveur,** *P. 27, l. 2, lisez* : fixe au bout d'une pique et les crible de balles. Après les avoir promenés par la ville, le peuple se disperse en chantant.

*P. 44, l. 17, ajoutez* : Saint-Jean-Baptiste.

*P. 53, l. 11, ajoutez* : Erigé par souscription populaire.

*P. 55, l. 21, ajoutez* : et au-dessus de celle-ci.

*P. 58, l. 18, lisez* : l'autel de l'église Sainte-Marie.

**La Seds,** *P. 70, l. 2,* M. Le Blant, *Inscript. chrét. de la Gaule*, estime qu'il ne s'agit pas d'Evodius, mais d'Ennodius, patrice et duc. L'inscription n'existant plus, on ne peut établir la vraie lecture.

*P. 93, l. 27, ajoutez* : Inscript. que le P. Yvan avait placée sur le frontispice du premier couvent de N. D. de Miséricorde, « La Mère de Dieu et de Miséricorde est la seule fondatrice de cette maison. »

**La Madeleine,** *P. 114, l. 17, lisez* : A qui jette un regard rapide....

*P. 123, l. 3, ajoutez* : On n'éleva point de façade, à cause d'une défense d'Henri IV édictée à la suite du régicide de Jacques Clément.

*P. 127, l. 8, lisez* : Aux pieds de la Vierge du Rosaire, auj. autel de N. D. de Grâce, à l'angle de l'évangile,....

*P. 135, l. 5, lisez* : A gauche, sép.

*P. 136, l. 17, lisez* : commandé à Chastel en 1778.

**Saint-Esprit**, *P. 152, l. 10.* — Contrairement à ce que dit l'auteur de l'*Histoire du Parlement*, c'est, non dans l'église, mais dans la chapelle du Saint-Esprit que se passa la scène de violence du président Marin.

**Saint-Jean**, *P. 162, l. 23, lisez* : 16 novembre 1600, ayant été reçue solennellement à l'entrée de la collégiale par l'archevêque Hurault de l'Hospital et tout le clergé.

*P. 180, l. 14, lisez* : en 1835.

**Petit-Séminaire**, *P. 220, l. 6.* De 1821 à 1826, l'établissement des jésuites et la maison de M. Abel demeurèrent distincts. C'est en 1826 qu'ils furent réunis.

**N. D. de Miséricorde** ou de Pitié, *P. 233, lisez* : donné par Louis-Alphonse de Richelieu au P. Yvan.

**Eguilles**, *P. 267, l. 26, lisez* : à Paris en 1746.

**Vauvenargues**, *P. 272, l. 27, lisez* : depuis longtemps, d'après un inventaire de cette époque sur un plus ancien (arch. départ.). Olivier....

*P. 280, l. 14, lisez* : πλουτος.

**Le Tholonet**, *P. 296, l. 16, ajoutez : Chapelle Saint-Joseph*, dans le domaine qui appartint au président Marin, et plus tard au procureur-général Monclar, deux ennemis des jésuites. C'est, dit-on, sous le grand pin placé au centre de la propriété, que fut tramée la procédure qui devait aboutir à la suppression de la compagnie en Provence. Au sommet du coteau, *chapelle du Verbe Incarné*, renfermant le cœur de Mgr de Beausset qui en avait posé la première pierre, 25 mars 1828. Derrière l'autel, reproduction de la Santa Casa de Lorette.

**Mimet**. *P. 397, l. 20*, lisez : 1674.

**Saint-Symphorien**, *P. 429, l. 1, ajoutez* : (1743).

**Le Puy-Sainte-Réparade**, P. 464, *note*, l. 2, lisez : *Ecclesiae nomenclatura*.

**La Roque**, *Silvacane*, P. 484, l. 6, lisez : 8 deniers.— P. 485, note, l. 7, lisez : Bonil. — P. 486, note, l. 4, lisez : Lucius III.— P. 487, ll. 19 et 25, au lieu de *rocher*, lisez : nocher.— P. 488, l. 14, lisez : Norbert, Albéric, Félix, Bertrand. — P. 492, l. 1, lisez : pour sa part contributive aux 10.000.— P. 494, l. 12, lisez : encupendium ; l. 13, lisez : pauci ; l. 19, lisez : et portées aux archives.

**Alleins**, *P. 509, l. 20, lisez* : le Polyptyque. — *P. 510, l. 5, lisez* : Ολιτανος.

**Rognes**. *P. 523, l. 27*, lisez : Au XVe s.